普通高等教育应用型本科创新教材

道桥施工组织与概预算

DAOQIAO SHIGONGZUZHI YU GAIYUSUAN

崔艳梅 主 编
董 立 王春生 副主编
王欲敏 主 审

人民交通出版社股份有限公司
China Communications Press Co., Ltd.

内 容 提 要

本书系普通高等教育应用型本科创新教材。书中系统阐述了道桥工程施工组织设计的相关理论及道桥工程概预算的编制方法以及道桥工程招投标的相关知识，主要内容包括道桥工程施工组织概述、施工过程组织原理、道桥工程施工组织设计、道桥施工的施工技术组织、网络计划技术、道桥工程定额、道桥工程概预算及道桥工程招投标。

本书的编写突显应用型定位，强化对学生实践能力的培养，既注重道桥工程施工组织管理的基本概念、基本理论及主要方法的系统性介绍，结合现行道桥工程建设管理领域的相关标准和文件，确保教材理论阐释和案例应用达到有机联系；同时针对课程的重点难点内容以二维码链接教学视频、动画等数字资源，形象直观，内容丰富全面。

本书可作为土木工程专业、工程管理专业的本科生教材，也可供相关专业工程技术员参考。

图书在版编目(CIP)数据

道桥施工组织与概预算/崔艳梅主编. —北京：
人民交通出版社股份有限公司,2016.2
ISBN 978-7-114-12660-4

Ⅰ.①公… Ⅱ.①崔… Ⅲ.①道路施工-施工组织②道路工程—概算编制③道路工程—预算编制 Ⅳ.
①U415

中国版本图书馆 CIP 数据核字(2015)第 288642 号

书　　名：	道桥施工组织与概预算
著 作 者：	崔艳梅
责任编辑：	王　霞
出版发行：	人民交通出版社股份有限公司
地　　址：	(100011)北京市朝阳区安定门外外馆斜街3号
网　　址：	http://www.ccpress.com.cn
销售电话：	(010)59757973
总 经 销：	人民交通出版社股份有限公司发行部
经　　销：	各地新华书店
印　　刷：	北京盈盛恒通印刷有限公司
开　　本：	787×1092　1/16
印　　张：	20.25
字　　数：	498 千
版　　次：	2016 年 2 月　第 1 版
印　　次：	2017 年 8 月　第 2 次印刷
书　　号：	ISBN 978-7-114-12660-4
定　　价：	38.00 元

(有印刷、装订质量问题的图书由本公司负责调换)

前言
FOREWORD

《道桥施工组织与概预算》是根据2015年住建部土木工程专业评估标准进行编写的。标准中提出土木工程专业学生要求掌握工程概预算和施工组织基本理论,具备对工程项目进行施工组织和技术经济分析的基本技能。根据土木工程专业教学大纲要求,为适应我国交通建设需要,根据"立足交通、突出特色、强化素能"的教学方针以及致力于培养交通事业一线具有成长力的工程师和管理者人才培养定位,本书强调满足应用型人才培养和基于学习成果的教学体系的需求。以工程实际为背景,以工程技术为主线;注重"一个素养三个能力"的培养,即着力提升学生的工程素养,着力培养学生的工程实践能力、工程设计能力和工程创新能力;体现推动三个"基于"的学习,即基于问题的学习、基于项目的学习、基于案例的学习;精炼配套习题库,便于进行学生学习成果的过程考核。上述的"强调"、"注重"、"体现"和"精炼"是本书的特色所在。

本书最突出的特点是增加了公路工程进度计划控制的内容,使进度计划不只停留在项目施工组织的文件编制阶段,在项目实施阶段也要进行进度计划控制。力求使使用者在掌握公路工程进度计划控制方法的基础上,能完成公路工程建设进度计划的监测与调整,从而使本书更能满足应用性教学的要求。

本书在定额、预算、招投标和施工组织设计等章节都增加了实际工程案例,对相关人员有更直接的指导意义。本书按已经实施的最新定额、编制办法等法令性文件进行编写,对实际工程项目的实施具有更强的适用性。

本书在编写过程中对各章节都做了相应的处理。第1章按最新的道桥基本建设程序进行编写,为使用者提供最新的行业信息,紧跟行业建设步伐。第2章对于比较困难的工程项目分解知识点补充了公路工程综合施工过程划分的案例,使项目分解的思路清晰明了。流水施工组织原理部分也补充了大量的计算案例,方便使用者依据本书完成相应知识点的学习。第3章不仅介绍定额的基本概念与编制,更注重定额的实际运用,尤其是定额的抽换问题,这样使用者就可以通过本书的学习,不仅了解道路桥梁工程定额的基本概念,同时对定额运用过程中一些难点问题也能够解决。第4章除按交通部颁发的《公路工程基本建设概预算编制办法》和《关于公布公路工程基本建设项目概算预算编制办法局部修订的公告》介绍概预算的编制方法外,对概预算编制中最困难的"项目划分及费用计算"通过案例进行分析,以着力培养学生的工程实践能力。第 5 章对招投标中最困难的工程量清单编制问题,以工程量清单招标的实际工程为例,介绍了工程量清单的编制及利用现行定额进行组价编制标底单价的过程。第 6 章对于施工组织设计的核心内容施工进度计划部分完全按照施工进度计划的编制思路进行本书内容的编写,对使用者有更强的指导性。第 7 章对网络图的构成及时间参数的计算进行了非常详细透彻的论述。第 8 章从实用的角度详述了公路工程进度控制的方法和措施,通过本章的学习,使用者完全可以熟练地完成公路进度计划的监测与调整。

本书的宗旨是着力培养学生的实际动手能力,而不是仅停留在一些程序化的知识上,因此具有无可替代的实用性。通过本书学习可以具有的实际技能之一是掌握道桥项目工程造价的完整编制过程,即项目划分—定额套用—概预算文件编制—招投标文件编制;具有能独立动手完成各阶段相应造价文件编制的能力,而不是只停留在掌握编制程序和方法的阶段。通过本书学习可以具有的实际技能之二是掌握公路施工组织设计的完整编制过程,即项目划分—定额套用—施工组织设计文件编制—施工组织设计文件实施过程中施工进度计划的监测与调整;对于施工组织设计部分不只停留设计阶段,而是通过对施工进度计划的监测与调整使组织设计可以付诸实施。

本书与传统教材的区别还在于,在水平进度图绘制、垂直进度图绘制的内容处增加了扫码视频,当看文字不能掌握进度图绘制时可以扫码观看视频从而学会进度图的绘制;全等节拍内容处增加了扫码视频,提供总工期分析的视频文件,对各类流水的总工期计算有了详细的分析总结;定额说明使用及机械台班单价计算部分增加了定额使用案例的视频,通过观看本书视频,可以掌握定额的使用;人工费及冬季施工增加费部分的视频,可以帮助使用者掌握概预算费用的计算步骤、定额的查取、费率表的使用等仅仅通过看纸质教材较难掌握的知识内容;第 7 章对网络图的绘制和时间参数计算都增加了动画内容,帮助使用者更容易地掌握网络计划的相关知识。

参加本书编写的人员均是从事本课程教学多年的一线专职教师,对各章知识点的把握准确到位,基本原理及理论分析详细透彻。本书第 1 章和第 2 章由山东交通学院董立编写;第 3 章由山东交通学院张杰编写,第 4 章由山东交通学院崔艳梅编写;第 5 章由山东交通学院张建娟、张素娟编写;第 6 章由山东交通学院王春生编写;第 7 章由山东交通学院叶亚丽编写,第 8 章由山东交通学院庄传仪编写。本书中的动画及视频由山东交通学院崔艳梅制作完成。本书由重庆交通大学王欲敏主审。

由于编者时间和水平有限,书中难免存在一些错漏及不当之处,敬请读者批评指正。

编　者

2015.11

目录 CONTENTS

第1章 道桥建设内容及施工程序 ... 1
1.1 道桥工程建设的内容和特点 ... 2
1.2 道桥工程基本建设 ... 3
1.3 道桥施工程序 ... 8
1.4 道桥施工现场的组织管理 ... 13
本章复习题 ... 15

第2章 施工组织原理 ... 17
2.1 施工组织的原则 ... 17
2.2 施工的时间组织 ... 19
2.3 流水施工组织原理 ... 23
本章复习题 ... 29

第3章 道桥工程概预算定额 ... 32
3.1 道桥工程定额概述 ... 32
3.2 道桥工程定额分类 ... 35
3.3 概预算定额表的构成 ... 39
3.4 概预算定额说明的使用 ... 40
3.5 概预算定额的运用 ... 47
本章复习题 ... 57

第4章 道桥工程概预算 ... 59
4.1 投资额测算体系与概预算项目 ... 59
4.2 概预算文件的作用及组成 ... 65

4.3 基础单价计算 ·· 71
4.4 建筑安装工程费与实物指标计算 ·· 74
4.5 概预算其他有关费用的计算 ·· 89
4.6 概预算文件的编制与审查 ··· 99
本章复习题 ··· 109

第5章 道桥工程招投标 ·· 111
5.1 道桥工程招投标概述 ·· 111
5.2 道桥工程招标 ·· 113
5.3 道桥工程投标 ·· 130
本章复习题 ··· 150

第6章 道桥工程施工组织设计 ·· 151
6.1 施工组织设计概述 ·· 151
6.2 道桥施工方案 ·· 158
6.3 道桥施工时间组织计划的编制 ··· 167
6.4 道桥施工临时工程及供水、供电、供热计划 ······································ 180
6.5 道桥施工平面图设计 ·· 192
本章复习题 ··· 198

第7章 施工网络计划技术 ·· 200
7.1 网络计划概述 ·· 200
7.2 双代号网络计划时间参数计算 ··· 203
7.3 时标网络图的绘制 ·· 221
7.4 单代号网络图的绘制与计算 ·· 225
7.5 网络计划的优化 ··· 228
本章复习题 ··· 239

第8章 进度计划控制 ·· 242
8.1 进度计划控制概述 ·· 242
8.2 进度计划监测与调整 ·· 250
8.3 实际进度与计划进度的比较方法 ·· 252
8.4 调整公路工程建设进度计划方法 ·· 265
本章复习题 ··· 269

附录一 概、预算项目表 ·· 270

附录二	全国冬季施工气温区划分表	288
附录三	全国雨季施工雨量区及雨季期划分表	292
附录四	全国风沙地区公路施工区划表	296
附录五	公路交工前养护费指标	297
附录六	封面、目录及概(预)算表格样式	298
附录七	绿化补助费指标	310
附录八	冬雨季及夜间施工增工百分率、临时设施用工指标	311
附录九	设备与材料的划分标准	312

参考文献 ……………………………………………………………………… 315

第1章 道桥建设内容及施工程序

基本要求：通过本章学习，了解道桥基本建设投资的来源；熟悉道桥工程建设的内容和特点；掌握道桥工程基本建设程序、程序中每个环节需要编制的造价文件、道桥工程的施工程序。

重　　点：道桥工程的内容、基本建设程序及相关的造价文件、施工程序。

难　　点：道桥工程的基本建设程序及相关的造价文件、施工程序。

　　道路运输是随着现代汽车的诞生而产生的，初期主要承担短途运输任务，第二次世界大战后，进入长途运输领域，道路运输发展迅速。欧美等发达国家已经建成了比较发达的道路网。中国道路建设在1949年以前近半个世纪发展缓慢，其中全国公路的通车里程仅7.5万公里，新中国成立以后，特别是改革开放以来，中国的道路桥梁建设发展得很快，截至2014年底，公路总里程达446.39万公里，其中高速公路里程11.19万公里。我国的高速公路建设虽然起步晚，但是发展迅速，通车里程已居世界第一。《国家公路网规划(2013—2030年)》规划的国家公路网总规模约40万公里，其中国家高速公路共36条，计11.8万公里；普通国道共200条，计26.5万公里。到2030年将建成布局合理、功能完善、覆盖广泛、安全可靠的国家干线公路网线，实现首都辐射省会、省际多线连通、地市高速通达、县县国道覆盖。

1.1 道桥工程建设的内容和特点

1.1.1 道桥工程建设的内容

1）道桥工程的小修、保养

道桥工程在使用中，受到行车和自然因素的作用而不断损坏，如局部坑槽、裂缝等，通过定期和不定期的维修和保养，才能保证道桥的正常使用。小修和保养是道桥建设的重要内容之一。

2）道桥工程大中修与技术改造

由于受材料、结构、设备等功能方面的制约，道桥各组成部分具有不同的寿命。即使经过维修，也不能无限期地使用下去，到一定年限，某些组成部分就会丧失功能，需要更新改造。

另外，对随坡就弯而产生的不良线形改造、路基加宽、路面等级提高等都属于技术改造。

3）道桥工程基本建设

要不断扩大道路运输的能力，就要通过新建、扩建、改建和重建公路4种基本建设形式来实现固定资产的扩大再生产。

道桥工程建设的内容之间既有相同点又有不同点。

相同点是：

(1)都是固定资产再生产不可缺少的组成部分。

(2)都需要消耗一定的人力、物力和财力。

不同点是：

(1)资金来源不同：维修、更新和技改的资金由养路费支付，养路费的征收含在燃油费里。新建项目由基本建设投资支出。

(2)管理方式不同。

①小修保养，由养护部门自行安排和管理。

②大中修与技术改造，由养护部门提出计划，报上级批准，然后自行安排。

③新建、扩建、改建和重建，由省级行政主管部门下达任务，列入基建计划的依国家规定执行。

1.1.2 道桥工程建设的特点

道桥工程形体庞大，占用土地很多，而且是固定的，不能移动。道桥工程的形式和组成是复杂多样的，由于直接受行车作用的影响并且暴露在自然环境中，其中部分结构容易受损。道桥工程的特点决定了道桥工程建设的特点。

1）施工流动性大

道桥建设线长点多，工程数量分布不均匀，其构造物在建造过程中和建成后都无法移动。由于其产品的固定性和严格的施工顺序，因而要组织各类工作人员和各种机械围绕这一固定产品，在同一工作面的不同时间，或同一时间的不同工作面上进行施工活动，因此需要科学地解决这种空间上的布置和时间上的安排两者之间的矛盾。此外，当某一道桥工程竣工后，还要解决施工队伍向新的施工现场转移问题。

道桥施工的流动性,给施工企业的生产管理和生活安排带来很大影响,例如施工基地的建立、施工现场管理、施工人员召集与遣散、施工组织形式、施工运输的经济合理等问题。

2)施工协作性高

道桥工程类型多,施工环节多,工序复杂,每项工程又具有不同功能和不同的施工条件,因而每项工程不仅要进行个别设计,而且要个别组织施工。特别是现代高等级公路,不仅涉及电力、电信工程,而且还包含市政及环保工程。每项工程都需建设、设计、施工与监理等单位的密切配合,需要材料、动力、运输等各个部门的通力协作,因此,施工过程中的综合协调和调度,严密的计划和科学管理就显得特别重要。

3)施工周期长

道桥工程主要包括路基、路面、桥梁、涵洞、隧道等工程,产品形体特别庞大,产品固定而又具有不可分割性,施工周期长。在较长时间内大量占用和耗费人力、物力和财力,直到整个施工周期完结,才能出产品。即使借助现代化施工机械完成高等级公路,在满足工程质量及技术标准的条件下,一条百余公里高速公路也需要3年左右工期。由于施工期内经历一年四季气候的变化,需要针对不同的气候、季节采取不同措施进行施工管理,保证工程质量与进度。

在施工过程中,要求我们统筹安排,遵守施工程序,科学合理地组织施工。各阶段、各环节必须有条不紊地组织起来,在时间上不间断,空间上不脱节。如果施工的连续性受到破坏或中断,必然会拖延工期,大量占用资金,造成人力、物力、财力的浪费。

4)受外界干扰及自然因素影响大

道桥施工穿越乡村与城镇,与当地政府及居民利益紧密相关,现场的一切行动直接影响当地生活与生产,因此协调地方关系成为现场管理不可或缺的工作。另外,道桥工程施工大部分是露天作业,受自然条件,如气候冷暖、地势高低、洪水、雨雪等的影响较大。设计变更、地质情况、物资供应条件、环境因素等对工程进度、工程质量、成本等都有很大影响,且由于道桥部分结构的易损性,需不断进行维修养护,才能维持正常的使用性能。

道桥建设的上述特点,决定了道桥施工活动的特有规律,研究和遵循这些规律,对科学地组织与管理道桥工程施工,提高道桥建设的经济效益具有重要意义。

1.2 道桥工程基本建设

1.2.1 道桥基本建设的定义

基本建设是国民经济各部门为了扩大再生产而进行的增加固定资产的建设工作。为了适应国民经济发展和生产、流通领域的需要,对道桥进行新建、改建、扩建与重建,以不断扩大公路运输能力,这是在道路运输业中道桥固定资产扩大再生产的主要形式,称之为道桥基本建设。

1.2.2 道桥基本建设的内容

1)建筑安装工程

建筑安装工程包括建筑工程、设备安装工程。建筑工程包括路基、路面、桥涵等的建设,设备安装工程包括高速公路、大型桥梁所需各机械、设备、仪器的安装及测试等工作。

2）设备、工具、器具的购置

这是指为满足公路的运营、管理、养护需要购置的设备、工具、器具。它包括渡口设备、隧道照明、通风的动力设备、高级公路的监控设备，养护用机械、设备和工具、器具等的购置。

3）其他基本建设工作

如勘察、设计、征地、拆迁等。

1.2.3　道桥基本建设的项目组成

1）基本建设项目（简称建设项目）

每项基本建设工程就是一个建设项目。建设项目一般是指有计划任务书和总体设计，经济上实行独立核算，行政上具有独立组织形式的建设单位。在我国基本建设中，通常以一个企业、事业单位，或一个独立工程作为一个建设项目，如运输建设方面的一条公路、一条铁路、一个港口，工业建筑方面的一个矿井，等等。

2）单项工程（又称工程项目）

它是建设项目的组成部分。一个建设项目可以是一个单项工程，也可以包括许多单项工程。所谓单项工程是指具有独立设计文件，竣工后可以独立发挥生产能力或效益的工程。如某道桥建设项目中的独立大、中桥梁工程，某隧道工程等。

3）单位工程

单位工程是单项工程的组成部分。一般指不能独立发挥生产能力或效益，但具有独立施工条件的工程。如隧道单项工程可分为土建工程、照明和通风工程等单位工程；一条道桥的路线工程、桥涵工程等单位工程。

4）分部工程

分部工程是单位工程的组成部分，一般是按照单位工程的各个部位划分的。例如：基础工程，桥梁上、下部工程、路面工程、路基工程等。

5）分项工程

分项工程是分部工程的组成部分，一般是按照工程的不同结构、不同材料和不同施工方法等因素划分的。如基础工程可划分为围堰、挖基、基础砌筑、回填等分项工程。分项工程的独立存在是没有意义的，它只是建筑或安装工程的一种基本的构成因素，是为确定建筑及设备安装工程造价而划分的一种产品。

1.2.4　道桥基本建设程序

基本建设项目从策划、选择、评估、决策、设计、施工、竣工验收到投入生产或交付使用的整个建设过程中，各项工作必须遵循的先后工作次序称为基本建设程序。基本建设程序是基本建设过程中各环节、各步骤之间客观存在的、不可颠倒的先后顺序，是由基本建设项目本身的特点和客观规律决定的。进行基本建设时，坚持按科学的基本建设程序办事，是关系基本建设工作全局的一个重要问题，也是按照自然规律和经济规律管理基本建设的一项根本原则。

基本建设涉及面广，既受地质、气候、水文等自然条件的严格制约，又受资源供应、技术水平等物质技术条件的影响，同时还需要各个部门、各个环节的协作配合，并且要求按照既定的需要和科学的总体设计进行建设。因此，完成一项基本建设工程，必须按照规定的程序开展各个方面的工作,才能达到预期的效果,否则就会造成不必要的经济损失,甚至给工程带来严重的后果。

道桥基本建设程序是:根据国民经济长远规划及公路网建设规划,提出项目建议书;通过调查,进行可行性研究,编制可行性研究报告;可行性研究报告经批准后,进行初步设计;初步设计经批准后进行施工图设计;设计文件经审批后组织施工;施工完成后,进行竣工验收,最后交付使用。这些程序必须依次进行,逐步实施。不完成上一环节,就不能进行下一阶段的工作。

现将道桥基本建设程序中各环节的具体内容分述如下。

1) 项目建议书

项目建议书是建设单位根据国民经济和社会发展的长远规划、公路网建设规划、地区规划,结合项目的资源条件、生产力布局状况和市场预测等,经过调查研究、分析提出的项目建设轮廓设想和建议的书面文件。

项目建议书的主要内容是:项目提出的依据、必要性,建设规模,建设初步地点,主要技术标准,建设条件,投资估算和资金筹措方案,建设预计工期,经济效益和社会效益初步评价。

项目建议书一般由建设单位提出或委托专业机构编制,上报主管部门后由主管部门转报有权审批部门审批。项目建议书经有权审批部门审批后,可以进行详细的可行性研究工作。

2) 可行性研究

项目建议书一经批准,即可进行可行性研究。可行性研究是指在项目决策前,通过对有关的工程、技术、经济等各方面进行调查、研究、分析,对各种可能的建设方案和技术进行比较和论证,由此考察项目技术上的先进性和适用性、经济上的盈利性和合理性,以及建设的可能性和可行性的一种科学的分析方法。可行性研究是项目前期工作的最重要环节,它从项目建设和生产经营的全过程考察分析项目的可行性,其目的是回答项目是否有必要建,是否可以建设和如何进行建设的问题,其结论为投资者的最终决策提供直接的依据。而且,凡大中型工程、高等级公路及重点工程建设项目(含国防、边防公路),均应对其进行可行性研究,对于小型项目可适当简化。凡未经可行性研究的项目,一律不予审查报批。

可行性研究按工作深度,划分为预可行性研究和工程可行性研究两个阶段。预可行性研究应重点阐明建设项目的必要性,通过踏勘和调查研究,提出建设项目的规模和技术标准,并进行简要的经济效益分析。工程可行性研究,应通过必要的测量(高速公路、一级公路必须)、地质勘探(大桥、隧道及不良地质地段等),在认真调查研究,拥有必要资料的基础上,对建设方案从经济上、技术上进行综合论证,提出推荐建设方案。工程可行性研究报告经审查作为初步测量及编制初步设计文件的依据。工程可行性研究的投资估算与初步设计概算差,应控制在 10% 以内。

道桥建设项目可行性研究报告的主要内容有:

(1) 建设项目依据、历史背景。

(2) 建设地区的交通运输现状,建设项目在交通运输网中的地位及作用。

(3) 原有道桥的技术状况及通行程度。

(4) 论述建设项目所在地区的经济状况,研究建设项目与经济发展的内在联系,预测交通量、运输量的发展水平。

(5) 建设项目的地理位置、地形、地质、地震、气候、水文等自然特征。

(6)筑路材料来源及运输条件。

(7)论证不同建设方案的路线起讫点和主要控制点、建设规模、标准,提出推荐意见。

(8)评价建设项目对环境的影响。

(9)测算主要工程数量、征地拆迁数量,估算投资,提出资金筹措方式。

(10)提出勘测设计、施工计划安排。

(11)确定运输成本及有关经济参数,进行经济评价、敏感性分析;对收费公路、桥梁、隧道尚需作财务分析。

(12)评价推荐方案,提出存在的问题和有关建议。

3)初步设计

道桥工程基本建设项目一般采用两阶段设计,即初步设计和施工图设计。对于技术简单、方案明确的小型建设项目,可采用一阶段设计,即一阶段施工图设计。对于技术复杂而又缺乏基础资料和经验的建设项目,或建设项目中的特大桥、互通式立体交叉、隧道、高速公路和一级公路的交通工程及沿线设施中的机电设备工程等,必要时可采用三阶段设计,即初步设计、技术设计和施工图设计。

初步设计应根据批复的可行性研究报告、测设合同及勘测资料进行编制。初步设计的内容依据项目的类型不同而有所变化,一般包括拟定修建原则、选定设计方案、计算主要工程数量、提出施工方案意见、编制设计概算、提供文字说明及图表资料。初步设计文件应当满足编制施工招标文件、主要设备材料订货和编制施工图设计文件的需要,它是下一阶段施工图设计的基础。

初步设计文件经审查批准后,可为订购和调拨主要材料、机具、设备,安排有关重大科研试验项目,联系征用土地、拆迁等提供筹划资料。同时,其也是国家控制建设项目投资及编制施工图设计文件或技术设计文件(采用三阶段设计时)的依据。

4)施工图设计

通过招标、比选等方式择优选择设计单位进行施工图设计。施工图设计的主要内容是根据批准的初步设计,绘制出正确、完整和尽可能详尽的建筑安装图纸。其设计深度应满足设备材料的安排和非标设备的制作,建筑工程施工要求等。施工图设计文件的审查备案是应将施工图报有资质的设计审查机构审查,并报行业主管部门备案,聘请有预算资质的单位编制施工图预算。

5)施工建设准备阶段

施工建设准备阶段首先要编制项目投资计划书,并按现行的建设项目审批权限进行报批。其次是建设工程项目报建备案,省重点建设项目、省批准立项的涉外建设项目及跨市、州的大中型建设项目,由建设单位向省人民政府建设行政主管部门报建;其他建设项目按隶属关系由建设单位向县以上人民政府建设行政主管部门报建。最后是建设工程项目招标,业主自行招标或通过比选等竞争性方式择优选择招标代理机构;通过招标或比选等方式择优选定设计单位、勘察单位、施工单位、监理单位和设备供货单位,签订设计合同、勘察合同、施工合同、监理合同和设备供货合同。

为了保证工程的顺利进行,在施工准备阶段,建设单位、勘测设计单位、施工单位、工程监理单位和建设银行应分别做好下列准备工作。

(1)建设单位:组建专门的管理机构;准备必要的施工图纸;组织招标投标(包括监理、施工、设备采购、设备安装等方面的招标投标)并择优选择施工单位,签订施工合同;办理登记及征地拆迁;做好施工沿线有关单位和各部门的协调工作。

(2)勘测设计单位:应按照技术资料供应协议,按时提供各种图纸资料,做好施工图纸的会审及移交、交底工作。

(3)施工单位:首先要组织人员力量核对设计文件,进行补充调查和施工测量;编好实施性施工组织设计和施工预算;安排好施工所需的劳动力、材料、机械、工具和生活供应等工作;组织材料及物资采购、加工、运输、供应、储备等工作;提出开工报告,报请监理和业主批准。施工中涉及与其他部门有关的问题,应事先联系,签订协议。

(4)工程监理单位:组织满足协议规定和工作需要的监理人员进驻工地,配备足够数量的试验设备,并建立监理试验室;熟悉合同文件,进行现场复查和施工环境调查;制订监理办法、计划、监理程序和监理实施细则以及监理用表;审批承包人的施工组织计划、质量保证体系,人员、设备投入,检查进场材料和工程现场占地,验收施工放线等施工准备工作。

6)建设实施阶段

施工准备工作完成后,施工单位应严格按照上级下达的开工日期或承包合同规定的开工日期进行施工。在施工过程中,施工单位应严格按照设计要求和施工规范,遵照施工程序合理组织施工,确保工程质量和施工安全,并大力推广应用新工艺、新技术,努力缩短工期,降低工程造价,同时应注意做好施工记录,建立技术档案。

工程完成后,由业主组织进行交工验收,主要是检查施工合同的执行情况,评价该工程质量,对各参建单位进行初步评价,确定缺陷责任期整改计划。

7)竣工验收阶段

竣工验收是道桥工程建设过程重要的一个环节,是全面考核工程建设成本、检验设计和施工质量的重要步骤,也是项目由建设转入使用的标志。竣工验收的范围和标准,根据国家现行规定,凡新建、扩建、改建的基本建设项目和技术改造项目,按批准的设计文件所规定的内容建成,符合验收标准的,必须及时组织验收,办理固定资产移交手续。通过竣工验收,一是检验设计和工程质量,保证项目按设计要求的技术经济指标使用;二是有关部门和单位可以总结经验教训;三是建设单位对经验收合格的项目可以及时移交固定资产,使其由建设系统转入投入使用。按照中国人民建设银行《关于基本建设项目竣工验收暂行规定》和交通运输部颁发的《公路工程竣(交)工验收办法》的要求,认真负责地对全部基本建设工程进行总验收。

竣工验收包括对工程质量、数量、期限、生产能力、建设规模、使用条件的审查,以及对建设单位和施工企业编报的固定资产移交清单、隐蔽工程说明和竣工决算等进行细致的检查。竣工验收依据包括批准的可行性研究报告、初步设计、施工图和设备技术说明书、现场施工技术验收规范以及主管部门有关审批、修改、调整文件等。

当全部基本建设工程经过验收合格,完全符合设计要求后,应立即移交给生产部门正式使用,迅速办理固定资产交付使用的转账手续,加强固定资产的管理。

8)道桥建设项目后评价

道桥建设项目后评价是指在道桥通车运营2~3年后,用系统工程的方法,对建设项目决策、设计、施工直至通车运营的各阶段工作及其变化的成因,进行全面的跟踪、调查、分析和评价的工作。通过建设项目后评价以达到肯定成绩、总结经验、研究问题、吸取教训、提出建议、改进工作、不断提高项目决策水平和投资效果的目的。交通运输部于2011年11月28日修订了 96 版的《公路建设项目后评价报告编制办法》，对后评价工作的内容进行了规范性阐述。

道桥建设项目后评价报告的主要内容包括建设项目的过程评价、建设项目的效益评价、建设项目的影响评价和建设项目目标持续性评价。

1.2.5 道桥基本建设投资

道桥工程基本建设投资是指基本建设项目从筹建到竣工验收、交付使用的全部建设费用。道桥工程基本建设投资的来源主要有：

1）国家投资

国家投资是由政府直接安排预算进行投资，国家的财政部门通过财政拨款的方式把资金分期拨给建设单位。国家投资建设的道桥工程是不收费的。

2）地方投资

除国家投资以外，各地区根据自己的情况自筹资金进行道桥工程的建设。

3）银行贷款

改革开放以后，道桥工程的建设开始利用银行贷款，其中有国际银行贷款，也有国内银行贷款，政府对于贷款的额度和贷款的期限有相关的规定。利用银行贷款进行修建的道桥工程要有一定的期限进行收费，来偿还银行的贷款本息。

4）国外资金

国外的银行贷款实际上也属于国外资金，除此以外，还有国外政府的贷款，以及中外合资经营、发放国外债券等。

5）其他资金来源

道桥工程建设需要的资金量很大，为了弥补国家建设资金的不足，国家制定了一些相关的政策作为建设资金的补充，如发行股票、发行债券、允许集资修建道桥工程等。

1.3 道桥施工程序

道桥施工规模大、技术复杂、质量要求高、工期紧，耗费的资源比较多。因此，在施工生产过程中合理组织生产诸要素，严格按施工程序进行施工，科学地做好施工组织工作，对完成道桥工程建设任务具有十分重大的意义。道桥施工程序是指施工单位从接受施工任务到工程竣工阶段必须进行的工作顺序。在现在的建筑市场中，施工企业大部分是通过投标获得施工任务的，建设单位经过招标、评标工作，决定中标企业来承担工程项目的施工。

道桥施工程序一般包括接受施工任务、签订工程承包合同、施工准备工作、组织施工及竣工验收等阶段。

1.3.1 签订工程承包合同

施工单位获得施工任务通常有以下 3 种方式：一是上级主管单位统一布置施工任务，按计划安排进行；二是经主管部门同意后，对外接受施工任务；三是参加投标，中标后获得施工任务。随着我国社会主义市场经济体制的发展和招投标制度的不断完善，施工单位接受施工任务将主要通过参加市场投标的方式获得。接受施工任务时，施工单位首先应该查证核实工程项目是否有批准的可行性研究报告、初步设计(或施工图设计)及概(预)算文件等。接受施工任务,是以签订工程承包合同为准。因此,施工单位承担工程项目时,必须同建设单位签订工程承包合同,明确双方的经济、技术责任。合同一经签订,即具有法律效力,双方要严格按合同执行。

施工单位只有通过和建设单位签订工程承包合同,才能最终从法律的角度上确定承担工程的建设。建设单位和施工单位必须都要重视合同的签订,明确彼此的责任和义务,共同保证工程的质量、进度、成本和安全等目标。

施工承包合同内容一般包括工程概况、承包的依据、承包方式、工程质量、施工工期、开(竣)工日期、工程造价、技术条款、物资供应、工程拨款与结算方式、违约责任、奖罚条款和各自应做的准备工作及配合协作关系等。

1.3.2 施工准备

施工准备的意义在于:为拟建工程的施工建立必要的技术和物质条件,统筹安排施工力量和现场;是施工企业做好目标管理,推行技术经济承包的依据;编制施工组织设计以保证工程建设的顺利进行;发挥企业优势、合理资源供应,加快施工速度、提高工程质量、降低工程成本。

1)技术准备

技术准备是施工准备工作的核心。由于任何技术上的差错或隐患都可能造成生命、财产和经济的巨大损失,因此,必须认真地做好技术准备工作。

(1)熟悉、审查施工图纸和有关设计资料。

①审查施工图设计是否完整、齐全,以及施工图纸和设计资料是否符合国家有关法律、法规和规范要求。

②审查施工图纸与说明书在内容上是否一致,以及施工图纸与其各组成部分之间有无矛盾和错误。

③审查设计文件所依据的水文、地质、气象、岩土等资料是否准确、可靠、齐全。

④审查路基平纵横断面、构造物总体布置和桥涵结构物形式等是否合理,相互之间是否有矛盾和错误之处。

⑤核对路线中线、主要控制点、转角点、水准点、三角点、基线等是否准确无误;重要构造物的尺寸、孔径大小等是否恰当,能否采用新技术或使用新材料。

⑥审查施工方法、运输方式、道路条件等是否符合实际情况。

⑦审查施工平面图中临时房屋、便道、便桥、电力、电信设施、料场分布、临时供水、供电等场地布置是否恰当。

⑧审查路线或构造物与农田、水利、铁路、公路、电信、管道、航道及其他建筑物的互相干扰情况和解决办法是否恰当,干扰能否避免,特别应注意与历史文物纪念地、民族特殊习惯区域的干扰问题。

⑨审查施工图纸中技术复杂、施工难度大的分部分项工程或新结构、新材料、新工艺,检查现有施工技术水平和管理水平能否满足工期和质量要求,并采取可行的技术措施加以保证。

⑩审查对工程地质不良地段采取的处理措施,以及对水土流失、环境影响的处理措施。

⑪明确建设期限、分期分批施工或交付使用的顺序和时间,以及施工项目所需主要材料、

设备的数量、规格、来源和供货日期。

⑫明确建设、设计、监理和施工等单位之间的协作、配合关系,以及建设单位可以提供的施工条件。进行现场核对时,对发现的设计不合理或错误之处,应提出修改意见并报上级机关审批,根据批复的修改设计意见进行施工测量、修改设计、补充图纸等工作。

(2)原始资料的调查分析。

为了做好施工准备工作,除了要掌握有关施工项目的书面资料外,还应该对施工项目进行实地勘测和调查,获得有关数据的第一手资料,这对于拟定一个先进合理、切合实际的施工组织是非常必要的。调查工作主要包括自然条件调查和技术经济条件调查两个方面。本部分内容将在第6章施工组织设计章节详细阐述。

(3)编制施工预算。

施工预算是在施工阶段,在施工图预算的控制下,施工单位根据中标后的合同价、施工组织或施工方案、施工图纸、施工定额等文件进行编制的,它直接受中标后合同价的控制。施工预算是施工单位进行成本控制与成本核算的依据,也是施工单位进行劳动组织与安排,以及进行材料和机械管理的依据,对施工组织和施工生产有着极为重要的作用。

(4)编制中标后的施工组织设计。

中标后的施工组织设计是施工准备工作的重要组成部分,也是指导施工现场全部生产活动的技术经济文件。道桥工程施工生产活动是非常复杂的创造物质财富的过程,为了正确处理主体与辅助、工艺与设备、专业与协作、供应与消耗、使用与维修以及它们在空间布置、时间安排之间的关系,必须根据拟建工程的规模、结构特点和建设单位的要求,在对原始资料进行调查分析的基础上,编制出一份能切实指导该工程全部施工活动的科学方案。

2)施工现场准备

根据设计文件和已编制的实施性施工组织进行施工现场的准备工作。它主要是为了给施工项目创造有利的施工条件和物质保证。其具体内容如下:

(1)清除各种障碍物,做好"三通一平"工作。

(2)搭建各种临时设施。

(3)进行施工测量,做好施工放样;建立工地试验室,进行各种建筑材料试验和土工试验,为施工提供可靠数据。

3)物资准备

物资准备工作主要包括建筑材料准备、构(配)件及制品加工准备、施工机械及机具设备准备。

(1)建筑材料准备。

建筑材料的准备主要是按照施工进度计划要求,按材料名称、规格、使用时间进行汇总,编制出材料需要量计划,为组织备料、确定仓库及所需堆放场地的面积和组织运输等提供依据。

(2)构(配)件及制品加工准备。

确定构(配)件及制品的加工方案、供应渠道及进场后的储存地点和方式,编制出其需要量计划,为组织运输、确定堆场面积等提供依据。

(3)施工机械及机具设备准备。

根据采用的施工方案,确定施工机械的类型、数量和进退场时间;确定施工机具的供应办法和进场后的存放地点和方式,为组织运输和确定堆场面积等提供依据。

4)劳动组织准备

劳动组织准备工作主要包括施工机构设置、施工队伍集结、进场和开工上岗前的政治思想工作以及安全技术教育工作。

(1)设立施工项目领导机构及施工队组。

根据施工项目的规模、结构特点和复杂程度,确定施工项目的领导机构人选;根据专业、工种确定合理的施工队组;技工、普工的比例要满足流水施工组织方式的要求。

(2)集结施工力量,组织劳动力进场。

确定工地的领导机构之后,按照开工日期和劳动力需要量计划,组织劳动力进场。同时对职工要进行安全、防火和文明施工等方面的教育,并安排好其生活。

(3)建立健全各项管理制度。

工地的各项管理制度是否建立健全,直接影响其各项施工活动能否顺利进行。为此,必须建立有效的、长期的、全面的工地各项管理制度。

以上各项准备工作完成后,即可向建设单位或监理工程师提交开工报告。开工报告批准后,方可正式施工。

1.3.3　组织施工

施工中要对施工质量、成本、进度和安全等进行全方位的控制。组织施工应具备的文件有:设计文件、施工规范和技术操作规程、各种定额、施工图预算、施工组织设计、道路工程质量检验评定标准和施工验收规范。

(1)施工准备就绪后,向监理工程师提交开工报告,经同意后即可开工。

开工报告的内容主要有:

①施工组织设计(监理审批)。

②施工放样合格(监理审批)。

③材料报验合格(监理审批)。

④机械设备报验合格。

⑤必需的流动资金已落实。

⑥自检质量保证体系已建立。

(2)按施工顺序和施工方法进行施工,控制工期、投资和质量。

(3)组织施工时应具备的文件主要有:

①设计文件。

②施工规范和技术操作规程。

③各种定额。

④施工图预算。

⑤施工组织设计。

⑥道桥工程质量检验评定标准和施工验收规范。

1.3.4　竣工验收

1)竣工验收

工程完成后,应及时完成竣工图纸的绘制和竣工资料的汇编工作,按照业主的要求提交竣工验收申请,由业主组织实施竣工验收工作。

2)竣工验收的依据

按国家现行规定,竣工验收的依据是经过上级审批机关批准的可行性研究报告、初步设计或技术设计、施工图纸和说明、设备技术说明书、招标投标文件和工程承包合同、施工过程中的设计变更签证、现行的施工技术验收标准及规范,以及上级主管部门有关审批、修改、调整的文件等。

3)竣工验收的准备

竣工验收的准备主要有三方面的工作：一是整理技术资料。施工单位应将技术资料进行系统整理,由建设单位分类立卷,交由生产单位或使用单位统一保管。技术资料主要包括土建方面、安装方面及各种有关的文件、合同和试生产的情况报告等。二是绘制竣工图表。竣工图表必须准确、完整、符合归档要求。三是编制竣工决算。建设单位必须及时清理所有财产、物资和应收回的资金,编制工程竣工决算,分析概(预)算执行情况,考核投资效益,按规定报财政部门审查。

竣工验收必须提供的资料文件主要有：项目的审批文件、竣工验收申请报告、工程决算报告、工程质量检查报告、工程质量评估报告、工程质量监督报告、工程竣工财务决算批复、工程竣工审计报告以及其他需要提供的资料。

4)竣工验收

竣工验收是指检查施工合同的执行情况,评价工程质量是否符合技术标准及设计要求,是否可以移交下一阶段施工或者是否满足通车要求,对各参建单位工作进行初步评价。竣工验收要综合评价工程建设成果,对工程质量、参建单位和建设项目进行综合评价。按国家现行规定,根据项目的规模大小和复杂程度,建设项目的竣工验收可分为初步验收和竣工验收两个阶段。规模较大、较复杂的建设项目应先进行初验,然后进行全部建设项目的竣工验收。规模较小、较简单的项目,可以一次进行全部项目的竣工验收。

建设项目全部完成,经过各分项工程的验收,符合设计要求,并具备竣工图表、竣工决算、工程总结等必要文件资料后,由项目主管部门或建设单位向负责验收的单位提出竣工验收申请报告。

竣工验收要根据工程规模的大小和复杂程度组成验收委员会或验收组。验收委员会或验收组负责审查工程建设的各个环节,听取各有关单位的工作总结汇报,审阅工程档案并实地查验建筑工程和设备安装工程,并对工程设计、施工和监理等方面做出全面评价。对初验时有争议的工程及确定返工或补做的大桥、隧道工程和大型构造物,应全面检查和复测。对高填、深挖、急弯、陡坡等路段,应重点抽查。对小桥涵及一般构造物,一般路段路基、路面及排水和安全设施等,可采取随机抽查的方式进行检查。检查过程中,必要时可采用挖探、取样试验等手段,对不合格的工程不予验收。对遗留问题应提出具体解决意见,限期落实完成。最后经验收委员会或验收组一致通过,形成验收鉴定意见书。验收鉴定意见书由验收会议的组织单位印发给各有关单位执行。

竣工验收的内容主要包括：

(1)成立竣工验收委员会。

(2)听取项目法人、设计单位、施工单位、监理单位的工作报告。

(3)听取质量监督机构的"工作报告"及"工程质量鉴定报告"。

(4) 检查工程实体质量、审查有关资料。
(5) 按交通运输部规定的办法对工程质量进行评分,并确定工程质量等级。
(6) 按交通运输部规定的办法对参建单位进行综合评价。
(7) 形成并通过"竣工验收鉴定书"。

1.4 道桥施工现场的组织管理

施工组织管理在我国经历了几个阶段:20 世纪 70 年代,是完成上级下达的行政任务。20 世纪 80 年代,所有活动都在政府部门的管理下进行。特点是造价低、矛盾少、便于指挥、质量可靠,但工程技术等级低、进度慢,工程规模小、工期长。20 世纪 90 年代,引进大量的国外管理理论,理论与技术活跃,标准日趋完善,建筑市场管理趋于规范;但项目管理的实际运用跟不上理论。进入 21 世纪,理论被充分运用,效益提高,政企分开。市场有待于进一步规范,目前我们期待着施工组织管理的现代化。

1.4.1 施工组织管理现代化

1) 组织管理思想现代化

施工组织管理现代化是一个完整的体系,其中管理思想现代化是前提,处于主导地位。主要包括:要树立社会主义市场经济的思想;要树立按照客观经济规律办事的思想。

2) 组织管理机制现代化

现场的运行机制是:在一个有效的约束与诱导的环境条件下,在管理系统内部各因素的相互作用下,项目经理作为行为主体,为实现自己的目标而顺应客观经济规律,充分发挥其功能,推动各项工作有序地、协调地运载的系统。

一个完善的、科学的企业现代化管理机制能充分发挥企业的管理职能,通过计划、组织、指挥、控制、协调等管理职能使人们明确努力的目标,调动积极性去实现其目标。施工现场管理机构的现代化在现代化管理中处于中心位置,是重点,同时也是难点。

3) 现场管理现代化

现场管理现代化就是建立适应生产力发展水平的科学的项目管理体制;建立科学完善的组织机构,合理划分管理部门和管理层次,以及各级管理组织的权责;能有效地协调运作;组织生产,优化劳动组织并提高功效。

4) 组织方法的现代化

根据项目特点,选择和采用现代化组织方法,提高经营管理水平。实现组织方法现代化,就是运用系统论、信息论、控制论及优化理论,分析法律方法、经济方法、行政方法、数学方法,建立完善的管理方法体系。

随着组织管理水平的不断提高,现代管理技术层出不穷,施工企业应根据实际条件和经营管理的实际需要灵活选用。

5) 组织手段现代化

组织手段现代化,要求装备并运用先进的管理手段对项目进行管理。如以计算机为基本手段的现代化管理系统、现代信息交流手段、现代检测手段等。

6) 组织管理人员现代化

管理人员的知识与技能是现代化组织管理的基本条件，项目管理需要各方面知识丰富以及专业技能熟练的项目管理专家，这是现场组织管理的特殊性所决定的。

1.4.2　施工组织的现场管理者

一个道桥工程项目的实施，涉及政府、地方以及专业技术等各方面的管理力量。就施工现场的组织管理来说，业主、监理、承包人和政府主管部门四方面对现场形成全方位管理。

1) 业主对现场的施工组织管理

业主是指执行某建设项目投资计划的单位，或其指定的负责管理本建设项目的代表机构，以及取得该当事人（单位）资格的合法执行者（单位）。道桥工程项目的建设单位，就是现在流行的"业主"一词，但内涵与功能发生了很大变化。道桥工程建设单位是计划经济时期由交通厅或公路局作为政府职能部门，在项目的立项、设计、招投标、施工管理、后期养护等活动中，起到筹划、组织和决定作用的临时组建领导集体。

目前充当道桥建设项目业主角色的有主管交通的职能部门，如交通运输厅、高速公路管理局、公路管理局等；也有国有企业独资的单一企业或合资的多家企业；甚至有私有企业独资的单一企业或合资的多家企业，如 BOT 项目。对于地方公路建设，业主还可以是地方政府或其指定的管理单位。

业主主要对道桥沿线的地方政府、红线内及其附近居民进行协调管理；保证各标段承包人有正常的施工环境；保证给承包人按时支付工程款项；协调处理各种地方矛盾，保证监理费用及时到位；始终关注整个项目的进度、质量、费用按计划运行；确保项目按期竣工，尽早进入投资回收期。

2) 工程监理对现场的施工组织管理

监理工程师是指业主为实施该项目所委托的承担该项目监理工作的独立法人。根据 FIDIC 条款规定，监理工程师具有特定的权利和义务，是业主在项目实施过程中具有独立工作权利的第三方。我国道桥工程项目在实施过程中的现场管理，采用的是政府监督与社会监理相结合的模式。

监理工程师的管理工作在现场管理的主要范围包括：协调处理业主与承包人之间的矛盾；解决承包人施工中的技术困难；监控承包人施工的进度、质量、费用、安全、环保等目标；协助业主完成计量支付；为业主及承包人提供咨询服务。

3) 施工企业对现场的施工组织管理

项目经理所领导的现场管理人员，围绕着该项目，利用有限资源，调动工人、技术人员积极性，变不利的地形、地貌、水文气象等条件为有利因素，克服各种地域、生活、环境困难，利用现代管理手段，降低工程造价，提高经济效益，创造优良工程。

现场管理包括：进度、质量、费用、安全等目标控制，人工、材料、机械等资源的合理均衡使用，施工季节、工序衔接等时间的优化，施工现场平面的合理布置，临时设施规模、位置的合理确定，各种施工方案、施工方法的技术、经济比较，经理部、施工队、工作班组的机构设置和人员调整等。

4) 国家主管部门对施工现场的组织管理

在项目实施的前期,国家主管部门在对项目论证立项时,最直接的管理部门是交通运输部或交通运输厅,除此之外还有国家或省级发展和改革委员会。

项目招投标后进入现场施工管理阶段,政府对现场施工的管理主要由相关事业单位执行,如各级交通工程质量监督站、交通工程造价站,以及对道桥工程施工现场技术指导的相关设计单位。

质量监督站代表政府部门对工程质量进行直接干预,督促各承包人甚至业主按照有关技术规范、标准执行。

1.4.3　施工现场组织管理的任务与内容

1)现场施工管理的基本任务

现场施工管理的基本任务是根据生产管理的普遍规律和施工的特殊规律,以每一个具体工程(建筑物或构筑物)和相应的施工现场为对象,正确地处理好施工过程中的劳动力、劳动对象和劳动手段的相互关系及其在空间布置上和时间安排上的各种矛盾,做到人尽其才,物尽其用,多快好省、安全地完成施工任务,为国家提供更多、更好的建筑产品。

2)现场施工管理的基本内容

(1)编制施工作业计划并组织实施,全面完成计划指标。

(2)做好施工现场的平面组织,合理利用空间,创造良好的施工条件。

(3)做好施工中的调度工作,及时协调各专业及各工种之间、总包与分包之间的关系,组织交叉施工。

(4)做好施工过程中的作业准备工作,为连续施工创造条件。

(5)保护施工环境,节约社会资源,建设优良工程。

(6)科学合理地设置管理机构,保证现场管理全面协调运作。

(7)认真填写施工日志和施工记录,为交工验收和技术档案积累资料。

3)道桥施工组织管理的任务

(1)确定开工前的各项准备工作。

(2)计算工程量及各种资源需要量。

(3)确定施工方案,选择施工机具。

(4)安排施工顺序,编制施工进度计划。

(5)进行施工场地的平面布置。

(6)制订确保工程质量及安全生产的有效技术措施。

本章复习题

1. 道桥工程建设的内容包括哪些?
2. 简述道桥工程的内容之间有哪些相同点?哪些不同点?
3. 道桥工程建设的特点是什么?

4. 道桥基本建设的内容是什么？
5. 道桥基本建设程序包括哪些阶段？
6. 道桥工程基本建设投资的来源有哪些？
7. 施工承包合同一般包括哪些内容？
8. 施工准备的意义是什么？
9. 竣工验收的依据是什么？
10. 竣工验收的内容包括哪些？

第2章 施工组织原理

本章导读

基本要求：通过本章学习,了解道桥工程施工过程的划分、组织的内容;熟悉道桥工程施工组织的原则,施工组织方式中顺序作业、平行作业、流水作业的定义及特点;掌握两道工序多项任务的排序、三道工序多项任务的排序、流水施工的参数、全等节拍流水、成倍节拍流水、分别流水、无节拍流水的计算。在掌握约翰逊—贝尔曼法则的基础上,熟练进行两道工序(三道工序)多项任务的排序;在掌握流水参数的基础上,熟练进行各种流水类型的计算。

重　　点：两道工序多项任务的排序、三道工序多项任务的排序,流水施工的参数,全等节拍流水、成倍节拍流水、分别流水、无节拍流水的计算。

难　　点：三道工序多项任务的排序,流水施工的参数,成倍节拍流水、分别流水、无节拍流水的计算。

2.1 施工组织的原则

2.1.1 施工过程的划分

1)按照各种劳动的性质及对产品所起的作用不同划分

(1)施工准备过程:指产品在投入生产前所进行的全部生产技术准备工作。如可行性研究、勘测设计、施工准备等。

(2)基本施工过程:指直接为完成产品而进行的生产活动。如挖基、砌基等。

(3)辅助施工过程:指为保证基本施工过程的正常进行所必需的各种辅助活动。如动力的生产(发电),机械设备维修,材料开采、加工等。

(4)施工服务过程:指为基本施工和辅助施工服务的各种服务过程。如原材料、燃料的供应、运输等。

2)根据施工组织的需要划分

(1)动作与操作:动作是工人在劳动时一次完成的最基本的活动。如整形、碾压、找补。操作是由若干个相互关联的动作组成。如铺料、碾压。

(2)工序:指劳动组织上不可分,施工技术相同的施工过程。它由若干个操作组成。施工组织往往以工序为对象。如垫层、基层、面层。

(3)操作过程:是由几个在技术上相互关联的工序所组成,可以相对独立完成的一种细部工程。如路基、路面、桥涵等。

(4)综合过程:是若干个在产品结构上密切联系,能获得一种产品的施工过程的总和。如一座独立的桥梁,一条路线工程。

下面将一个道桥工程的综合施工过程依次划分,如图2-1所示。

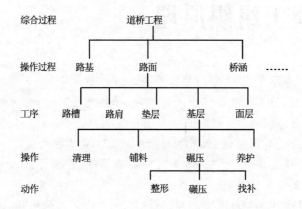

图 2-1 道桥工程综合施工过程的划分

2.1.2 施工组织的原则

1)施工过程的连续性

保持施工过程的连续性有重要的意义:可以缩短工期,减少在制品数量,节约流动资金,避免产品在停放等待中引起损失,对提高劳动生产效率有较大经济意义。

2)施工过程的协作性

各施工环节的人数、生产效率、设备数量等都必须互相协调,使施工中的人力、设备得到充分利用。施工过程的协调性很大程度取决于施工组织设计的正确性。

3)施工过程的均衡性

各个施工环节都应按照施工生产计划的要求,工作负荷保持相对稳定,不发生时松时紧、前松后紧的现象。要安排好施工过程中人力的均衡性、资源的均衡性等。

4)施工过程的经济性

施工组织除了满足技术要求外,也应讲究经济效益。

上述4个方面是相互制约、互为条件的,不可偏重某一方。

2.2 施工的时间组织

施工过程组织包括时间组织、空间组织和资源组织等。时间组织主要解决工程项目的施工作业方式,以及施工作业单位的排序和衔接问题。空间组织主要研究和解决加工厂内部或施工现场各施工作业单位的设置、分布,以及原材料、半成品、构件等的运输路线问题。

道桥工程的时间组织问题是工程施工中首先要解决的问题。

2.2.1 施工的排序

1)两道工序、多项任务的施工排序

假设工程有两道工序、多项任务的情况,为达到工期最短的目的,可以用约翰逊—贝尔曼法则。这个法则的基本思想是:

在 t_{iA} 和 t_{iB} 中挑出其最小值,先行工序排在最前施工,后续工序排在最后施工。挑出一个任务后,任务数减少一个,但仍可以列出上述关系。只是任务数变为 $m-1$ 个而已,排序方法按此顺序进行,最后可得到最佳施工顺序。

[例2-1] 有5座小桥,它们的基础工程分为两个工序,工序工作时间如表2-1所示,求这5座小桥的最优施工顺序、最短工期并绘制施工进度图。

5座小桥的工序持续时间　　　　表2-1

工序＼任务	1号	2号	3号	4号	5号
挖基(A)	4	4	8	6	2
砌基(B)	5	1	4	8	3

解:这是两道工序、多项任务的施工排序问题,采用约翰逊—贝尔曼法则进行排序。

(1)表中2号任务 $t_{2B}=1$ 为最小,是后续工序,2号 任务放在最后施工。
(2)表中5号任务 $t_{5A}=2$ 为最小,先行工序,5号任务放在最前施工。
(3)表中1号任务 $t_{1A}=4$ 为最小,是先行工序,1号 任务放在第二施工。
(4)表中3号任务 $t_{3B}=4$ 为最小,是后续工序,3号 任务放在第四施工。
(5)4号任务放在第三施工。

因此5座小桥的施工顺序为:5号→1号→4号→3号→2号。

绘制施工进度图(图2-2),确定总工期。

与按照自然排序施工的进度进行对比,自然排序的施工进度如图2-3所示。

2)三道工序、多项任务的施工排序

三道工序、多项任务的施工顺序安排仍使用约翰逊—贝尔曼法则,因此需将三道工序合并为两道工序。为了保证原来作业时间长的工序合并后仍保持长的时间,需要限制工序合并的条件。

工序合并条件如下。

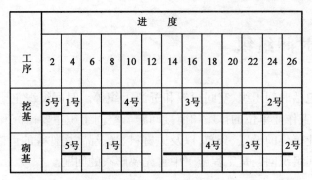

二道工序最优顺序进度图绘制

图 2-2　最优施工顺序进度图

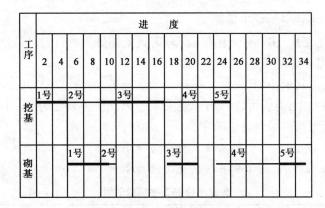

图 2-3　自然排序的施工进度图

条件 1：第一道工序最小的施工周期 $t_{(iA)\min}$ 大于或等于第二道工序的最大施工周期 $t_{(iB)\max}$，即 $t_{(iA)\min} \geq t_{(iB)\max}$。

条件 2：第三道工序最小的施工周期 $t_{(iC)\min}$ 大于或等于第二道工序的最大施工周期 $t_{(iB)\max}$，即 $t_{(iC)\min} \geq t_{(iB)\max}$。

符合上述条件之一的工程项目，可以把三道工序合并成两道工序进行最优排序。下面以某工程项目为例介绍三道工序、多项任务的施工顺序排序方法。

[**例 2-2**] 现有某工程项目，包括 5 个施工任务，每个任务有 3 道工序，每道工序的工作时间如表 2-2 所示，试确定项目的最优施工顺序及总工期。

工程项目每个工序的持续工作时间　　　　　　　表 2-2

任务 工序	1号	2号	3号	4号	5号
A	4	2	8	10	5
B	5	2	3	3	4
C	5	6	9	9	7

解：(1) 首先验证合并条件。

① $t_{iA\min} = t_{2A} = 2$，$t_{iB\max} = t_{1B} = 5$，$t_{iA\min} = t_{2A} = 2 \leq t_{iB\max} = t_{1B} = 5$，条件 1 不成立。

② $t_{iC\min} = t_{1C} = 5 = t_{iB\max} = t_{1B} = 5$，条件 2 成立。

(2)工序合并。

①将第一道工序和第二道工序上各项任务的施工周期依次加在一起。

  A+B   9   4   11   13   9

②将第三道工序和第二道工序上各项任务的施工周期依次加在一起。

  B+C   10   8   12   12   11

③将第①、②步得到的周期序列看作两道工序的施工周期。

  先行工序 A+B 9   4   11   13   9

  后续工序 B+C 10   8   12   12   11

④按两道工序多项任务的计算方法求出最优施工顺序。

工序合并如表 2-3 所示。

工序合并   表 2-3

工序＼任务	1号	2号	3号	4号	5号
A+B	9	4	11	13	9
B+C	10	8	12	12	11

(3)运用约翰逊—贝尔曼法则,进行最优排序。

①在 $t_{i(A+B)}$ 和 $t_{i(B+C)}$ 中找出最小值,先行工序排在最前,后续工序排在最后施工。

$t_{2(A+B)} = 4 = t_{i(A+B)\min}$ 先行工序,2号任务第一施工。

② $t_{1(A+B)} = t_{5(A+B)} = 9 = t_{\min}$ 都为先行工序,查其后续工序 $t_{1(B+C)} = 10, t_{5(B+C)} = 11, t_{1(B+C)} = 10 < t_{5(B+C)} = 11$,1号任务排在5号任务后面,5号任务第二,1号任务第三。

③ $t_{3(A+B)} = 11 = t_{i\min}$ 为先行工序,3号任务第四施工,4号任务第五施工。

最优施工顺序为 2号→5号→1号→3号→4号。

(4)绘制施工进度图,确定总工期。

注意:第二道工序要在第一道工序完的基础上才能开始;第三道工序要在第二道工序完的基础上才能开始。施工进度图如图 2-4 所示。

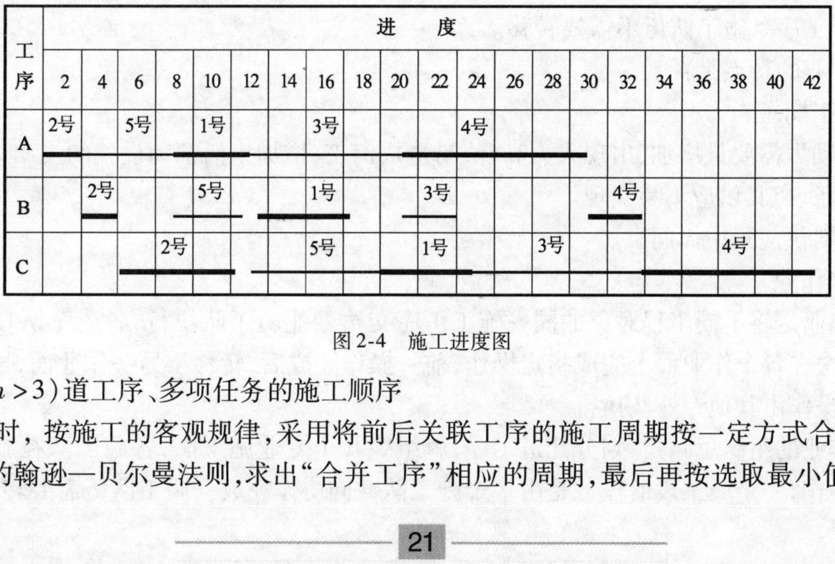

工序	进度 2	4	6	8	10	12	14	16	18	20	22	24	26	28	30	32	34	36	38	40	42
A	2号		5号		1号			3号				4号									
B		2号			5号			1号			3号				4号						
C			2号			5号			1号			3号					4号				

图 2-4 施工进度图

3) $n(n>3)$ 道工序、多项任务的施工顺序

$n>3$ 时,按施工的客观规律,采用将前后关联工序的施工周期按一定方式合并的方法,分别应用约翰逊—贝尔曼法则,求出"合并工序"相应的周期,最后再按选取最小值的方法求

得施工顺序的最优安排。

下面介绍四道工序多施工段的最优排序方法：

(1)工序合并条件。

相邻工序的工作时间应满足前后工序中任何一工序的最小工作时间应大于或等于中间工序的最大工作时间。

$t_{A\min} \geq t_{B\max}$，$t_{C\min} \geq t_{B\max}$ 或 $t_{B\min} \geq t_{C\max}$，$t_{D}\min \geq t_{C}\max$

若出现 $t_{C\min} \geq t_{B\max}$，则合并为 A + B 与 B + C + D 两道工序。

若出现 $t_{D\min} \geq t_{C\max}$，则合并为 A + B + C 与 C + D 两道工序。

(2)合并为两道工序后，运用约翰逊—贝尔曼法则进行最优排序。

约翰逊—贝尔曼法则在使用过程中是有局限性的，它是过程施工中总结出来的经验，本身存在有一定的误差。在手工计算中，会遇到很多矛盾，但这不是法则的错，读者要灵活运用，而且约翰逊—贝尔曼法则这种思想对我们很有用。

2.2.2 工程的施工作业方式

在道桥工程施工过程中，施工作业方式一般有顺序作业、平行作业、流水作业 3 种。

1)顺序作业

顺序作业是指按工艺流程和施工程序，按先后顺序进行施工操作。

顺序作业的组织思路是：只组织一个施工队，该队完成了一个施工段上的工作后转移至下一作业面，直到完成所有施工段上的所有工序的操作。

顺序作业的特点是：

(1)顺序作业总工期长。

(2)劳动力需要量少，周期起伏不定。

(3)材料供应、作业班组的作业是间歇的。

(4)在工种和技工的使用上存在极大的不合理。

2)平行作业

平行作业是把工程划分几个施工段，同时按程序施工。

平行作业的组织思路是：划分几个施工段，就组织几个施工队，各施工队需完成相应施工段上的所有工序。施工队伍不需要转移。

平行作业的特点是：

(1)总工期短。

(2)劳动力需要量增加、出现人力高峰，易造成窝工，增加生活福利设施的支出。

(3)设备、机具供应不易实现。

(4)材料供应集中而间歇。

3)流水作业

流水作业是将不同工程对象的同一施工工序交给专业施工队执行，各施工队在统一计划安排下，依次在各个作业面上完成指定操作，前一操作完成后，转移至另一作业面，执行同样的操作，后一操作由其他专业队执行。

流水作业的组织思路是：划分几道工序，就组织几个专业施工队，各施工队在施工中只完成相同的操作，一个施工段的任务是由多个施工队共同协作完成。施工队伍需要转移。

流水作业的特点是：
(1) 工期适中。
(2) 劳动力得到合理的利用，避免了短期内的高峰现象。
(3) 当各专业队都进入流水作业后，机具和材料的供应与使用都稳定而均衡。
(4) 流水作业法是组织专业队施工，工程质量有保证。

在流水作业中，由正式开工起至所有施工班组全部投入为止，这段时间间隔称为流水作业的开展时间，用 t_0 表示。

$$T = t_0 + t_e \tag{2-1}$$

式中：t_e——最后一个工序的作业持续时间；
T——总工期。

4) 作业方式的综合运用
(1) 平行流水作业法
在平行的基础上，再流水。如一个项目划分几个施工段，每个施工段同时开工，而每工序流水作业。
(2) 顺序平行作业法
以增加施工力量，来缩短工期，缺点突出，适用于突击作业。
(3) 立体交叉平行流水作业法
在平行流水的基础上，采用上、下、左、右全面施工的方法。它可充分利用工作面，有效地缩短工期。一般适用于工序繁多、工程集中的大型构造物。

2.3 流水施工组织原理

流水施工的本质是把一个工程项目划分为劳动量大致相等的若干施工段，各个作业班组按照一定的施工顺序，依次由一个施工段转移到另一个施工段，反复完成同种工作。流水施工要保证施工的连续性和均衡性。

2.3.1 流水施工的参数

1) 工艺参数
(1) 施工过程数：把一个综合的施工过程划分为若干具有独立工艺特点的个别施工过程，其数量 n 为施工过程数，即工序数 n。
施工组织应根据构造物的特点和施工方法划分，不宜少，也不宜多。
(2) 流水强度：每一施工过程在单位时间内完成的工程量，称流水强度。

[例 2-3] 某铲运机铲运土方工程，推土机 1 台，$C_1 = 1562.5 \text{m}^3/$台班，铲运机 3 台，$C_2 = 223.2 \text{m}^3/$台班，计算该工程机械的流水强度。

解：(1) 机械施工的流水强度：$v = \sum R_i C_i$
其中，R 为机械台数；C 为机械台班产量定额；i 为机械种类。
$v = 1 \times 1562.5 + 3 \times 223.2 = 2232.1 \text{m}^3/$台班
(2) 人工操作的流水强度：$v = RC$

其中,R 为施工人数;C 为人工的产量定额。

如人工开挖土质台阶工程中人工的产量定额 $C=22.2 \mathrm{m}^2/$ 工日,安排 5 个人,$R=5$ 人,则人工操作的流水强度 $v=5\times22.2=111\mathrm{m}^2$。

2)时间参数

(1)流水节拍 t_i。

流水节拍是某个施工过程在某个施工段上的持续时间。流水节拍通常有两种确定方法:一种是根据工期要求来确定;另一种是根据投入的劳动力、机械台班数来确定。流水节拍的计算公式为:

$$t_i = \frac{Q_i}{CRn} = \frac{D_i}{Rn} \tag{2-2}$$

式中:Q_i——施工段的工程量;

C——产量定额;

R——施工人数或机械数量;

D_i——施工段的劳动量;

n——作业班制。

[例 2-4] 人工挖运土方工程 Q 为 $24500\mathrm{m}^3$,人工的产量定额 C 为 $24.5\mathrm{m}^3/$ 工日,安排 20 人施工。求:(1)该工程的流水节拍 t;(2)若安排 50 人,流水节拍是多少?

解:(1)劳动量 $D=24500\div24.5=1000$ 工日;

流水节拍 $t=1000\div20=50\mathrm{d}$。

(2)安排 50 人的流水节拍。

$t=1000\div50=20\mathrm{d}$

(2)流水步距 B_{ij}。

流水步距是两个相邻的施工队先后进入第一施工段进行流水施工的时间间隔。确定流水步距的目的是为了保证作业组在不同施工段上连续作业,不出现窝工现象。

确定流水步距的要求:

①保证施工工艺的先后顺序:垫层、基层、面层。

②保持施工的连续性。

③保证施工过程最好的搭接,工作面不拥挤。

④满足工艺、组织、质量的要求。

3)空间参数

(1)作业面。

作业面是安置工人操作和布置机械地段的大小。依施工过程、技术要求等确定。

(2)施工段。

施工时经常把施工对象划分为劳动量大致相同的若干段,这些段就称为施工段。施工段数目用 m 表示。

划分施工段的目的是保证不同工种能在不同作业面上同时工作,为流水作业创造条件。只有划分了施工段才能开展流水作业。

划分施工段考虑的因素有:结构界限、劳动量大致相同、足够的施工作业面、施工机械、人员、材料、安全等因素。

如青银高速公路在山东境内有88.388km,划分为6个合同段进行招标,实际上是划分为6个施工段。

2.3.2 流水施工的类型

流水施工是一种比较先进的作业方法。流水施工组织可分为有节拍流水和无节拍流水。有节拍流水的特点是:同一施工过程在不同施工段上的流水节拍是相等的,包括全等节拍流水、成倍节拍流水和分别流水。

1) 全等节拍流水

全等节拍流水是指各施工过程的流水节拍 t_i 与相邻施工过程之间的流水步距 B_{ij} 完全相等的流水作业。

特点: $t_i = B_{ij} = C$。

[例 2-5] 某施工项目有3个施工段,每个施工段有5道工序,每道工序的流水节拍 $t_i = 2d$, $B_{ij} = 2d$。确定施工组织的方法,绘制施工进度图,计算总工期。

解: 采用全等节拍流水组织施工,施工进度如图 2-5 所示。

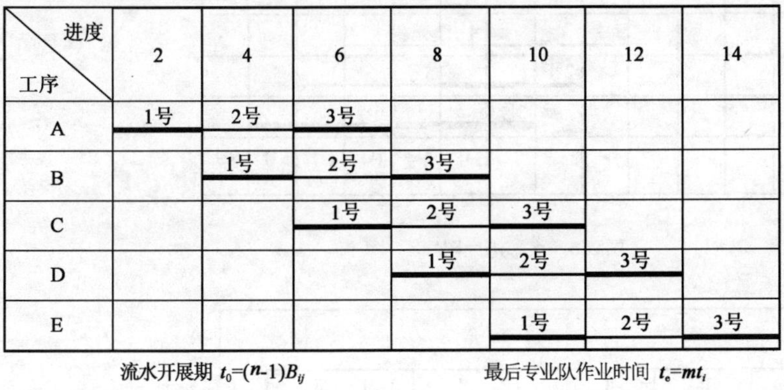

总工期分析

图 2-5 施工进度图

$$总工期\ T = 流水开展期 + 最后专业队作业时间$$
$$= t_0 + t_e = (n-1)B_{ij} + mt_i = (m+n-1)t_i$$
$$= (3+5-1) \times 2 = 14d$$

2) 成倍节拍流水

成倍节拍流水是指各施工过程的流水节拍彼此不相等,但互成倍数关系。

成倍节拍流水总工期的计算步骤是:

(1) 计算各施工过程流水节拍的最大公约数 K,相当于各施工过程共同遵守的"公共流水步距",仍称流水步距。

(2) 计算各施工过程的施工队伍数目 b_i。

每个施工过程流水节拍 t_i 是 K 的几倍,就组织几个专业队 $b_i = t_i \div K$。

(3) 可以将专业队数总和 $\sum b_i$ 看成施工过程数 n, K 看成流水步距,按类似全等节拍流水法组织施工。

(4) 总工期: $T = t_0 + t_e = (m+n-1)t_i = (m+\sum b_i - 1)K$

[例2-6] 有6座类型相同的涵洞,每座涵洞包括4道工序。每个专业队由4人组成,工作时间为:挖槽2d,砌基4d,安管6d,洞口2d。求该分项工程的总工期T,并绘制施工进度图。

解: 根据已知条件采用成倍节拍流水组织施工。

(1) 确定流水公共步距:由$t_1=2, t_2=4, t_3=6, t_4=2$,得$K=2d$

(2) 确定施工队伍总数$\sum b_i : b_1=1, b_2=2, b_3=3, b_4=1$,则有$\sum b_i = 1+2+3+1=7$

(3) 按7个专业队,流水步距为2组织施工。

(4) 计算总工期$T = t_0 + t_e = (m + \sum b_i - 1)K = (6+7-1) \times 2 = 24d$

(5) 绘制施工进度图,水平进度图如图2-6所示,垂直进度图如图2-7所示。

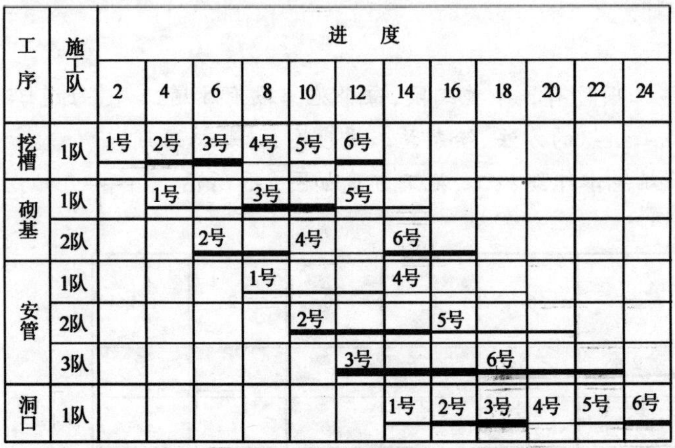

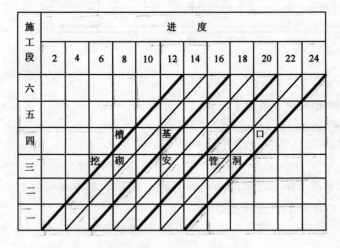

图2-6 水平进度图

图2-7 垂直进度图

3) 分别流水

分别流水是指各施工过程的流水节拍各自保持不变($t_i = c$),但不存在最大公约数,流水步距B_{ij}也是一个变数的流水作业。

按照分别流水组织施工时,要保证施工连续进行,避免各施工过程之间发生矛盾,减少作业面间歇,安排紧凑,缩短工期。分别流水中各工序的流水步距的确定方法分为以下两种情况。

(1)第一种情况。当后一施工过程的流水节拍 t_{n+1} 等于或大于前一施工过程的流水节拍 t_n 时,一般依施工过程所要求的时间间隔确定,不小于1d。

(2)第二种情况。当后一施工过程的流水节拍 t_{n+1} 小于前一施工过程的流水节拍 t_n 时,流水步距的计算公式为:

$$B_{ij} = m(t_i - t_{i+1}) + t_{i+1} \qquad (2\text{-}3)$$

式中:t_i、t_{i+1}——流水节拍。

分别流水的总工期计算公式:

$$T = t_0 + t_e = \sum B_{ij} + t_e$$

式中:T——总工期;

　　B_{ij}——各相邻工序的流水步距;

　　t_e——最后一个工序的作业持续时间。

[例2-7] 有结构尺寸相同的涵洞5座,每个涵洞4道工序,各涵每道工序的工作时间为 $t_1 = 3d, t_2 = 2d, t_3 = 4d, t_4 = 5d$。求工程总工期,并绘制水平进度图。

解:根据已知条件按照分别流水组织施工。

(1)计算 B_{12}。

第一道工序的流水节拍为3d,第二道工序的流水节拍为2d,属于后一施工过程的流水节拍 t_{n+1} 小于前一施工过程的流水节拍 t_n 的情况,即 $t_2 = 2 < t_1 = 3$,取 $t_e = 2d$,则 $B_{12} = 5 \times (3 - 2) + 2 = 7$

(2)计算 B_{23}。

第三道工序的流水节拍为4d,第二道工序的流水节拍为2d,属于后一施工过程的流水节拍 t_{n+1} 大于前一施工过程的流水节拍 t_n 的情况,即 $t_3 = 4 > t_2 = 2$,所以取 $B_{23} = 2$

(3)计算 B_{34}。

第三道工序流水节拍为4d,第四道工序的流水节拍为5d,属于后一施工过程的流水节拍 t_{n+1} 大于前一施工过程的流水节拍 t_n 的情况,即 $t_3 = 5 > t_2 = 4$,所以 $B_{34} = 4$

(4)计算流水开展期。

$$t_0 = B_{12} + B_{23} + B_{34} = 7 + 2 + 4 = 13d$$

(5)计算总工期。

$$T = t_0 + t_e = 13 + 25 = 38d$$

(6)按照计算流水步距及进度图绘制的原则绘制进度图,如图2-8所示。

4)节拍流水

无节拍流水是指同类工序的流水节拍在各施工段上不相同,不同类工序的流水节拍也不相同的流水作业。因为道桥工程比较复杂,沿线工程量分布也不相同,有的甚至差距很大,有的地方高填方,有的地方深挖方,所以即使组织相同的人力、机械,施工的流水节拍也很难相同,这种情况下就要按照无节拍流水组织施工。

无节拍流水施工中,首先要确定各施工段的最小流水步距,确定最小流水步距的目的是保证各作业组在不同作业面上能连续施工,不出现窝工。

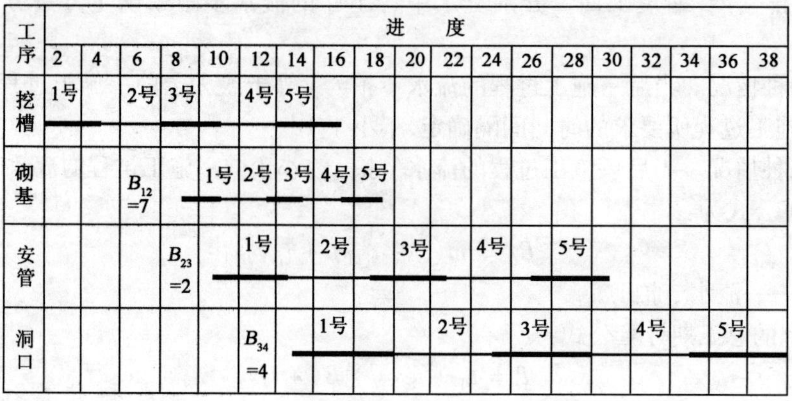

工序	进度																		
	2	4	6	8	10	12	14	16	18	20	22	24	26	28	30	32	34	36	38
挖槽	1号		2号	3号		4号	5号												
砌基				$B_{12}=7$		1号	2号	3号	4号	5号									
安管					$B_{23}=2$		1号	2号		3号		4号		5号					
洞口							$B_{34}=4$		1号		2号		3号			4号		5号	

图 2-8 施工进度图

无节拍流水施工中最小流水步距的确定方法是：累加数列错位相减取大差法。所取大差为最小流水步距。

[**例 2-8**] 现有一钢筋混凝土结构物，分为 4 个施工段，每个施工段又分为立模、绑扎钢筋、浇混凝土 3 道工序，各工序工作时间如表 2-4 所示。确定最小流水步距，求总工期，绘制其施工进度图。

工序工作时间　　　　　　　　　　　　表 2-4

施工段 工序	Ⅰ	Ⅱ	Ⅲ	Ⅳ
A	2	3	4	3
B	3	4	2	5
C	2	3	3	2

解：根据已知条件按照无节拍流水组织施工。

(1) 计算 B_{12}。

① 将第一道工序的工作时间依次累加后得：2, 5, 9, 12。

② 将第二道工序的工作时间依次累加后得：3, 7, 9, 14。

③ 将以上两步得到的两行错位相减，取大差得 B_{12}。

```
2   5   9   12
    3   7    9   14
2   2   2    3  -14
```

$B_{12} = 3$

(2) 计算 B_{23}。

① 将第二道工序的工作时间依次累加后得：3, 7, 9, 14。

② 将第三道工序的工作时间依次累加后得：2, 5, 8, 10。

③ 将以上两步得到的两行错位相减，取大差得 B_{23}。

```
3   7   9   14
    2   5    8   10
```

3　　5　　4　　6　　－10

$B_{23} = 6$

(3)计算总工期 T。

$$T = t_0 + t_e = B_{12} + B_{23} + t_e = 3 + 6 + (2+3+3+2) = 19d$$

(4)绘制施工进度图(图2-9)。

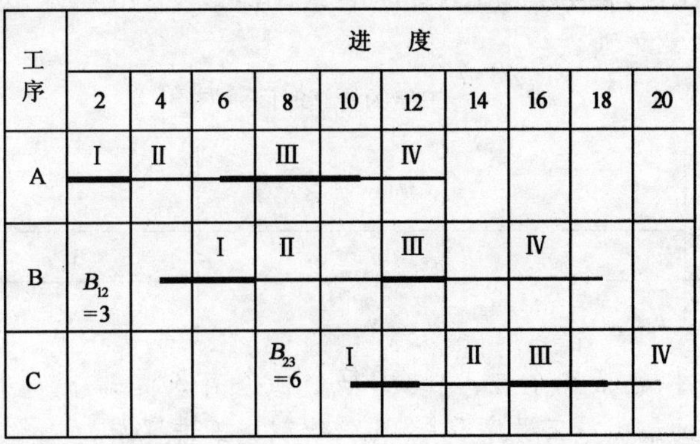

工序	进度										
	2	4	6	8	10	12	14	16	18	20
A	Ⅰ	Ⅱ		Ⅲ		Ⅳ				
B	B_{12}=3			Ⅰ	Ⅱ		Ⅲ		Ⅳ	
C			B_{23}=6			Ⅰ		Ⅱ	Ⅲ	Ⅳ

图2-9　施工进度图

本章复习题

一、简答题

1. 简述施工过程的组织原则。
2. 施工过程的时间组织和空间组织分别要解决什么问题?
3. 简述约翰逊—贝尔曼法则的内容。
4. 在道桥工程施工过程中,施工作业基本方式有哪些?各自的特点是什么?
5. 流水施工的参数主要有哪些?
6. 确定流水步距的要求是哪些?
7. 划分施工段的目的是什么?
8. 划分施工段考虑的因素有哪些?
9. 分别流水中各工序的流水步距的确定方法是什么?
10. 什么情况下按无节拍流水组织施工?

二、计算题

1. 某工程的两个工序在5个施工任务上的持续时间如表2-5所示,对其进行最优排序并绘制施工进度图。

工序的持续时间　　　　　　　　表 2-5

工序＼任务	1 号	2 号	3 号	4 号	5 号
A	3	4	7	2	6
B	1	5	8	3	4

2. 某工程有两个工序,在 4 个施工段上的持续时间如表 2-6 所示,对其进行最优排序,并绘制水平进度图,确定总工期。

工序的持续时间　　　　　　　　表 2-6

工序＼任务	1 号	2 号	3 号	4 号
A	5	6	3	2
B	1	4	4	5

3. 现有一工程项目,包括 4 个施工任务,每个任务有 3 道工序,每道工序的工作时间如表 2-7 所示,确定项目的最优施工顺序及总工期,绘制施工进度图。

工序的持续时间　　　　　　　　表 2-7

工序＼施工段	I	II	III	IV
A	5	6	4	7
B	2	3	1	4
C	3	4	2	5

4. 现有一工程项目,包括 4 个施工任务,每个任务有 3 道工序,每个工序在施工任务上的持续时间如表 2-8 所示,对其进行最优排序,并绘制水平进度图,确定总工期。

工序持续时间　　　　　　　　表 2-8

工序＼任务	1 号	2 号	3 号	4 号
A	3	2	5	5
B	2	2	3	1
C	4	4	6	6

5. 现有一工程项目,包括 4 个施工任务,每个任务有 3 道工序,每道工序的工作时间如表 2-9 所示,对该工程进行最优排序,确定总工期并绘制水平施工进度图。

工序持续时间表　　　　　　　　表 2-9

工序＼任务	I	II	III	IV
A	4	1	8	7
B	5	2	3	3
C	6	5	9	10

6. 某施工项目有 4 个施工段,每个施工段有 3 道工序,每道工序的流水节拍 $t_i = 3d, B_{ij} = 3d$。确定施工组织的方法,绘制施工进度图,计算总工期。

7. 有结构尺寸相同的涵洞 3 座,每个涵洞 4 道工序,各涵洞每道工序的工作时间为 $t_1 = 4d, t_2 = 3d, t_3 = 5d, t_4 = 6d$,确定施工方法,绘制水平进度图,计算总工期。

第3章 道桥工程概预算定额

> **本章导读**
>
> **基本要求**：通过本章学习，了解定额的作用、定额按编制单位分类和按专业的分类以及施工、预算、概算定额的编制。熟悉定额的特点、定额按反映实物消耗内容和用途的分类，定额表的构成及概预算定额说明的使用，定额运用中的直接套用方法和定额的补充。掌握定额的定义、分类、定额运用中定额的调整与抽换、基本定额的运用以及定额的综合运用。
>
> **重　　点**：定额的定义、分类，定额表的构成及概预算定额说明的使用，定额运用。
>
> **难　　点**：概预算定额说明的使用与定额的运用。

3.1 道桥工程定额概述

3.1.1 定额的定义

定额是在正常的生产（施工）技术和组织条件下，为完成单位合格产品所规定的人力、机械、材料、资金等消耗量的标准。

定额属于计价依据的主要内容之一。所谓计价依据是指用以计算工程造价的基础资料的总称，除包括定额、指标、费率、基础单价外，还包括工程量数据及政府主管部门颁发的各种有关经济、政策、计价办法等。

按计价依据的作用不同,定额一般分两类:第一类是工程定额;第二类是费用定额。公路工程定额指《公路工程预算定额》(JTG/T B06-02—2007)(以下简称《预算定额》)、《公路工程概算定额》(JTG/T B06-01—2007)(以下简称《概算定额》),公路费用定额指《公路工程机械台班费用定额》(JTG/T B06-03—2007)、《公路基本建设工程概算、预算编制办法》(以下简称《概算、预算编制办法》)中规定的各项费用定额或费率。本章主要介绍工程定额这一计价依据。

工业企业在生产经营活动过程中,在一定的条件下,对人力、物力、财力的使用和消耗,经过科学的测定、分析、计算,确定一些合理的数学指标,作为管理和生产所应遵守或达到的标准,这个标准就是定额。对于工程项目建设活动而言,定额是在正常的生产(施工)技术和组织条件下为完成单位合格产品所规定的人力、机械、材料、资金等消耗量的标准。

3.1.2　定额的特点

我国道桥工程定额具有科学性、系统性、统一性、权威性、相对稳定性的特点。

1)科学性

定额的科学性,首要体现在用科学的态度制定定额,尊重客观实际,排除主观臆断,力求定额水平合理;其次表现在技术方法上,其吸取了现在科学管理的成就,具有一套严密的、科学的确定定额的技术方法;第三则表现在定额制定和贯彻的一体化。

2)系统性

定额是一个完整独立的系统,道桥工程定额从测定到使用,直至修订都全面地反映了道桥工程所有的内容和项目,与道桥技术标准、规范相配套,完全准确地反映了道桥工程施工工艺流程的每一个环节。

道桥工程定额是为道桥建设这个庞大的实体系统服务的,道桥项目分解可以做出成千上万道工序,而其内部却层次分明,如项、目、节的划分。任何一个分部分项工程在道桥工程定额中都能一一确定,如预算定额中,一共有9章定额来将所有道桥工程的内容分割、包容。而且在编制定额的过程中,每一个不同工作都有不同的计算规则或计算模型,它们互相协调组成一个完整的系统。

3)统一性

道桥工程定额由初期借助于国家统一的技术标准、规范到现在依据交通工程的统一标准、规范,在交通运输部定额总站的统一领导下,按照定额的制定、颁布和贯彻执行的统一行动,使定额工作和定额的管理工作有统一的程序、统一的原则、统一的要求、统一的用途。

4)权威性

定额的这一特点体现在我国定额权威性和强制性两个方面,在一定条件下具有经济法规的性质,同时也看出,我国定额的信誉和信赖程度极高,也说明了定额及定额管理的刚性约束和严肃性。

只有科学的定额才具有权威性。在社会主义市场经济的条件下,定额必然涉及各有关方面的经济关系和利益关系。赋予定额以一定的强制性,就意味着在规定的范围内,对于定额的使用和执行者来说,不论主观上是否愿意,都必须严格按定额的要求和规定执行。特别是在目前建筑市场不太规范的情况下,定额的权威性显得尤其重要,它可以帮助理顺与建设项目有关的各方面的经济关系和利益关系。所以,这一特点是对生产消费水平的合理限制,不是降低或提高消费水平,更不是限制和约束生产力的发展,而是最大限度地保证生产力水平的提高。

5) 相对稳定性

定额所反映的是一定时期内的施工技术和先进工艺的水平,所以表现为一定的稳定性。一般 5~10 年的时间是道桥工程定额的稳定期。另一方面,定额的稳定给政府决策和经济的宏观调控带来有力的保证。设想道桥定额如果经常变动,今天的造价,明天就会变成另外一个数值,这种变化当然是不允许的。总之,定额的稳定是必需的,也是相对的;定额的变化是绝对的,定额修改及完善是不断进行的。

定额的稳定性也是相对的。任何一种定额,都只能反映一定时期的生产力水平,当生产力向前发展了,定额就会与已经发展了的生产力不相适应。这样,它原有的作用就会逐步减弱以致消失,甚至产生负效应。所以,定额在具有稳定性的同时,也具有显著的时效性。当定额不再能起到促进生产力发展的作用时,定额就要重新编制或修订了。

3.1.3 定额的作用

1) 定额是节约社会劳动和提高生产效率的工具

定额一方面作为企业促使工人节约社会劳动(如工作时间、原材料等)和提高劳动效率、加快工作进度的手段,以增加市场竞争能力,获取更多利润;另一方面,作为工程造价计算依据的各类定额,又促使企业加强管理,把社会劳动的消耗控制在合理的限度范围内。作为项目决策的定额指标,又在更高层次上促使项目投资者合理而有效地利用和分配社会劳动。

2) 定额是国家对工程建设项目进行宏观调控和管理的手段

(1) 对工程造价进行管理和调控。

(2) 对资源配置和流向进行预测和平衡。

(3) 对经济结构,包括企业结构和所有制结构进行合理的调控,也包括对技术结构和产品结构的调整。

3) 定额有利于市场竞争

定额是对市场信息的加工,又是对市场信息的传递。定额所提供的准确的信息为市场需求主体和供给主体之间的竞争,以及供给主体之间的公平竞争,提供了有利条件。

4) 定额是对市场行为的规范

定额既是投资决策的依据,也是价格决策的依据。投资者利用定额可以权衡自己的财务状况和支付能力,预测资金投入和预期回报;并利用有关定额的大量信息,有效提高项目决策的科学性,优化投资行为。施工企业投标报价时只有充分考虑定额的要求,做出正确的价格决策,才能具有市场竞争优势。定额对完善我国固定资产投资市场和建筑市场都起着重要作用。

5) 定额有利于完善市场的信息系统

定额管理是对大量信息的加工,也是对大量市场信息进行传递,同时也收集市场信息的反馈。信息是市场体系中不可或缺的要素,它的可靠性、完备性和灵敏性是市场成熟和市场效率的标志。在我国,以定额形式建立和完善市场信息系统,是以公有制经济为主体的社会主义市场经济的特点。

6) 定额有利于推广先进的施工技术和工艺

定额水平中包含着某些已成熟的先进的施工技术和经验,工人要达到和超过定额,就必须掌握和应用这些先进技术。如果工人要大幅度超过定额水平,他就必须在工作中注意改进工具和技术操作方法,注意原材料的节约,避免原材料和能源的浪费。企业或主管部门为了推行定额,往往要组织技术培训,以帮助工人达到或超过定额,这样,新技术、新工艺、新材料、新经验就很容易推广,从而大大提高全社会的劳动生产效率。

3.2 道桥工程定额分类

工程定额是一个综合概念,是建设工程造价计价和管理中各类定额的总称。由于具体的生产条件各异,根据使用对象和组织生产的目的不同,编制出不同的定额,如图3-1所示。

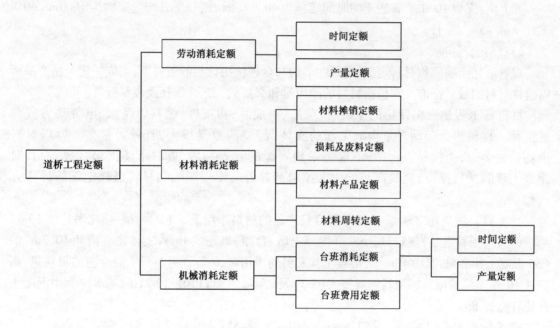

图3-1 道桥工程定额实物消耗分类图

3.2.1 按定额反映的实物消耗内容分类

道桥工程定额是按实物量法编制的定额,所以劳动力、材料、机械三种因素在道桥定额中是主要内容。因此将工程定额分为劳动消耗定额、材料消耗定额和机械消耗定额3种,分类如图3-1所示。另外介绍道桥工程费用定额中的机械台班费用定额。

1) 劳动消耗定额

劳动消耗定额也称人工定额,是指在正常的生产技术和生产组织条件下,为完成单位合格产品所规定的劳动量消耗标准。劳动(消耗)定额的主要表现形式有时间定额和产量定额。时间定额与产量定额互为倒数。

(1) 时间定额。

时间定额是指在技术条件正常、生产工具使用合理和劳动组织正常的条件下生产单位合格产品所消耗的劳动时间。除潜水工作按6h、隧道工作按7h以外,其余每一工日一般均按8h计算。时间定额的计算方法如下:

$$单位产品的时间定额 = \frac{1}{每工产量定额} = \frac{班组成员工日数总和}{班组完成产品数量总和} \quad (3-1)$$

例如,《预算定额》规定,人工挖普通土质台阶,定额单位 1000m², 定额值是 40.9 工日, 它的工作内容包括画线挖土, 台阶宽不小于 1m, 将土抛到填方处等全部操作过程。

(2) 产量定额。

产量定额是指在技术条件正常、生产工具使用合理和劳动组织正常的条件下, 工人在单位时间内完成合格产品的数量。产量定额计算方法如下:

$$产量定额 = \frac{1}{单位产品的时间定额} = \frac{班组完成产品数量总和}{班组成员工日数总和} \quad (3-2)$$

如上例, 完成 1000m² 普通土的时间定额为 40.9 工日, 则每工日产量定额为 1000m²/40.9 工日 = 24.45m²/工日。

2) 材料消耗定额

材料消耗定额简称材料定额, 是指在节约和合理使用材料的条件下, 完成一定合格产品所需消耗材料的数量标准。它包括材料的净用量和必要的工艺性损耗及废料数量。

材料是工程建设中使用的原材料、产品、半成品、构配件、燃料以及水、电等动力资源的统称。材料作为劳动对象构成工程的实体, 需要的数量很大, 且种类繁多。所以材料消耗量的多少, 消耗是否合理, 不仅关系到资源的有效利用, 影响市场供求状况, 而且对建设工程的项目投资、建筑产品的成本控制都起着决定性影响。材料消耗定额的计算方法如下:

$$材料的消耗定额 = 完成单位合格产品的材料净用量 \times (1 + 材料损耗率) \quad (3-3)$$

例如:《预算定额》规定, 现浇 C30 混凝土墩、台帽, 每完成 10m³ 实体需要消耗 10.2m³ 的 C30 混凝土拌和料, 其中 10m³ 为混凝土拌和料的净用量, 0.2m³ 为混凝土混合料的损耗量, 则完成 10m³ 实体的原材料消耗定额按式(3-3)及《预算定额》P101 12-21 的基本定额中混凝土配比计算如下:

32.5 级水泥 = $(1 + 2\%) \times 377 kg/m^3 \times 10m^3 = 3845 kg$

中(粗)砂 = $(1 + 2\%) \times 0.46m^3/m^3 \times 10m^3 = 4.69m^3$

4cm 碎石 = $(1 + 2\%) \times 0.83m^3/m^3 \times 10m^3 = 8.47m^3$

完成 10m³ 实体合格产品的其他材料消耗定额还有: 原木 0.186m³; 锯材 0.307m³; 铁件 27.2kg; 铁钉 2.9kg; 水 12m³; 其他材料费 8.6 元等。

材料消耗定额还有两种表现形式, 即材料产品定额和材料周转定额。

材料产品定额是指用一定规格的原料, 在合理的操作条件下获得的标准产品的数量。

材料周转定额即周转性材料(如模板、支撑等所需之木材等)的周转定额, 是指周转性材料在施工中合理周转使用的次数和用量的标准。在现行预算定额中, 周转性材料均按正常周转次数摊入定额之中, 具体规定详见《预算定额》总说明及附录。

3) 机械消耗定额

机械消耗定额是指在正常施工条件下, 合理地组织生产与合理地利用某种机械完成单位合格产品所必需的施工机械消耗的数量标准, 或在单位时间内机械完成的产品数量。机械台班定额也具有两种表现形式: 机械时间定额和机械产量定额。

机械时间定额是指在一定的工作内容和质量安全要求的条件下, 规定某种机械完成单位产品所需要的作业量(如"台时"或"台班"等)标准。

机械产量定额是指一定的操作内容以及质量安全要求的前提下,规定每单位作业量(如"台时"或"台班"等)完成的产品的数量标准。

机械产量定额与机械时间定额互成倒数。例如:《预算定额》第二章第 2-2-7 表"沥青表面处治路面"第 5 栏中规定,产品单位为 $1000m^2$,$6\sim8t$ 光轮压路机的时间定额是 0.54 台班。其产量定额可以利用与时间定额成倒数的关系求出,即 $6\sim8t$ 光轮压路机的产量定额是 $1851m^2/$台班。

4)机械台班费用定额

机械台班费用定额是以机械的一个台班为单位,规定其所消耗的工时、燃料及费用等数量标准并可折算为货币形式表现的定额。施工中的机械使用费、驾驶工人数、燃料数等,均可按照机械台班费用定额并根据工程数量计算。

机械台班费用定额的主要用途是:

(1)可以直接用定额中的基价作为机械的台班单价编制预算。

(2)计算机械台班消耗人工、燃料等实物量。有关机械所消耗的各种物资的实物量,要根据机械台班费用定额计算确定。

(3)计算台班单价。

3.2.2 按定额的用途分类

道桥工程基本建设工作所处阶段不同,编制造价文件的主要依据和定额不同。按使用要求可分为:施工定额、预算定额、概算定额、估算指标等。

1)施工定额

施工定额是建筑安装工人或小组在正常施工条件下,为完成单位合格产品所需劳动力、材料和机械消耗的数量标准。它由地方定额主管机构或施工企业根据当地和本企业生产力的发展水平制订和修订。它是企业组织生产、编制施工阶段施工组织设计和施工作业计划、签发工程任务单和限额领料单、考核工效、计算劳动报酬、加强企业成本管理和经济核算、编制施工预算的依据,同时也是编制预算定额和补充定额的基础。采用的产品单位一般比较细,其中时间以工时计,产品以最小单位(m、m^2、m^3 等)计。

施工定额性质属于施工企业内部使用的定额,各个施工企业的施工定额不一定相同。它反映企业的施工水平、装备水平和管理水平,作为考核企业劳动生产率水平和管理水平的标尺和确定工程成本、投标报价的依据。

2)预算定额

预算定额的性质属于计价定额。它体现一个工程细目在正常条件下,用货币形式描述的一定时期的工程造价。预算定额是公路行业统一定额,是道桥基本建设中重要的技术经济法规。它反映了我国道桥基本建设一定时期内的科学技术和生产力发展水平。

道桥预算定额是在施工定额的基础之上,对施工定额的项目加以扩大和综合而编制的。预算定额是施工图设计阶段采用的定额,这种定额按分项工程和结构构件的要求,以一定产品单位(如 $10m$、$10m^3$ 等)来规定劳动力、材料和机械的消耗数量。因此,这种定额采用的产品单位比施工定额大,如时间以工日、台班计,产品单位以 $1000m^2$、$10 m^3$ 等计。其定额水平是平均先进合理的,但比施工定额水平略低。它主要是为了满足编制施工图预算的要求,为确定和控制基本建设投资额,编制施工组织计划,对结构的设计方案进行技术经济比较提供计算数据。同时它也是编制概算定额的基础。

3)概算定额

概算定额是在预算定额的基础上加以综合扩大而形成的,因而产品常使用更大的单位来表示,如小桥涵以座(道)、桥涵上部构造以 10m 标准跨径、路面基层以 1000m² 计算等。其定额水平比预算定额低。它是编制设计概算和修正概算的主要依据,是设计方案比较的依据;编制主要材料需要量的计算基础;在不具备施工图预算的情况下,概算定额还可以作为制定工程标底的基础;在实行建设项目投资包干时,其项目包干费通常也以概算定额为计算依据。概算定额是编制估算指标的基础。

概算定额与预算定额,都属于计价定额。不同的是在项目划分和综合扩大程度上的差异,以适用于不同设计阶段计价需要。概算定额具有较强的综合性和概括性。

4)道桥工程估算指标

估算指标是在可行性研究阶段采用的一种扩大的技术经济指标。它以独立的建设项目、单项工程或单位工程为对象,综合概算定额而得到。

估算指标根据项目建设前期工作深度和要求不同,分为综合指标和分项指标两部分。综合指标是编制项目建议书投资估算的依据,主要用于研究建设项目的经济性和合理性。分项指标是编制项目可行性报告投资估算的依据,也可作为技术方案比较的参考。它主要用于在经济上确定近期建设方案和建设项目的成本,以便研究经济上是否可行。估算指标的作用主要是为了做好道桥基本建设项目可行性研究中投资估算工作,为经济效益评价提供建设项目造价成本的计算依据。

3.2.3 按定额的编制单位分类

工程建设定额可分为全国统一定额、行业统一定额、地区统一定额、企业定额和补充定额五种。

(1)全国统一定额是国家建设行政主管部门,综合全国工程建设中技术和施工组织管理的情况编制,并在全国范围内执行的定额,如全国统一安装工程定额。

(2)行业统一定额是考虑到各行业部门专业技术特点,以及施工生产和管理水平编制的。一般是只在本行业和相同专业性质的范围内使用的专业定额。如矿井建设工程定额、铁路建设工程定额、公路建设工程定额等。

(3)地区统一定额包括省、自治区、直辖市定额。地区统一定额主要考虑地区性特点和全国统一定额水平作适当调整补充编制的。由于各地区不同的气候条件、经济技术条件、物质资源条件和交通运输条件等,构成对定额项目、内容和水平的影响,这是地区统一定额存在的客观依据。

(4)企业定额是指施工企业考虑本企业具体情况,参照国家、部门和地区定额的水平制定的定额。企业定额只在企业内部使用,是企业综合实力的一个标志。企业定额水平一般应高于国家现行定额,才能满足生产技术发展、企业管理和市场竞争的需要。

(5)补充定额是指随着设计、施工技术的发展,现行定额不能满足需要的情况下,为补充缺项所编制的定额。补充定额只能在制定的范围内使用,也可以作为以后修订定额的基础。

3.2.4 按定额的专业分类

各个不同专业都分别有相应的主管部门颁发的在本系统使用的定额,如:建筑安装工程定额、设备安装工程定额、给排水工程定额、公路工程定额、铁路工程定额、水利水电工程定额、水运工程定额、井巷工程定额等。

3.3 概预算定额表的构成

定额表是各类定额的最基本的组成部分,是定额指标数额的具体表示。概算定额和预算定额的表格形式基本同形,其基本组成有:表号及定额表名称、工程内容、计量单位、顺序号、项目、代号、细目及栏号、小注等。

下面以《预算定额》第四章中的"4-3-1 打钢筋混凝土方桩及接头"(表3-1)为例具体介绍定额表的构成。

4-3-1 打钢筋混凝土方桩及接头   表3-1

工程内容 1)装、拆、移动及固定桩架;2)移动和固定船只;3)方桩装、卸和运输;4)吊桩、定位、固定;
         5)设置桩垫;6)打桩和打送桩

单位:10m³ 及 10 个接头

顺序号	项目	单位	代号	柴油打桩机打桩							
				在陆地工作平台上打				在水中工作平台上打			
				基桩		排架桩		基桩		排架桩	
				Ⅰ组土	Ⅱ组土	Ⅰ组土	Ⅱ组土	Ⅰ组土	Ⅱ组土	Ⅰ组土	Ⅱ组土
				10m³							
				1	2	3	4	5	6	7	8
1	人工	工日	1	14.9	20.6	14.6	19.8	16.9	23.2	16.4	22.2
2	预制钢筋混凝土方桩	m³	—	(10.30)	(10.40)	(10.30)	(10.40)	(10.30)	(10.40)	(10.30)	(10.40)
3	锯材	m³	102	0.018	0.024	0.017	0.023	0.018	0.024	0.017	0.023
4	钢丝绳	1	221	0.001	0.001	0.001	0.001	0.001	0.001	0.001	0.001
5	电焊条	kg	231	—	—	—	—	—	—	—	—
6	铁件	kg	651	—	—	—	—	—	—	—	—
7	石油沥青	t	851	—	—	—	—	—	—	—	—
8	其他材料费	元	996	45.4	45.4	59.2	59.2	45.4	45.4	59.2	59.2
9	12t 以内汽车式起重机	台班	1451					0.17	0.17	0.17	0.17
10	1.8t 以内柴油打桩机	台班	1569	1.38	1.96	1.27	1.81	1.53	2.18	1.41	2.01
11	32kV·A 以内交流电弧焊机	台班	1726								
12	221kW 以内内燃拖轮	艘班	1855					0.42	0.60	0.39	0.55
13	200t 以内工程驳船	艘班	1876					0.94	1.34	0.86	1.23
14	基价	元	1999	1459	2021	1405	1924	2786	3854	2638	3615

1) 表号及定额表名称

表号是编制概预算文件时与其对应定额时的一一对应的关系符号,名称表达了一张定额表的基本属性或分类。如表 3-1 的表号为 4-3-1,表示第四章第三节第一表,定额表的名称是"打钢筋混凝土方桩及接头"。

2) 工程内容

工程内容在定额表的左上侧,主要说明本定额表所包括的操作内容及对应的详细工艺流程。查定额时,将实际发生的操作内容与表中的工程内容进行比较,若不一致时,应进行补充或采取其他措施。

3) 工程项目计量单位

在定额表的右上侧,预算定额表 4-3-1 的单位是 $10m^3$ 及 10 个接头。

4) 顺序号

表征人、料、机及费用的顺序号,起简化说明的作用。

5) 项目

项目即本定额表的工程所需人工、材料、机具、费用的名称、规格。

6) 代号

代号也称数组变量代号。当采用计算机来编制工程概、预算时,可引用表中代号作为对工、料、机名称的识别符号。

7) 工程细目

表征本定额表所包括的工程细目,如预算定额表 4-3-1 中的"Ⅰ组土"、"Ⅱ组土"等。工程细目也称"子目"、"栏目"。

8) 栏号

栏号指工程细目编号,如预算定额表 4-3-1 中的"Ⅰ组土"栏号为 1,"Ⅱ组土"栏号为 2,也称栏目号。

9) 定额值

定额表中各种资源的消耗量数值。如预算定额表 4-3-1 中的"在陆地工作平台上打Ⅰ组土桩基"中人工的定额值是 14.9 工日。如果是括号内的数值,是计量不计价的。

10) 基价

基价也称定额基价。它是用预算定额附录的工、料、机单价计算的该工程细目的工程价格。

1) 定额表注

有些定额列有"注",是对该表的特别说明。使用定额时,必须仔细阅读小注,以免发生错误。

3.4 概预算定额说明的使用

在预算定额中有总说明、章说明、节说明。如《预算定额》共分为九章,所以有九个章说明;每一章又分为若干个小节,又有各个小节的节说明。这些说明都非常重要,要做到真正理解,切实掌握。

3.4.1 预算定额总说明

预算定额总说明是涉及定额使用方面的全面性的规定和解释,共有 22 条,这里着重介绍其中的几条。

(1)《预算定额》是全国公路专业定额。它是编制施工图预算的依据,也是编制工程概算定额的基础,适用于公路基本建设新建、改建工程,不适用于独立核算执行产品出厂价格的构件厂生产的构配件。对于公路养护的大、中修工程,可参考使用。

(2)总说明中的第 5 条规定:除潜水工作每工日 6 小时,隧道工作每工日 7 小时,其余均按每工日 8 小时计算。

(3)总说明中的第 19 条规定:定额表中注明"××以内"或"××以下"者,均包括"××"本身;而注明"××以外"或"××以上"者则不包括"××"本身。定额内数量带"( )"者,则表示基价中未包括其价值。

3.4.2 预算定额各章说明

1)"路基工程"章说明运用实例

"路基工程"章有 2 条章说明,第一节有 8 条说明,第二节有 4 条说明,第三节有 8 条说明,现举一例说明其使用。

[例 3-1] 某路基工程采用挖掘机挖装普通土方,但机械无法操作处,需由人工挖装,机动翻斗车运输的工程量为 6500m^3。问:人工操作的工程量是怎样确定的,实际采用的预算定额值是多少,其所需劳动量是多少?

解:(1)人工挖装,机械运输定额见《预算定额》P9 表 1-1-6(表 3-2)。

1-1-6　人工挖填土方　　　　　　　　　　　　　　　　　　　表 3-2

工程内容　1)挖松;2)装土;3)运送;4)卸除;5)空回。

单位:1000m^3 天然密实方

顺序号	项目	单位	代号	第一个 20m 挖运			每增运 10m	
				松土	普通土	硬土	人工挑抬	手推车
				1	2	3	4	5
1	人工	工日	1	122.6	181.1	258.5	18.2	7.3
2	基价	元	1999	6032	8910	12718	895	359

注:1. 当采用人工挖、装,机动翻斗车运输时,其挖、装所需的人工按第一个 20m 挖运定额减去 30.0 工日计算。

2. 当采用人工挖、装、卸,手扶拖拉机运输时,其挖、装、卸所需的人工按第一个 20m 挖运定额计算。

3. 如遇升降坡时,除按水平距离计算运距外,并按下表增加运距。

项目	升降坡度	高度差	
		每升高 1m	每降低 1m
人工挑抬	0%～10%	7m	不增加
	11%～30%		4m
	30%以上	10m	7m

续上表

项目	升降坡度	高度差	
		每升高1m	每降低1m
手推车运输	0%~5%	15m	不增加
	6%~10%		5m
	10%以上	25m	8m

定额值 181.1 - 30 = 151.1 工日

(2)人工施工的工程量见第一章第一节说明第3条:机械施工土石方,挖方部分机械达不到需由人工完成的工程量由施工组织设计确定。其中人工操作部分,按相应定额乘以系数1.15。

(3)实际定额为:151.1 × 1.15 = 173.77 工日

(4)总劳动量 = 6500 ÷ 1000 × 173.77 = 1129.5 工日

定额使用案例

2)"路面工程"章说明运用实例

"路面工程"章有7条章说明,第一节有6条说明,第二节有10条说明,第三节有4条说明,现举一例说明其使用。

[例3-2] 某高速公路的沥青混凝土路面基层摊铺工程,厚度26cm,路基宽26.0m,路段长10km,查定额知:人工4.2 工日/1000m²,6~8t 光轮压路机定额0.14 台班/1000m² 12~15t 光轮压路机定额1.27 台班/1000m²,计算所需人工劳动量及压路机作业量。

解:工程量 = 26 × 10000 = 260(1000m²)

根据"路面工程"章第一节说明第一条(《预算定额》P78)可知:各类稳定土基层、级配碎石、级配砾石基层的压实厚度在15cm 以内,填隙碎石一层压实厚度在12cm 以内,垫层、其他种类的基层和底基层压实厚度在20cm 以内,拖拉机、平地机和压路机的台班消耗按定额数量计。如超过以上压实厚度进行分层拌和、碾压时,拖拉机、平地机和压路机的台班消耗按定额数量加倍计算,每1000 m² 增加人工3.0 工日。

本工程所需人工劳动量 = (4.2 + 3.0) × 260 = 1872 工日

6~8t 光轮压路机的作业量 = 0.14 × 2 × 260 = 72.8 台班

12~15t 光轮压路机的作业量 = 1.27 × 2 × 260 = 660.4 台班

[例3-3] 某石灰砂砾基层,厚度28cm,稳定土拌和机拌和,共80000m²,采用6000L 洒水汽车洒水作业,需在距工地8km 处吸取自来水。自来水单价为1.0元/m³,增列水费,洒水汽车总作业量。

解:根据"路面工程"章说明第4条(《预算定额》P76)可知:本章定额中凡列有洒水汽车的子目,均按5km 范围内洒水汽车在水源处自吸水编制,不计水费。如工地附近无天然水源可利用,必须采用供水部门供水(如自来水)时,可根据定额子目中洒水汽车的台班数量,按每台班35m³ 计算定额用水量,乘以供水部门规定的水价增列水费。洒水汽车取水的平均运距超过5km 时,可按路基工程的洒水汽车洒水定额中的增运定额增加洒水汽车的台班消耗,但增加的洒水汽车台班消耗量不得再计水费。

(1)石灰砂砾基层稳定土拌和机拌和定额见《预算定额》P90 2-1-3-21(表3-3)、2-3-3-22(表3-4)。

Ⅲ 稳定土拌和机拌和

表3-3

单位：1000m²

顺序号	项目	单位	代号	石灰土 石灰剂量10% 压实厚度15cm	石灰土 石灰剂量10% 每增减1cm	石灰砂砾 石灰剂量5% 压实厚度15cm	石灰砂砾 石灰剂量5% 每增减1cm	石灰碎石 石灰剂量5% 压实厚度15cm	石灰碎石 石灰剂量5% 每增减1cm
				19	20	21	22	23	24
1	人工	工日	1	29.4	1.6	20.8	1.1	21.1	1.1
2	生石灰	t	891	24.046	1.603	15.450	1.030	15.752	1.050
3	土	m³	895	195.80	13.05	—	—	—	—
4	砂砾	m³	902	—	—	185.45	12.36	—	—
5	砂石土	m³	915	—	—	—	—	—	—
6	砂砾土	m³	916	—	—	—	—	—	—
7	碎石	m³	958	—	—	—	—	205.11	13.67
8	120kW以内自行式平推机	台班	1057	0.37	—	0.37	—	0.37	—
9	6~8t光轮压路机	台班	1075	0.27	—	0.27	—	0.27	—
10	12~15t光轮压路机	台班	1078	1.27	—	1.27	—	1.27	—
11	235kW以内稳定土拌和机	台班	1155	0.29	0.02	0.29	0.02	0.29	0.02
12	6000L以内洒水汽车	台班	1405	1.07	0.05	0.93	0.04	0.94	0.04
13	基价	元	1999	7522	412	10307	601	10250	596

1-1-22 洒水汽车洒水

表3-4

工程内容　1)吸水;2)运水;3)洒水;4)空间。

单位：1000m³ 水

顺序号	项目	单位	代号	洒水汽车容量(L) 4000以内 第一个1km	洒水汽车容量(L) 4000以内 每增运0.5km 平均运距(km) 5以内	洒水汽车容量(L) 4000以内 每增运0.5km 平均运距(km) 10以内	洒水汽车容量(L) 4000以内 每增运0.5km 平均运距(km) 15以内	洒水汽车容量(L) 6000以内 第一个1km	洒水汽车容量(L) 6000以内 每增运0.5km 平均运距(km) 5以内	洒水汽车容量(L) 6000以内 每增运0.5km 平均运距(km) 10以内	洒水汽车容量(L) 6000以内 每增运0.5km 平均运距(km) 15以内
				1	2	3	4	5	6	7	8
1	4000L以内洒水汽车	台班	1404	19.55	1.43	1.30	1.24	—	—	—	—
2	6000L以内洒水汽车	台班	1405	—	—	—	—	16.59	0.98	0.88	0.84
3	8000L以内洒水汽车	台班	1406								
4	10000L以内洒水汽车	台班	1407								
5	基价	元	1999	8906	651	692	565	8544	505	453	433

水费 = $(0.93 + 0.04 \times 13) \times 80000 \div 1000 \times 35 \times 1.0 = 4060$ 元

(2)路基工程的洒水汽车洒水定额见《预算定额》P46 1-1-22。

洒水汽车总作业量 = $(0.93 + 0.04 \times 13) \times 80000 \div 1000 + (0.93 + 0.04 \times 13) \times 80000 \div 1000 \times 35 \times (8-5) \times 2 \div 1000 \times 0.88 = 188.4$ 台班

[例3-4] 某水泥、石灰稳定土基层工程，筛拌法，设计配合比为5.5:3.5:91,厚度18cm,确定水泥、石灰、土的实用定额值。

解：水泥、石灰稳定土基层见《预算定额》P104 2-1-6-1、2-1-6-2(表3-5)。

2-1-6 路拌法水泥、石灰稳定土基层　　　　　　　　　　　　　表3-5

工程内容　1)清扫整理下承层;2)消解石灰;3)铺料,铺灰,洒水,拌和;4)整形,碾压,找补;5)初期养护。

Ⅰ.人工沿路拌和　　　　　　　　　　　　　　　　　　单位:1000m²

顺序号	项目	单位	代号	筛拌法 水泥石灰土 水泥:石灰:土 6:4:90 压实厚度 15cm	筛拌法 水泥石灰土 水泥:石灰:土 6:4:90 每增减 1cm	筛拌法 水泥石灰土 水泥:石灰:土:砂 6:4:26:64 压实厚度 15cm	筛拌法 水泥石灰土 水泥:石灰:土:砂 6:4:26:64 每增减 1cm	翻拌法 水泥石灰土 水泥:石灰:土 6:4:90 压实厚度 15cm	翻拌法 水泥石灰土 水泥:石灰:土 6:4:90 每增减 1cm	翻拌法 水泥石灰土 水泥:石灰:土:砂 6:4:26:64 压实厚度 15cm	翻拌法 水泥石灰土 水泥:石灰:土:砂 6:4:26:64 每增减 1cm
				1	2	3	4	5	6	7	8
1	人工	工日	1	136.6	8.4	100.2	6.0	142.3	8.8	105.9	6.4
2	32.5级水泥	t	832	15.147	1.010	16.515	1.101	15.147	1.010	16.515	1.101
3	水	10^3	866	38	2	41	2	38	2	41	2
4	生石灰	t	891	10.393	0.693	11.332	0.756	10.393	0.693	11.332	0.756
5	土	m³	895	195.29	13.02	62.72	4.18	195.29	13.02	62.72	4.18
6	砂	m³	897	—	—	124.34	8.29	—	—	124.34	8.29
7	6~8t光轮压路机	台班	1075	0.27		1.27		1.27		1.27	
8	12~15t光轮压路机	台班	1078	1.27		1.27		1.27		1.27	
9	基价	元	1999	14831	914	18735	1176	15112	934	19015	1196

根据"路面工程"章第一节说明第二条(《预算定额》P78)可知:各类稳定土基层定额中的材料消耗是按一定配合比编制的,当设计配合比与定额标明的配合比不同时,有关材料可按下式进行换算:

$$C_i = [C_d + B_d(H_1 - H_0)] \times L_i \div L_d \tag{3-4}$$

式中:C_i——按设计配合比换算后的材料用量;

C_d——定额中基本压实厚度的材料用量;

B_d——定额中压实厚度每增加或减少1cm的材料数量;

H_0——定额中基本压实厚度15cm;

H_1——设计压实厚度,cm;

L_d——定额标明的材料百分率;

L_i——设计配合比的材料百分率。

通过计算可得:

水泥:$[15.147+1.010(18-15)]\times5.5\div6=16.66t$

石灰:$[10.393+0.693(18-15)]\times3.5\div4=10.91t$

土:$[195.29+13.02(18-15)]\times91\div90=236.95m^3$

3)"桥涵工程"章说明运用实例

桥涵工程章总说明共5条,包括11节,各节又有节说明,需要认真阅读。

[例3-5]　某桥的草袋围堰工程,装草袋的土人工挑抬运距220m,围堰高2.2m。确定工程的预算定额。

解:草袋围堰定额见《预算定额》P287 表4-2-2(表3-6)。

4-2-2　草、麻袋围堰　　　　　　　　　　　　　　　　　　　　　表3-6

工程内容　1)人工挖运土;2)装袋、缝口、运输、堆筑;3)中间填土夯实;4)拆除清现。

Ⅰ.草袋围堰　　　　　　　　　单位:10m围堰

顺序号	项目	单位	代号	围堰高(m)								
				1.0	1.2	1.5	1.8	2.0	2.2	2.5	2.7	3.0
				1	2	3	4	5	6	7	8	9
1	人工	工日	1	8.6	11.6	17.7	24.7	31.9	38.8	51.9	62.6	80.9
2	草袋	个	819	260	358	543	741	950	1139	1498	1781	2355
3	土	m³	895	(17.16)	(22.71)	(33.54)	(45.30)	(57.20)	(68.41)	(88.40)	(104.39)	(130.26)
4	基价	元	1999	707	961	1463	2023	2605	3150	4186	5021	6438

根据"桥涵工程"章第二节说明第二条(《预算定额》P283)可知:草土、草、麻袋、竹笼、木笼铁丝围堰定额中已包括50m以内人工挖运土方的工日数量,定额中括号内所列"土"的数量不计价,仅限于取土运距超过50m时,按人工挖运土方的增运定额,增加运输用工。

人工挖运土方增运定额见《预算定额》P9 1-1-6-4。

人工定额 = 38.8 + 增列超距运输用工

　　　　 = 38.8 + $[18.2\times(220-50)\div10\div1000\times68.4]$ = 38.8 + 21.17 = 60 工日

4)《预算定额》后五章说明运用实例

[例3-6]　列出下列预算定额:

(1)装载机装,15t以内自卸汽车运土,运距9km。

(2)15t以内自卸汽车配合装载机运路基土方,运距9km。

(3)人工装卸,15t载重汽车运水,运距9km。

(4)指出(1)、(2)两定额的区别。

解:(1)属于材料运输第九章P986 9-1-6-91、9-1-6-92。

15t汽车:$0.45+0.09\times(9-1)=1.17$ 台班

基价:$308+62\times(9-1)=804$ 元

(2)属于路基工程章见《预算定额》P161-1-11-21、1-1-11-23。

汽车:$5.57+0.64\times(9-1)\times2=15.81$ 台班

基价:$3816+438\times(9-1)\times2=10824$ 元

(3)根据材料运输一章P969说明4(1)知:水按运输沥青、油料定额乘以0.85系数计算。

沥青、油料定额见《预算定额》P976 9-1-5-59、9-1-5-60,水按运沥青、油料的0.85系计算。

汽车:$0.85 \times [1.49 + (9-1) \times 0.05] = 1.61$ 台班

基价:$0.85 \times [1020 + (9-1) \times 34] = 1292$ 元

(4)(1)与(2)的区别:(1)是材料运输(第九章),(2)是路基土废方运输(第一章)。

3.4.3 概算定额说明

《概算定额》总说明共23条,各章都有相应的说明,现举例说明。

[例3-7] 某厂矿道路石盖板涵洞工程,不能提供具体工程量。已知涵长18m,跨径2m,双孔。确定其概算定额。

解:根据《概算定额》"涵洞工程"章说明第3条可知:为了满足不同情况的需要,定额中除按涵洞洞身、洞口编制分项定额外,还编制了扩大定额。一般公路应尽量使用分项定额编制,厂矿、林业道路,不能提供具体工程数量时,可使用扩大定额编制。

第9条规定:涵洞扩大定额按每道单孔和取定涵长计算,如涵长与定额中涵长不同时,可用每增减1m定额进行调整;如为双孔时,可按调整好的单孔定额乘以表3-7中的系数:

双孔系数   表3-7

结构类型	石盖板涵	钢筋混凝土圆管涵	石拱涵	钢筋混凝土盖板涵
双孔系数	1.6	1.8	1.5	1.6

因此,应用扩大定额并将所得定额值乘1.6的系数。

涵洞扩大定额见[4-1-3-5+10](表3-8)。

涵洞扩大定额   表3-8

4-1-3 石盖板涵

工程内容 1)排水、挖基、回填夯实;2)基础、墙身砌筑的全部工序;3)洞身与洞口铺砌及加固;4)安砌盖板和铺设胶泥防水。

Ⅰ.1 道涵洞   单位:1 道

顺序号	项目	单位	代号	涵长13m 标准跨径(m)				
				0.75	1.00	1.25	1.50	2.00
				1	2	3	4	5
1	人工	工日	1	84.5	108.7	141.8	210.6	226.0
2	原木	m³	101	0.004	0.006	0.008	0.014	0.014
3	锯材	m³	102	0.022	0.031	0.043	0.076	0.072
4	钢管	1	191	0.006	0.008	0.011	0.019	0.018
5	铁钉	kg	653	0.1	0.2	0.3	0.5	0.5
6	8~12号钢丝	kg	655	0.8	1.2	1.6	2.9	2.7
7	32.5级水泥	t	832	2.487	3.268	4.332	6.862	6.883
8	水	m³	866	23	32	44	68	76

Ⅱ. 涵长每增减1m 　　　　　　　　　　　　　单位:1道

顺序号	项目	单位	代号	涵长每增减1m 标准跨径(m)				
				0.75	1.00	1.25	1.50	2.00
				6	7	8	9	10
1	人工	工日	1	4.0	5.6	6.7	9.5	10.6
2	锯材	m³	102	0.001	0.002	0.002	0.004	0.004
3	钢管	t	191	—	—	—	0.001	—
4	8~12号铁丝	kg	655	—	—	—	0.2	0.1
5	32.5级水泥	t	832	0.124	0.165	0.226	0.339	0.336
6	水	m³	866	1	2	2	4	4
7	中(粗)砂	m³	899	0.51	0.68	0.93	1.39	1.38
8	黏土	m³	911	0.10	0.21	0.21	0.21	0.31
9	片石	m³	931	1.04	1.27	1.73	2.53	2.53
10	块石	m³	981	0.53	0.84	1.16	1.79	1.68
11	盖板石	m³	982	0.20	0.30	0.40	0.60	0.90
12	其他材料费	元	996	2.4	3.5	5.2	2.0	7.4
13	φ150mm电动单级离心水泵	台班	1653	0.04	0.05	0.05	0.06	0.07
14	小型机具使用费	元	1998	1.0	1.3	1.8	2.6	2.6
15	基价	元	1999	380	532	675	987	1062

定额计算式:$[4\text{-}1\text{-}3\,\text{Ⅰ}\text{-}5 + 4\text{-}1\text{-}3\,\text{Ⅱ}\text{-}10(18-13)] \times 1.6$

人工:$[226.8 + 10.6 \times (18-13)] \times 1.6 = 447.7$

锯材:$[0.014 + 0.004 \times (18-13)] \times 1.6 = 0.05$

其余各材料均可按此式进行计算。

3.5 概预算定额的运用

3.5.1 定额编号的引用

编制概预算时,在计算表格中均要列出所用的定额表号。一般可采用:[页号—表号—栏号]的编号方法。这种编号的方法容易查找,检查方便,不易出错。但书写字码较多,在概预算表中占格较宽。

而《预算定额》中浆砌片石基础的定额号为[4-5-2-1](表3-9),是按[章—节—表—栏]四符号法。

4-5-2 浆砌片石   表3-9

工程内容 1)选、修、洗石料;2)搭、拆脚手架、踏步或井字架;3)配、拌、运砂浆;4)砌筑;5)勾缝;6)养生。

单位:10m³

顺序号	项目	单位	代号	基础、护底、截水墙	护拱	实体墩 高度(m)		实体式台、墙 高度(m)	
						10以内	20以内	10以内	20以内
				1	2	3	4	5	6
1	人工	工日	1	9.5	8.5	16.9	18.6	13.2	14.1
2	M5 水泥砂浆	m³	65	—	(3.50)	—	—	—	—
3	M7.5 水泥砂浆	m³	66	(3.50)	—	(3.50)	(3.50)	(3.50)	(3.50)
4	M10 水泥砂浆	m³	67	—	—	(0.12)	(0.90)	(0.05)	(0.02)
5	原木	m³	101	—	—	0.011	0.010	0.003	0.003
6	锯材	m³	102	—	—	0.049	0.009	0.016	0.003
7	钢管	t	191	—	—	0.011	0.010	0.004	0.003
8	铁钉	kg	653	—	—	0.3	0.1	0.1	—
9	8~12号铁丝	kg	655	—	—	1.8	0.3	0.6	0.1
10	32.5级水泥	t	832	0.931	0.763	0.970	0.959	0.945	0.938
11	水	m³	866	4	4	9	8	8	7
12	中(粗)砂	m³	899	3.82	3.92	3.95	3.91	3.86	3.84
13	片石	m³	931	11.50	11.50	11.50	11.50	11.50	11.50
14	其他材料费	元	996	1.2	1.2	5.6	7.0	2.8	3.1
15	30kN以内单筒慢动卷扬机	台班	1499	—	—	—	0.92	—	0.85
16	小型机具使用费	元	1998	7.0	7.0	7.2	7.2	7.0	7.0

定额编号在概预算文件中十分重要。一是保证复核、审查人员利用编号快速查找,核对所用定额的准确性;第二,对如此繁多的工程细目的工作内容以编号形式建立一一对应的模式,便于计算机处理及修编定额人员的统计工作;第三,在概预算文件的08表中,"定额代号"一栏必须填上对应的定额细目代号。不论手工计算,还是计算机处理,都必须保证该栏目的准确性。

3.5.2 定额的直接套用

如果设计图的要求、工作内容及确定的工程项目完全与相应定额的内容符合,可直接套用定额。

[例3-8] 确定人工挖运普通土(人工挑抬)运50m的预算定额,重载运输升坡度为8%的坡。

解:(1)由《预算定额》目录可知,该定额在P9,定额表号为1-1-6 表3-10。

1-1-6 人工挖运土方   表3-10

工程内容 1)挖松;2)装土;3)运送;4)卸除;5)空回。

单位:1000m³ 天然密实方

顺序号	项目	单位	代号	第一个20m挖运			每增运10m	
				松土	普通土	硬土	人工挑抬	手推车
				1	2	3	4	5
1	人工	工日	1	122.6	181.1	258.5	18.2	7.3
2	基价	元	1999	6032	8910	12718	895	359

注:1. 当采用人工挖、装,机动翻斗车运输时,其挖、装所需的人工按第一个20m挖运定额减去30.0工日计算。

2. 当采用人工挖、装、卸,手扶拖拉机运输时,其挖、装、卸所需的人工按第一个20m挖运定额计算。

3. 如遇升降坡时,除按水平距离计算运距外,并按下表增加运距。

项目	升降坡度	高度差	
		每升高1m	每降低1m
人工挑抬	0%~10%	7m	不增加
	11%~30%		4m
	30%以上	10m	7m
手推车运输	0%~5%	15m	不增加
	6%~10%		5m
	10%以上	25m	8m

(2)确定定额号为[9-1-1-6-2+4]或[1-1-6-2],辅助定额[1-1-6-4]。

(3)该定额小注3规定:如遇升降坡时,除按水平运距计算运距外,需按坡度不同增加运距,重新计算运距为50+50×8%×7=78m,具体规定见《预算定额》P9。

(4)计算定额值。

人工:$181.1 \text{工日} + 18.2 \text{工日} \times \dfrac{78-20}{10} = 286.66 \text{工日}/1000\text{m}^3$

基价:$8910 \text{元} + 895 \text{元} \times 5.8 = 14101 \text{元}$

3.5.3 定额的抽换

由于定额是按一般合理的施工组织和正常的施工条件编制的。定额中所采用的施工方法和工程质量标准主要依据国家标准计量而取得。因此,使用定额时不得因具体工程的施工组织、操作方法和材料消耗与定额的规定不同而变更定额。只有以下几种情况才允许对定额中某些项目进行抽换,使定额的使用更符合实际情况。

1)定额抽换的条件

(1)就地浇筑钢筋混凝土梁用的支架及拱圈用的拱盔、支架,如确因施工安排达不到规定的周转次数时,可根据具体情况进行换算并按规定计算回收。

(2)设计采用的混凝土、砂浆强度等级或水泥强度等级与定额所列强度等级不同时,可按配合比表进行换算。

(3)钢筋工程中,当设计用Ⅰ、Ⅱ级钢筋比例与定额比例不同时,可进行换算。

(4)如施工中必须使用特殊机械时,可按具体情况进行换算。

2)定额抽换实例

[例3-9] 某石砌桥墩高19m,用M12.5砂浆砌料石、镶面。试确定该项目的预算定额。

解:根据《预算定额》砌筑工程节说明1,可知因采用M12.5砂浆砌筑,应对定额中的M7.5砂浆进行抽换,另外按节说明4,可知墩内部砌筑应按"填腹石"定额计算。为此,该项目应列两个子目来计算。

(1)料石砌筑、镶面定额,定额表号为[4-5-4]。

(2)桥墩填腹石定额,定额表号为[4-5-3]。

(3)抽换说明:由于镶面料石的砌筑砂浆采用M12.5,取代原M7.5,所以应进行抽换。

①由[4-5-4]表查得M7.5砂浆$2.00m^3/10m^3$;水泥0.559t、中砂$2.25m^3$。

②由"基本定额"的砂浆配比表查得:每配制$1m^3$ M12.5砂浆,需M32.5水泥345kg、砂$1.07m^3$;而每砌筑$10m^3$料石需砌筑砂浆$2.0m^3$和勾缝砂浆$0.09m^3$,那么根据此比例得出如下抽换计算:

水泥:$2.0 \times 345 + 0.09 \times 345 = 0.721t$

中砂:$1.07 \times 2.0 + 1.07 \times 0.09 = 2.24m^3$

[例3-10] 某跨径16m的石拱桥,制备1孔木拱盔,满堂式,周转2次。确定其实际周转次数的周转性材料预算定额。

解:(1)由《预算定额》目录可知定额在P631,定额表号为[4-9-2](表3-11)。

4-9-2 桥梁拱盔　　　　　　　　　　　　　　　　　　　　　　　表3-11

工程内容　本拱盔:1)拱盔制作、安装与拆除;2)工作台的搭设与拆除;3)桁构式拱盔,包括扒杆移动、吊装、拆除、架设及拆除缆风,地锚埋设与拆除。

钢拱架:1)全套金属设备的安装、拆除;2)脚手架、工作台、铁梯等附属设备的制作、安装、拆除;3)混凝土枕块的预制、安装;4)安装设备用的扒杆移动。

单位:$10m^2$ 立面积及10t 钢拱架

顺序号	项目	单位	代号	木拱盔					拱上空腹拱盔及支架		制拱架
				满堂式			桁构式				
				跨径(m)							
				10以内	20以内	50以内	20以内	50以内	2以内	4以内	
				$10m^2$							10t
				1	2	3	4	5	6	7	8
1	人工	工日	1	94.5	50.4	37.9	53.4	38.9	17.3	10.8	50.4
2	原木	m^2	101	1.115	0.471	0.954	0.975	0.554	1.185	0.588	—
3	钢材	m^2	102	2.791	1.625	0.566	0.995	0.948	0.658	0.375	0.470
4	光圆钢筋	t	111	—	—	—	—	—	—	—	0.016
5	钢丝绳	t	221	—	—	—	0.006	0.003	—	—	—
6	铁件	kg	651	76.5	41.8	35.0	96.6	51.3	29.9	10.5	72.5
7	铁钉	kg	653	2.1	1.1	0.9	2.1	1.9	1.2	0.5	0.9
8	32.5级水泥	t	832	—	—	—	—	—	—	—	0.143
9	石油沥青	t	851	—	—	—	—	—	—	—	0.001

(2) 确定定额号为[631-4-9-2-2]或[40902]。

(3) 该定额总说明 8 规定:就地浇筑钢筋混凝土用的支架及拱圈用的拱盔、支架,如确因施工安排达不到规定的周转次数时,可根据具体的情况换算并按规定计算回收。其具体规定见《预算定额》总说明第八条。

在《预算定额》的附录中编制有材料的周转及摊销定额,它的主要用途有:

① 规定各种周转性材料的周转、摊销次数。

② 对达不到规定周转次数的材料定额进行抽换。

③ 具体计算可按下式进行:

$$E' = E \times K \tag{3-5}$$

式中:E'——实际周转次数的周转性材料定额;

E——定额规定的周转性材料定额。

$$K = \frac{n}{n'} \tag{3-6}$$

式中:n——定额规定的材料周转次数;

n'——实际的材料周转次数。

(4) 计算。

计算表格见表 3-12。

计 算 表 格　　　　　　　　　　表 3-12

序号	材料规格名称	单位	定额值 E	n	n'	K	换算值 E'
1	原木	m³	0.471	5	2	2.5	1.178
2	锯材	m³	1.625	5	2	2.5	4.063
3	铁件	kg	41.8	5	2	2.5	104.5
4	铁钉	kg	1.1	4	2	2	2.2

① 材料定额为原木:0.471m³,锯材:1.625 m³,铁件:41.8kg,铁钉:1.1kg。

② 《预算定额》P1024,附录 3-4,查得木拱盔的周转性材料的规定周转次数是木材 5 次,铁件 5 次,铁钉 4 次。而实际周转次数为两次。

③ 则实际定额为原木 = 0.471m³ × 5/2 = 1.178 m³,锯材 = 1.625m³ × 5/2 = 4.06 m³,铁件 = 41.8kg × 5/2 = 104.5kg,铁钉 = 1.1kg × 4/2 = 2.2kg。

3.5.4 定额的补充

随着科学技术的发展,新结构、新工艺、新材料、新设备在道桥工程上广泛使用。但是,定额的制定必须要有一定的周期,在新定额未颁布以前,为了合理正确地反映工程造价和经济效益,在现行使用的概、预算定额基础上,又编制有部颁补充定额、地区补充定额和个别工程项目的一次性补充定额等。所以在查用现行定额时,应注意定额表左上方的"工程内容"所包含的项目与实际工程项目是否完全一致,结构形式、施工工艺是否相同。要正确选用补充定额,做到不重不漏。

[例 3-11] 某中桥河中桥墩挖基工程,施工地面水深 1m,人工挖基,摇头扒杆卷扬机吊运普通土的预算定额。

解:(1) 由《预算定额》目录可知定额在 P277,定额表号为[4-1-2](表 3-13)。

(2) 确定定额号为[277-4-1-2]或[40102]。

4-1-2 人工挖卷扬机吊运基坑土、石方   表 3-13

工程内容 1)人工挖土或人工打眼开炸石方;2)装土、石方卷扬机吊运土、石出坑外;3)清理、整平、夯实土质基底,检平石质基底;4)挖排水沟及集水井;5)搭拆脚手架,移动摇头扒杆及整修运土、石渣便道;6)取土回填、铺平、洒水、夯实。

单位:1000m³

顺序号	项目	单位	代号	土方 干处	土方 湿处	石方
				1	2	3
1	人工	工日	1	419.3	593.8	816.0
2	钢针	kg	211	—	—	34.3
3	硝铵炸药	kg	841	—	—	200.2
4	导火线	m	842	—	—	492
5	普通雷管	个	845	—	—	384
6	煤	t	864	—	—	0.248
7	其他材料费	元	996	—	—	24.5
8	30kN 以内单筒慢动卷扬机	台班	1499	13.28	13.28	51.54
9	基价	元	1999	21786	30372	46782

(3) 该定额表左上角"工程内容"包括:
① 人工挖土方。
② 装土、卷扬机吊运土出坑外。
③ 整平夯实土质基底。
④ 挖排水沟或集水井。
⑤ 移动摇头扒杆及整修便道。
⑥ 取土回填、铺平、洒水、夯实。
(4) 根据施工过程和工艺的要求,应补充抽水及扒杆的制作、安装、拆除定额。
(5) 应补充的定额号如下:
① 抽水:在该定额节说明中进行补充,定额在 P274(表 3-14)。

基坑水泵台班消耗   表 3-14

覆盖层土壤类别		水位高度 (m)	河中桥墩 挖基 (10m³)	河中桥墩 每座墩(台)修筑水泵台班 基坑深3m以内	河中桥墩 每座墩(台)修筑水泵台班 基坑深6m以内	靠岸墩台 挖基 (10m³)	靠岸墩台 每座墩(台)修筑水泵台班 基坑深3m以内	靠岸墩台 每座墩(台)修筑水泵台班 基坑深6m以内
I	1. 亚黏土 2. 粉砂土 3. 较密实的细砂土 (0.10～0.25mm 颗粒含量占多数) 4. 松软的黄土 5. 有透水孔道的黏土	地面水 4以内	0.19	7.58	10.83	0.12	4.88	7.04
		地面水 3以内	0.15	5.96	8.67	0.10	3.79	5.42
		地面水 2以内	0.12	5.42	7.58	0.08	3.52	4.88
		地面水 1以内	0.11	4.88	7.04	0.07	3.25	4.33
		地下水 6以内	0.08	—	5.42	0.05	—	3.79
		地下水 3以内	0.07	3.79	3.79	0.04	2.71	2.71

续上表

顺序号	覆盖层土壤类别	水位高度(m)		河中桥墩			靠岸墩台		
				挖基(10m³)	每座墩(台)修筑水泵台班		挖基(10m³)	每座墩(台)修筑水泵台班	
					基坑深3m以内	基坑深6m以内		基坑深3m以内	基坑深6m以内
Ⅱ	1. 中类砂土(0.25~0.50mm 颗粒含量占多数) 2. 紧密的颗粒较细的砂砾石层 3. 有裂缝透水的岩层	地面水	4以内	0.54	16.12	24.96	0.35	10.32	16.12
			3以内	0.44	11.96	18.72	0.29	7.74	11.96
			2以内	0.36	8.32	14.04	0.23	5.16	9.36
			1以内	0.31	6.24	10.92	0.19	4.13	7.28
		地下水	6以内	0.23	—	7.28	0.15	—	4.68
			3以内	0.19	4.16	4.68	0.12	2.58	3.12

②扒杆的制作、安装、拆除定额号为[605-4-7-33-3](表3-15)。

4-7-33 木结构吊装设备   表3-15

工程内容 1)吊装设备制作、安装、拆除;2)堰设地缝,拉缆风索。

单位:1个

顺序号	项目	单位	代号	人字扒杆	三角扒杆	摇头扒杆	简易木龙门架	木龙门架(起重量12t)
				1	2	3	4	5
1	人工	工日	1	10.8	6.7	22.7	5.4	65.1
2	原木	m³	101	1.171	0.530	1.316	0.055	0.517
3	钢材	m³	102				0.163	3.810
4	钢丝绳	t	221	0.032	0.023	0.020	0.007	0.023
5	铁件	kg	651	1.4	1.4	7.0	4.4	239.9
6	铁钉	kg	653					0.7
7	其他材料费	元	996	40.8	40.9	59.4	78.1	31.3
8	设备摊销费	元	997			54.0		675.4
9	30kN 以内单筒慢动卷扬机	台班	1499	0.92	0.59	2.40		3.28
10	小型机具使用费	元	1998	2.1	1.4	5.5		7.5
11	基价	元	1999	2159	1158	3067	686	11120

[**例3-12**] 确定某桥梁用单导梁安装标准跨径20m的预应力混凝土空心板的预算定额。

解:(1)由《预算定额》目录可知定额在P537,定额表号为[4-7-13](表3-16)。

(2)确定定额号为[537-4-7-13]或[40713]。

4-7-13 预制、安装预应力空心板   表 3-16

工程内容 预制：1）组合钢模组拼拆及安装、拆除、修理、涂脱模剂、堆放；2）钢筋除锈、制作、成型、绑扎、电焊；3）混凝土浇筑、捣固及养生。

安装：1）整修构件；2）构件起吊、横移、就位、校正；3）人字扒杆移动过墩、挖地锚坑或起重机、单导梁过墩移动；4）锯断吊环。

单位：10m³ 实体及 1t 钢筋

顺序号	项目	单位	代号	预制			安装					
				混凝土		钢筋	人字扒杆		起重机		单导梁	
							跨径(m)					
				非泵送	泵送		10以内	16以内	10以内	20以内	10以内	20以内
				10m³		1t	10m³					
				1	2	3	4	5	6	7	8	9
1	人工	工日	1	23.0	16.1	8.9	15.8	11.5	4.8	3.8	8.6	7.0
2	预制构件	m³	—	—	—	—	(10.00)	(10.00)	(10.00)	(10.00)	(10.00)	(10.00)
3	C20 水泥混凝土	m³	18	(0.10)	(0.10)	—	—	—	—	—	—	—
4	C40 水泥混凝土	m³	22	(10.10)	—	—	—	—	—	—	—	—
5	C40 泵送混凝土	m³	50	—	(10.30)	—	—	—	—	—	—	—
6	原木	m³	101	0.042	0.042	—	—	—	—	—	—	—
7	锯材	m³	102	0.062	0.062	—	—	—	—	—	—	—
8	光圆钢筋	t	111	—	—	0.351	—	—	—	—	—	—
9	带肋钢筋	t	112	—	—	0.674	—	—	—	—	—	—
10	型钢	t	182	0.002	0.002	—	—	—	—	—	—	—
11	钢板	t	183	0.022	0.022	—	—	—	—	—	—	—
12	电焊条	kg	231	—	—	1.6	—	—	—	—	—	—

(3) 该定额表左上角"工程内容"包括：

① 整修构件。

② 构件起吊、横移就位、校正。

③ 单导梁过墩移动。

④ 锯断吊环。

(4) 根据施工过程和工艺的要求，应补充金属结构吊装设备（单导梁）定额。

(5) 应补充的定额号为[599-4-7-31]或[40731]（表3-17）。

4-7-31　金属结构吊装设备　　　　　　　　　　表3-17

工程内容　1)全套金属设备(包括起吊设备及钢轨)的安装、拆除;2)脚手架、绞车平台、张拉工作台、底板工作台、铁(木)梯等附属设备的制作、安装、拆除;3)混凝土枕块、平衡重的预制、安装;4)安装设备用的扒杆的移动;5)机具设备的擦拭、保养、堆放。

单位:10t 金属设备

顺序号	项目	单位	代号	单导梁	双导梁	跨墩门架 门架高(m)		悬臂吊机	悬浇挂篮
						9	16		
				1	2	3	4	5	6
1	人工	工日	1	69.4	63.4	82.6	77.3	116.8	124.1
2	C15 水泥混凝土	m³	17	—	—	—	—	—	(1.36)
3	C40 水泥混凝土	m³	22	—	—	—	—	(0.38)	(0.34)
4	原木	m³	101	0.015	—	0.117	0.070	—	—
5	锯材	m³	102	0.432	0.392	0.440	0.280	0.356	0.364
6	枕木	m³	103	—	—	—	—	0.107	—
7	光圆钢筋	t	111	—	—	—	—	—	—
8	带肋钢筋	t	112	—	—	—	—	—	—
9	钢板	t	183	—	—	—	—	—	—
10	钢丝绳	t	221	0.018	0.003	0.021	0.012	0.008	0.003
11	电焊条	kg	231	0.1	—	0.1	0.1	—	—
12	聚四氟乙烯滑板	kg	641	—	—	—	—	7.6	6.1

3.5.5　基本定额

1)基本定额的定义

基本定额是指在合理的条件下,为生产单位数量的半成品、中间产品所规定的各种资源(工、料、机、费用等)消耗量标准。

2)基本定额的组成

(1)桥涵模板工作。

(2)砂浆及混凝土材料消耗,包括砂浆配合比表和混凝土配合比表。

(3)脚手架、踏步、井子架工料消耗。

(4)基本定额材料规格与质量。

3)基本定额的作用

(1)进行定额抽换。

(2)分析分项工程或半成品的人工、材料、机械消耗量。如新型结构桥梁中的混凝土构件在定额中查不到,此时即可通过基本定额来计算所需人工、机械、材料数量。

[例3-13]　某浆砌片石基础工程,设计采用 M10 砂浆,问编制预算时是否要进行定额抽换,如何进行抽换?

解:(1)由《预算定额》目录可知定额在 P440,定额表号为[4-5-2](表3-18)。

4-5-2 浆砌片石　　　　　　　　　　　　　　　　　　　　　　　　表3-18

工程内容　1)选、修、洗石料;2)搭、拆脚手架,踏步或井字架;3)配、拌、运砂浆;4)砌筑;5)勾缝;6)养生。

单位:10m³

顺序号	项目	单位	代号	基础、护底、截水墙	护拱	实体式墩 高度(m)		实体式台、墙 高度(m)	
						10以内	20以内	10以内	20以内
				1	2	3	4	5	6
1	人工	工日	1	9.5	8.5	16.9	18.6	13.2	14.1
2	M5 水泥砂浆	m³	65	—	(3.50)	—	—	—	—
3	M7.5 水泥砂浆	m³	66	(3.50)	—	(3.50)	(3.50)	(3.50)	(3.50)
4	M10 水泥砂浆	m³	67	—	—	(0.12)	(0.09)	(0.05)	(0.02)
5	原木	m³	101	—	—	0.011	0.010	0.003	0.003
6	锯材	m³	102	—	—	0.049	0.009	0.016	0.003
7	钢管	t	191	—	—	0.011	0.010	0.004	0.003
8	铁钉	kg	653	—	—	0.3	0.1	0.1	—
9	8~12号铁丝	kg	655	—	—	1.8	0.3	0.6	0.1
10	32.5 级水泥	t	832	0.931	0.763	0.970	0.959	0.945	0.938
11	水	m³	866	4	4	9	8	8	7
12	中(粗)砂	m³	899	3.82	3.92	3.95	3.91	3.86	3.84
13	片石	m³	931	11.50	11.50	11.50	11.50	11.50	11.50
14	其他材料费	元	996	1.2	1.2	5.6	7.0	2.8	3.1
15	30kN 以内单筒慢动卷扬机	台班	1499	—	—	0.92	—	0.85	—
16	小型机具使用费	元	1998	7.0	7.0	7.2	7.2	7.2	7.0

(2)定额中需 M7.5 砂浆,而设计是 M10,需进行定额抽换。

(3)抽换方法:

①由[440-4-5-2-1]定额查得:每10m³的实体需 M7.5 砂浆 3.5m³,32.5级水泥 0.931t,砂 3.82m³(其余不需抽换)。

②由第 1009 页基本定额知:1m³ M10 砂浆需 32.5 级水泥 311kg,砂 1.07m³。

③采用 M10 砂浆时需 32.5 级水泥 $3.5 \times 0.311 = 1.09$t,中砂 $3.5 \times 1.07 = 3.75$m³。

3.5.6 定额的综合运用

[例3-14]　某高速公路的一段,路基土方挖方土质为普通土,平均运距30m的有1000000m³,平均运距50m的有1000000m³,平均运距200m的有1000000m³,平均运距3000m的有1000000m³。

问题:

(1)计算挖土方的平均运距。

(2)提出全部合理的机械化施工方式。

(3)提出不同机械施工方式的预算定额工程细目名称、定额表号及定额直接费。

分析要点：

本案例主要考核关于土、石方工程机械的经济运距，以及机械规格型号的选择。

工程量较大的土、石方施工应选择大功率或大吨位的施工机械。

工程量小的土、石方施工应选择小功率或小吨位的施工机械。

本案例推土机以 135～240kW 均属正确；铲运机以 10～12m^3 均属正确；自卸汽车以 12～15t 均属正确；装载机以 2～3m^3 均属正确。

解：(1)挖土方平均运距
= (30×1000000+50×1000000+200×1000000+3000×1000000)÷4000000=820m

(2)合理的机械化施工方式。

平均运距 30m 和 50m 的采用推土机施工；平均运距 200m 的采用铲运机施工；平均运距 3000m 的采用推土机集土、装载机装土、自卸汽车运输施工。

(3)不同施工方式的预算定额工程细目名称、定额表号(表 3-19)。

不同施工方式的预算定额工程细目名称及定额表号　　　　表 3-19

施工方式	预算定额细目名称		定额表号	数量 1000m^3	定额基价	调整系数	备 注
推土机施工	165kW 以内的推土机	第一个 20m	10112018	2000	1715	—	
		每增运 10m	10112020	2000	484	2	按平均运距 40m 考虑
铲运机施工	10m^3 以内的铲运机	第一个 100	10113006	1000	2839	—	
		每增运 50m	10113008	1000	423	2	运距 200m
装载机配合自卸汽车施工	165kW 以内的推土机推松集土		10112018	1000	1715	0.8	见《预算定额》P14
	3m^3 以内的装载机装土		10110003	1000	985		
	15t 以内自卸汽车运土	第一个 1km	10111021	1000	3816	—	
		每增运 0.5km	10111022	1000	480	4	增运 2km

本章复习题

一、简答题

1. 定额的抽换条件主要有哪些？
2. 定额的作用主要有哪些？

二、计算题

1. 某浆砌块石拱圈工程,设计采用 M10 水泥砂浆。问编制预算时是否需要进行定额抽换,如需抽换应如何抽换?(已知:原拱圈所列定额为:M7.5 砂浆 $2.7m^3/10m^3$;M10 砂浆 $0.07m^3/10m^3$。)

2. 某工程设计采用 C25 混凝土,32.5 级水泥,碎(砾)石最大粒径 40mm。该工程项目定额中每 $10m^3$ 实体需要 C20 混凝土 $10.10m^3$,混凝土配合比见表 3-20。问水泥、中(粗)砂、碎(砾)石新的预算定额值?

基本定额的混凝土配合比　　　　　　　　　　　　　　表 3-20

（单位：$1m^3$ 混凝土）

项　目	单　位	碎(砾)石最大粒径 40mm	
		混凝土强度等级	
		C20	C25
32.5 级水泥	kg	298	335
中(粗)砂	m^3	0.49	0.48
碎(砾)石	m^3	0.84	0.83

3. 某 3 孔跨径 20m 的石拱桥,制备 1 孔拱盔,实际周转次数 3 次。试确定其周转材料的预算定额。(由《预算定额》查得每 $10m^2$ 面积周转性材料定额值为原木 $0.471m^3$、锯材 $1.625\ m^3$、铁件 41.8kg、铁钉 1.1kg。由材料周转及摊销定额查得周转次数分别为木料 5 次、铁件 5 次、铁钉 4 次)。

4. 某分离式山区高速公路隧道,全长 1462m,主要工程量如下:

(1)洞门部分:浆砌片石墙体 $1028m^3$,浆砌片石截水沟 $69.8m^3$。

(2)洞身部分:钢支撑 445t,喷射混凝土 $10050m^3$,钢筋网 138t,φ25mm 锚杆 12600m,φ2mm 锚杆 113600m,拱墙混凝土 $25259m^3$,光圆钢筋 16t,带肋钢筋 145t。

(3)洞内路面:$21930m^2$,水泥混凝土面层厚 26cm。

(4)隧道防排水、洞内管沟、装饰、照明、通风、消防等不考虑。

请列出该隧道工程施工图预算所涉及的相关定额的名称、单位、定额代号、数量、定额调整等内容,并填入表格中,需要时应列式计算或文字说明。

5. 某灌注桩工程(桩径 250cm 的回旋钻),施工组织设计的混凝土水平泵送距离为 200m,套用灌注桩混凝土定额时,其人工和混凝土输送泵的消耗量应如何调整?

第4章 道桥工程概预算

> **本章导读**
>
> **基本要求**：通过本章学习,了解概算、预算的定义,概预算文件的作用;熟悉概预算文件组成,甲组、乙组文件的内容;掌握人工、材料、机械台班单价,人工费、材料费、机械费、直接工程费及间接费、建筑安装工程费及其他有关费用的计算,概预算文件的编制步骤。在掌握概预算各费用计算的基础上,能熟练完成概预算文件的编制。
>
> **重　点**：人工、材料、机械台班单价的计算,人工费、材料费、机械费、直接工程费及间接费、建筑安装工程费以及其他有关费用的计算,概预算文件的编制步骤。
>
> **难　点**：概预算各费用的计算和概预算文件的编制。

4.1 投资额测算体系与概预算项目

投资是指为了实现某一特定目的而将其能支配的资源投入社会再生产过程的一种社会实践活动。它是最重要和最复杂的经济活动之一。公路基本建设工程投资是众多投资中的一种。国家和社会通过对公路工程项目的投资活动,建立起交通运输的基本通道,为社会的经济发展和人民的生活提供最根本和最直接的物质条件。因此,必须对基本建设工程投资进行科学的管理和严格的控制。

4.1.1 投资额测算体系

为了对公路基本建设工程进行全面而有效的工程造价管理,在项目的各阶段都必须编制有关的造价文件,这些造价文件的投资额则要根据其主要内容要求,由不同测算工作来完成。投资额按工程的建设程序进行分类,有如下8种。

1）投资额估算

投资额估算一般是指在投资前期（规划、项目建议书、可行性研究报告）阶段，建设单位向国家申请拟建项目或国家对项目进行决策时，确定建设项目在规划、项目建议书、可行性研究报告等不同阶段相应投资总额而编制的经济文件。

国家对任何一个拟建项目，都要通过对可行性研究报告的全面评审后，才能决定是否正式立项。在可行性研究中，除考虑国家经济发展上的需要和技术上的可行性外，还要考虑经济上的合理性。投资额估算为投资决策提供数量依据，也是建设项目经济效益分析中确定成本的主要依据，因此，它是建设项目在初步设计前各阶段工作中，作为拟建项目在经济上是否合理的重要文件。它具有如下几个方面的作用：

（1）投资额估算是国家决定拟建项目是否继续进行研究的依据。

（2）投资额估算是国家审批项目建议书的依据。

（3）投资额估算是国家审批建设项目可行性研究报告的依据。

可行性研究报告被批准后，投资额估算就作为控制初步设计概预算的依据，也是国家对建设项目下达投资的限额，并可作为资金筹措计划的依据。

（4）投资额估算是国家编制中长期规划和保持合理投资结构的依据。

根据投资额估算的作用不同，其内容的深浅程度也不尽相同。公路工程投资额估算是公路建设项目可行性研究报告中的重要内容，它可分为两类：一类是项目建议书投资额估算；另一类是工程可行性研究投资额估算。交通运输部在2011年公布了《公路工程基本建设项目投资估算编制办法》（JTG M20—2011）和《公路工程估算指标》（JTG/T M21—2011），自2012年1月1日起施行，在编制公路工程投资额估算时，应按其规定执行，并应满足预可行性研究和工程可行性研究的要求。

2）概算

概算又分为设计概算和修正概算两种。设计概算是指在初步设计或技术设计阶段，由设计单位根据设计图纸、概算定额、各类费用定额、建设地区的自然条件和技术经济条件等资料，预先计算和确定建设项目从筹建至竣工验收交付使用全部建设费用的造价文件。它是设计文件的重要组成部分，是国家确定和控制公路基本建设投资总额，安排基本建设计划，选择最优设计方案的依据。建设项目的总概算一经批准，在建设项目的其他阶段是不能随意突破的。

3）施工图预算

公路基本建设项目不论采用几阶段设计，设计单位在施工图设计阶段均应编制施工图预算。施工图预算是以设计单位为主，必要时可邀请施工单位、建设单位参加，根据施工图设计的工程量和施工方案，按预算定额和各类费用定额所编制的反映工程造价的文件。它是考核施工图设计经济合理性的依据，对于按施工图预算承包的工程，它又是签订建筑安装工程合同，实行建设单位和施工单位投资包干和办理工程结算的依据；对于进行施工招标的工程，施工图预算也是编制工程标底的依据；同时，它也是施工单位加强经营管理，搞好经济核算的基础。

施工图预算必须以施工图图纸、说明书、施工组织设计以及编制预算的法令性文件为依据。

4）施工预算

施工预算是施工单位进行成本控制与成本核算的依据,也是施工单位进行劳动组织与安排,以及进行材料和机械管理的依据,对施工组织和施工生产有着极为重要的作用。

施工预算是指在施工阶段,在施工图预算的控制下,施工单位根据施工图计算的分项工程量、施工定额、施工组织设计或分部分项工程施工组织设计以及其他有关技术资料,通过工料分析,计算和确定完成一个工程项目或一个单位工程或其中的分部分项工程所需的人工、材料、机械台班消耗量及其他相应费用的造价文件。施工预算所反映的是完成工程项目的成本,是成本控制的主要目标。

5)招标控制价

招标控制价是工程项目实行招标时,按发包工程的工程内容、设计文件、合同条件以及技术规范和有关定额等资料进行编制的反映投资额测算的文件。招标控制价是评标的根本依据,也是衡量投标人报价水平高低的基本指标,在招投标工作中起着关键作用。招标控制价一般以设计概算或施工图预算为基础编制,不准超过批准的概算或施工图预算。

6)报价

报价是由投标单位根据招标文件及有关定额(主要是投标单位根据自身的施工经验与管理水平所制定的企业定额)和招标项目所在地区的自然、社会和经济条件及施工组织方案和投标单位自身条件,计算完成招标工程所需各项费用的造价文件。报价是投标文件最重要的组成部分,是投标工作的关键和核心,也是能否中标的主要依据。报价过高,中标率就会降低;报价过低,尽管中标率增大,但可能无利可图,甚至中标单位会承担工程亏本的风险。因此,能否准确计算和合理确定工程报价,是施工企业在投标竞争中能否获胜的前提条件。中标单位的报价,将直接成为工程承包合同价的主要基础,并对将来施工过程起着严格的制约作用。承包单位和业主均不能随意更改报价。

报价与施工预算比较接近,但不同于施工预算。报价的费用组成和计算方法同概预算类似,但其编制体系和要求均不同于概预算,尤其目前在招投标工作中,一般采用单价合同,因而使报价时的费用分摊同概预算的费用计算方式有很大差别。总的看来,报价与概预算的差别主要体现在两个方面:一是概预算文件必须按国家有关规定进行编制;二是概预算由设计单位编制完成后,必须经建设单位或其主管部门、建设银行等审查批准后才能作为建设单位与施工单位结算工程价款的依据;而报价则可以根据投标单位对工程和招标文件的理解程度,对预算造价上下浮动,无须预先送建设单位审核。因此,报价比概预算更复杂,也比概预算更灵活。

报价与标底有着极为密切的关系,标底同概预算的性质很相近,编制方式也相同,都有较为严格的要求。报价比标底编制灵活,虽然二者有很明显的差别,并且从不同角度来对同一工程的造价进行预测,计算结果很难相同。但报价与标底又有极其密切的相关关系,如果报价与标底偏离较大的话,则无中标的可能。随着公路工程投资体制的进一步改革(如项目业主责任制的推行),公路工程招投标制度的进一步完善和公路施工监理制度的推广,将会进一步加强和完善标底与报价这两种工程造价测算工作,也必然会使各方和更多的人认识到这两种测算工作的重要性,从而把它们做得更好。

7)工程结算

工程项目建设是一个复杂的过程,涉及的单位是一些相对独立的经济实体,有着各自的经济利益,在项目建设过程中承担着不同的工作内容,因此,无论公路工程项目采用何种方式进行建设,在建设过程中,各经济实体之间必然会发生货币收支行为。这种在项目建设过程中由于器材采购、劳务供应、施工单位工程点交和可行性研究及设计任务的完成等经济活动而引起的货币收支行为,就是项目结算。在社会主义商品经济条件下,公路建设项目的建设过程也是一种商品的生产过程,其间所发生的一系列工作和活动最终都要通过结算来完成。因此,正确而及时地组织项目结算,全面做好项目结算的各项工作,对于加速资金周转,加强经济核算,促进建设任务的完成,保证项目建设的顺利进行以及加强对项目建设过程的财政信用监督等方面都有着十分重要的意义。项目的结算过程,实际上也是组织基本建设活动,实行基本建设拨款、贷款的投资过程,也是及时掌握项目投资活动中的动态及其变化情况的过程。项目结算是针对国家组织的基本建设经济活动,及时掌握其经济活动信息,实现固定资产再生产的重要手段。同时,通过结算,可以协助建设单位有计划地组织一切货币收支活动,使各企业、各单位的劳动耗能及时得到补偿。

项目结算的主要内容包括货物结算、劳务供应结算、工程(费用)结算及其他货币资金的结算等。货物结算是指建设单位同其他经济单位之间,由于物资的采购和转移而发生的结算;劳务供应结算是指建设单位同其他单位之间,由于提供劳务而发生的结算;工程费用结算指建设单位同施工单位之间,由于拨付各种预付款和支付已完工程费用等而发生的结算;其他货币资金结算是指基本建设各部门、承包企业和各单位之间由于资金往来以及他们同建设银行之间,因存款、放款业务而发生的结算。

工程费用结算又称工程价款结算,是项目结算中最重要和最关键的部分,是项目结算的主体内容,占整个项目结算额的75%~80%。工程价款结算,一般以实际完成的工程量和有关合同单价以及施工过程中现场实际情况的变化资料(如工程变更通知、计日工使用记录等)计算当月应付的工程价款。施工单位将实际完成的工程量填入各种报表,按月送交驻地监理工程师验收签认,然后向建设单位提交当月工程价款结算单。根据结算应付的工程价款经总监理工程师签认的支付证书,财务部门才能转账。目前,由于各地区施工单位流动资金支付方式的差别和具体工程项目的不同,工程价款的结算方法有很多形式。建设银行1990年实行的《建设工程价款结算办法》第五条规定:建设工程价款结算可以根据不同情况采取多种方式:按月结算;竣工后一起结算;分段结算;约定的其他结算方式。而实行FIDIC条款的合同,则明确规定了计量支付条款,对结算内容、结算方式、结算时间、结算程序给予了明确规定,一般是按月申报,期中支付,分段结算,最终结清。

8)竣工决算

竣工决算是指在建设项目完工后竣工验收阶段,由建设单位编制的建设项目从筹建到建成投产或使用的全部实际成本的技术经济文件。它是公路建设投资管理的重要环节,是公路工程竣工验收及交付使用的重要依据,也是进行公路建设项目财务总结,银行对其实行监督的必要手段。其内容由文字说明和结算报表两部分组成。文字说明主要包括:工程概况,设计概算和基本建设规划执行情况,各项技术经济指标完成情况,各项拨款(或贷款)使用情况,建设成本和投资效果的分析以及建设过程中的主要经验,存在的问题和解决意见等。

应当注意,施工单位往往也根据工程结算结果,编制单位工程竣工成本决算,核算单位工程的预算成本、实际成本和成本降低额。工程结算人员经企业内部成本分析,突出经营效果,总结经验,提高经营管理水平的手段。

投资活动的进展顺序及相关工作内容和投资额测算的相互关系如图4-1所示。

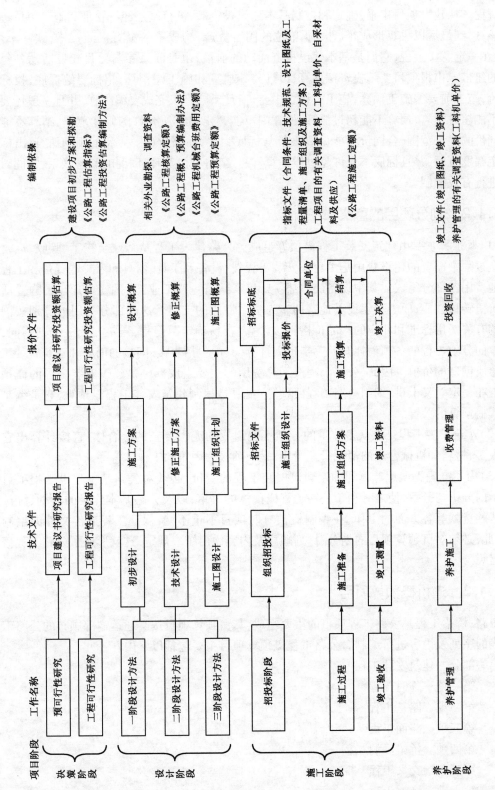

图4-1 投资进程与投资额测算关系

从图 4-1 可以看出,估算、概算、预算、标底、报价和结算以及决算都以价值形态贯穿整个投资过程。从建设项目申报,确定和控制基本建设投资额,进行基建经济管理和施工单位进行经济核算,到最后以决算形成企(事)业单位的固定资产,构成了一个有机的整体,缺一不可。因此,在一定意义上说,它们是基本建设投资活动的血液,也是联系参与项目建设活动各经济实体的纽带。申报项目要编投资额估算,设计要编概算和施工图预算,招标要编标底,投标要编报价,施工前要编施工预算,施工过程之中要进行结算,施工完成要编决算,并且一般还要求决算不能超过预算,预算不能超过概算,概算则不能超出估算所允许的幅度范围,结算不能突破合同价的允许范围,合同价不能偏离报价与标底太多,而报价(指中标价)则不能超出标底的规定幅度范围,并且标底不允许超过概预算。总之,各种测算环环相扣,紧密联系,共同对投资额进行有效控制。

4.1.2 划分项目的意义

(1)概预算主要由建筑安装工程概预算组成。公路建设工程从筹建至竣工、验收、运营使用的全过程中需要的建设费用是由建筑安装工程费,设备及工具、器具和家具购置费和工程建设其他费用三部分组成。其中设备、工(器)具和家具是一般工业部门生产的产品,购置活动属于价值转移性质;而工程建设其他费用多为费用性质的支付。这两部分费用可分别按国家规定的有关费用标准和相应的产品价格直接计算,较易确定。但是,建筑安装工程则不同,要从基本的分项工程的各项消耗开始逐步扩大计算,其中包括直接、间接的消耗和建筑安装工人为社会所创造的价值。因此,公路工程概预算费用的主要组成部分是建筑安装工程的概预算费用。在一定意义上讲,编制公路工程概预算,主要是编制建筑安装工程概预算,它是编制公路工程概预算的关键。

(2)建筑安装工程是由众多数量的分项工程组成的庞大复杂的综合体,直接计算出它的全部人工、材料和机械台班的消耗量及费用,是一项极为困难的工作。

(3)为了准确无误地计算和确定建筑安装工程的造价,必须对公路基本建设工程项目进行科学的分析与分解,使之有利于公路工程概预算的编审,以及公路基本建设的计划、统计和基建拨款贷款等各方面的工作,在编制概预算时项目不重不漏,保证工程造价文件的编制质量,因此,必须对概预算项目的划分、排列顺序及内容做出统一规定,这就形成了公路工程概预算项目表。

4.1.3 道桥概预算项目

道路、桥梁工程是公路工程项目的重要组成,其概预算项目按交通运输部颁布的公路工程项目表的序列及内容进行编制。公路工程概预算项目主要包括以下内容:

第一部分 建筑安装工程
  第一项 临时工程
  第二项 路基工程
  第三项 路面工程
  第四项 桥梁涵洞工程
  第五项 交叉工程
  第六项 隧道工程

第七项　公路设施及预埋管线工程
　　第八项　绿色及环境保护工程
　　第九项　管理、养护及服务房屋
第二部分　设备及工具、器具购置费
第三部分　工程建设其他费用

4.1.4　项目表使用注意事项

概预算项目应严格按项目表(附录一)的序列及内容进行编制,如实际出现的工程和费用项目与项目表的内容不完全相符,一、二、三部分和"项"的序号应保留不变,"目"、"节"、"细目"可随需要增减,并按项目表的顺序以实际出现的"目"、"节"、"细目"依次排列,不保留缺少的"目"、"节"、"细目"的序号。如某公路项目:第二部分,设备及工具、器具购置费在该工程中不发生时,第三部分工程建设其他费用仍为第三部分。同样,路线工程第一部分第六项为隧道工程,第七项为公路设施及预埋管线工程,若路线中无隧道工程项目,但其序号仍保留,公路设施及预埋管线工程仍为第七项。但如"目"、"节"、"细目"发生这样的情况时,可依次递补改变序号。路线建设项目中的互通式立体交叉、辅道、支线,如工程规模较大时,也可按概、预算项目表单独编制建筑安装工程,然后将其概、预算建筑安装工程总金额列入路线的总概、预算表中相应的项目内。

4.2　概预算文件的作用及组成

4.2.1　概预算的作用

工程概预算是决定工程结构物设计价值的造价文件,是基本建设管理工作中的重要环节。概预算文件编制质量的好坏,对国家基本建设资金是否能正确合理的使用有重大的影响。它既是衡量完成国家计划的依据,又是正确组织施工的前提。

一个工程设计,技术上是否先进合理,工程造价是衡量标准之一。当基本建设项目确定后,如何将大量的劳动力、材料用好、管好,做到少花钱多办事,是工程组织管理的主要内容。因此,从设计、施工直至投产,都离不开工程概预算。工程概预算是设计文件的组成部分,又是工程管理不可缺少的内容和依据。其作用归纳如下:

(1)工程概预算是编制基本建设计划,确定和控制基本建设投资额的依据。

国家规定,编制年度基本建设计划,确定计划投资额及其构成数额,要以批准的初步设计概算中有关指标为依据,初步设计概算没有批准的建设工程不能列入年度基本建设计划。批准的投资数额是控制国家投资的最高限额,在工程建设过程中,一般不能突破这一限额。

(2)工程概预算是设计与施工方案优选的依据。

工程概预算是确定工程价值的造价文件,它不仅反映各项工程的建设规模,并规定了工程经济活动范围,同时也综合体现出各项工程设计与施工方案的合理性(其中包括路线方案、结构形式、材料品种和施工方法等多个方面)。

首先,概预算有货币的指标体系。当建设项目的各个设计方案出来以后,可以利用总概预算造价指标、单位工程概预算造价指标、单位产品成本等指标进行经济比较,从而可以发现问题,促使设计人员进一步改进设计,从而选出最优的设计方案。因为每个方案的设计意图都会通过计算工程量和各项费用全部反映到概预算文件中来,通过这些货币指标的比较,就可以从中选出在各方面均能满足原定要求而又经济的最佳方案,从而促进设计的优化工作。

其次,基本建设概预算文件中的实物指标,如主要材料(如钢材、木材、水泥、沥青等)的消耗量,人工、机械台班的消耗量,对于进行技术经济分析与考虑经济效益也有着重要的作用,尤其当需要考虑物价上涨问题时,对不同材料的上涨指数,可通过对实物指标的分析来获得,从而可预测不同设计方案的物价风险。

(3)工程概预算是实行基本建设招投标,签订工程合同,进行工程拨款、贷款和结算的依据。

合同制是按照经济规律要求所确定的一种经济管理办法。工程承包合同包括工程范围、施工期限、工程质量、工程造价、材料设备供应和工程结算等内容,所以工程概预算是签订工程承包合同的重要依据之一。

初步设计概算是拨款和贷款的最高限额,对建设项目的全部拨款、贷款或单项、单位工程的拨款、贷款累计总额,不能超过初步设计概算。以批准的初步设计进行施工招标的工程,其单项或单位工程的标底应在批准的总概算范围内。

施工图预算是实行建筑安装工程包干,办理工程进度款,安排施工组织计划和备料,进行工程结算的依据。以施工图设计进行施工招标的工程,经审定批准后的施工图预算是编制工程标底的依据。

(4)工程概预算是施工企业加强经营管理,搞好经济核算的基础。

道桥工程施工企业为了加强经营管理,搞好经济核算,降低工程成本,增加利润,就必须以概预算为基础,制订经营计划,做好施工准备,进行"两算"对比,并考核经营效果和完善经济责任制。

施工企业的经营计划和施工财务计划的组成内容,以及它们的相应指标体系中的部分指标的确定,都必须以施工图预算为依据。例如:实物工程量、工作量、总产值和利润额等指标,其中的总产值应直接按工程承包的施工图预算价格计算。另外,在编制施工财务计划中的施工计划、保证性计划中的材料供应计划的财务计划时,也必须以施工图预算为依据。

在对拟建工程进行施工的准备过程中,依赖于施工图预算提供有关数据的工作主要有:在施工图预算的控制下编制单位工程施工预算;以施工图预算的分部分项工程量、工料分析为依据,编制施工进度计划和劳动力、材料、成品、半成品、构件及施工机械等需要量及供应计划,并落实货源,组织运输,控制消耗;以施工图预算提供的直接费、间接费为依据,对工程施工进度的网络计划进行工期与资源,工期与成本优化等。

"两算"是指施工图预算和施工预算。施工企业为搞好经济核算,常常通过施工预算与施工图预算的对比,对"施工预算"进行审核,从中发现矛盾并及时分析原因,然后予以纠正。这样既可以防止多算或漏算,有利于企业对单位工程经济收入的预测与控制,又可以使人工、材料、机械台班等资源需要量计划的编制工作准确无误,有利于工料消耗的分析与控制,确保工程施工的顺利进行。

施工企业以施工图预算为依据,实行内部的单位工程、班组和各职能部门的经济核算,从而使企业本身及其内部各部门和全体职工明确自己的经济责任,努力提高劳动生产效率,确保安全施工,大力节约工时和资源,保证每项工程都能达到工期短、质量好、成本低、利润高的目的。

(5)工程概预算是对工程进行成本分析和统计工程进度的重要指标。

对基本建设计划完成情况和存在的问题,必须通过基本建设统计分析加以反映。基本建设会计是以货币指标和实物指标反映工程的人工、材料、机械台班的实际消耗。会计的有关科目应和概预算一致,才能对照工程概预算各费用项目进行成本分析。同时,通过对在建项目的概预算完成情况的统计,可以及时了解工程的进度。

必须指出,由于初步设计概算和施工图预算编制的时间、依据和要求不同,因此它们的作用既有共同点也有不同之处。由于它们都是国家对基本建设进行科学管理和监督的有效手段,所以在编制年度基本建设计划,确定工程造价、方案,签订工程合同,建设银行进行拨款(贷款)和竣工结算等方面有着共同的作用。其不同之处主要表现在:设计概算在确定的控制建设项目投资总额等方面的作用最为突出;施工图预算在最终确定和控制单项工程或单位工程的计划价格、施工企业加强经济管理等方面的作用最显著。

4.2.2 概预算的编制依据

道桥工程概预算的编制是一项十分细致的工作,编制前应全面了解工程所在地的建设条件,掌握各种基础资料,正确引用规定的定额、取费标准和材料及设备价格。在编制时严格执行国家的方针、政策和有关制度,符合公路设计施工技术规范。编制的主要依据如下:

(1)法令性文件。它是指编制概预算中所必须遵循的国家、交通运输部和地方主管部门颁布的有关法令性文件或规定,如交通运输部颁发的《概算预算编制办法》(JTG B06—2007)(以下简称《概算、预算编制方法》)以及《公路工程基本建设项目设计文件编制办法》等。

(2)设计资料。设计概算文件应根据建设项目的初步设计编制;修正概算文件应根据技术设计(或扩大初步设计)编制;施工图预算则应根据施工图设计编制。

编制人员应熟悉设计资料、结构特点及设计意图。设计图纸上的工程细目数量往往不能满足概预算编制的要求,还需做出必要的计算或补充,对设计文件上提出的施工方案还需补充和完善。

(3)概预算定额,概算指标,取费标准,材料、设备预算价格等资料。概算文件应根据概算定额(或指标)、其他工程费和间接费标准、计划利润率、税金、材料、设备预算价格等资料进行编制。施工图预算应根据国家或主管部门编制的公路工程预算定额或其他专用定额、省(区)编制的补充定额、其他工程费和间接费标准、计划利润率、税金、材料、设备预算价格等资料进行编制。

(4)施工组织设计资料。从施工组织设计中可以看出,与概预算编制有关的资料包括:工程中的开竣工日期、施工方案、主要工程项目的进度要求、材料开采与堆放地点,大型临时设施的规模、建设地点和施工方法等。

(5)当地物资、劳力、动力等资源可利用的情况。本着因地制宜、就地取材的原则,对当地情况应作深入的调查了解,经反复比较后确定最优成果。

物资:外购材料要确定外购的地点、货源、质量、分期到货等情况;自采加工材料要确定开采地点、开采方式、运输条件(如道路、运输工具及各种运输工具的比重、运价、装卸费等)、堆放地点等。

劳力：当地各种技工及普工可以提供的数量、劳力分布地点、工资标准及其他要求等。

动力：当地可供利用的电力资源情况，包括提供的数量、单价以及可能出现的输电线路、变压器问题等情况。

运输：向运输部门了解当地各种运输工具可供利用的情况及运价、装卸费等有关规定。

(6) 施工单位的施工能力及潜力。编制概算时，施工单位尚未明确，可按中等施工能力考虑。施工图预算，若已明确施工单位，就应根据施工单位的管理与技术水平，确定新工艺、新技术采用的可能程度，明确施工单位可以提供的施工机具、劳力、设备以及外部协作关系。

(7) 了解当地自然条件及其变化规律。如气温、雨季、冬季、洪水季节及规律、风雪、冰冻、地质、水源等。

(8) 其他工程及沿线设施。如旧有建筑物的拆迁，与水利、电信、铁路的干扰及解决措施，清除场地、管理养护及服务设施等。

4.2.3 概预算费用组成

根据交通运输部发布的《概算预算编制办法》及《2011年第83号关于公布公路工程基本建设项目概算预算编制办法局部修订的公告》的规定，道桥工程概预算费用由建设安装工程费，设备、工具、器具及家具购置费，工程建设其他费用，预备费用共四大部分费用组成，如图4-2所示。

4.2.4 概预算文件组成

概、预算文件由封面及目录，概、预算编制说明及全部概、预算计算表格组成。

1) 封面及目录

概、预算文件的封面和扉页应按《公路工程基本建设项目设计文件编制办法》中的规定制作，扉页的次页应有建设项目名称，编制单位，编制、复核人员姓名并加盖执业（从业）资格印章，编制日期及第几册共几册等内容。概、预算文件的封面和扉页的格式见附录六。目录应按概、预算表的表号顺序编排。

2) 概、预算编制说明

概、预算编制完成后，应写出编制说明，文字力求简明扼要。应叙述的内容一般有：

(1) 建设项目设计资料的依据及有关文号，如建设项目可行性研究报告批准文号、初步设计和概算批准文号（编修正概算及施工图预算时），以及根据何时的测设资料及比选方案进行编制的等。

(2) 采用的定额、费用标准，人工、材料、机械台班单价的计算依据或来源，补充定额及编制依据的详细说明。

(3) 与概、预算有关的委托书、协议书、会议纪要的主要内容（或将抄件附后）。

(4) 总概、预算金额，人工、钢材、水泥、木料、沥青的总需要量情况，各设计方案的经济比较，以及编制中存在的问题。

(5) 其他与概、预算有关但不能在表格中反映的事项。

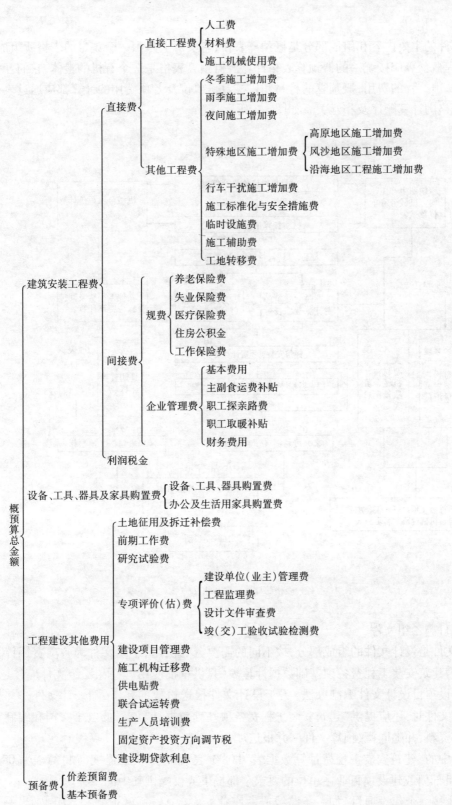

图 4-2 概预算费用组成

3) 概、预算表格

概预算文件的主要内容和组成部分是概预算表格,它实际上是由一套规定的表格所组成。并且,公路工程概预算应按统一的概预算表格计算。概预算表格是一个有机的整体,它们互相联系,共同反映出工程的费用;概预算的材料和机械台班单价及各项费用的计算都应通过表格反映。各种表格的计算顺序及相互关系如图4-3所示。

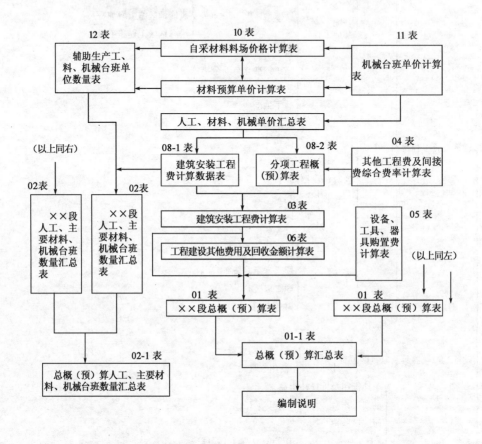

图4-3 各种表格的计算顺序和相互关系

4) 甲组文件与乙组文件

概、预算文件是设计文件的组成部分,按不同的需要分为两组,甲组文件为各项费用计算表,乙组文件为建筑安装工程费各项基础数据计算表(只供审批使用)。甲、乙组文件应按《公路工程基本建设项目设计文件编制办法》关于设计文件报送份数的要求,随设计文件一并报送。报送乙组文件时,还应提供"建筑安装工程费各项基础数据计算表"的电子文档和编制补充定额的详细资料,并随同概、预算文件一并报送。

乙组文件中的"建筑安装工程费计算数据表"(08-1表)和"分项工程概(预)算表"(08-2表)应根据审批部门或建设项目业主单位的要求全部提供或仅提供其中的一种。

概、预算应按一个建设项目(如一条路线或一座独立大(中)桥、隧道)进行编制。当一个建设项目需要分段或分部编制时,应根据需要分别编制,但必须汇总编制"总概(预)算汇总表"。

甲、乙组文件包括的内容如图 4-4 所示。

图 4-4　甲、乙组文件包括的内容

甲组文件：
- 编制说明
- 总概(预)算汇总表(01-1 表)
- 总概(预)算人工、主要材料、机械台班数量汇总表(02-1 表)
- 总概(预)算表(01 表)
- 人工、主要材料、机械台班数量汇总表(02 表)
- 建筑安装工程费计算表(03 表)
- 其他工程费及间接费综合费率计算表(04 表)
- 设备、工具、器具购置费计算表(05 表)
- 工程建设其他费用及回收金额计算表(06 表)
- 人工、材料、机械台班单价汇总表(07 表)

乙组文件：
- 建筑安装工程费计算数据表(08-1 表)
- 分项工程概(预)算表(08-2 表)
- 材料预算单价计算表(09 表)
- 自采材料料场价格计算表(10 表)
- 机械台班单价计算表(11 表)
- 辅助生产工、料、机械台班单位数量表(12 表)

4.3　基础单价计算

4.3.1　人工单价计算

人工单价的内容包括：

(1)基本工资。它是指发放给生产工人的基本工资、流动施工津贴和生产工人劳动保护费，以及为职工缴纳的养老、失业、医疗保险费和住房公积金等。

生产工人劳动保护费是指按国家有关部门规定标准发放的劳动保护用品的购置费及修理费，徒工服装补贴，防暑降温费，在有碍身体健康环境中施工的保健费用等。

(2)工资性补贴。它是指按规定标准发放的物价补贴,煤、燃气补贴,交通费补贴,地区津贴等。

(3)生产工人辅助工资。它是指生产工人年有效施工天数以外非作业天数的工资,包括开会和执行必要的社会义务时间的工资、职工学习、培训期间的工资,调动工作、探亲、休假期间的工资,因气候影响停工期间的工资,女工哺乳期间的工资,病假在 6 个月以内的工资及产、婚、丧假期的工资。

(4)职工福利费。它是指按国家规定标准计提的职工福利费。

人工单价标准按照本地区公路建设项目的人工工资统计情况并结合工种组成、定额消耗、最低工资标准以及公路建设劳务市场情况进行综合分析确定,由各省、自治区、直辖市交通运输厅(局、委)审批并公布。

4.3.2 材料预算单价

材料预算价格由材料原价、运杂费、场外运输损耗、采购及仓库保管费组成。

$$材料预算价格 = (材料原价 + 运杂费) \times (1 + 场外运输损耗率) \times$$
$$(1 + 采购及保管费率) - 包装品回收价值 \qquad (4-1)$$

1) 材料原价

各种材料原价按以下规定计算。

外购材料：国家或地方的工业产品，按工业产品出厂价格或供销部门的供应价格计算，并根据情况加计供销部门手续费和包装费。如供应情况、交货条件不明确时，可采用当地规定的价格计算。

地方性材料：地方性材料包括外购的砂、石材料等，按实际调查价格或当地主管部门规定的预算价格计算。

自采材料：自采的砂、石、黏土等材料，按定额中开采单价加辅助生产间接费和矿产资源税（如有）计算。

材料原价应按实计取。各省、自治区、直辖市公路（交通）工程造价（定额）管理站应通过调查，编制本地区的材料价格信息，供编制概、预算使用。

2) 运杂费

运杂费是指材料自供应地点至工地仓库（施工地点存放材料地方）的运杂费用，包括装卸费、运费，如果发生，还应计囤存费及其他杂费（如过磅、标签、支撑加固、路桥通行等费用）。

通过雇佣汽车运输的材料，按当地交通部门的规定计算运杂费。

$$运杂费 = 运费 + 装卸费 + 杂费 \qquad (4-2)$$
$$运费 = (运价率 \times 运距) \times 单位毛重 \qquad (4-3)$$

其中：运价率是指材料每吨每公里的运费；运距是指运输距离；单位毛重是指计算单位与毛重系数的乘积。

$$装卸费 = 装卸费率 \times 毛重 \times 装卸次数 \qquad (4-4)$$

杂费是指囤存费、过磅费、捆绑费等。

通过铁路、水路和公路运输部门运输的材料，按铁路、航运部门的规定计算运杂费。

施工单位自办的运输，单程运距15km以上的长途汽车运输按当地交通运输部门规定的统一运价计算运费；单程运距5~15km的汽车运输按当地交通运输部门规定的统一运价计算运费；当工程所在地交通不便、社会运输力量缺乏时，如边远地区和某些山岭区，允许按当地交通运输部门规定的统一运价加50%计算运费；单程运距5km及以内的汽车运输以及人力场外运输，按预算定额计算运费，其中人力装卸和运输另按人工费加计辅助生产间接费。

一种材料如有两个以上的供应点时，都应根据不同的运距、运量、运价采用加权平均的方法计算运费。

由于预算定额中汽车运输台班已考虑工地便道特点，以及定额中已计入了"工地小搬运"项目，因此平均运距中汽车运输便道里程不得乘调整系数，也不得在工地仓库或堆料场之外再加场内运距或二次倒运的运距。

有容器或包装的材料及长大轻浮材料,应按表 4-1 规定的毛重计算。桶装沥青、汽油、柴油按每吨摊销一个旧汽油桶计算包装费(不计回收)。

材料毛重系数及单位毛重　　　　　　　　表 4-1

材料名称	单位	毛重系数	单位毛重
爆破材料	t	1.35	—
水泥、块状沥青	t	1.01	—
铁钉、铁件、焊条	t	1.10	—
液体沥青、液体燃料、水	t	桶装 1.17,油罐车装 1.00	—
木料	m³	—	1.000t
草袋	个	—	0.004t

3)场外运输损耗

场外运输损耗是指有些材料在正常的运输过程中发生的损耗,这部分损耗应摊入材料单价内。场外运输损耗费以材料的原价加运杂费的合计数为基数,乘以材料场外运输操作损耗率。材料场外运输操作损耗率见表 4-2。

材料场外运输操作损耗率(%)　　　　　　表 4-2

材料名称		场外运输(包括一次装卸)	每增加一次装卸
块状沥青		0.5	0.2
石屑、碎砾石、砂砾、煤渣、工业废渣、煤		1.0	0.4
砖、瓦、桶装沥青、石灰、黏土		3.0	1.0
草皮		7.0	3.0
水泥(袋装、散装)		1.0	0.4
砂	一般地区	2.5	1.0
	多风地区	5.0	2.0

注:汽车运水泥如运距超过 500km 时,增加损耗率:袋装 0.5%。

4)采购及保管费

材料采购及保管费是指材料供应部门(包括工地仓库以及各级材料管理部门)在组织采购、供应和保管材料过程中,所需的各项费用及工地仓库的材料储存损耗。

材料采购及保管费,以材料的原价加运杂费及场外运输损耗的合计数为基数,乘以采购保管费率计算。材料的采购及保管费费率为 2.5%。

外购的构件、成品及半成品的预算价格,其计算方法与材料相同,但构件(如外购的钢桁梁、钢筋混凝土构件及加工钢材等半成品)的采购保管费率为 1%。

商品混凝土预算价格的计算方法与材料相同,但其采购保管费率为 0。

[例 4-1]　某工地使用的碎石,原价为 45.0 元/m³,运距 15km,运价率 1.2 元(t·km),毛重系数为 1.5t/m³,装卸费单价 3.0 元(吨·次),装卸一次,无杂费。计算该碎石的预算单价。

解:碎石预算价格 =

(材料原价 + 运杂费) × (1 + 场外运输损耗率) × (1 + 采购及保管费率) − 包装品回收价值

$$= [45 + (15 \times 1.2 + 3.0) \times 1.5] \times (1 + 1\%) \times (1 + 2.5\%) = 79.20 \, 元/m^3$$

4.3.3 机械台班单价计算

施工机械台班预算价格应按交通运输部公布的现行《公路工程机械台班费用定额》(JTG/T B06-03—2007)(以下简称《机械台班费用定额》)计算,台班单价由不变费用和可变费用组成。不变费用包括折旧费、大修理费、经常修理费、安装拆卸及辅助设施费等;可变费用包括机上人员人工费、动力燃料费、养路费及车船使用税。可变费用中的人工工日数及动力燃料消耗量应以机械台班费用定额中的数值为准。台班人工费工日单价同生产工人人工费单价。动力燃料费用则按材料费的计算规定计算。

当工程用电为自行发电时,电动机械每千瓦时(度)电的单价可由下述近似公式计算:

$$A = \frac{0.24K}{N} \tag{4-5}$$

式中:A——每千瓦时电单价,元;

K——发电机组的台班单价,元;

N——发电机组的总功率,kW。

[例 4-2] 计算 6~8t 光轮压路机的台班单价。已知:人工单价 49.2 元/工日,柴油单价 4.9 元/kg。

解:6~8t 压路机查《机械台班费用定额》第 11 页得,不变费:107.57 元,人工:1 工日,柴油 19.33kg。

台班单价 = 不变费 + 可变费
        = 107.57 + 1 × 49.2 + 19.33 × 4.9
        = 251.49 元/台班

4.4 建筑安装工程费与实物指标计算

4.4.1 直接费计算

直接费是指施工企业生产作业直接体现在工程上的费用,即直接使生产资料发生转移而形成预定使用功能所投入的费用。它由直接工程费和其他工程费组成。

直接费是建筑安装工程费的主体部分,它的高低直接决定了工程造价的高低。直接费的多少取决于设计质量、施工方法、概(预)算定额、工程所在地的人工工日单价、材料预算单价、机械台班单价以及工程所在地的其他工程费的费率等因素。

直接费的计算方法是:

(1)将工程项目按要求分解成分项工程并计算各分项工程的工程量。

(2)查阅和套用定额项目表中各分项工程的人工、材料、机械消耗量。

(3)根据分项工程的工程量大小和定额的规定计算出各分项工程的人工、材料、机械消耗量。

(4)用人工工日单价、材料预算单价和机械台班单价计算出各分项工程的人工费、材料费、机械使用费。

(5)将人工费、材料费、机械使用费合计起来得到直接工程费,以直接工程费为基数,乘以其他工程费综合费率计算出其他工程费。

(6)由直接工程费和其他工程费合计得到直接费。

1)直接工程费

(1)人工费计算。

人工费是指列入概预算定额的直接从事建筑安装施工的生产工人(包括现场内水平、垂直运输等辅助工人)和附属辅助生产单位工人的人工工日数及工日单价计算的各项费用。但材料采购及保管人员、驾驶施工机械、运输工具的工人,材料到达工地以前的搬运、装卸工人等人员的工资以及由施工管理费支付工资的人员的工资,不应计入人工费。

$$人工费 = \Sigma(分项工程数量 \times 相应项目定额单位工日数 \times 工日单价) \quad (4-6)$$

上式各项内容的规定和计算如下:

①分项工程数量。由设计图纸按工程量计算规则计算得到的定额单位工程数量。

②定额单位工日数。它是指完成一定数量单位的分项工程量(如 $10m^3$ 实体、1t 钢筋、$1\,000m^2$ 等)定额规定所需人工工日,由定额可直接查得。如《概算定额》规定完成 $10m^3$ 的梁板桥柱式桥台(台高 10m 以内)非泵送混凝土实体需用工 54.6 工日。

③工日单价。参考 4.3.1 节。

(2)材料费计算。

材料费是指施工过程中耗用的构成工程实体的原材料、辅助材料、构(配)件、零件、半成品、成品的用量和周转材料的摊销量,按工程所在地的材料预算价格计算的费用。

材料费在建筑安装工程中占主要地位,其比重达 40% 左右,因此,准确计算材料费对概预算工作质量有巨大意义。其计算公式如下:

$$材料费 = \Sigma(分项工程数量 \times 相应项目定额单位材料消耗量 \times 材料预算价格) \quad (4-7)$$

式中分项工程数量同前,定额材料消耗量由定额查得。只是要注意:任何一个分项工程其材料消耗的种类、品质都有差别,而各种材料的品质要求由设计确定。这两项内容和工作都比较简单,而关键的是材料预算价格的计算。

材料费计算步骤如下:

①分项并计算工程数量:将工程按要求分项,计算各分项工程的工程量,并按定额单位计算定额工程数量。

②查定额:由各分项工程查相应定额,确定材料的消耗种类及相应数量。

③计算材料预算价格:将定额中所出现的各类材料按规定分别计算其预算单价。

④计算材料费:先计算各分项工程的材料费,然后计算工程项目的材料费。

(3)施工机械使用费计算。

施工机械使用费是指列入概预算定额的施工机械台班量,按相应机械台班费用定额计算的施工机械使用费和小型机具使用费。计算公式为:

$$施工机械使用费 = 分项工程数量 \times [\Sigma(相应项目定额单位机械台班消耗量 \times 机械台班单价) + 小型机具使用费] \quad (4-8)$$

①分项及工程数量计算:同前。

②定额机械台班消耗量:由定额直接查得完成一定数量单位的分项工程定额所规定消耗

③机械台班单价:见4.3.3节。
④计算机械费:将工程数量、定额及台班单价代入式(4-8)完成机械费的计算。

2)其他工程费

其他工程费是指直接工程费以外施工过程中发生的直接用于工程的费用。内容包括冬季施工增加费、雨季施工增加费、夜间施工增加费、特殊地区施工增加费、行车干扰工程施工增加费、施工标准化与安全措施费、临时设施费、施工辅助费、工地转移费等9项。道桥工程中的水、电费及因场地狭小等特殊情况而发生的材料二次搬运等其他工程费已包括在概、预算定额中,不再另计。

其他工程费及后面的间接费的取费费率需按工程类别来取,标准的工程类别划分如下:

①人工土方。它是指人工施工的路基、改河等土方工程,以及人工施工的砍树、挖根、除草、平整场地、挖盖山土等工程项目,并适用于无路面的便道工程。

②机械土方。它是指机械施工的路基、改河等土方工程,以及机械施工的砍树、挖根、除草等工程项目。

③汽车运输。它是指汽车、拖拉机、机动翻斗车等运送的路基、改河土(石)方、路面基层和面层混合料、水泥混凝土及预制构件、绿化苗木等。

④人工石方。它是指人工施工的路基、改河等石方工程,以及人工施工的挖盖山石项目。

⑤机械石方。它是指机械施工的路基、改河等石方工程(机械打眼即属机械施工)。

⑥高级路面。它是指沥青混凝土路面、厂拌沥青碎石路面和水泥混凝土路面的面层。

⑦其他路面。它是指除高级路面以外的其他路面面层,各等级路面的基层、底基层、垫层、透层、黏层、封层,采用结合料稳定的路基和软土等特殊路基处理等工程,以及有路面的便道工程。

⑧构造物Ⅰ。它是指无夜间施工的桥梁、涵洞、防护及其他工程,沿线设施中的构造物工程,互通式立体交叉工程(包括立交桥、附道中的路基土石方、路面、防护等工程),以及临时工程中的便桥,电力电讯线路、轨道铺设等工程项目。

⑨构造物Ⅱ。它是指有夜间施工的桥梁工程。

⑩构造物Ⅲ。它是指商品混凝土(包括沥青混凝土和水泥混凝土)的浇筑和外购构件及设备的安装工程。商品混凝土和外购构件及设备的费用不作为其他工程费和间接费的计算基数。

⑪技术复杂大桥。它是指单孔跨径在120m以上(含120m)和基础水深在10m以上(含10m)的大桥主桥部分的基础、下部和上部工程。

⑫隧道。它是指隧道工程的洞门及洞内土建工程。

⑬钢材及钢结构。它是指钢桥及钢索吊桥的上部构造,钢沉井、钢围堰、钢套箱及钢护筒等基础工程,钢索塔,钢锚箱,钢筋及预应力钢材,模数式及橡胶板式伸缩缝,钢盆式橡胶支座,四氟板式橡胶支座,金属标志牌、防撞钢护栏、防眩板(网)、隔离栅、防护网等工程项目。

购买路基填料的费用不作为其他工程费和间接费的计算基数。

(1)冬季施工增加费。

冬季施工增加费是指按照公路施工及验收规范所规定的冬季施工要求,为保证工程质量和安全生产所需采取的防寒保温设施、工效降低和机械作业率降低以及技术操作过程的改变等所增加的有关费用。

冬季施工增加费的主要内容包括：

①因冬季施工所需增加的一切人工、机械与材料的支出。

②施工机具所需修建的暖棚（包括拆、移），增加油脂及其他保温设备费用。

③因施工组织设计确定，需增加的一切保温、加温及照明等有关支出。

④与冬季施工有关的其他各项费用，如清除工作地点的冰雪等费用。

（冬季施工增加费的计算）

冬季气温区的划分是根据气象部门提供的满 15 年以上的气温资料确定的。每年秋冬第一次连续 5d 出现室外日平均温度在 5℃ 以下，日最低温度在 -3℃ 以下的第一天算起，至第二年春夏最后一次连续 5d 出现同样温度的最末一天为冬季期。冬季期内平均气温在 -1℃ 以上者为冬一区，-1～-4℃ 者为冬二区，-4～-7℃ 者为冬三区，-7～-10℃ 者为冬四区，-10～-14℃ 者为冬五区，-14℃ 以下为冬六区。冬一区内平均气温低于 0℃ 的连续天数在 70d 以内的为 Ⅰ 副区，70d 以上的为 Ⅱ 副区，冬二区内平均气温低于 0℃ 的连续天数在 100d 以内的为 Ⅰ 副区，100 天以上的为 Ⅱ 副区。

气温高于冬一区，但砖石、混凝土工程施工须采取一定措施的地区为准冬季区，准冬季区分两个副区，简称准一区和准二区。凡一年内日最低气温在 0℃ 以下的天数多于 20d，日平均气温在 0℃ 以下的天数少于 15d 的为准一区，多于 15d 的为准二区。

全国冬季施工气温区划分见附录二。若当地气温资料与附录二中划定的冬季气温区划分有较大出入时，可按当地气温资料及上述划分标准确定工程所在地的冬季气温区。

冬季施工增加费的计算方法是根据各类工程的特点，规定各气温区的取费标准。为了简化计算手续，采用全年平均摊销的方法，即不论是否在冬季施工，均按规定的取费标准计取冬季施工增加费。一条路线穿过两个以上的气温区时，可分段计算或按各区的工程量比例求得全线的平均增加率，计算冬季施工增加费。

冬季施工增加费以各类工程的直接工程费之和为基数，乘以按工程所在地的气温区选用表 4-3 的费率计算。

冬季施工增加费费率（%）　　　表 4-3

气温区 工程类别	冬季期平均温度（℃）								准一区	准二区
	-1 以上		-1～-4		-4～-7	-7～-10	-10～-14	-14 以下		
	冬一区		冬二区		冬三区	冬四区	冬五区	冬六区		
	Ⅰ	Ⅱ	Ⅰ	Ⅱ						
人工土方	0.28	0.44	0.59	0.76	1.44	2.05	3.07	4.61	—	—
机械土方	0.43	0.67	0.93	1.17	2.21	3.14	4.71	7.07	—	—
汽车运输	0.08	0.12	0.17	0.21	0.40	0.56	0.84	1.27	—	—
人工石方	0.06	0.10	0.13	0.15	0.30	0.44	0.65	0.98	—	—
机械石方	0.08	0.13	0.18	0.21	0.42	0.61	0.91	1.37	—	—
高级路面	0.37	0.52	0.72	0.81	1.48	2.00	3.00	4.50	0.06	0.16
其他路面	0.11	0.20	0.29	0.37	0.62	0.80	1.20	1.80	—	—
构造物 Ⅰ	0.34	0.49	0.66	0.75	1.36	1.84	2.76	4.14	0.06	0.15

续上表

气温区 工程类别	冬季期平均温度(℃)								准一区	准二区
	-1以上		-1~-4		-4~-7	-7~-10	-10~-14	-14以下		
	冬一区		冬二区		冬三区	冬四区	冬五区	冬六区		
	Ⅰ	Ⅱ	Ⅰ	Ⅱ						
构造物Ⅱ	0.42	0.60	0.81	0.92	1.67	2.27	3.40	5.10	0.08	0.19
构造物Ⅲ	0.83	1.18	1.60	1.81	3.29	4.46	6.69	10.03	0.15	0.37
技术复杂大桥	0.48	0.68	0.93	1.05	1.91	2.58	3.87	5.81	0.08	0.21
隧道	0.10	0.19	0.27	0.35	0.58	0.75	1.12	1.69		
钢材及钢结构	0.02	0.05	0.07	0.09	0.15	0.19	0.29	0.43	—	—

(2)雨季施工增加费。

雨季施工增加费是指雨季期间施工为保证工程质量和安全生产所需采取的防雨、排水、防潮和防护措施、工效降低和机械作业率降低以及技术作业过程的改变等,所需增加的有关费用。

雨季施工增加的主要内容包括:

①因雨季施工所需增加的工、料、机费用的支出,包括工作效率的降低及易被雨水冲毁的工程所增加的工作内容等(如基坑坍塌和排水沟等堵塞的清理、路基边坡冲沟的填补等)。

②路基土方工程的开挖和运输,因雨季施工(非土壤中水影响)而影响的黏附工具,降低工效所增加的费用。

③因防止雨水必须采取的防护措施的费用,如挖临时排水沟、防止基坑坍塌所需的支撑、挡板等费用。

④材料因受潮、受湿的耗损费用。

⑤增加防雨、防潮设备的费用。

⑥其他有关雨季施工所需增加的费用,如因河水高涨致使工作困难而增加的费用等。

雨量区和雨季期的划分,是根据气象部门提供的满15年以上的降雨资料确定的。凡月平均降雨天数在10d以上,月平均日降雨量在3.5~5mm之间者为Ⅰ区。月平均日降雨量在5mm以上者为Ⅱ区。全国雨季施工雨量区及雨季期的划分见附录三。若当地气象资料与附录三所划定的雨量区及雨季期出入较大时,可按当地气象资料及上述划分标准确定工程所在地的雨量区及雨季期。

雨季施工增加费的计算方法是将全国划分为若干雨量区和雨季期,并根据各类工程的特点规定各雨量区和雨季期的取费标准,采用全年平均摊销的方法,即不论是否在雨季施工,均按规定的取费标准计取雨季施工增加费。

一条路线通过不同的雨量区和雨季期时,应分别计算雨季施工增加费或按工程量比例求得平均的增加率,计算全线雨季施工增加费。

雨季施工增加费以各类工程的直接工程费之和为基数,乘以按工程所在地的雨量区、雨季期选用表4-4的费率计算。

表 4-4 雨季施工增加费费率（%）

雨季期（月数） 雨量区 工程类别	1	1.5		2		2.5		3		3.5		4		4.5		5		6		7	8
	I	I		I	II	I	II	I	II	I	II	I	II	I	II	I	II	I	II	II	II
人工土方	0.04	0.05		0.07	0.11	0.09	0.13	0.11	0.15	0.13	0.17	0.15	0.20	0.17	0.23	0.19	0.26	0.21	0.31	0.36	0.42
机械土方	0.04	0.05		0.07	0.11	0.09	0.13	0.11	0.15	0.13	0.17	0.15	0.20	0.17	0.23	0.19	0.27	0.22	0.32	0.37	0.43
汽车运输	0.04	0.05		0.07	0.11	0.09	0.13	0.11	0.16	0.13	0.19	0.15	0.22	0.17	0.25	0.19	0.27	0.22	0.32	0.37	0.43
人工石方	0.02	0.03		0.05	0.07	0.06	0.09	0.07	0.11	0.08	0.13	0.09	0.15	0.10	0.17	0.12	0.19	0.15	0.23	0.27	0.32
机械石方	0.03	0.04		0.06	0.10	0.08	0.12	0.10	0.14	0.12	0.16	0.14	0.19	0.16	0.22	0.18	0.25	0.20	0.29	0.34	0.39
高级路面	0.03	0.04		0.06	0.10	0.08	0.13	0.10	0.15	0.12	0.17	0.14	0.19	0.16	0.22	0.18	0.25	0.20	0.29	0.34	0.39
其他路面	0.03	0.04		0.06	0.09	0.08	0.12	0.09	0.14	0.10	0.16	0.12	0.18	0.14	0.21	0.16	0.24	0.19	0.28	0.32	0.37
构造物 I	0.03	0.04		0.05	0.08	0.06	0.09	0.07	0.11	0.08	0.13	0.10	0.15	0.12	0.17	0.14	0.19	0.16	0.23	0.27	0.31
构造物 II	0.03	0.04		0.05	0.08	0.07	0.10	0.08	0.12	0.09	0.14	0.11	0.16	0.13	0.18	0.15	0.21	0.17	0.25	0.30	0.34
构造物 III	0.06	0.08		0.11	0.17	0.14	0.21	0.17	0.25	0.20	0.30	0.23	0.35	0.27	0.40	0.31	0.45	0.35	0.52	0.60	0.69
技术复杂大桥	0.03	0.05		0.07	0.10	0.08	0.12	0.10	0.14	0.12	0.16	0.14	0.19	0.16	0.22	0.18	0.25	0.20	0.29	0.34	0.39
隧道	—	—		—	—	—	—	—	—	—	—	—	—	—	—	—	—	—	—	—	—
钢材及钢结构	—	—		—	—	—	—	—	—	—	—	—	—	—	—	—	—	—	—	—	—

室内管道及设备安装工程,不计雨季施工增加费。

(3)夜间施工增加费。

夜间施工增加费是指根据设计、施工的技术要求和合理的施工进度要求,必须在夜间连续施工而发生的工效降低、夜班津贴以及有关照明设施(包括所需照明设施的安拆、摊销、维修及油燃料、电)等增加的费用。

夜间施工增加费按夜间施工工程项目(如桥梁工程项目包括上、下部构造全部工程)的直接工程费之和为基数,乘以表4-5的费率计算。

夜间施工增加费费率　　　　　　　　　　　　　　　　表4-5

工程类别	费率(%)	工程类别	费率(%)
构造物Ⅱ	0.35	技术复杂大桥	0.35
构造物Ⅲ	0.70	钢材及钢结构	0.35

注:设备安装工程及金属标志牌、防撞钢护栏、防眩板(网)、隔离栅、防护网等不计夜间施工增加费。

(4)特殊地区施工增加费。

特殊地区施工增加费包括高原地区施工增加费、风沙地区施工增加费和沿海地区施工增加费三项。

①高原地区施工增加费。高原地区施工增加费是指在海拔高度1500m以上地区施工,由于受气候、气压的影响,致使人工、机械效率降低而增加的费用。该费用以各类工程人工费和机械使用费之和为基数,乘以表4-6的费率计算。

高原地区施工增加费费率(%)　　　　　　　　　　　　　　　　表4-6

工程类别	海拔高度(m)							
	1501~2000	2001~2500	2501~3000	3001~3500	3501~4000	4001~4500	4501~5000	5000以上
人工土方	7.00	13.25	19.75	29.75	43.25	60.00	80.00	110.00
机械土方	6.56	12.60	18.66	25.60	36.05	49.08	64.72	83.80
汽车运输	6.50	12.50	18.50	25.00	35.00	47.50	62.50	80.00
人工石方	7.00	13.25	19.75	29.75	43.25	60.00	80.00	110.00
机械石方	6.71	12.82	19.03	27.01	38.50	52.80	69.92	92.72
高级路面	6.58	12.61	18.69	25.72	36.26	49.41	65.17	84.58
其他路面	6.73	12.84	19.07	27.15	38.74	53.17	70.44	93.60
构造物Ⅰ	6.87	13.06	19.44	28.56	41.18	56.86	75.61	102.47
构造物Ⅱ	6.77	12.90	19.17	27.54	39.41	54.18	71.85	96.03
构造物Ⅲ	6.73	12.85	19.08	27.19	38.81	53.27	70.57	93.84
技术复杂大桥	6.70	12.81	19.01	26.94	38.37	52.61	69.65	92.27
隧道	6.76	12.90	19.16	27.50	39.35	54.09	71.72	95.81
钢结构	6.78	12.92	19.20	27.66	39.62	54.50	72.30	96.80

一条路线通过两个以上(含两个)不同的海拔高度分区时,应分别计算高原地区施工增加费或按工程量比例求得平均的增加率,计算全线高原地区施工增加费。

②风沙地区施工增加费。风沙地区施工增加费是指在沙漠地区施工时,由于受风沙影响,按照施工及验收规范的要求,为保证工程质量和安全生产而增加的有关费用,内容包括防风、防沙及气候影响的措施费,材料费,人工、机械效率降低增加的费用,以及积沙、风蚀的清理修复等费用。

风沙地区的划分,根据《公路自然区划标准》(JTJ 003—1986)、"沙漠地区公路建设成套技术研究报告"的公路自然区划和沙漠公路区划,结合风沙地区的气候状况将风沙地区分为三区九类:半干旱、半湿润沙地为风沙一区,干旱、极干旱寒冷沙漠地区为风沙二区,极干旱炎热沙漠地区为风沙三区;根据覆盖度(沙漠中植被、戈壁等覆盖程度)又将每区分为固定沙漠(覆盖度>50%),半固定沙漠(覆盖度>10%~50%)、流动沙漠(覆盖度<10%)三类,覆盖度由工程勘探设计人员在公路工程勘察设计时确定。

全国风沙地区公路施工区划见附录四。若当地气象资料及自然特征与附录四中的风沙地区划分有较大的出入时,由项目所在省、自治区、直辖市公路(交通)工程造价(定额)管理站按当地气象资料和自然特征及上述划分标准确定工程所在地的风沙区划,并抄送交通运输部公路司备案。

一条路线穿过两个以上(含两个)不同风沙区,按路线长度经过不同的风沙区加权计算项目全线风沙地区施工增加费。

风沙地区施工增加费以各类工程的人工费和机械使用费之和为基数,根据工程所在地的风沙区划及类别,乘以表4-7的费率计算。

风沙地区施工增加费费率(%) 表4-7

风沙区划 工程类别	风沙一区			风沙二区 沙漠类型			风沙三区		
	固定	半固定	流动	固定	半固定	流动	固定	半固定	流动
人工土方	6.00	11.00	18.00	7.00	17.00	26.00	11.00	24.00	37.00
机械土方	4.00	7.00	12.00	5.00	11.00	17.00	7.00	15.00	24.00
汽车运输	4.00	8.00	13.00	5.00	12.00	18.00	8.00	17.00	26.00
人工石方	—	—	—	—	—	—	—	—	—
机械石方	—	—	—	—	—	—	—	—	—
高级路面	0.50	1.00	2.00	1.00	2.00	3.00	2.00	3.00	5.00
其他路面	2.00	4.00	7.00	3.00	7.00	10.00	4.00	10.00	15.00
构造物Ⅰ	4.00	7.00	12.00	5.00	11.00	17.00	7.00	16.00	24.00
构造物Ⅱ	—	—	—	—	—	—	—	—	—
构造物Ⅲ	—	—	—	—	—	—	—	—	—
技术复杂大桥	—	—	—	—	—	—	—	—	—
隧道	—	—	—	—	—	—	—	—	—
钢结构	1.00	2.00	4.00	1.00	3.00	5.00	2.00	5.00	7.00

③沿海地区工程施工增加费。沿海地区工程施工增加费是指工程项目在沿海地区施工受海风、海浪和潮汐的影响,致使人工、机械效率降低等所需增加的费用。该项费用由沿海各省、

自治区、直辖市交通运输厅(局)制定具体的适用范围(地区),并抄送交通运输部公路局备案。

沿海地区工程施工增加费以各类工程的直接工程费之和为基数,乘以表 4-8 的费率计算。

沿海地区工程施工增加费费率　　　　　　　　　　　　　表 4-8

工 程 类 别	费率(%)	工 程 类 别	费率(%)
构造物Ⅱ	0.15	技术复杂大桥	0.15
构造物Ⅲ	0.15	钢材及钢结构	0.15

(5)行车干扰工程施工增加费。

行车干扰工程施工增加费是指由于边施工边维持通车,受行车干扰的影响,致使人工、机械效率降低而增加的费用。该费用以受行车影响部分的工程项目的人工费和机械使用费之和为基数,乘以表 4-9 的费率计算。

行车干扰工程施工增加费费率(%)　　　　　　　　　　　表 4-9

工程类别	施工期平均每昼夜双向行车次数(汽车、畜力车合计)							
	51~100	101~500	501~1000	1001~2000	2001~3000	3001~4000	4001~5000	5000 以上
人工土方	1.64	2.46	3.28	4.10	4.76	5.29	5.86	6.44
机械土方	1.39	2.19	3.00	3.89	4.51	5.02	5.56	6.11
汽车运输	1.36	2.09	2.85	3.75	4.35	4.84	5.36	5.89
人工石方	1.66	2.40	3.33	4.06	4.71	5.24	5.81	6.37
机械石方	1.16	1.71	2.38	3.19	3.70	4.12	4.56	5.01
高级路面	1.24	1.87	2.50	3.11	3.61	4.01	4.45	4.88
其他路面	1.17	1.77	2.36	2.94	3.41	3.79	4.20	4.62
构造物Ⅰ	0.94	1.41	1.89	2.36	2.74	3.04	3.37	3.71
构造物Ⅱ	0.95	1.43	1.90	2.37	2.75	3.06	3.39	3.72
构造物Ⅲ	0.95	1.42	1.90	2.37	2.75	3.05	3.38	3.72
技术复杂大桥	—	—	—	—	—	—	—	—
隧道	—	—	—	—	—	—	—	—
钢材及钢结构	—	—	—	—	—	—	—	—

(6)施工标准化与安全措施费。

施工标准化与安全措施费是指工程施工期间为满足安全生产、施工标准化、规范化、精细化所发生的费用。该费用不包括施工期间为保证交通安全而设置的临时安全设施和标志、标牌的费用,需要时,应根据设计要求计算。该费用也不包括预制场、拌和站、临时便道、临时便桥的施工标准化费用,应根据施工组织标准化要求单独计算。施工标准化与安全措施费以各类工程的直接工程费之和为基数,乘以表 4-10 的费率计算。

施工标准化与安全措施费费率　　　　　　　表4-10

工程类别	费率(%)	工程类别	费率(%)
人工土方	0.70	构造物Ⅰ	0.85
机械土方	0.70	构造物Ⅱ	0.92
汽车运输	0.25	构造物Ⅲ	1.85
人工石方	0.70	技术复杂大桥	1.01
机械石方	0.70	隧道	0.86
高级路面	1.18	钢材及钢结构	0.63
其他路面	1.20		

(7)临时设施费。

临时设施费是指施工企业为进行建筑安装工程施工所必需的生活和生产用的临时建筑物、构筑物和其他临时设施及其标准化的费用等，但不包括概、预算定额中的临时工程在内。

临时设施包括临时生活及居住房屋(包括职工家属房屋及探亲房屋)、文化福利及公用房屋(如广播室、文体活动室等)和生产、办公房屋(如原材料、半成品、成品存放场及库房、加工厂、钢筋加工场、发电站、变电站、空压机站、停机棚等)，工地范围内的各种临时的工作便道(包括汽车、畜力车、人力车道)、人行便道，工地临时用水、用电的水管支线和电线支线，临时构筑物(如水井、水塔等)以及其他小型临时设施。

临时设施费用内容包括临时设施的搭设、维修、拆除费或摊销费。

临时设施费以各类工程的直接工程费之和为基数，按表4-11的费率计算。

临时设施费费率　　　　　　　表4-11

工程类别	费率(%)	工程类别	费率(%)
人工土方	1.73	构造物Ⅰ	2.92
机械土方	1.56	构造物Ⅱ	3.45
汽车运输	1.01	构造物Ⅲ	6.39
人工石方	1.76	技术复杂大桥	3.21
机械石方	2.17	隧道	2.83
高级路面	2.11	钢材及钢结构	2.73
其他路面	2.06		

冬雨季及夜间施工增加用工和临时设施用工计算见附录八的规定。

(8)施工辅助费。

施工辅助费包括生产工具用具使用费、检验试验费和工程定位复测、工程点交、场地清理等费用。

生产工具用具使用费是指施工所需不属于固定资产的生产工具、检验用具、试验用具及仪器、仪表等的购置、摊销和维修费，以及支付给工人自备工具的补贴费。

检验试验费是指对建筑材料、构件和建筑安装工程进行一般鉴定、检查所发生的费用，包括自设试验室进行试验所耗用的材料和化学药品的费用，以及技术革新和研究试验费，但不包括新结构、新材料的试验费和建设单位要求对具有出厂合格证明的材料进行检验、对构件破坏性试验及其他特殊要求检验的费用。

施工辅助费以各类工程的直接工程费之和为基数,乘以表4-12的费率计算。

施工辅助费费率   表4-12

工程类别	费率(%)	工程类别	费率(%)
人工土方	0.89	构造物Ⅰ	1.30
机械土方	0.49	构造物Ⅱ	1.56
汽车运输	0.16	构造物Ⅲ	3.03
人工石方	0.85	技术复杂大桥	1.68
机械石方	0.46	隧道	1.23
高级路面	0.80	钢材及钢结构	0.56
其他路面	0.74		

(9)工地转移费。

工地转移费是指施工企业根据建设任务的需要,由已竣工的工地或后方基地迁至新工地的搬迁费用。其内容包括:

①施工单位全体职工及随职工迁移的家属向新工地转移的车费、家具行李运费、途中住宿费、行程补助费、杂费及工资与工资附加费等。

②公物、工具、施工设备器材、施工机械的运杂费,以及外租机械的往返费及本工程内部各工地之间施工机械、设备、公物、工具的转移费等。

③非固定工人进退场及一条路线中各工地转移的费用。

工地转移费以各类工程的直接工程费之和为基数,乘以表4-13的费率计算。

工地转移费费率(%)   表4-13

工程类别	工地转移距离(km)					
	50	100	300	500	1000	每增加100
人工土方	0.15	0.21	0.32	0.43	0.56	0.03
机械土方	0.50	0.67	1.05	1.37	1.82	0.08
汽车运输	0.31	0.40	0.62	0.82	1.07	0.05
人工石方	0.16	0.22	0.33	0.45	0.58	0.03
机械石方	0.36	0.43	0.74	0.97	1.28	0.06
高级路面	0.61	0.83	1.30	1.70	2.27	0.12
其他路面	0.56	0.75	1.18	1.54	2.06	0.10
构造物Ⅰ	0.56	0.75	1.18	1.54	2.06	0.11
构造物Ⅱ	0.66	0.89	1.40	1.83	2.45	0.13
构造物Ⅲ	1.31	1.77	2.77	3.62	4.85	0.25
技术复杂大桥	0.75	1.01	1.58	2.06	2.76	0.14
隧道	0.52	0.71	1.11	1.45	1.94	0.10
钢材及钢结构	0.72	0.97	1.51	1.97	2.64	0.13

转移距离以工程承包单位(如工程处、工程公司等)转移前后驻地距离或两路线中点的距离为准;编制概(预)算时,如施工单位不明确时,高速、一级公路及独立大桥、隧道按省会(自治区首府)至工地的里程,二级及以下公路按地(市、盟)至工地的里程计算工地转移费;工地转移里程数在表列里程之间时,费率可内插计算。工地转移距离在50km以内的工程不计取本项费用。

4.4.2 间接费计算

间接费由规费和企业管理费两项组成。

1) 规费

规费是指法律、法规、规章、规程规定施工企业必须缴纳的费用,包括:

(1) 养老保险费:它是施工企业按规定标准为职工缴纳的基本养老保险费。

(2) 失业保险费:它是施工企业按国家规定标准为职工缴纳的失业保险费。

(3) 医疗保险费:它是施工企业按规定标准为职工的基本医疗保险费和生育保险费。

(4) 住房公积金:它是施工企业按规定标准为职工缴纳的住房公积金。

(5) 工伤保险费:它是施工企业按规定标准为职工缴纳的工伤保险费。

各项规定以各类工程的人工费之和为基数,乘以按国家或工程所在地法律、法规、规章、规程规定的标准费率计算。

2) 企业管理费

企业管理费由基本费用、主副食运费补贴、职工探亲路费、职工取暖补贴和财务费用5项组成。

(1) 基本费用。

企业管理费基本费用它是指施工企业为组织施工生产和经营管理所需的费用,内容包括:

①管理人员工资。它是指管理人员的基本工资、工资性补贴、职工福利费、劳动保护费以及缴纳的养老、失业、医疗、生育、工伤保险费和住房公积金等。

②办公费。它是指企业办公文具、纸张、账表、印刷、邮电、书报、会议、水、电、烧水和集体取暖(包括现场临时宿舍取暖)用煤(气)等费用。

③差旅交通费。它是指职工因公出差和工作调动(包括随行家属的旅费)的差旅费,住勤补助费,市内交通费及误餐补助费,职工探亲路费,劳动力招募费,职工离退休、退职一次性路费,工伤人员就医路费,以及管理部门使用的交通工具油料、燃料、牌照及养路费等。

④固定资产使用费。它是指管理和试验部门及附属生产单位使用的属于固定资产的房屋、设备、仪器等的折旧,大修、维修或租赁费等。

⑤工具用具使用费。它是指企业管理使用的不属于固定资产的生产工具、器具、家具、交通工具和检验、试验、测绘、消防用具等的购置、维修和摊销费。

⑥劳动保险费。它是指企业支付离退休职工的易地安家补助费、职工退职金、6个月以上病假人员工资、职工死亡丧葬补助费、抚恤费、按规定支付给离休干部的各项经费。

⑦工会经费。它是指企业按职工工资总额计提的工会经费。

⑧职工教育经费。它是指企业为职工学习先进技术和提高文化水平,按职工工资总额的计提的费用。

⑨保险费。它是指企业财产保险、管理用车辆等保险费用。

⑩工程保修费。它是指工程竣工交付使用后,在规定保修期以内的修理费用。
⑪工程排污费。它是指施工现场按规定缴纳的排污费用。
⑫税金。它是指企业按规定交纳的房产税、车船使用税、土地使用税、印花税等。
⑬其他。指上述项目以外的其他必要的费用支出,包括技术转让费、技术开发费、业务招待费、绿化费、广告费、投标费、公证费、定额测定费、法律顾问费、审计费、咨询费等。

基本费用以各类工程的直接费之和为基数,乘以表4-14的费率计算。

基本费用费率 表4-14

工程类别	费率(%)	工程类别	费率(%)
人工土方	3.36	构造物Ⅰ	4.44
机械土方	3.26	构造物Ⅱ	5.53
汽车运输	1.44	构造物Ⅲ	9.79
人工石方	3.45	技术复杂大桥	4.72
机械石方	3.28	隧道	4.22
高级路面	1.91	钢材及钢结构	2.42
其他路面	3.28		

(2)主副食运费补贴。

主副食运费补贴是指施工企业在远离城镇及乡村的野外施工购买生活必需品所需增加的费用。该费用以各类工程的直接费之和为基数,乘以表4-15的费率计算。

主副食运费补贴费率(%) 表4-15

工程类别	综合里程(km)											
	1	3	5	8	10	15	20	25	30	40	50	每增加10
人工土方	0.17	0.25	0.31	0.39	0.45	0.56	0.67	0.76	0.89	1.06	1.22	0.16
机械土方	0.13	0.19	0.24	0.30	0.35	0.43	0.52	0.59	0.69	0.81	0.95	0.13
汽车运输	0.14	0.20	0.25	0.32	0.37	0.45	0.55	0.62	0.73	0.86	1.00	0.14
人工石方	0.13	0.19	0.24	0.30	0.34	0.42	0.51	0.58	0.67	0.80	0.92	0.12
机械石方	0.12	0.18	0.22	0.28	0.33	0.41	0.49	0.55	0.65	0.76	0.89	0.12
高级路面	0.08	0.12	0.15	0.20	0.22	0.28	0.33	0.38	0.44	0.52	0.60	0.08
其他路面	0.09	0.12	0.15	0.20	0.22	0.28	0.33	0.38	0.44	0.52	0.61	0.09
构造物Ⅰ	0.13	0.18	0.22	0.28	0.32	0.40	0.49	0.55	0.65	0.76	0.89	0.12
构造物Ⅱ	0.14	0.20	0.25	0.30	0.35	0.43	0.52	0.60	0.70	0.83	0.96	0.13
构造物Ⅲ	0.25	0.36	0.45	0.55	0.64	0.79	0.96	1.09	1.28	1.51	1.76	0.24
技术复杂大桥	0.11	0.16	0.20	0.25	0.29	0.36	0.43	0.49	0.57	0.68	0.79	0.11
隧道	0.11	0.16	0.19	0.24	0.28	0.34	0.42	0.48	0.56	0.66	0.77	0.10
钢材及钢结构	0.11	0.16	0.20	0.26	0.30	0.37	0.44	0.50	0.59	0.69	0.80	0.11

$$综合里程 = 粮食运距 \times 0.06 + 燃料运距 \times 0.09 + 蔬菜运距 \times 0.15 + 水运距 \times 0.70 \tag{4-9}$$

粮食、燃料、蔬菜、水的运距均为全线平均运距;综合里程数在表列里程之间时,费率可内插;综合里程在1km以内的工程不计取本项费用。

(3)职工探亲路费。

职工探亲路费是指按照有关规定施工企业职工在探亲期间发生的往返车船费、市内交通费和途中住宿费等费用。该费用以各类工程的直接费之和为基数,乘以表4-16的费率计算。

职工探亲路费费率　　　　　　表4-16

工程类别	费率(%)	工程类别	费率(%)
人工土方	0.10	构造物Ⅰ	0.29
机械土方	0.22	构造物Ⅱ	0.34
汽车运输	0.14	构造物Ⅲ	0.55
人工石方	0.10	技术复杂大桥	0.20
机械石方	0.22	隧道	0.27
高级路面	0.14	钢材及钢结构	0.16
其他路面	0.16		

(4)职工取暖补贴。

职工取暖补贴是指按规定发放给职工的冬季取暖或在施工现场设置的临时取暖设施的费用。该费用以各类工程的直接费之和为基数,乘以按工程所在地的气温区(附录二)选用表4-17的费率计算。

职工取暖补贴费费率(%)　　　　　　表4-17

工程类别	气温区						
	准二区	冬一区	冬二区	冬三区	冬四区	冬五区	冬六区
人工土方	0.03	0.06	0.10	0.15	0.17	0.26	0.31
机械土方	0.06	0.13	0.22	0.33	0.44	0.55	0.66
汽车运输	0.06	0.12	0.21	0.31	0.41	0.51	0.62
人工石方	0.03	0.06	0.10	0.15	0.17	0.25	0.31
机械石方	0.05	0.11	0.17	0.26	0.35	0.44	0.53
高级路面	0.04	0.07	0.13	0.19	0.25	0.31	0.38
其他路面	0.04	0.07	0.12	0.18	0.24	0.30	0.36
构造物Ⅰ	0.06	0.12	0.19	0.28	0.36	0.46	0.56
构造物Ⅱ	0.06	0.13	0.20	0.30	0.41	0.51	0.62
构造物Ⅲ	0.11	0.23	0.37	0.56	0.74	0.93	1.13
技术复杂大桥	0.05	0.10	0.17	0.26	0.34	0.42	0.51
隧道	0.04	0.08	0.14	0.22	0.28	0.36	0.43
钢材及钢结构	0.04	0.07	0.12	0.19	0.25	0.31	0.37

(5)财务费用。

财务费用是指施工企业为筹集资金而发生的各项费用,包括企业经营期间发生的短期贷款利息净支出、汇兑净损失、调剂外汇手续费、金融机构手续费,以及企业筹集资金发生的其他财务费用。

财务费用以各类工程的直接费之和为基数,乘以表4-18的费率计算。

财务费用费率　　　　　　　　　表4-18

工程类别	费率(%)	工程类别	费率(%)
人工土方	0.23	构造物Ⅰ	0.37
机械土方	0.21	构造物Ⅱ	0.40
汽车运输	0.21	构造物Ⅲ	0.82
人工石方	0.22	技术复杂大桥	0.46
机械石方	0.20	隧道	0.39
高级路面	0.27	钢材及钢结构	0.48
其他路面	0.30		

3) 辅助生产间接费

辅助生产间接费是指由施工单位自行开采加工的砂、石等自采材料,以及施工单位自办的人工装卸和运输的间接费。

辅助生产间接费按人工费的5%计。该项费用并入材料预算单价内构成材料费,不直接出现在概(预)算中。

高原地区施工单位的辅助生产,可按其他工程费中高原地区施工增加费费率,以直接工程费为基数计算高原地区施工增加费(其中:人工采集、加工材料、人工装卸、运输材料按人工土方费率计算;机械采集、加工材料按机械石方费率计算;机械装、运输材料按汽车运输费率计算)。辅助生产高原地区施工增加费不作为辅助生产间接费的计算基数。

4.4.3　建筑安装工程费计算

建筑安装工程是施工企业按预定生产目的创造的直接生产成果,包括建筑工程和设备安装工程两大类。它必须通过施工企业的生产活动和消耗一定的资源来实现。从理论上讲,建筑安装工程费以建筑安装工程价值为基础。建筑安装工程的价值由3个部分组成:一是建筑业转移的生产资料价值;二是生产者为自己劳动所创造的价值;三是生产者为社会劳动所创造的价值。建筑安装工程费用就是这些价值的货币量化值,它由3个部分组成:第一部分为施工企业转移的生产资料的费用,主要包括建筑材料、构(配)件的价值和进行建筑安装生产所使用施工机械等固定资产的折旧费用;第二部分为施工企业职工的劳动报酬和其他必要的费用等;第三部分为施工企业向财政缴纳的税金和税后留存的利润。前两部分构成建筑安装工程成本。

现行的《概算预算编制办法》规定建筑安装工程费用由直接费、间接费、利润和税金4部分组成。其中直接费的计算是关键和核心,其他3部分费用则分别以规定的基数按各自的百分率计算取费。直接费和间接费的计算如前。

1) 利润

利润是指施工企业完成所承包工程应取得的盈利。利润按直接费与间接费之和(扣除规费)的7%计算。

2) 税金

税金是指按国家税法规定应计入建筑安装工程造价内的营业税、城市维护建设税及教育费附加等。

计算公式：
$$综合税金额 = (直接费 + 间接费 + 利润) \times 综合税率$$

(1)纳税地点在市区的企业，综合税率为：

$$综合税率(\%) = \left(\frac{1}{1-3\%-3\%\times7\%-3\%\times3\%} - 1\right) \times 100 = 3.41(\%) \quad (4-10)$$

(2)纳税地点在县城、乡镇的企业，综合税率为：

$$综合税率(\%) = \left(\frac{1}{1-3\%-3\%\times5\%-3\%\times3\%} - 1\right) \times 100 = 3.35(\%) \quad (4-11)$$

(3)纳税地点不在市区、县城、乡镇的企业，综合税率为：

$$综合税率(\%) = \left(\frac{1}{1-3\%-3\%\times1\%-3\%\times3\%} - 1\right) \times 100 = 3.22(\%) \quad (4-12)$$

4.4.4 实物指标计算

实物指标计算就是计算工程项目建设中所需的各种资源数量。

1）工日数量

(1)各分项工程的工日数量。

(2)各种增工、辅助用工数量。

2）材料数量

(1)统计各分项工程各种材料的用量。

(2)将各分项工程中相同的材料用量进行累加。

3）机械数量

(1)统计各分项工程的各种机械台班数量。

(2)将相同的机械的台班数量进行累加。

将统计出的各资源数量，汇总填入 02 表。

4.5 概预算其他有关费用的计算

4.5.1 设备、工具、器具及家具购置费

1）设备购置费

设备购置费是指为满足公路的营运、管理、养护需要，购置的达到固定资产标准的设备和虽低于固定资产标准但属于设计明确列入设备清单的设备的费用。包括渡口设备，隧道照明、消防、通风的动力设备；高等级公路的收费、监控、通信、供电设备，养护用的机械、设备和工具、器具等的购置费用。

设备购置费应由设计单位列出计划购置的清单(包括设备的规格、型号、数量)，以设备原价加综合业务费和运杂费按以下公式计算：

$$设备购置费 = 设备原价 + 运杂费(运输费 + 装卸费 + 搬动费) +$$

$$\text{运输保险费} + \text{采购及保管费} \tag{4-13}$$

需要安装的设备,应在第一部分建筑安装工程费的有关项目内另计设备的安装工程费。设备与材料的划分标准见附录九。

(1)国产设备原价的构成及计算。

国产设备的原价一般是指设备制造厂的交货价,即出厂价或订货合同价。它一般根据生产厂或供应商的询价、报价、合同价的确定,或采用一定的方法计算确定。其内容包括按专业标准规定的在运输过程中不受损失的一般包装费,及按产品设计规定配带的工具、附件和易损件的费用。即:

$$\text{设备原价} = \text{出厂价(或供货地点价)} + \text{包装费} + \text{手续费} \tag{4-14}$$

(2)进口设备原价的构成及计算。

进口设备的原价是指进口设备的抵岸价,即抵达买方边镜港口或边境车站,且交完关税为止形成的价格。即:

$$\text{进口设备原价} = \text{货价} + \text{国际运费} + \text{运输保险费} + \text{银行财务费} + \text{外贸手续费} + \text{关税} +$$
$$\text{增值税} + \text{消费税} + \text{商检费} + \text{检疫费} + \text{车辆购置附加费} \tag{4-15}$$

①货价。一般指装运港船上交货价(FOB,习惯称离岸价)。设备货价分为原币货价和人民币货价,原币货价一律折算为美元表示,人民币货价按原币货价乘以外汇市场美元兑换人民币的中间价确定。进口设备货价按有关生产厂商询价、报价、订货合同价计算。

②国际运费。即从装运港(站)到达我国抵达港(站)的运费。即:

$$\text{国际运费} = \text{原币货价(FOB 价)} \times \text{运费费率} \tag{4-16}$$

我国进口设备大多采用海洋运输,小部分采用铁路运输,个别采用航空运输。运费费率参照有关部门或进出口公司的规定执行,海运费费率一般为6%。

③运输保险费。对外贸易货物运输保险是由保险人(保险公司)与被保险人(出口人或进口人)订立保险契约,在被保险人交付议定的保险费后,保险人根据保险契约的规定对货物在运输过程中发生的承保责任范围内的损失给予经济上的补偿。这是一种财产保险。计算公式为:

$$\text{运输保险费} = [\text{原币货价(FOB 价)} + \text{国际运费}] \div (1 - \text{保险费费率}) \times \text{保险费费率} \tag{4-17}$$

保险费费率是按保险公司规定的进口货物保险费费率计算,一般为0.35%。

④银行财务费。一般指中国银行手续费。可按下式简化计算:

$$\text{银行财务费} = \text{人民币货价(FOB 价)} \times \text{银行财务费费率} \tag{4-18}$$

银行财务费费率一般为0.4% ~ 0.5%。

⑤外贸手续费。指按规定计取的外贸手续费,计算公式为:

$$\text{外贸手续费} = [\text{人民币货价(FOB 价)} + \text{国际运费} + \text{运输保险费}] \times \text{外贸手续费费率}$$
$$\text{外贸手续费费率一般为 1\% ~ 1.5\%。} \tag{4-19}$$

⑥关税。指海关对进出国境或关境的货物和物品征收的一种税。其计算公式为:

$$\text{关税} = [\text{人民币货价(FOB 价)} + \text{国际运费} + \text{运输保险费}] \times \text{进口关税税率} \tag{4-20}$$

进口关税税率按我国海关总署发布的进口关税税率计算。

⑦增值税。是对从事进口贸易的单位和个人,在进口商品报关进口后征收的税种。按《中华人民共和国增值税条例》的规定,进口应税产品均按组成计税价格和增值税税率直接计算应纳税额。即:

$$\text{增值税} = [\text{人民币货价(FOB 价)} + \text{国际运费} + \text{运输保险费} + \text{关税} + \text{消费税}] \times$$

增值税税率 (4-21)

增值税税率根据规定的税率计算,目前进口设备适用的税率为17%。

⑧消费税。对部分进口设备(如轿车、摩托车等)征收。其计算公式为:

$$应纳消费税额 = [人民币货价(FOB 价) + 国际运费 + 运输保险费 + 关税] \div \\ (1 - 消费税税率) \times 消耗费税率 \quad (4\text{-}22)$$

消耗税税率根据规定的税率计算。

⑨商检费。指进口设备按规定付给商品检查部门和进口设备检验鉴定费。其计算公式为:

$$商检费 = [人民币货价(FOB 价) + 国际运费 + 运输保险费] \times 商检费费率 \quad (4\text{-}23)$$

商检费费率一般为0.8%。

⑩检疫费。指进口设备按规定付给商品检疫部门的进口设备检验鉴定费。其计算公式为:

$$检疫费 = [人民币货价(FOB 价) + 国际运费 + 运输保险费] \times 检疫费费率 \quad (4\text{-}24)$$

检疫费费率一般为0.17%。

⑪车辆购置附加费。指进口车辆需缴纳的进口车辆购置附加费,计算公式为:

$$进口车辆购置附加费 = [人民币货价(FOB 价) + 国际运费 + 运输保险费 + \\ 关税 + 消费税 + 增值税] \times 进口车辆购置附加费费率 \quad (4\text{-}25)$$

在计算进口设备原价时,应注意工程项目的性质,有无按国家有关规定减免进口环节税的可能。

(3)设备运杂费的构成及计算。

国产设备运杂费是指由设备制造厂交货地点起至工地仓库(或施工组织设计指定的需要安装设备的堆放地点)止所发生的运费和装卸费;进口设备运杂费是指由我国到岸港口或边境车站起至工地仓库(或施工组织设计指定的需要安装设备的堆放地点)止所发生的运费和装卸费。其计算公式为:

$$运杂费 = 设备原价 \times 运杂费费率 \quad (4\text{-}26)$$

设备运杂费费率见表4-19。

设备运杂费费率　　　　表4-19

运输里程(km)	100以内	101~200	201~300	301~400	401~500	501~750	751~1000	1001~1250	1251~1500	1501~1750	1751~2000	2000以上每增250
费率(%)	0.8	0.9	1.0	1.1	1.2	1.5	1.7	2.0	2.2	2.4	2.6	0.2

(4)设备运输保险费的构成及计算。

设备运输保险费是指国内运输保险费。其计算公式为:

$$运输保险费 = 设备原价 \times 保险费费率 \quad (4\text{-}27)$$

设备运输保险费费率一般为1%。

(5)设备采购及保管费的构成及计算。

设备采购及保管费是指采购、验收、保管和收发设备所发生的各种费用,包括设备采购人员、保管人员和管理人员的工资、工资附加费、办公费、差旅交通费,设备供应部门办公和仓库所占固定资产使用费、工具用具使用费、劳动保护费、检验试验费等。其计算公式为:

$$采购及保管费 = 设备原价 \times 采购及保管费费率 \quad (4-28)$$

需要安装的设备的采购保管费费率为 2.4%，不需要安装的设备的采购保管费费率为 1.2%。

2）工器具及生产家具（简称工器具）购置费

工器具购置费是指建设项目交付使用后为满足初期正常营运必须购置的第一套不构成固定资产的设备、仪器、仪表、工卡模具、器具、工作台（框、架、柜）等的费用。该费用不包括构成固定资产的设备、工器具和备品、备件，及已列入设备购置费中的专用工具和备品、备件。

对于工器具购置，应由设计单位列出计划购置的清单（包括规格、型号、数量），购置费的计算方法同设备购置费。

3）办公和生活用家具购置费

办公和生活用家具购置费是指为保证新建、改建项目初期正常生产、使用和管理所必须购置的办公和生活用家具、用具的费用。

范围包括行政、生产部门的办公室、会议室、资料档案室、阅览室、单身宿舍及生活福利设施等的家具、用具。

办公和生活用家具购置费按表 4-20 的规定计算。

办公和生活用家具购置费标准　　　　表 4-20

工程所在地	路线（元/公路公里）				有看桥房的独立大桥（元/座）	
	高速公路	一级公路	二级公路	三、四级公路	一般大桥	技术复杂大桥
内蒙古、黑龙江、青海、新疆、西藏	21500	15600	7800	4000	24000	60000
其他省、自治区、直辖市	17500	14600	5800	2900	19800	49000

注：改建工程按表列数 80% 计。

4.5.2　工程建设其他费用

1）土地征用及拆迁补偿费

土地征用及拆迁补偿费是指按照《中华人民共和国土地管理法》及《中华人民共和国土地管理实施条例》《中华人民共和国基本农田保护条例》等法律、法规的规定，为进行道桥建设需征用土地所支付的土地征用及拆迁补偿费等费用。

（1）费用内容。

①土地补偿费。指被征用土地地上、地下附着物及青苗补偿费，征用城市郊区的菜地等缴纳的菜地开发建设基金，租用土地费，耕地占用税，用地图编制费及勘界费，征地管理费等。

②征用耕地安置补助费。指征用耕地需要安置农业人口的补助费。

③拆迁补偿费。指被征用或占用土地上的房屋及附属构筑物、城市公用设施等拆除、迁建补偿费，拆迁管理费等。

④复耕费。指临时占用的耕地、鱼塘等，待工程竣工后将其恢复到原有标准所发生的费用。

⑤耕地开垦费。指公路建设项目占用耕地的,应由建设项目法人(业主)负责补充耕地所发生的费用;没有条件开垦或者开垦的耕地不符合要求的,按规定缴纳的耕地开垦费。

⑥森林植被恢复费。指公路建设项目需要占用、征用或者临时占用林地的,经县级以上林业主管部门审核同意或批准,建设项目法人(业主)单位按照有关规定向县级以上林业主管部门预缴的森林植被恢复费。

(2)计算方法。

土地征用及拆迁补偿费应根据审批单位批准的建设工程用地和临时用地面积及其附着物的情况,以及实际发生的费用项目,按国家有关规定及工程所在地的省(自治区、直辖市)人民政府颁发的有关规定和标准计算。

森林植被恢复费应根据审批单位批准的建设工程占用林地的类型及面积,按国家有关规定及工程所在地的省(自治区、直辖市)人民政府颁发的有关规定和标准计算。

与原有的电力电信设施、水利工程、铁路及铁路设施互相干扰时,应与有关部门联系,商定合理的解决方案和补偿金额,也可由这些部门按规定编制费用以确定补偿金额。

2)建设项目管理费

建设项目管理费包括建设单位(业主)管理费、工程监理费、设计文件审查费、竣(交)工验收试验检测费。

(1)建设单位(业主)管理费。

建设单位(业主)管理费是指建设单位(业主)为建设项目的立项、筹建、建设、竣(交)工验收、总结等工作所发生的费用,不包括应计入设备、材料预算价格的建设单位采购及保管设备、材料所需的费用。

费用内容包括:工作人员的工资、工资性补贴、施工现场津贴、社会保障费用(基本养老、基本医疗、失业、工伤保险)、住房公积金、职工福利费、工会经费、劳动保护费;办公费、会议费、差旅交通费、固定资产使用费(包括办公及生活房屋折旧、维修或租赁费,车辆折旧、维修、使用或租赁费,通信设备购置、使用费,测量、试验设备仪器折旧、维修或租赁费、其他设备折旧、维修或租赁费等)、零星固定资产购置费、招募生产工人费;技术图书资料费、职工教育经费、工程招标费(不含招标文件及标底或造价控制值编制费);合同契约公证费、法律顾问费、咨询费、建设单位的临时设施费、完工清理费、竣(交)工验收费(含其他行业或部门要求的竣工验收费用)、各种税费(包括房产税、车船使用税、印花税等);建设项目审计费、境内外融资费用(不含建设期贷款利息)、业务招待费、安全生产管理费和其他管理性开支。

由施工企业代建设单位(业主)办理"土地、青苗等补偿费"的工作人员所发生的费用,应在建设单位(业主)管理费项目中支付。当建设单位(业主)委托有资质的单位代理招标时,其代理费应在建设单位(业主)管理费中支出。

建设单位(业主)管理费以建筑安装工程费总额为基数,按表4-21的费率,以累进办法计算。

水深>15m、跨度≥400m的斜拉桥和跨度≥800m的悬索桥等独立特大型桥梁工程的建设单位(业主)管理费,按表4-21中的费率乘以1.0~1.2的系数计算;海上工程[指由于风浪影响,工程施工期(不包括封冻期)全年月平均工作日少于15天的工程]的建设单位(业主)管理费按表4-21中的费率乘以1.0~1.3的系数计算。

建设单位管理费费率　　　　　　　　　　　　　　　表 4-21

第一部分建筑安装工程费(万元)	费率(%)	算例(万元)	
		建筑安装工程费	建设单位(业主)管理费
500 以下	3.48	500	500×3.48%=17.4
501~1000	2.73	1000	17.4+500×2.73%=31.05
1001~5000	2.18	5000	31.05+4000×2.18%=118.25
5001~10000	1.84	10000	118.25+5000×1.84%=210.25
10001~30000	1.52	30000	210.25+20000×1.52%=514.25
30001~50000	1.27	50000	514.25+20000×1.27%=768.25
50001~100000	0.94	100000	768.25+50000×0.94%=1238.25
100001~150000	0.76	150000	1238.25+50000×0.76%=1618.25
150001~200000	0.59	200000	1618.25+50000×0.59%=1913.25
200001~300000	0.43	300000	1913.25+100000×0.43%=2343.25
300000 以上	0.32	310000	2343.25+10000×0.32%=2375.25

(2)工程监理费。

工程监理费是指建设单位(业主)委托具有道桥工程监理资格的单位,按施工监理规范进行全面的监督和管理所发生的费用。

费用内容包括:工作人员的基本工资、工资性津贴、社会保障费用(基本养老、基本医疗、失业、工伤保险)、住房公积金、职工福利费、工会经费、劳动保护费;办公费、会议费、差旅交通费、固定资产使用费(包括办公及生活房屋折旧、维修或租赁费,车辆折旧、维修、使用或租赁费,通信设备购置、使用费,测量、试验、检测设备仪器折旧、维修或租赁费,其他设备折旧、维修或租赁费等)、零星固定资产购置费、招募生产工人费;技术图书资料费、职工教育经费、投标费用;合同契约公证费、咨询费、业务招待费;财务费用、监理单位的临时设施费、各种税费和其他管理性开支。

工程监理费以建筑安装工程费总额为基数,乘以按表 4-22 的费率计算。

工程监理费费率　　　　　　　　　　　　　　　表 4-22

工程类别	高速公路	一级及二级公路	三级及四级公路	桥梁及隧道
费率(%)	2.0	2.5	3.0	2.5

表 4-22 中的桥梁是指水深>15m、斜拉桥和悬索桥等独立特大型桥梁工程;隧道是指水下隧道工程。

建设单位(业主)管理费和工程监理费均为实施建设项目管理的费用,执行时根据建设单位(业主)和施工监理单位所实际承担的工作内容和工作量,在保证监理费用的前提下,可统筹使用。

(3)设计文件审查费。

设计文件审查费是指国家和省级交通运输主管部门在项目审批前,为保证勘察设计工作的质量,组织有关专家或委托有资质的单位,对设计单位提交的建设项目可行性研究报告和勘察设计文件以及对设计变更、调整概算进行审查所需要的相关费用。

设计文件审查费以建筑安装工程费总额为基数,乘以 0.1% 计算。

(4)竣(交)工验收试验检测费。

竣(交)工验收试验检测费是指在道桥建设项目交工验收和竣工验收前,由建设单位(业主)或工程质量监督机构委托有资质的道桥工程质量检测单位按照有关规定对建设项目的工程质量进行检测,并出具检测意见所需要的相关费用。

竣(交)工验收试验检测费按表 4-23 的规定计算。

竣(交)工验收试验检测费标准　　　　　　　　　表 4-23

项目	路线(元/公路公里)				独立大桥(元/座)	
	高速公路	一级公路	二级公路	三、四级公路	一般大桥	技术复杂大桥
试验检测费	15000	12000	10000	5000	30000	100000

关于竣(交)工验收试验检测费,高速公路、一级公路按四车道计算,二级及以下等级公路按双车道计算,每增加一条车道,按表 4-23 的费用增加 10%。

3)研究试验费

研究试验费是指为该建设项目提供或验证设计数据、资料进行必要的研究试验和按照设计规定在施工过程中必须进行试验、验证所需的费用,以及支付科技成果、先进技术的一次性技术转让费。该费用不包括:

(1)应由科技 3 项费用(即新产品试制费、中间试验费和重要科学研究补助费)开支的项目。

(2)应由施工辅助费开支的施工企业对建筑材料、构件和建筑物进行一般鉴定、检查所发生的费用及技术革新研究试验费。

(3)应由勘察设计费或建筑安装工程费用中开支的项目。

计算方法:按照设计提出的研究试验内容和要求进行编制,不需要验证设计基础资料的不计本项费用。

4)建设项目前期工作费

建设项目前期工作费是指委托勘察设计、咨询单位对建设项目进行可行性研究、工程勘察设计,以及设计、监理、施工招标文件及招标标底或造价控制值文件编制时,按规定应支付的费用。该费用包括:

(1)编制项目建议书(或预可行性研究报告)、可行性研究报告、投资估算,以及相应的勘察、设计、专题研究等所需的费用。

(2)初步设计和施工图设计的勘察费(包括测量、水文调查、地质勘探等)、设计费、概(预)算及调整概算编制费等。

(3)设计、监理、施工招标文件及招标标底(或造价控制值或清单预算)文件编制费等。

计算方法:依据委托合同列,或按国家颁发的收费标准和有关规定进行编制。

5)专项评价(估)费

专项评价(估)费是指依据国家法律、法规规定须进行评价(评估)、咨询,按规定应支付的费用。该费用包括环境影响评价费、水土保持评估费、地震安全性评价费、地质灾害危险性评价费、压覆重要矿床评估费、文物勘察费、通航认证费、行洪论证(评估)费、使用林地可行性研究报告编制费、用地预审报告编制费等费用。

计算方法:按国家颁发的收费标准和有关规定进行编制。

6) 施工机构迁移费

施工机构迁移费是指施工机构根据建设任务的需要,经有关部门决定成建制的(指工程处等)由原驻地迁移到另一地区所发生的一次性搬迁费用。该费用不包括:

(1) 应由施工企业自行负担的,在规定距离范围内调动施工力量以及内部平衡施工力量所发生的迁移费用。

(2) 由于违反基建程序,盲目调迁队伍所发生的迁移费。

(3) 因中标而引起施工机构迁移所发生的迁移费。

费用内容包括:职工及随同家属的差旅费,调迁期间的工资,施工机械、设备、工具、用具和周转性材料的搬运费。

计算方法:施工机构迁移费应经建设项目的主管部门同意按实计算,但计算施工机构迁移费后,如迁移地点即新工地地点(如独立大桥),则其他工程费内的工地转移费应不再计算;如施工机构迁移地点至新工地地点尚有部分距离,则工地转移费的距离,应以施工机构新地点为算起点。

7) 供电贴费

供电贴费是指按照国家规定,建设项目应交付的供电工程贴费、施工临时用电贴费。

计算方法:按国家有关规定计列(目前停止征收)。

8) 联合试运转费

联合试运转费是指新建、改(扩)建工程项目,在竣工验收前按照设计规定的工程质量标准,进行动(静)载荷载实验所需的费用,或进行整套设备带负荷联合试运转期间所需的全部费用抵扣试车期间收入的差额。该费用不包括应由设备安装工程项下开支的调试费的费用。

费用内容包括:联合试运转期间所需的材料、油燃料和动力的消耗,机械和检测设备使用费,工具用具和低值易耗品费,参加联合试运转人员工资及其他费用等。

联合试运转费以建筑安装工程费总额为基数,独立特大型桥梁按 0.075%、其他工程按 0.05% 计算。

9) 生产人员培训费

生产人员培训费是指新建、改(扩)建道桥工程项目,为保证生产的正常运行,在工程竣工验收交付使用前对运营部门生产人员和管理人员进行培训所必需的费用。

费用内容包括:培训人员的工资、工资性补贴、职工福利费、差旅交通费、劳动保护费、培训及教学实习费等。

生产人员培训费按设计定员和 2000 元/人的标准计算。

10) 固定资产投资方向调节税

固定资产投资方向调节税是指为了贯彻国家产业政策,控制投资规模,引导投资方向,调整投资结构,加强重点建设,促进国民经济持续稳定协调发展,依照《中华人民共和国固定资产投资方向调节税暂行条例》规定,道桥建设项目应缴纳的固定资产投资方向调节税。

计算方法:按国家有关规定计算(目前暂停征收)。

11) 建设期贷款利息

建设期贷款利息是指建设项目中分年度使用国内贷款或国外贷款部分,在建设期内应归还的贷款利息。费用内容包括各种金融机构贷款、企业集资、建设债券和外汇贷款等利息。

计算方法:根据不同的资金来源按需付息的分年度投资计算。

计算公式如下:

建设期贷款利息 = ∑(上年末付息贷款本息累计 + 本年度付息贷款额 ÷ 2) × 年利率

即:

$$S = \sum (F_{n-1} + b_n \div 2) \times i \tag{4-29}$$

式中:S——建设期贷款利息,元;
　　n——施工年度;
　　F_{n-1}——建设期第($n-1$)年末需付息贷款本息累计,元;
　　b_n——建设期第 n 年度付息贷款额,元;
　　i——建设期贷款年利率,%。

[例 4-3] 某工程计划贷款 5 亿元,贷 3 年,第一年贷 2 亿元,第二年贷 2 亿元,第三年贷 1 亿元,贷款利率为 7%,试计算建设期贷款利息。

解:$n = 1$,$F_{n-1} = 0$,$b_1 = 2$。
　　$S_1 = (2 \div 2) \times 7\% = 0.07$ 亿
　　$n = 2$,$F_{n-1} = 2 + S_1 = 2.07$,$b_2 = 2$。
　　$S_2 = (2.07 + 2 \div 2) \times 7\% = 0.2149$ 亿
　　$n = 3$,$F_{n-1} = 2 + A_1 + 2 + A_2 = 4.2849$,$b_3 = 1$。
　　$S_3 = (4.2849 + 1 \div 2) \times 7\% = 0.3349$ 亿
建设期贷款利息 = $S_1 + S_2 + S_3 = 0.07 + 0.2149 + 0.3349 = 0.6198$ 亿

4.5.3 预备费用计算

预备费是由价差预备费及基本预备费两部分组成。在道桥工程建设期限内,凡需动用预备费时,属于公路交通运输部门投资的项目,需经建设单位提出,按建设项目隶属关系,报交通运输部或交通运输厅(局、委)基建主管部门核定批准。属于其他部门投资的建设项目,按其隶属关系报有关部门核定批准。

1) 价差预备费

价差预备费是指设计文件编制年至工程竣工年期间,第一部分费用的人工费、材料费、机械使用费、其他工程费、间接费等,以及第二、三部分费用由于政策、价格变化可能发生上浮而预留的费用及外资贷款汇率变动部分的费用。

(1)计算方法。价差预备费以概(预)算或修正概算第一部分建筑安装工程费总额为基数,按设计文件编制年始至建设项目工程竣工年终的年数和年工程造价增长率计算。

$$价差预备费 = P \times [(1 + i)^{n-1} - 1] \tag{4-30}$$

式中:P——建筑安装工程费总额,元;
　　i——年工程造价增长率,%;
　　n——设计文件编制年至建设项目开工年 + 建设项目建设期限,年。

(2)年工程造价增长率按有关部门公布的工程投资价格指数计算,或由设计单位会同建设单位根据该工程人工费、材料费、施工机械使用费、其他工程费、间接费,以及第二、三部分费用可能发生的上浮因素,以第一部分建安费为基数进行综合分析预测。

(3)设计文件编制至工程完工在一年以内的工程,不列此项费用。

2)基本预备费

基本预备费是指经初步设计和概算中难以预料的工程和费用。其用途如下:

(1)要进行技术设计、施工图设计和施工过程中,在批准的初步设计和概算范围内所增加的工程费用。

(2)在设备订货时,由于规格、型号改变的价差;材料货源变更、运输距离或方式的改变以及因规格不同而代换使用等原因发生的价差。

(3)由于一般自然灾害所造成的损失和预防自然灾害所采取的措施费用。

(4)在项目主管部门组织竣(交)工验收时,验收委员会(或小组)为鉴定工程质量必须开挖和修复隐蔽工程的费用。

(5)投保的工程根据工程特点和保险合同发生的工程保险费用。

计算方法:以第一、二、三部分费用之和(扣除固定资产投资方向调节税和建设期贷款利息两项费用)为基数按下列费率计算:

设计概算按5%计列;

修正概算按4%计列;

施工图预算按3%计列。

采用施工图预算加系数包干承包的工程,包干系数为施工图预算中直接费与间接费之和的3%。施工图预算包干费用由施工单位包干使用。

该包干费用的内容为:

(1)在施工过程中,设计单位对分部分项工程修改设计而增加的费用,但不包括因水文地质条件变化造成的基础变更、结构变更、标准提高、工程规模改变而增加的费用。

(2)预算审定后,施工单位负责采购的材料由于货源变更、运输距离或方式的改变以及因规格不同而代换使用等原因发生的价差。

(3)由于一般自然灾害所造成的损失和预防自然灾害所采取的措施的费用(例如一般防台风、防洪的费用)等。

4.5.4 回收金额

概、预算定额所列材料一般不计回收,只对按全部材料计价的一些临时工程项目和由于工程规模或工期限制达不到规定周转次数的拱盔、支架及施工金属设备的材料计算回收金额。回收率见表4-24。

回 收 率 表4-24

回收项目	使用年限或周转次数				计算基数
	一年或一次	两年或两次	三年或三次	四年或四次	
临时电力、电信线路	50%	30%	10%	—	材料原价
拱盔、支架	60%	45%	30%	15%	
施工金属设备	65%(80%)	65%	50%	30%	

注:施工金属设备指钢壳沉井、钢护筒等。

4.6 概预算文件的编制与审查

4.6.1 概预算文件的编制步骤

概预算文件的编制是一项十分严肃的工作,编制质量的高低及各项费用计算的准确与否,直接关系到国家的经济利益。为了确保概预算文件的编制质量,必须根据工程概预算内在的规律和国家的有关规定,按以下的步骤来进行。概预算编制的基本步骤如图4-5所示。

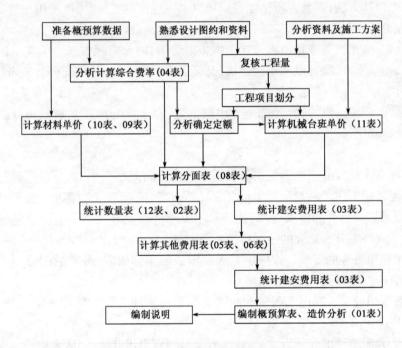

图 4-5 概预算表格计算步骤

1)熟悉设计图纸和资料

编制概算、修正概算、施工图预算等文件前,应对相应阶段的初步设计、技术设计和施工图设计内容进行检查和整理,认真阅读和核对设计图纸及有关表格,如工程一览表、工程数量表等,若图纸中所用材料规格或要求不清时,要核对查实。

2)准备概预算资料

概预算资料包括概预算表格、定额和有关文件等。在编制概预算前,应将有关文件如《公路工程基本建设项目设计文件编制办法》、《概算、预算编制办法》,地方和中央的有关文件(如《公路基本建设工程概预算编制办法补充规定》等)准备好,同时也应将定额如《概算定额》、《预算定额》及各类补充定额等准备齐全。最后,要将概预算表格备齐。

3)分析外业调查资料及施工方案

(1)概预算调查资料分析。

概预算资料的调查工作是一项关系到概预算文件的基础工作,一般在公路工程外业勘察时同时进行。调查的内容很广,原则上凡对施工生产有影响的一切因素都必须调查,主要是筑路材料的来源(沿线料场及有无自采材料),采用的运输方式及运距、运费标准,占用土地的补偿费、安置费及拆迁补偿费,沿线可利用房屋及劳动力供应情况等。对这些调查资料应进行分析,若有不明确或不全的部分,应另行调查,以保证概预算的准确和合理。

(2)施工方案的分析。

对于相应设计阶段配套的施工组织设计文件(尤其是施工方案)应认真分析其可行性、经济性。因为施工方案会直接影响该预算金额的高低和定额的查用,因此编制概预算时,重点应对施工方案进行认真分析。

①施工方法。同一工程内容,可以采用不同的施工方法来完成,如土方施工,有人工挖土方和机械挖土方两种方法;钢筋混凝土工程既可以采用现浇施工,也可以采用预制安装等。因此,应根据工程设计的意图和要求与工程实际相结合,选择最经济的施工方法。

②施工机械。施工机械选择也将直接影响施工费用,因此应根据选定的施工法选配相应的施工机械,如挖填土方,既可以采用铲运机,又可以采用挖土机配自卸汽车;又如混凝土预制构件安装,也可采用多种机械施工等。

③其他方面。运距远近的选择(如土方中取土坑、弃土堆的位置),材料堆放的位置及仓库的设置,人员高峰期等。

4)分项

公路工程概预算是以分项工程概预算表为基础计算和汇总而来的,所以工程分项是概预算工作中的重要基础工作。一般公路工程分项时必须满足如下三个方面的要求。

(1)按照概预算项目表的要求分项,这是基本要求。概预算项目表实质上是将一个复杂的建设项目分解成许多分项工程的一种科学划分方法。

(2)符合定额项目表的要求。定额项目表是定额的主体内容,分项后的分项工程必须能够在定额项目表中直接查到。

(3)符合费率的要求。其他工程费和间接费都是按不同工程类别而确定的费率定额,因此所分的项目应满足其要求。

按上面3个方面的要求分项后,便可将工程细目一一引出并填入08表中。

5)计算工程量

在编制概预算时,应对各分项的工程量,按工程量计算原则进行计算。一是对设计中已有的工程量进行核对;二是对设计文件中缺少或未列的工程量进行补充计算,计算时应注意计算单位和计算规则与定额的计量单位及计算规则一致。将算得的分项工程量填入08表中。

6)查定额

概预算定额就是以分项工程为对象,统一规定完成一定计量单位分项工程所需的人工、材料、机械台班消耗数量。分项工程一般是按照选用的施工方法,所使用的材料、结构件规格等因素划分。经较为简单的施工过程就能完成,以适当的计量单位就可以计算工程量及其建筑安装工程产品,是建设项目最基本的组成要素。因此,根据分项所得的工程细目(分项工程)即可从定额中查出相应的人工、材料、施工机械名称、单位及消耗量定额值,并将查得的定额值和定额单位及定额号分别填入08表的相关栏目,再将各分项工程的实际工程量换算的定额工程数量乘以相应的定额即可得出各分项工程的资源消耗数量,填入08表的数量栏中。

7）基础单价的计算

编制概预算的另一项重要工作便是确定基础单价。基础单价是人工工日单价、材料预算单价和施工机械台班单价的统称。定额中除基价和小额零星材料及小型机具使用费用货币指标外，其他均是资源消耗的实物指标。要以货币来表现消耗，就必须计算各种资源的单价。有关单价的计算方法已在前面介绍，公路工程概预算的基础单价通过 09 表、10 表和 11 表来完成计算。

（1）根据 08 表中所出现的材料种类、规格及机械作业所需的燃料和水电编制 09 表。

（2）根据 08 表中所发生的自采材料种类、规格，按照外业料场调查资料编制"自采材料料场价格计算表"（10 表），并将计算结果汇入 09 表的材料原价栏中。

（3）根据 08 表、10 表中所出现的所有机械种类，计算工程所有机械的台班单价，即编制"机械台班单价计算表"（11 表）。

（4）根据地区类别和地方规定等资料确定人工工日单价。

（5）将上面 1、2、3、4 项所算得的各基础单价汇总，编制人工、材料、机械单价汇总表（07 表）。

8）计算分项工程的直接费和间接费

有了各分项工程的资源消耗数量及基础单价，便可计算其直接费与间接费。

（1）将 07 表的单价填入 08 表中的单价栏，由单价与数量相乘得出人工费、材料费、机械使用费，并可算得工、料、机合计费用，即直接工程费。

（2）根据工程类别和工程所在地区，取定各项费率并计算其他工程费综合费率和间接费综合费率，即编制 04 表。

（3）将 04 表中各费率填入 08 表中的相应栏目，并以直接工程费为基数计算其他工程费和间接费。

（4）在 08 表中计算直接费。

9）计算建筑安装工程费

建筑安装工程费通过 03 表计算。

（1）将 08 表中各分项工程的直接费、间接费按工程（单位工程）汇总填入 03 表中的相应栏目。

（2）按税收要求计算出建安费中的计税部分，为了计算税收的方便，也可对 04 表进行补充编制 04-1 表。

（3）按要求确定计划利润、税金的百分率，并填入 03 表的有关栏目。

（4）按相应基数计算计划利润和税金。

（5）合计各单位工程的直接费、间接费、计划利润和税金，得到各单位工程的建筑安装工程费，总计各单位工程的建安费及工程项目的建安费。

10）实物指标计算

概预算还必须编制工程项目的实物消耗指标，这可通过 02 表的计算完成。

（1）将 09 表和 10 表中的人工、材料、机械消耗量汇总编制辅助生产工、料、机单位数量表（12 表）。

（2）汇总 08 表中人工、主要材料、机械台班数量。

（3）计算各种增工数量。

(4)合计上面1、2、3项中的各项数据得出工程概预算的实物数量即得到02表。

11)计算其他有关费用

按规定计算第二部分至第三部分费用,即编制05表和06表。

12)编制总概预算表并进行造价分析

(1)编制总概预算表。将03、05、06表中的各项填入01表中相应栏目,并计算各项技术经济指标。

(2)造价分析。根据概预算总金额、各单位工程或分项工程的费用比值和各项技术经济指标进行全面分析,对设计提出修改建议和从经济角度对设计是否合理予以评价,找出挖潜措施。

13)编制综合概预算

根据建设项目要求,当分段或分部编制01表和02表时,需要汇总编制综合概预算。

(1)汇总各种概预算表,编制"总概(预)算汇总表"(01-1表)。

(2)汇总各段的02表编制"总概(预)算人工、主要材料、机械台班数量汇总表"(02-1表)。

14)编制说明

概预算表格计算并编制完后,必须编制概预算说明,主要说明概预算编制依据,编制中存在的问题,工程总造价的货币和实物量指标及其他与概预算有关但不能在表格中反映的事项。

4.6.2 概预算费用计算程序

道桥工程建设各项费用的计算程序及计算方式见表4-25。

道桥工程建设各项费用的计算程序及计算方式　　　　表4-25

代号	项　目	说明及计算式
一	直接工程费(即工、料、机费)	按编制年工程所在地的预算价格计算
二	其他工程费	(一)×其他工程费综合费率或各类工程人工费和机械费之和×其他工程费综合费率
三	直接费	(一)+(二)
四	间接费	各类工程人工费×规费综合费率+(三)×企业管理费综合费率
五	利润	[(三)+(四)-规费]×利润率
六	税金	[(三)+(四)+(五)]×综合税率
七	建筑安装工程费	(三)+(四)+(五)+(六)
八	设备、工具、器具购置费(包括备品备件) 办公和生活用家具购置费	Σ(设备、工具、器具购置数量×单价+运杂费)×(1+采购保管费率)按有关规定计算
九	工程建设其他费用	
	土地征用及拆迁补偿费	按有关规定计算
	建设单位(业主)管理费	(七)×费率

续上表

代号	项目	说明及计算式
	工程监理费	(七)×费率
	设计文件审查费	(七)×费率
	竣(交)工验收试验检测费	按有关规定计算
	研究试验费	按批准的计划编制
	前期工作费	按有关规定计算
	专项评价(估)费	按有关规定计算
	施工机构迁移费	按实计算
	供电贴费	按有关规定计算
	联合试运转费	(七)×费率
	生产人员培训费	按有关规定计算
	固定资产投资方向调节税	按有关规定计算
	建设期贷款利息	按实际贷款数及利率计算
十	预备费	包括价差预备费和基本预备费两项
	价差预备费	按规定的公式计算
	基本预备费	[(七)+(八)+(九)-固定资产投资方向调节税-建设期贷款利息]×费率
	预备费中施工图预算包干系数	[(三)+(四)]×费率
十一	建设项目总费用	(七)+(八)+(九)+(十)

4.6.3 施工图预算费用计算案例

1) 案例背景

该工程为某国道的一部分,简称××改建一级公路,编制桩号为 K0+000～K5+000。该路为不中断交通施工,高峰交通量为 8000 次,平均交通量近 6000 次。

2) 编制依据

(1) 属性表数据。

①工程所在地:山东省德州市。

②取费标准:交通运输部部颁费率标准(JTG B06—2007)。

③工程标准:路面改建工程,一级公路。

④工程规模:全长 5km(编制范围:K0+000～K5+000)。

⑤利润 7%,税率 3.48%。

⑥地形:平原微丘区,行车干扰 5000 次以上。

⑦计列的其他工程费和间接费有:行车干扰工程增加费、施工标准化与安全措施费、临时设施费、施工辅助费、职工探亲费、职工取暖费、企业管理费基本费用、财务费用。

(2) 第二部分费用不计。

(3) 第三部分费用按下列参数计算。

①建设单位管理费按累进费率计算,工程监理费按建安费的 2.5% 计算。

②施工期一年以内,不计造价价差预备费。

③基本预备费:按直接费和间接费之和的3%计(预算系数包干)。

④青苗补偿按 $30 \times 4000 = 120000$ 元(亩×单价)计算。

(4)工料机单价:人工单价46.06元/工日;砂、碎石采用计算单价:原价分别为65.0元/m^3、45.0元/m^3,运距15km,运费1.2元/(t·km),毛重系数均为1.5t/m^3,装卸费单价3.0元/吨·次,装卸一次;其他材料采用部颁定额单价。不计车船使用费。机械台班单价取用《机械台班费用定额》中的定额基价。

3)工程量

工程量详见表4-26。

工程量详表   表4-26

项目名称	定额子目名称	单位	工程量
水泥稳定土基层厚360mm	厂拌基层稳定土混合料(压实厚度15cm)	m^3	312096
	15t以内自卸汽车第一个1km	m^3	112355
	摊铺机铺筑12.5m以内	m^3	312096

4)计算过程

第一部分 建筑安装费

一、直接费

(一)各分项工程直接工程费

(1)厂拌基层稳定土混合料:

基本压实厚度15cm,设计压实厚度36cm,需要调增 $36 - 15 = 21$ cm,因此定额编号为 $[2-1-7-5] + 6 \times (36 - 15)$。

①人工费:$312.096 \times [2.8 + 0.2 \times (36 - 15)] \times 80 = 174773.76$ 元

②材料费:

32.5级水泥:$312.096 \times [16.755 + 1.117 \times (36 - 15)] \times 320 = 4016001.40$ 元

水:$312.096 \times [21 + 1 \times (36 - 15)] \times 0.5 = 6554.02$ 元

碎石:材料单价:$[45 + (15 \times 1.2 + 3.0) \times 1.5] \times (1 + 1\%) \times (1 + 2.5\%) = 79.20$ 元

碎石材料费:$312.096 \times [220.32 + 14.69 \times (36 - 15)] \times 79.20 = 13071127.27$ 元

材料费合计:$4016001.40 + 6554.02 + 13071127.27 = 17093682.69$ 元

③机械费:

$3m^3$ 轮胎式装载机:$312.096 \times [0.48 + 0.03 \times (36 - 15)] \times 904 = 313169.61$ 元

300t/h以内稳定土拌和设备:$312.096 \times [0.24 + 0.02 \times (36 - 15)] \times 949.2 = 195519.41$ 元

机械费合计:$313169.61 + 195519.41 = 508689.02$ 元

厂拌基层稳定碎石混合料细目直接工程费合计:

$174773.76 + 17093682.69 + 508689.02 = 17777145.47$ 元

(2)15t以内自卸汽车,运距2.5km。

第一个 1km 基础上,需要调增 3 个 0.5km。因此定额编号为[2-1-8-21]+22×3。
机械费:
运输的定额值调整:5.9+0.66×3=7.88
15t 以内自卸汽车:112.355×7.88×685.04=606505.23 元
15t 以内自卸汽车运输混合料细目直接工程费合计:606505.23 元
(3)摊铺机铺筑(12.5m 以内)。
根据定额第二章说明第一条(《预算定额》78 页)知:压实厚度超过 20cm 分两层铺筑时,增加人工定额 3.0 工日/1000m^2,压路机、摊铺机等台班按定额数量加倍。需要在定额[2-1-9-11]基础上进行调整。调整过程如下:
①人工费:312.096×(4.1+3)×80=177270.53 元
人工费合计:177270.53 元
②机械费:
6~8t 光轮压路机:312.096×0.14×2×251.49=21976.93 元
12~15t 光轮压路机:312.096×1.27×2×411.77=326419.90 元
摊铺宽 12.5m 稳定土摊铺机:312.096×0.18×2×2495.17=280343.73 元
6000L 以内洒水汽车:312.096×0.31×515.01=49827.09 元
机械费合计:21976.93+326419.90+280343.73+49827.09=678567.65 元
摊铺机铺筑混合料细目直接工程费合计:177270.53+678567.65=855838.18 元,如表 4-27 所示。

工、料、机的分项综合计算　　　　　　　　　　表 4-27

基　　层	人工费	材料费	机械费	人工费+机械费	直接工程费
厂拌基层稳定土混合料(其他路面)	174773.76	17093682.69	508689.02	683462.78	17777145.47
15t 以内自卸汽车(汽车运土)	—	—	606505.23	606505.23	606505.23
摊铺机铺筑基层(其他路面)	177270.53		678567.65	855838.18	855838.18

(二)各分项工程其他工程费
(1)水泥稳定碎石基层混合料拌和细目其他工程费综合费率
各费率查《公路工程基本建设项目概算预算编制办法》结果如下:
①冬季施工增加费费率:该工程位于山东省德州市,气温区为冬一区Ⅰ类,工程类别属于其他路面,冬季施工增加费费率为 0.11%。
②雨季施工增加费费率:雨量区为Ⅰ区,雨季期为 4 个月。工程类别属于其他路面,雨季施工增加费费率为 0.12%。
③行车干扰工程施工增加费费率:平均交通量近 6000 次。工程类别属于其他路面,行车干扰工程施工增加费费率为 4.62%。
④施工标准化与安全措施费费率:工程类别属于其他路面,施工标准化与安全措施费费率为 1.02%。
⑤临时设施费费率:工程类别属于其他路面,临时设施费费率为 1.87%。

⑥施工辅助费:工程类别属于其他路面,施工辅助费费率为0.74%。
水泥稳定碎石基层混合料拌和细目以直接工程费为基数的其他工程费综合费率 = 0.11% + 0.12% + 1.02% + 1.87% + 0.74% = 3.86%

行车干扰工程施工增加费以人工费与机械费合计为基数,行车干扰工程施工增加费费率:4.62%。

(2)水泥稳定碎石基层混合料拌和细目其他工程费
= 直接工程费 × 以直接工程费为基数的其他工程费综合费率 + (人工费 + 机械费) × 行车干扰工程施工增加费费率
= 17777145.47 × 3.86% + (174773.76 + 508689.02) × 4.62%
= 686197.82 + 31575.95
= 717773.77 元

水泥稳定碎石基层混合料拌和细目直接费
= 直接工程费 + 其他工程费 = 17777145.47 + 717773.77 = 18494919.24 元

(3)同理可得到其他各细目的其他工程费费率和其他工程费及直接费见表4-28。

其他工程费及直接费　　表4-28

项目及工程类别 费率及费用	厂拌基层稳定土混合料 (其他路面)	15t以内自卸汽车 (汽车运输)	摊铺机铺筑基层 (其他路面)
冬季施工增加费费率(%)	0.11	0.08	0.11
雨季施工增加费费率(%)	0.12	0.15	0.13
行车干扰工程施工增加费费率(%)	4.62	5.89	4.62
施工标准化与安全措施费费率(%)	1.02	0.21	1.02
临时设施费费率(%)	1.87	0.92	1.87
施工辅助费(%)	0.74	0.16	0.74
以直接工程费为基数其他工程费综合费率(%)	3.86	1.52	3.87
直接工程费(元)	177777145.47	606505.23	855838.18
以直接工程费为基数的其他工程费(元)	686197.82	9218.88	33120.94
人工费与机械费合计(元)	683462.78	606505.23	855838.18
行车干扰工程增加费(元)	31575.98	35723.16	39539.72
其他工程费(元)	717773.80	44942.04	72660.66
直接费(元)	18494919.27	651447.27	928498.84

水泥稳定碎石基层直接费合计：18494919.27 + 651447.27 + 928498.84 = 20074865.38 元

二、间接费

（一）规费

各项规费以各类工程人工费之和为基数，按国家或工程所在地法律、法规、规章、规程规定的标准计算。

各细目人工费之和为：174773.76 + 177270.53 = 352044.29 元。

规费 = 人工费 × 规费综合费率 = 352044.29 × 42% = 147858.60 元

（二）企业管理费

(1) 水泥稳定碎石基层混合料拌和细目企业管理费综合费率：
① 其他路面基本费用费率为 3.28%。
② 其他路面职工探亲路费费率为 0.16%。
③ 其他路面职工取暖费费率为 0.07%。
④ 其他路面财务费用费率为 0.3%。

粗粒式沥青混凝土下面层企业管理费综合费率
= 1.91% + 0.14% + 0.07% + 0.27% = 2.39%

(2) 粗粒式沥青混凝土下面层企业管理费 = 直接费 × 企业管理费综合费率
= 14852612.91 × 2.39% = 354977.44 元

(3) 同理可得到各分项的企业管理费费率和企业管理费见表 4-29。

企业管理费费率和企业管理费　　表 4-29

费率及费用 工程类别	基本费用 费率(%)	职工探亲路 费费率(%)	职工取暖费 费率(%)	财务费用费 费率(%)	企业管理费 综合费率(%)	直接费 （元）	企业管理费 （元）
厂拌基层稳定 土混合料 （其他路面）	3.28	0.16	0.07	0.3	3.81	18494919.27	704656.42
15t 以内自 卸汽车 （汽车运输）	1.44	0.14	0.12	0.21	1.91	651447.27	12442.64
摊铺机铺筑 基层 （其他路面）	3.28	0.16	0.07	0.3	3.81	928498.84	35375.81

企业管理费合计为 752474.87 元。

间接费 = 规费 + 企业管理费 = 147858.60 + 752474.87 = 900333.47 元

三、利润

利润按直接费与间接费之和扣除规费的 7% 计算

利润 =（直接费 + 间接费 - 规费）× 7%
　　 =（20074865.38 + 900333.47 - 147858.60）× 7% = 1457913.82 元

四、税金

综合税金 = (直接费 + 间接费 + 利润) × 3.14%
　　　　 = (20074865.38 + 900333.47 + 1457913.82) × 3.48%
　　　　 = 780672.32 元

建筑安装费 = 直接费 + 间接费 + 利润 + 税金
　　　　　 = 20074865.38 + 900333.47 + 1457913.82 + 780672.32
　　　　　 = 23213784.99 元

第三部分　工程建设其他费用

一、土地征用及拆迁补偿费

土地补偿费 = 30 × 4000 = 120000 元

二、建设项目管理费

(1) 建设单位管理费 = 31.05 + 1321.38 × 2.18% = 59.856084 万元 = 598560.84 元
(2) 工程监理费 = 23213784.99 × 2.5% = 580344.62 元
(3) 设计文件审查 = 23213784.99 × 0.1% = 23213.78 元
(4) 竣(交)工验收试验检测费 = 5 × 12000 = 60000

三、联合试运转费

联合试运转费 = 23213784.99 × 0.05% = 11606.89 元

工程建设其他费合计:
120000 + 598560.84 + 580344.62 + 23213.78 + 60000 + 11606.89 = 1393726.13 元

第四部分　预 备 费

基本预备费 = (直接费 + 间接费) × 3% = (20074865.38 + 900333.47) × 3% = 629255.97 元
预算总金额 = 建筑安装费 + 工程建设其他费 + 预备费
　　　　　 = 23213784.99 + 1393726.13 + 629255.97 = 25236767.09 元

4.6.4　概预算文件的审查

概预算的审查,主要审查概预算的编制依据是否合法、编制方法是否正确、编制内容是否齐全、费率取值是否恰当、有无重项或漏项、计算数据是否正确、是否执行了国家的有关技术经济政策。归纳起来包括以下几个步骤:

(1)认真阅读概预算说明:主要掌握工程总的情况、占工程造价较大的工程项目和费用、经济指标情况,以便查看其他工程造价文件(如分项表)时,做到有针对性。

(2)审查材料价格计算:特别是主要材料,审查其计算或取值的合理性。

(3)审查机械台班单价计算:特别是主要机械,审查其价格计算是否正确。

(4)审查施工方案的合理性、经济性:其内容包括施工工艺及辅助工程设施,如设备数量、施工便道、便桥、临时码头、水上水下设施、供水供电设施、大型设备机械安排(如规模、位置)以及工期安排等。

(5)审查各项费率的取定:判断其取值的合理性。

(6)审查分项工程的计算:尤其对主要工程项目,审查其套用定额及工程数量计算的合理性,以及是否有漏算、重算等现象。

(7)审查其他费用计算:主要包括土地、青苗等补偿费和安置补助费、建设单位管理费、研究试验费等是否符合规定以及计算是否正确。

(8)审查预留费用:包括价差预备费和基本预备费,审查其是否符合规定以及计算是否正确。

(9)审查建设期贷款利息计算:判断计算是否正确。

(10)审查建设项目总造价金额的计算。

(11)编写审查报告。

本章复习题

一、简答题

1. 投资额估算的作用是什么?
2. 概预算的作用是什么?
3. 概预算的编制依据是什么?
4. 施工图预算包干费用的内容是什么?
5. 概预算编制的基本步骤有哪些?
6. 基本预备费的用途有哪些?
7. 建设项目前期工作费的定义及包括的内容是什么?
8. 建设单位(业主)管理费的定义及计算方法是什么?
9. 土地征用及拆迁补偿费用内容是什么?
10. 设备购置费系的定义内容及计算方法是什么?
11. 直接费的计算步骤是什么?

二、计算题

1. 某工程计划贷款5亿元,贷3年,第一年贷2亿元,第二年贷2亿元,第三年贷1亿元,贷款利率为7%,计算建设期贷款利息。

2. 某桥梁工程墩柱的工程量是500m^3,从定额中已知每10m^3实体需要32.5级水泥3.384t,中(粗)砂4.848m^3、碎(砾)石8.383m^3,材料单价计算资料见表4-30。

材料预算单价计算资料 表4-30

材料	原价	运价率(元/t·km)	运距(km)	装卸费费率(元/t)	杂费费率(元/t)	单位毛重	场外运输损耗率(%)
32.5级水泥	350元/t	0.8	30	2	1	1.01	1
中(粗)砂	26元/m^3	0.8	15	2	1	1.2	1
碎(砾)石	20元/m^3	0.8	20	2	1	1.2	1

问:(1)水泥、中(粗)砂、碎(砾)石的预算单价是多少?
(2)水泥、中(粗)砂、碎(砾)石的材料费是多少?

3. 某工程施工用电采用自发电,拟采用 250kW 的柴油发电机组发电,已知人工单价为 47.44元/工日,柴油预算价格为 8.1 元/kg,试确定自发电的预算价格。

4. 机械轧碎石:已知碎石已筛分,碎石机的装料口径 400mm×250mm,碎石的最大粒径为 4cm,人工工日单价为 47.44 元/工日,片石的预算单价为 45 元/m^3,电动碎石机的台班单价为 163.13 元/台班,滚筒式筛分机的台班单价为 135.11 元/台班。试计算机械轧碎石的料场单价。

5. 某工程需要 QJ-250 钻机,根据施工组织的安排:电的单价按 1/3 自发电和 2/3 的电网用电综合计算,发电机为 200GF。调查知:人工单价 65.6 元/工日,柴油单价 7.5 元/kg。电网电价是 1.5 元/度,计算 QJ-250 钻机的台班单价。

6. 某种材料原价为 145 元/t,不需包装,运输费是 37.28 元/t,运输损耗为 14.84 元/t,采购保管费率是 2.5%。则材料的预算价格是多少?

7. 已知某双层厚 1.5cm 的沥青表处路面工程,工程量为 350000m^2,计算其预算机械使用费。

已知:工程量为 350000m^2,定额〔137-2-2-7-3〕。每 1000m^2,路面需 6~8t 压路机 0.41 台班,8~10t 压路机 0.36 台班,4000L 以内沥青洒布车 0.22 台班,小型机具使用费7.5元。

8. 某砂砾路面垫层厚 15cm,机械铺筑,工程量 180000m^2,求该砂砾路面垫层的直接工程费。各资源单价按预算定额取。

9. 河北秦皇岛某基础垫板加筋土挡土墙工程,混凝土 1000m^3,直接工程费:2221 元/10m^3,钢筋 96.8t,钢筋直接工程费 3201 元/t。查表得冬季施工增加费费率为 0.75%。计算其冬季施工增加费。

10. 某市的高级路面工程,直接工程费是 247626 元,其中人工费为 56327 元,其他工程费综合费率是 20.41%,其他工程费计算基数取直接工程费,规费综合费率为 44.81%,企业管理费综合费率为 2.69%,计算项目的预算建筑安装工程费。

第 5 章 道桥工程招投标

基本要求：通过本章学习了解招投标的基本概念；掌握道桥工程招标程序和投标程序，工程量清单的内容组成与编制；通过工程量清单的编制案例掌握工程量清单的编制方法和注意事项；熟悉道桥工程评标办法；重点掌握投标报价的编制方法；熟悉报价策略和常用的报价技巧。

重　　点：道桥工程招标程序和投标程序，工程量清单的内容组成与编制，投标报价的编制方法，投标报价策略和常用的报价技巧。

难　　点：工程量清单的编制方法和注意事项，投标报价的编制，投标报价策略和常用的报价技巧。

5.1 道桥工程招投标概述

招标投标是商品交易活动的一种运作方式。它是伴随社会经济的发展而产生并不断发展的高级的、有组织的、规范化的交易运作行为。招标投标工作是道桥建设中的重要组成部分。

5.1.1 道桥工程招投标的概念

道桥工程招投标包括道桥工程招标和道桥工程投标。道桥工程招标是指招标人在发包建设项目之前，公开招标或邀请投标人，根据招标人的意图和要求提出报价，择日当场开标，以便从中择优选定中标人的一种经济活动。道桥工程投标是工程招标的对称概念，指具有合法资格和能力的投标人根据招标条件，经过初步研究和估算，在指定期限内填写标书，提出报价，并等候开标,决定能否中标的经济活动。

招投标制促使建设单位按基本建设程序办事;促使施工单位在竞争中注重自身的经营管理、技术进步,提高管理水平,树立良好的信誉;促使施工企业由生产型向生产经营型转变,改革企业内部的经营体制和管理体制,以求得最好的经济效益。

5.1.2 招标投标的基本原则

"公开、公平、公正和诚实信用"是招标投标活动必须遵循的最基本的原则,也是推行招标投标的关键,如果违反了这一基本原则,招标投标则失去了其真正的意义。《招标投标法》中的各项规定,都是为了保证这一基本原则的贯彻而制定的。

1)公开原则

所谓公开原则,就是要求招标投标活动应具有较高的透明度,这也是招标投标最基本、最重要的原则。

2)公平原则

公平原则,要求给予所有投标人平等的机会,使其享有同等的权利,履行同等的义务。《招标投标法》第六条明确规定:"依法必须进行招标的项目,其招标投标活动不受地区或者部门的限制,任何单位和个人不得违法限制或者排斥本地区、本系统以外的法人或者其他组织参加投标,不得以任何方式非法干涉招标投标活动。"

3)公正原则

公正原则,就是要求招标人在招标投标活动中应当按照统一的标准衡量每一个投标人的优劣。进行资格审查时,招标人应当按照资格预审文件或招标文件中载明的资格审查的条件、标准和方法对潜在投标人或者投标人进行资格审查,不得改变载明的条件或者以没有载明的资格条件进行资格预审。

《招标投标法》还规定评标委员会应当按照招标文件确定的评标标准和方法,对投标文件进行评审和比较。评标委员会成员应当客观、公正地履行职务,遵守职业道德。

4)诚实信用原则

要求招标投标双方互相尊重双方利益,信守要约和承诺的法律规定,履行各自义务,不得规避招标、串通哄抬投标、泄露标底、骗取中标、非法转包合同及行贿受贿。

5.1.3 招标投标的法律与法规

为了规范招投标活动,加强对招投标的管理,保证招投标的质量,国家、交通运输部及其他各行业主管部门制定并颁布了许多有关招投标方面的法律法规,招标投标活动必须按照有关法律法规的规定进行。目前,有关道桥工程施工招标投标方面的法律法规主要有:

(1)《中华人民共和国合同法》(1999年3月15日第九届全国人民代表大会第二次会议通过),它为招标文件内容的规范化提供了法律依据。

(2)《中华人民共和国招标投标法》(1999年8月30日中华人民共和国主席令第21号文件),它是一部规范招标、投标行为的专项法律。

(3)《公路工程施工招标投标管理办法》(2006年6月23日交通部令[2006]第7号文件),它是规范道桥工程施工招标投标工作的主要法规。

(4)《公路工程施工招标资格预审办法》(2006年2月16日交公路发[2006]第57号文

件),它对道桥工程施工招标投标中的资格预审工作作了详细规定。

(5)《公路工程施工招标评标委员会评标工作细则》(2003年3月11日交公路发[2003]第70号文件),它对公路工程施工招标投标中的评标工作制定了具体的实施细则。

(6)《工程建设项目招标范围和规模标准规定》(2000年7月1日国家发展计划委员会令[2000]第4号文件),它具体规定了必须进行招标的工程建设项目的具体范围和规模标准。

(7)《工程建设项目施工招标投标办法》(七部委30号令,2013年23号令修改),它对工程建设项目的施工招标与投标作了详细规定。

(8)《中华人民共和国招标投标法实施条例》(2011年11月20日中华人民共和国国务院令第613号文件),它对《中华人民共和国招标投标法》的有关条款进行了解释,并对其实施作了更完善、更详细的规定。

(9)《中华人民共和国简明标准施工招标文件(2012年版)》(九部委,发改法规[2011]3018号)。

(10)《中华人民共和国设计施工总承包招标文件(2012年版)》(九部委,发改法规[2011]3018号)。

(11)《公路工程标准施工招标文件范本(2009年版)》(交公路发[2009]221号)。

5.2 道桥工程招标

5.2.1 招标文件组成

招标文件是业主或业主委托单位进行编制的。招标人应当根据招标项目的特点和需要编制招标文件。招标文件一般应包括:工程综合说明书,包括项目名称,工程质量检验标准、施工条件等;施工图纸和必要的技术材料;技术标准、工程款的支付方式;采用工程量清单招标的,应当提供工程量清单;材料供应方式及主要材料、设备的订货情况;投标的起止日期和开标时间、地点;对工程的特殊要求及对投标企业的相应要求;拟签订合同的主要条款;其他规定和要求(投标邀请书、投标书及附表格式、施工组织设计建议书及附表、招标文件补遗书等)。国家对招标项目的技术、标准有规定的,招标人应当按照其规定在招标文件中提出相应要求。

5.2.2 道桥工程招标的方式

1)招标分为公开招标和邀请招标

公开招标,是指招标人以招标公告的方式邀请不特定的法人或者其他组织投标。采用公开招标的,招标人应当通过国家指定的报刊、信息网络或者其他媒体发布招标公告,邀请具备相应资格的不特定的法人投标。

邀请招标,是指招标人以投标邀请书的方式邀请特定的法人或者其他组织投标。采用邀请招标的,招标人应当以发送投标邀请书的方式,邀请三个以上具备相应资格的特定的法人投标。

2)道桥工程招标的范围

道桥建设项目除涉及国家安全、国家机密、抢险救灾或利用扶贫资金实行以工代赈、民工建勤、民办公助的项目不适宜招标外,达到下列规模标准之一的,必须进行招标:

(1)建设项目总投资额在3000万元人民币以上的。
(2)工程单项合同估算价在200万元人民币以上的。
(3)勘察、设计、监理等服务的采购,单项合同估算价在50万元人民币以上的。
(4)重要设备、材料等货物的采购,单项合同估算价在100万元人民币以上的。

省级人民政府交通主管部门可以在上述规模标准以下,结合本地区的实际情况,制定必须招标的规模标准。

《中华人民共和国招标投标法实施条例》第九条规定,除招标投标法第六十六条规定的可以不进行招标的特殊情况外,有下列情形之一的,可以不进行招标:
(1)需要采用不可替代的专利或者专有技术。
(2)采购人依法能够自行建设、生产或者提供。
(3)已通过招标方式选定的特许经营项目投资人依法能够自行建设、生产或者提供。
(4)需要向原中标人采购工程、货物或者服务,否则将影响施工或者功能配套要求。
(5)国家规定的其他特殊情形。

招标人为适用前款规定弄虚作假的,属于招标投标法第四条规定的规避招标。

国有资金占控股或者主导地位的依法必须进行招标的项目,应当公开招标;但有下列情形之一的,可以邀请招标:
(1)技术复杂、有特殊要求或者受自然环境限制,只有少量潜在投标人可供选择。
(2)采用公开招标方式的费用占项目合同金额的比例过大。

有前款第二项所列情形,属于邀请招标的项目,由项目审批、核准部门在审批、核准项目时做出认定;其他项目由招标人申请有关行政监督部门做出认定。

5.2.3 道桥工程招标的类别

根据招标目的不同,我国目前道桥工程主要有以下几种形式:建设项目总承包招标、勘察设计招标、施工监理招标、材料设备招标、施工招标。

(1)建设项目总承包招标。又称建设项目全过程招标,在国外也称之为"交钥匙"工程招标,它是指在项目决策阶段从项目建议书开始,包括可行性研究报告、勘察设计、设备材料询价与采购、工程施工、生产设备,直至竣工投产、交付使用全面实行招标。

(2)勘察设计招标。指招标人就拟建工程的勘察设计任务发布通告,以法定方式吸引勘察设计单位参加竞争,经招标人审查获得投标资格的勘察设计单位按照招标文件的要求,在规定时间内向招标人填报投标书,招标人从中选择优越者完成勘察设计任务。

(3)施工监理招标。指招标人就拟建工程的监理任务发布通告,以法定方式吸引工程监理单位参加竞争,招标人从中选择优越者完成监理任务。

(4)材料设备招标。指招标人就拟购买的材料设备发布通告或邀请,以法定方式吸引材料设备供应商参加竞争,招标人从中选择优越者的法律行为。

(5)施工招标。指招标人就拟建的工程发布通告,以法定方式吸引建筑施工企业参加竞争,招标人从中选择最优者完成建筑施工任务。

5.2.4 道桥工程施工招标应具备的条件

根据《公路工程施工招标投标管理办法》及其他相关规定,道桥工程施工招标必须满足以

下条件:
(1)初步设计及概算应当履行审批手续的,已经批准。
(2)招标范围、招标方式和招标组织形式等应履行核准手续的,已经核准。
(3)项目法人已经成立,并符合项目法人资格标准要求,并且已落实建设资金。
(4)征地拆迁工作已基本完成或落实,能保证分年度连续施工要求。
(5)施工图设计能满足招标和施工要求。
(6)招标文件已经编制完成并通过审查,监理单位已经选定。

道桥工程施工招标的招标人,应当是提出道桥工程施工招标项目、进行道桥工程施工招标的项目法人(以下简称招标人)。具备下列条件的招标人,可以自行办理招标事宜:
(1)具有与招标项目相适应的工程管理、造价管理、财务管理能力。
(2)有组织编制招标文件和标底的能力。
(3)有对投标人进行资格审查和组织评标的能力。

招标人不具备上述条件的,应当委托具有相应资格的招标代理机构办理道桥工程施工招标事宜,任何组织和个人不得强行为招标人指定招标代理机构。

5.2.5 道桥工程施工招标的基本程序

道桥工程施工招标,应当按下列程序进行:
(1)确定招标方式,采用邀请招标的,应当按照国家规定报有关主管部门审批。
(2)编制投标资格预审文件和招标文件,招标文件按照本办法规定备案。
(3)发布招标公告,发售投标资格预审文件,采用邀请招标的,可直接发出投标邀请书,发售招标文件。
(4)对潜在投标人进行资格审查。
(5)向资格预审合格的潜在投标人发出投标邀请书和发售招标文件。
(6)组织潜在投标人考察招标项目工程现场,召开标前会。
(7)接收投标人的投标文件,公开开标。
(8)组建评标委员会评标,推荐中标候选人。
(9)确定中标人,评标报告和评标结果按照本办法规定备案并公示。
(10)发出中标通知书,与中标人订立道桥工程施工合同。

针对上述招标程序就其中主要内容说明如下:
1)招标公告的审查

根据我国道桥工程项目招标的实际,具体地讲道桥工程项目招标公告中应包括如下内容:
(1)清楚载明招标人的名称和地址。
(2)招标工程项目和各标段的基本情况:包括项目名称、批复文号、技术标准、工程规模、工程特点、投资情况、施工工期、实施地点和实施时间等。
(3)获取资格预审文件或招标文件的办法、时间和地点。
(4)对潜在投标人的资质要求。
(5)递交投标文件(或资格预审申请文件)的地点和起止时间。
(6)招标人认为应当公告或者告知的其他事项。
2)招标文件的审查

招标文件包括:招标公告(或投标邀请书)、投标人须知、评标办法、合同条款及格式、工程量清单、图纸、技术规范、投标文件格式、投标人须知前附表规定的其他材料、招标文件补遗书。

其中招标文件中的合同条款及格式、技术规范、工程量清单不同的项目有不同的要求,应引起足够的重视。

(1)合同条款及格式。

道桥工程的合同条款及格式,主要包括通用合同条款、专用合同条款和合同附件格式等。

在《公路工程标准施工招标文件》(2009年版)的第一卷第四章"合同条款及格式"中,第一节为"通用合同条款",并未列出条款的具体内容,但明确规定"通用合同条款"应采用《标准施工招标文件》的"通用条款"。这一明确规定,不仅可以体现保证合同条款的合法性、公平性、严谨性、指导性和可操作性,而且可以节省编制招标文件的时间、精力和经费,同时更有利于投标单位能更好地熟悉和研究招标文件的内容。因此,本项目的通用合同条款采用《标准施工招标文件》的"通用条款"即可。

道桥工程专用合同条款是以《标准施工招标文件》为依据,结合道桥工程施工的行业特点和实际,对通用合同条款作了道桥工程专业规范性的细化和补充,用以更加具有针对性、规范性、指导性和可操作性制定的道桥工程专用合同条款。

招标人在根据《公路工程标准施工招标文件》编制项目招标文件中的"项目专用合同条款"时,可根据招标项目的具体特点和实际需要,对"通用合同条款"及"公路工程专用合同条款"进行补充和细化,除"通用合同条款"明确"专用合同条款"可做出不同约定及"公路工程专用合同条款"明确"项目专用合同条款"可做出不同约定外,补充和细化的内容不得与"通用合同条款"及"公路工程专用合同条款"强制性规定相抵触。同时,补充、细化的不同内容,不得违反法律、行政法规的强制性规定和平等、自愿、公平和诚实信用原则。

合同附件格式是《公路工程标准施工招标文件》(2009年版)的第一卷第四章的第三节。其主要包括9个附件,即合同协议书、廉政合同、安全生产合同、其他主要管理人员和技术人员最低要求、主要机械设备和试验检测设备最低要求、项目经理委任书、履约担保、预付款担保和工程资金监管协议。

(2)工程量清单。

工程量清单内的投资项目,是将整个工程项目按照一定的划分原则和工程量计算规则,将整个工程项目进行分解并计算出工程量而构成的工程细目表。道桥工程工程量清单由招标人根据工程项目特点和实施需要编制,并与招标文件中的投标人须知、通用合同条款、专用合同条款及技术规范相衔接。

招标工程的工程量清单通常是由业主提供,但也有一些国际招标工程,并没用工程量清单,仅有招标图纸,这就要求投标人按照自己的习惯列出工程细目并计算工程量,或按国际通用的工程量编制方法提交工程量清单。我国的道桥工程项目招标,一般均由招标单位提供工程量清单。招标单位在编制工程量清单时可参照最新的《公路工程标准施工招标文件》(2009年版),按其中的技术规范给出相应章、节、目的工程细目表。

另外,需要特别指出的是工程量清单中所列的工程数量(也称为清单工程量),是实际施工前根据设计施工图纸和说明及工程量清单计算规则所得到的一种准确性较高的预算数量,并不是中标者在施工时应予以完成的实际工程量。因为在实际施工过程中,可能会因各种原因与设计条件不一致,从而产生工程量的数量变化,业主应按实际工程量支付工程费用。

①工程量清单的作用。

提供合同中关于工程量的足够信息,以使投标单位能有效而精确地编写标书;标有单价的工程量清单是办理中期支付和结算的依据。

②工程量清单的组成。

工程量清单一般包括说明、工程细目、暂估价表、计日工明细表、工程量清单汇总表和工程量清单单价分析表6个方面。

工程量清单说明:规定了工程量清单的性质、特点以及单价的构成和填写要求。

工程细目:反映了施工项目各工程细目的数量,是工程量清单的主体部分。工程细目是招标工程中按章的顺序排列的各个项目表。表中有子目号、项目名称、工程数量、单位、单价及金额栏目,其格式见附表5-1。其中单价或金额栏的数字一般由承包人投标时填写,而其他部分一般由业主或者招标单位在编制工程量清单时确定。

工程细目分章排列,有利于将不同性质、不同部位、不同施工阶段或其他特性的不同的工程区别开来,同时也有利于将那些需要采用不同施工方法、不同施工阶段或成本不一样的工程区别开来。

工程细目按章、节、目的形式设置,至于具体分多少章,章中设多少节,节下设多少目,则视工程实际情况确定。《公路工程标准施工招标文件》(2009年版)技术规范分为7章,第100章为总则,清单格式如表5-1所示,第200章为路基工程,第300章为路面工程,第400章为桥梁、涵洞,第5章为隧道,第600章为安全设施及预埋管线,第700章为绿化及环境保护设施。

工 程 量 清 单　　　　　　　　　　　　　　表5-1

清单　第100章　总则					
子目号	子目名称	单位	数量	单价	合价
101-1	保险费				
-a	按合同条款规定,提供建筑工程一切险	总额			
-b	按合同条款规定,提供第三者责任险	总额			
102-1	竣工文件	总额			
102-2	施工环保费	总额			
102-3	安全生产费	总额			
102-4	工程管理软件(暂定金额)	总额			
103-1	临时道路修建、养护与拆除(包括原道路的养护费)	总额			
103-2	临时占地	总额			
103-3	临时供电设施				
-a	设施架设、拆除	总额			
-b	设施维修	月			
103-4	电讯设施的提供、维修与拆除	总额			
103-5	供水与排污设施	总额			
104-1	承包人驻地建设	总额			
清单　100章合计　人民币					

暂估价表:材料、工程设备、专业工程暂估价已包括在清单合计中,不应重复计入投标报价。

计日工明细表:处理小型变更工程的计价依据。计日工也称散工或按日计工,在招标文件中一般列有劳务、材料和施工机械三个计日工表。计日工清单是用来处理一些临时性的或者新增加项目计价用的,清单中计日工的数量是业主虚拟的,通常称为"名义工程量",投标者在填入计日工单价后,再乘以"名义工程量",然后将汇总的计日工总价加入投标总报价中,以避免承包人投标时计日工的单价报得太高。

工程量清单汇总表:通过汇总表对各章的工程报价及计日工汇总,再加上一定比例的暂定金额,即可得出该项目的总报价,该报价与投标书中所填写的投标总价应是一致的。

③工程量清单格式如附表 5-1~附表 5-5 所示。

④编制工程量清单的原则。

编制工程量清单要和技术规范保持一致性;便于计量支付;便于合同管理及处理工程变更;保持合同的公平性。

⑤编写工程量清单注意事项。

工程量清单的内容很多、很细,极易出错,给计量、合同管理带来麻烦,可能给承包人造成有的项目费用无处可摊或是有可乘之机,甚至给业主带来不可弥补的损失。因此在编写时注意以下几点:

a. 将开办项目作为独立的工程子目单列出来。开办项目是工程施工开工前就要发生或一开工就要发生或大部分发生的项目,如工程保险、承包人的临时设施费、临时工程费等。在工程量清单及技术规范中,这些项目单独列项,放在工程量清单第 100 章总则中。如果将这些项目包括在其他项目单价中,到承包人开工时,上述各种款项将得不到及时支付,这不仅影响合同的公平性和承包人的资金周转,而且会增加招标中预付款的数量。

b. 合理划分工程项目。在工程细目划分时,要注意将不同等级要求的工程区分开。将同一性质但不属于同一部位的工程区分开;将情况不同,可能要进行不同报价的项目区分开。这一做法主要是为了强化工程投标中的竞争性,使投标人报价更加具体,针对不同情况可以采用不同的单价,便于降低造价。

c. 工程子目的划分要大小合适,把握好度。工程子目的划分可大可小,工程子目大,可减少计算工程量,但太大就难以发挥单价合同的优势,不便于工程变更的处理;另外,工程子目太大也会使支付周期延长,影响承包人的资金周转,最终影响合同的正常履行。例如:在桥梁工程中,如将基础回填工作的计价包含在基础挖方项目中,则承包人必须等到基础回填工作完成以后才能办理该项目的计量支付,支付周期可能要半年或更长的时间,这将直接影响承包人的资金周转,不利于合同的正常履行。但如果将基础开挖和基础回填分成两个工程子目,则可避免上述问题的发生。

工程子目相对较小,虽会增加计算工程量,但对处理工程变更和合同管理是有利的。如路基挖方中弃方运距的处理,有两种方案:一是路基挖方单价中包含全部弃方运距;二是路基挖方中包括部分弃方运距(如 100m),超过该运距的弃方运费单独计量与支付。如果弃土区明确而且施工中不出现变更的话,上述两种方案是一样的,而且前一方案还可较少计量工程量。但是,一旦弃土区变更或发生设计变更,弃方运距会发生变化,则前一方案的单价会变得不适应,双方需按变更工程协商确定新的单价,从而使投标合同单价失效;而采用后一种方案时,合同中的单价仍是适用的,原则上可按原单价办理结算。对于后一方案工程量清单中可以设置挖土方[包括部分弃方运距(如100m)]和弃方运距增减(单位:0.5km)两个工程子目。

可见,工程细目划分不是绝对的,既要简单明了、高度概括,又不能漏掉项目和应计价的内容,要结合工程实际,具体问题具体对待,灵活掌握。

d. 工程量的计算整理要细致准确。计算和整理工程量的依据是设计图纸和技术规范,它是一项严谨的技术工作,绝不是简单地罗列设计文件中的工程量。要认真阅读技术规范中的计量与支付方法,仔细核查设计文件中工程量所对应的计量方法与技术规范中的计量方法是否一致,如不一致,则需在整理工程量时进行技术处理。此外,在工程量的计算过程中,要做到不重不漏,更不能发生计算错误,否则,会带来一系列问题。

e. 计日工清单不可缺少。计日工清单是用来处理一些附加的或小型的变更工程计价的,清单中计日工的数量完全是由业主虚拟的,用以避免承包人在投标报价时计日工的单价报的太离谱,有了计日工清单会使合同管理很方便。

f. 应与技术规范一致。工程量清单是一份与技术规范相对应的文件。技术规范规定了各工程细目的质量要求及计量支付办法,而工程量清单则详细说明了每一工程细目可能要发生的工程数量。

[例5-1] 工程量清单的编制案例

某高速公路第五合同段 K161+400~K173+390.926 路面工程中,填方路堤为 9.018km,浅填路段为 0.4km,路面结构横断面示意图、中央分隔带、填挖方路面边部构造图、土路肩等大样图如图5-1~图5-4所示。该工程垫层为厚度 $h_1=15cm$ 的级配碎石(浅填段),底基层为厚度 $h_2=18cm$ 的石灰粉煤灰稳定土,基层为两层厚度 $h_3=18cm$ 的水泥稳定碎石(水泥剂量4%),基层上洒布一层沥青封层,柔性基层为厚度 $h_4=12cm$ 大粒径透水性沥青混合料(LSPM-30);面层分为三层,下面层为厚度 $h_5=8cm$ 的粗粒式沥青混凝土(AC-25),中面层为厚度 $h_6=6cm$ 的中粒式改性沥青混合料(AC-20),表面层为厚度 $h_7=4cm$ 的 SMA 沥青混合料,沥青结构层之间撒布黏层。试计算该项目路面工程清单项目工程量,并列出路面工程部分清单表。

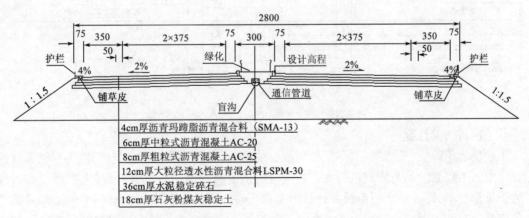

图 5-1 沥青路面结构图(尺寸单位:cm)

解： 根据图纸和最新《公路工程标准施工招标文件》（2009年版）的技术规范中路面工程工程量计量与支付的计量规则计算工程数量。路面各分项工程量按照清单工程量计算规则计算过程如表5-2所示。路面工程部分工程量清单表如表5-3所示。

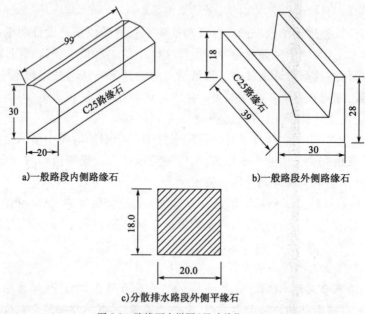

图5-2 路缘石大样图（尺寸单位：cm）

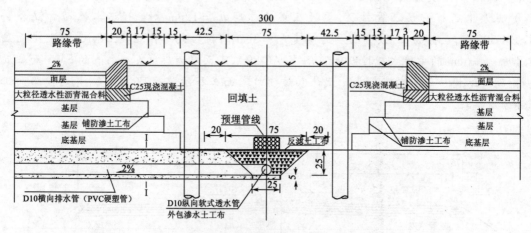

图5-3 中央分隔带路面边部结构图（尺寸单位：cm）

⑥工程量清单计价

工程量清单计价，是指招标标底、投标报价的编制、合同价款的确定与调整、工程结算以招标文件中的工程量清单为依据进行的工程造价的确定与控制的总称，由投标人按照招标人提供的工程量清单，逐一地填报单价并计算出工程项目所需的全部费用。道桥工程工程量清单计价应采用"全费用综合单价"计价（又称全部综合单价），全费用综合单价包括了为实施和完成合同工程所需的劳务、材料、机械、质检（自检）、安装、缺陷修复、管理、保险、税费、利润等费用，以及合同明示或暗示的所有责任、义务和一般风险。

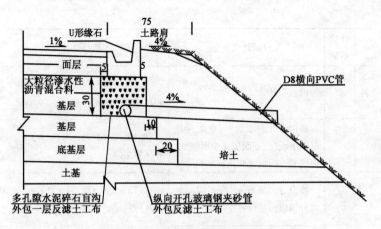

a) A型填方集中排水土路肩边部构造图

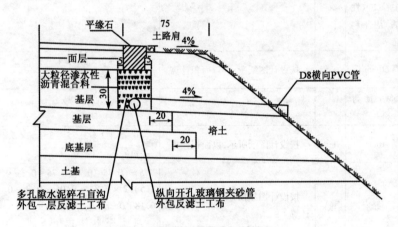

b) B型填方分散排水土路肩边部构造图

图5-4 填方路段路面边部结构图(尺寸单位:cm)

某高速公路路面工程工程量计算书 表5-2

子目号	子目名称	计量单位	工程量计算规则	工程量计算公式	数量
302-5-a	级配碎石垫层厚150mm	m^2	按设计说明只有浅填段有,根据结构层厚度计算其宽度,根据其宽度计算出面积	$[28+(0.84+0.15/2)\times1.5\times2]\times400=12298m^2$	12298
304-2-b	水泥稳定土基层厚180mm	m^2	按设计图纸所示,按不同宽度以面积计算	$[(0.75+2\times3.75+3.5+0.2+0.03+0.17+0.15+0.35+0.1)+(0.75+2\times3.75+3.5+0.2+0.03+0.17-0.05)]\times2\times9018=448195m^2$	448195
305-1-b	二灰土底基层厚180mm	m^2	按设计图纸所示,以面积计算	$(0.75+2\times3.75+3.5+0.2+0.03+0.17+0.15+0.15+0.35+0.3)\times2\times9018=236272m^2$	236272

续上表

子目号	子目名称	计量单位	工程量计算规则	工程量计算公式	数量
307-1-a	大粒径透水性沥青混合料厚120mm	m²	以面积计算	$(0.75 + 2 \times 3.75 + 3.5 - 0.05) \times 2 \times 9018 = 211021 m^2$	211021
308-2	黏层	m²	根据设计图纸所示,在柔性基层和下面层、下面层和中面层、中面层和上面层之间设置粘层	$(0.75 + 2 \times 3.75 + 3.5) \times 2 \times 9018 \times 3 = 635769 m^2$	635769
309-3-a	粗粒式沥青混凝土厚80mm	m²	按设计图纸所示,按不同厚度以分别以面积计算	$(0.75 + 2 \times 3.75 + 3.5) \times 2 \times 9018 = 211923 m^2$	211923
310-2-b	封层	m²	按设计图纸所示,以面积计算	$(0.75 + 2 \times 3.75 + 3.5 - 0.05) \times 2 \times 9018 = 211021 m^2$	211021
311-2	中粒式改性沥青混合料路面				
-a	厚60mm	m²	按设计图纸所示,以面积计算	$(0.75 + 2 \times 3.75 + 3.5) \times 2 \times 9018 = 211923 m^2$	211923
311-3	SMA 沥青混合料				
-a	厚40mm	m²	按设计图纸所示,以面积计算	$(0.75 + 2 \times 3.75 + 3.5) \times 2 \times 9018 = 211923 m^2$	211923
313-1	培土路肩	m³	按设计图纸所示,按压实体积计算	$S = (0.75 - 0.3 + 0.75 - 0.3 + 0.84 \times 1.5)/2 \times 0.84 - 0.05 \times 0.3 - 0.15 \times 0.18 - 0.35 \times 0.18 = 0.8 cm^2$ 培土路肩体积 $= S \times 2 \times 9018 = 14429 m^3$	14429
313-2	中央分隔带回填土	m³	按设计图纸所示,按压实体积计算	$[(3 - 0.4) \times 0.94 - (0.03 \times 0.12 + 0.2 \times 0.18 + 0.35 \times 0.18 + 0.5 \times 0.18) \times 2 - 0.4 \times 0.28] \times 9018 = 17556 m^3$	17556
313-5	混凝土预制块路缘石				
-c	立缘石(300mm×200mm)	m	按设计图纸所示的长度测量,以延米计算	$9018 \times 2 = 18036 m$	18036
-i	U形路缘石(280mm×300mm)			$9018 \times 2 = 18036 m$	18036
314-6	路肩排水沟				
-a	多孔隙水稳碎石盲沟	m	按设计图纸所示,以延米计算	$9018 \times 2 = 18036 m$	18036
-b	D8 横向排水管	m	按设计图纸所示,以延米计算	$9018/25 \times [0.75 + (0.3 + 0.18 - 0.8) \times 1.5] \times 2 = 974 m$	974

路面工程工程量清单　　　　　　　　　　　　　　　表 5-3

合同段编号：××高速公路 05 标段　　　　　　　　　　　　货币单位：人民币（元）

子目号	子目名称	计量单位	数量	单价	合价
302-5	级配碎石垫层				
-a	厚 150mm	m²	12298		
304-2	水泥稳定土基层				
-b	厚 180mm 水泥稳定碎石基层	m²	448195		
305-1	石灰粉煤灰稳定土底基层				
-b	厚 180mm 二灰土底基层	m²	236272		
307-1	大粒径透水性沥青混合料（LSPM）				
-a	厚 120mm	m²	211021		
308-2	黏层	m²	635769		
309-3	粗粒式沥青混凝土				
-a	厚 80mmAC-25	m²	211923		
310-2	封层		190300		
-b	封层（含透层）	m²	211021		
311-2	中粒式改性沥青混合料路面				
-a	厚 60mmAC-20	m²	211923		
311-3	SMA 沥青混合料				
-a	厚 40mm	m²	211923		
313-1	培土路肩	m³	14429		
313-2	中央分隔带回填土	m³	17556		
313-5	混凝土预制块路缘石				
-c	立缘石（300mm×200mm）	m	18036		
-i	U 形路缘石（280mm×300mm）	m	18036		
314-6	路肩排水沟				
-a	多孔隙碎石盲沟	m	18036		
-b	D8 横向塑料管	m	974		

[例 5-2] 某道路的路面基层采用二灰碎石，厚 34cm，工程量为 67000m²，采用厂拌，计算该基层的工程量清单综合单价。

解： 列表计算，如表 5-4 所示。

某道路路面基层的工程量清单综合单价　　　　　　　　　表 5-4

工程项目	石灰粉煤灰稳定类	厂拌基层稳定土混合料运输	机械铺筑厂拌基层稳定土混合料	基层稳定土厂拌设备安装、拆除
工程细目	厂拌石灰粉煤灰碎石 5∶15∶80 厚度 17cm	稳定土运输 15t 内 3km	摊铺机铺筑基层（7.5m 内）	稳定土厂拌设备安拆（300t/h 内）
定额单位	1000m²	1000m³	1000m²	1 座
工程数量	67.000	22.780	67.000	1.000

续上表

工程项目		石灰粉煤灰稳定类	厂拌基层稳定土混合料运输	机械铺筑厂拌基层稳定土混合料	基层稳定土厂拌设备安装、拆除
定额表号		2-1-7-31、32	2-1-8-21	2-1-9-7	2-1-10-4
工、料、机名称	单位	金额(元)	金额(元)	金额(元)	金额(元)
直接工程费	元	2762092	157545	216308	323572
其他工程费	Ⅰ 元	115732	2502	9063	39605
	Ⅱ 元				
间接费	规费 元				
	企业管理费 元	105328	3121	8249	40022
利润及税金	元	317667	17376	24877	42936
建筑安装工程费	元	3300819	180547	258497	446135
合计	元	1485998			
综合单价	元/m³	62.48			

(3)技术规范。

技术规范是招标文件和合同文件的非常重要的组成部分,详尽而具体地说明了承包商履行合同中应遵守的质量、安全、工艺、操作、程序等规定。招标人对工程项目技术等级、技术指标、质量要求、质量评定和竣工验收等规定均是以技术规范为依据的。技术规范是投标书编写中不可缺少的资料,是为其进行工程估价和确定报价的重要依据。承包商中标以后,就必须签订合同协议书并按合同规定,按照相应的技术规范的规定进行施工、计量等,以确保在合同规定的工程总价内保证质量、保证工期完工。技术规范是施工过程中承包人控制质量和监理工程师检查验收施工质量的主要依据。

3)对投标者进行资格审查

招标人可以根据招标项目本身的特点和需要,要求潜在投标人或者投标人提供满足其资格要求的文件,对潜在投标人或者投标人进行资格审查。资格审查的目的在于限制不符合条件的单位盲目投标。资格审查实行资格预审,投标者向招标单位递交资格预审申请书,审查合格者才准许购买招标文件。邀请招标有时也使用资格后审,即在评标时进行。资格审查应主要审查潜在投标人或者投标人是否符合下列条件。

(1)具有独立订立合同的权利。

(2)具有履行合同的能力,包括专业、技术资格和能力,资金、设备和其他物质设施状况,管理能力、经验、信誉和相应的从业人员。

(3)没有处于被责令停业,投标资格被取消,财产被接管、冻结,破产状态。

(4)在最近三年内没有骗取中标和严重违约及重大工程质量问题。

(5)法律、行政法规规定的其他资格条件。

4)招标问题的答疑

投标人应仔细阅读和检查招标文件的全部问题。如发现缺页或附件不全,应及时向招标人提出,以便补齐。如有疑问,应在投标人须知前附表规定的时间前以书面形式(包括信函、电报、传真等可以有形地表现所载内容的形式),要求招标人对招标文件予以澄清。

招标文件的澄清以书面形式发给所有购买招标文件的投标人,但不指明澄清问题的来源。澄清发出的时间距投标人须知前附表规定的投标截止时间不足15天的,并且澄清内容影响投标文件编制的,将相应延长投标截止时间。投标人在收到澄清后,应在投标人须知前附表规定的时间内以书面形式通知招标人,确认已收到该澄清。

5) 开标

(1) 开标时间和地点。

招标人在规定的投标截止时间(开标时间)和投标人须知前附表规定的地点公开开标,并邀请所有投标人的法定代表人或其委托代理人准时参加。

投标人若未派法定代表人或委托代理人出席开标活动,视为该投标人默认开标结果。

(2) 开标程序。

主持人按下列程序进行开标:

① 宣布开标纪律。

② 公布在投标截止时间前递交投标文件的投标人名称,并点名确认投标人是否派人到场。

③ 宣布开标人、唱标人、记录人、监标人等有关人员姓名。

④ 按照投标人须知前附表规定检查投标文件的密封情况。

⑤ 按照投标人须知前附表的规定确定并宣布投标文件开标顺序。

⑥ 设有标底的,公布标底。

⑦ 按照宣布的开标顺序当众开标,公布投标人名称、标段名称、投标保证金的递交情况、投标报价、质量目标、工期及其他内容,并记录在案。

⑧ 投标人代表、招标人代表、监标人、记录人等有关人员在开标记录上签字确认。

⑨ 开标会议结束。

(3) 开标过程中,若招标人发现投标文件出现以下任一情况,经监标人确认后当场宣布为废标:

① 未在投标函上填写投标总价;

② 投标报价或调整函中的报价超出招标人公布的投标控制价上限(如有)。

(4) 若招标人宣读的内容与投标文件不符时,投标人有权在开标现场提出异议,经监标人当场核查确认之后,可重新宣读其投标文件。若投标人现场未提出异议,则认为投标人已确认招标人宣读的内容。

6) 评标

(1) 评标委员会。

评标由招标人依法组建的评标委员会负责。评标委员会由招标人或其委托的招标代理机构熟悉相关业务的代表,以及有关技术、经济等方面的专家组成。评标委员会成员人数以及技术、经济等方面专家的确定方式见《公路工程标准施工招标文件》(2009年版)投标人须知前附表。

(2) 评标委员会成员有下列情形之一的,应当回避:

① 招标人或投标人的主要负责人的近亲属。

② 项目主管部门或者行政监督部门的人员。

③ 与投标人有经济利益关系,可能影响对投标公正评审的。

④ 曾因在招标、评标以及其他与招标投标有关活动中从事违法行为而受过行政处罚或刑

事处罚的。

（3）评标原则。

评标活动遵循公平、公正、科学和择优的原则。

（4）评标。

评标委员会按照《公路工程标准施工招标文件》第三章"评标办法"规定的方法、评审因素、标准和程序对投标文件进行评审。第三章"评标办法"没有规定的方法、评审因素和标准，不作为评标依据。

7）定标

（1）除投标人须知前附表规定评标委员会直接确定中标人外，招标人依据评标委员会推荐的中标候选人确定中标人，评标委员会推荐中标候选人的人数见投标人须知前附表。

（2）评标委员会经评审，认为所有投标都不符合招标文件要求的，可以否决所有投标。依法必须进行招标的项目所有投标人被否决的，招标人应当依照本法重新招标。有下列情形之一的，招标人将重新招标。

①投标截止时间止，投标人少于3个的。

②经评标委员会评审后否决所有投标的。

③中标候选人均未与招标人签订合同的。

④法律规定的其他情形。

（3）不再招标

重新招标后投标人仍少于3个或者所有投标被否决的，属于必须审批或核准的工程建设项目，经原审批或核准部门批准后不再进行招标。

8）签订合同

（1）中标人确定后，招标人应在投标有效期内，以书面形式向中标人发出中标通知书，同时将中标结果通知未中标的投标人。中标通知书对招标人和中标人具有同等的法律效力，中标通知书发出后，招标人改变中标结果的，或者中标人放弃中标结果的，应当依法承担法律责任。

（2）招标人和中标人应当自中标通知书发出之日起30天内，根据招标文件和中标人的投标文件订立书面合同。招标文件要求中标人提交履约担保或保证金的，中标人应当提交。

（3）中标人若拒绝在规定的时间内提交履约担保或保证金或签订合同的，按招标文件中的规定，招标人取消其中标人的中标资格，在此情况下，招标人可将合同授予下一个中标候选人，或者按规定重新组织招标。

（4）招标人与中标人签订合同后，招标人应及时通知其他投标人。招标人收取投标保证金的，招标人与中标人签订合同后5日内，向未中标的投标人和中标人退还投标保证金及银行同期存款利息。

9）纪律和监督

（1）对招标人的纪律要求。

招标人不得泄露招标投标活动中应当保密的情况和资料，不得与投标人串通损害国家利益、社会公共利益或者其他人合法权益。

（2）对投标人的纪律要求。

投标人不得相互串通投标或者与招标人串通投标，不得向招标人或者评标委员会成员行贿谋取中标,不得以他人名义投标或者以其他方式弄虚作假骗取中标;投标人不得以任何方式干扰、影响评标工作。

(3) 对评标委员会成员的纪律要求。

评标委员会成员不得收受他人的财务或者其他好处,不得向他人透露对投标文件的评审和比较、中标候选人的推荐情况以及评标有关的其他情况。在评标活动中,评标委员会成员不得擅离职守,影响评标程序正常进行,不得使用"评标办法"没有规定的评审因素和标准进行评标。

(4) 对与评标活动有关的工作人员的纪律要求。

与评标活动有关的工作人员不得收受他人的财务或者其他好处,不得向他人透露对投标文件的评审和比较、中标候选人的推荐情况以及评标有关的其他情况。在评标活动中,与评标活动有关的工作人员不得擅离职守,影响评标程序正常进行。

(5) 投诉。

投标人和其他利害关系人认为本次招标活动违反法律、法规和规章规定的,有权向有关行政监督部门投诉。监督部门的联系方式参见投标人须知前附表。

5.2.6 道桥工程评标办法

评标委员会按照交通运输部《公路工程标准施工招标文件》(2009年版)规定的方法、评审因素、标准和程序对投标文件进行评审。"评标办法"没有规定的方法、评审因素和标准,不作为评标依据。

1) 合理低价法

(1) 方法简介。

评标委员会对通过初步评审和详细评审的投标文件,按其投标价得分由高到低的顺序,依次推荐前3名投标人为中标候选人(当评标价得分相等时,以投标价较低者优先;投标报价也相等的,可选择信用等级较高的投标人或按递交投标文件时间较前的投标人为中标人)。

在评标时,一般按照评标价得分由高到低的顺序,对投标文件进行初步评审和详细评审,对存在重大偏差的投标文件按废标处理。对施工组织设计、投标人的财务能力、技术能力、业绩及信誉不再进行评分。

(2) 分值构成(总分100分)。

评标价:100分

其他因素分值均为0分

(3) 评标基准价的计算。

在开标现场,招标人将当场计算并宣布评标基准价。

①评标价的确定。

方法一:评标价 = 投标函文字报价

方法二:评标价 = 投标函文字报价 − 暂估价 − 暂列金额(不含计日工总额)

②评标价平均值的计算。

除按规定开标现场被宣布为废标的投标报价之外,所有投标人的评标价去掉一个最高值和一个最低值后的算术平均值即为评标价平均值(如果参与评标价平均值计算的有效投标人少于5家时,则计算评标价平均值时不去掉最高值和最低值)。

③评标基准价的确定。

方法一:将评标价平均值直接作为评标基准价。

方法二:将评标价平均值下浮__%,作为评标基准价。

方法三:招标人设置评标基准价系数,由投标人代表或监标人现场抽取,评标价平均值乘以现场抽取的评标基准价系数作为评标基准价。

方法四:……

如果投标人认为某一标段的评标基准价计算有误,有权在开标现场提出,经监标人当场核实确认之后,可重新宣布评标基准价。确认后的评标基准价在整个评标期间保持不变,不随通过初步评审和详细评审的投标人的数量发生变化。

(4)评标价的偏差率计算公式。

偏差率 = 100% ×(投标人评标价 − 评标基准价)/评标基准价

(5)评标价得分计算公式示例。

①如果投标人的评标价 > 评标基准价,则评标价得分 = 100 − 偏差率 × 100 × E_1。

②如果投标人的评标价 ≤ 评标基准价,则评标价得分 = 100 + 偏差率 × 100 × E_2。

其中:E_1 是评标价每高于评标基准价一个百分点的扣分值;

E_2 是评标价每低于评标基准价一个百分点的扣分值。

招标人可依据招标项目具体特点和实际需要设置 E_1、E_2,但 E_1 应大于 E_2。其他因素 0 分。

适用范围:除技术特别复杂的特大桥和长大隧道工程外,其余应采用合理低价法进行评标。

2)综合评估法

(1)方法简介。

评标委员会对所有通过初步评审和详细评审的投标文件的评标价、财务能力、技术能力、管理水平以及业绩与信誉进行综合评分,按综合评分由高到低排序,推荐综合评分得分最高的 3 个投标人为中标候选人。综合评分相等时,以投标报价低的优先;投标报价也相等的,招标人可采用被招标项目所在地省级交通主管部门评为较高信用等级的投标人优先或递交投标文件时间较前的投标人优先或其他方法确定第一中标候选人。

(2)分值构成(总分 100 分)。

施工组织设计:_____分

项目管理机构:_____分

评标价:_____分

财务能力:_____分

业绩:_____分

履约信誉:_____分

其他:_____分

(3)评标基准价的计算。

在开标现场,招标人将当场计算并宣布评标基准价。

①评标价的确定。

方法一:评标价 = 投标函文字报价

方法二:评标价=投标函文字报价-暂估价-暂列金额(不含计日工总额)
②评标价平均值的计算。
除按规定开标现场被宣布为废标的投标报价之外,所有投标人的评标价去掉一个最高值和一个最低值后的算术平均值即为评标价平均值(如果参与评标价平均值计算的有效投标人少于5家时,则计算评标价平均值时不去掉最高值和最低值)。
③评标基准价的确定。
方法一:将评标价平均值直接作为评标基准价。
方法二:将评标价平均值下浮____%,作为评标基准价。
方法三:招标人设置评标基准价系数,由投标人代表或监标人现场抽取,评标价平均值乘以现场抽取的评标基准价系数作为评标基准价。
方法四:……
如果投标人认为某一标段的评标基准价计算有误,有权在开标现场提出,经监标人当场核实确认之后,可重新宣布评标基准价。确认后的评标基准价在整个评标期间保持不变,不随通过初步评审和详细评审的投标人的数量发生变化。

(4)评标价的偏差率计算公式。
偏差率=100%×(投标人评标价-评标基准价)/评标基准价
(5)评标价得分计算公式示例。
①如果投标人的评标价>评标基准价,则评标价得分=100-偏差率×100×E_1;
②如果投标人的评标价≤评标基准价,则评标价得分=100+偏差率×100×E_2;
其中:E_1是评标价每高于评标基准价一个百分点的扣分值;
E_2是评标价每低于评标基准价一个百分点的扣分值。
招标人可依据招标项目具体特点和实际需要设置E_1、E_2,但E_1应大于E_2。
各评分因素(评标价除外)得分均不应低于其权重分值的60%,且各评分因素得分应以评标委员会各成员的打分平均值确定,该平均值以去掉一个最高和一个最低分后计算。评标价所占权重不应低于50%。

(6)综合评估法得分。
评标委员会规定的量化因素和分值进行打分,并计算出综合评估得分。
①按规定的评审因素和分值对施工组织设计计算出得分A。
②按规定的评审因素和分值对项目管理机构计算出得分B。
③按规定的评审因素和分值对投标报价计算出得分C。
④按规定的评审因素和分值对其他部分计算出得分D。
投标人得分=$A+B+C+D$。
适用范围:适用于技术特别复杂的特大桥梁和长大隧道工程,但目前我国道桥工程招标项目很多采用此方法。

3)经评审的最低投标价法
评标委员会对满足招标文件实质要求的投标文件,根据招标文件规定的量化因素及量化标准进行价格折算,按照经评审的投标价由低到高的顺序推荐中标候选人,或根据招标人授权直接确定中标人,但投标报价低于其成本的除外。经评审的投标价相等时,投标报价低的优先;投标报价也相等的,招标人可采用被招标项目所在地省级交通主管部门评为较高信用等级的投标人优先或递交投标文件时间较前的投标人优先或其他方法确定第一中标候选人。

5.3 道桥工程投标

5.3.1 投标文件的组成

招标公告或者投标邀请书发出后,所有对招标公告或投标邀请书感兴趣的有可能参加投标的人,称为潜在投标人。响应招标并购买招标文件、参加投标的潜在投标人,称为投标人。这些投标人必须是法人或者其他组织。

投标人应认真研究、正确理解招标文件的全部内容,并按要求编制投标文件。投标文件应当对招标文件提出的实质性要求和条件作出响应。实质性要求和条件,是指招标文件中有关招标项目的价格、计划、技术规范、合同的主要条款等,投标文件必须对这些条款作出响应。要求投标人必须严格按照招标文件填报,不得对招标文件进行修改,不得遗漏或者回避招标文件中的问题,更不能提出任何附带条件。投标文件通常分为:

(1)商务文件:这类文件是用以证明投标人履行了合法手续及招标人了解投标人产业资信、合法性的文件。一般包括投标函、投标人的授权书及证明文件、联合体投标人提供的联合协议、投标人所代表的公司的资信证明等。如有分包商,还应出具其资信文件,供招标人审查。

(2)技术文件:如果是建设项目,则包括全部施工组织设计内容,用以评价投标人的技术实力和经验。技术复杂的项目对技术文件的编写内容及格式均有详细要求,投标人应当按照规定认真填写。

(3)价格文件:这是投标文件的核心,全部价格文件必须完全按照招标文件的规定格式编制,不允许有任何改动。如有漏填,则视为其已经包含在其他价格报价中。

为了保证投标人能够在中标以后完成所承担的项目,还要求招标项目属于建设施工的,投标文件的内容应当包括拟派出的项目负责人与主要技术人员的简历、业绩和拟用于完成招标项目的机械设备等。

投标人应当在招标文件要求提交的截止时间前,将投标文件送达投标地点。招标人收到投标文件后,应当签收保存,不得开启。

投标人根据招标文件要求载明的项目实际情况,拟在中标项目的部分非主体、非关键性工作进行分包的,应当在投标文件中载明。

5.3.2 道桥工程施工投标

投标是响应招标、参与竞争的一种法律行为。《公路工程施工招标投标管理办法》规定:"凡持有工商行政管理部门核发的营业执照,并具有与道桥工程规模相应等级资格证书的施工单位,均可参加投标。"因此符合以上规定的道桥工程施工企业均可参加投标。投标单位应具备的基本条件包括以下几项:

(1)投标人应当具备与投标项目相适应的技术力量、机械设备、人员、资金等方面的能力,具有承担该招标项目能力。

（2）具有招标条件要求的资质等级，并为独立的法人单位。

（3）承担过类似项目的相关工作，并有良好的工作业绩与履约记录。

（4）企业财产状况良好，没有处于财产被接管、破产或其他关、停、并、转状态。

（5）在最近3年没有骗取合同及其他经济方面的严重违法行为。

（6）近几年有较好地安全记录，投标当年没有发生重大质量和特大安全事故。

《公路工程标准施工招标文件》（2009年版）投标人须知前附表规定接受联合体投标的，还应遵守以下规定：

（1）联合体各方应按招标文件提供的格式签订联合体协议书，明确联合体牵头人和各方权利义务。

（2）由同一专业的单位组成的联合体，按照资质等级较低的单位确定资质等级。

（3）联合体各方不得再以自己名义单独或参加其他联合体在同一标段中投标。

（4）联合体所有成员数量不得超过投标人须知前附表规定的数量。

（5）联合体牵头人所承担的工程量必须超过总工程量的50%。

（6）联合体各方应分别按照本招标文件的要求，填写投标文件中的相应表格，并由联合体牵头人负责对联合体各成员的资料进行统一汇总后一并提交给招标人；联合体牵头人所提交的投标文件应认为已代表了联合体各成员的真实情况。

（7）尽管委任了联合体牵头人，但联合体各成员在投标、签约与履行合同过程中，仍负有连带的和各自的法律责任。

道桥工程施工投标的程序如图5-5所示。

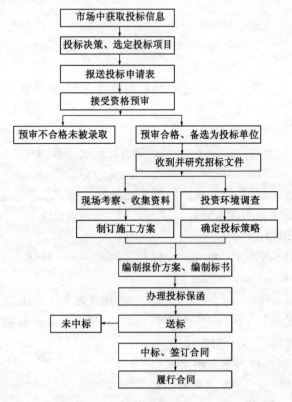

图5-5　道桥工程施工投标程序

5.3.3 道桥工程施工投标报价的编制

1)投标报价编制的原则

报价的编制,一是要合理,就是要做得来,并留有余地。对于投标人而言,主要是指符合企业的实际水平,符合本企业施工队伍的装备、人员和管理水平,对施工成本能起控制作用。二是要有竞争力,就是要符合市场的行情,并具有优势,能与强手相匹敌。前者取决于企业本身的实力和水平,后者则取决于市场的情势,包括竞争对手的实力、水平和市场的供求情况。二者可能有一定差距,但不能不兼顾,而且,前者必须服从后者。当施工企业的实力和水平达到市场高层次时,两者的差距就缩小了。

2)投标报价编制的依据

(1)招标单位提供的招标文件。为保证投标的有效性,必须对招标文件给予全面的响应,因此招标文件是必不可少的编制依据。另外,业主在开标前规定的日期内颁发的有关合同、规范、图纸的书面修改书和书面变更通知具有与招标文件同等的效力,也是报价的依据。

(2)招标文件所规定的各种国家标准、部颁标准、技术规范等。

(3)国家、地方颁发的有关收费标准和定额及施工企业的工料机消耗定额。

(4)工程所在地的政治形势和技术经济条件,如交通运输条件等。

(5)本工程的现场情况,包括地形、地质、气象、雨量、劳动力、生活品供应、当地地方病等。

(6)当地工程机械出租的可能性、品种、数量、单价,发电厂供电正常率及提供本项目用电的功率和单价。

(7)当地劳动力的技术水平和供应数量。

(8)业主供应材料情况及交货地点、单价;当地材料供应盈缺情况,建材部门公布的材料单价,并预测当地材料市场涨落情况。

(9)本企业为本项目提供新添施工设备经费可能性,设备投资在标价中分摊费与成本的比率。

(10)施工组织设计和施工方案。

(11)该项目中标后,当地的工程市场信息,是否有后续工程的可能性。

(12)参加投标的竞争对手情况,各有多大实力,竞争对手信誉等。

(13)有关报价的参考资料,如当地近几年来同类性质已完工程的造价分析,以及本企业历年来(至少5年)已完工程的成本分析。

3)投标报价编制的程序

报价编制程序如图5-6所示。在完成投标报价的这些工作时应注意以下问题:

(1)研究并吃透招标文件。

招标文件作为合同文件的一个重要组成部分,对招投标文件责任、义务、利益、风险均做出了明确的规定。其中很多条款影响并左右着投标人的报价,比如投标须知中的评标办法,通、专用条款中的保留金比例,中期支付的比例和时间,开工预付款的比例、支付条件和时间等规定。总之,招标文件要求投标人承担的责任、义务、风险越多(大),投标人的报价就应越高。因此,投标人在编制报价前,必须认真研究招标文件,全面准确理解投标人应该承担的责任、义务和风险。

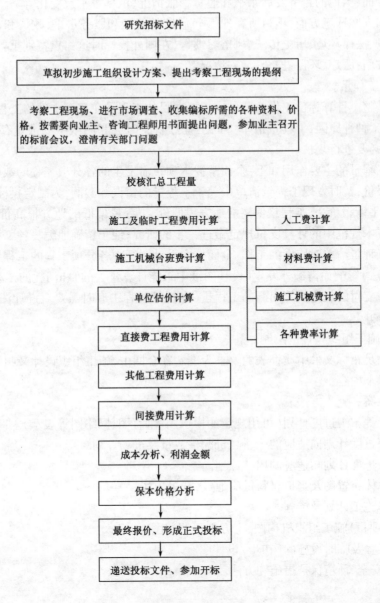

图 5-6 报价编制的程序

(2) 现场考察。

现场考察是收集报价和施工组织设计第一手资料的重要途径,投标人应高度重视。在考察前仔细阅读招标文件和图纸,拟定现场考察提纲和疑点,设计好调查表格,做到有的放矢。在考察过程中应认真仔细、全面详尽地收集资料。考察后再对着招标文件进行逐一核对,有疑虑的在必要时可再次进行重点补充调查。现场考察的具体内容:

① 地质和气候条件:地质与设计文件是否相符;项目所在地水文情况;通常情况下的气候条件。

② 工程施工条件:材料供应情况和价格水平;交通运输条件;通信与电力供应状况;劳动力素质、供应情况及工资水平;机械设备租赁情况及价格水平等。

③经济方面:当地的经济发展水平和通货膨胀情况,汇率水平及变化等。
④政治和人文环境方面:项目所在地(国)政府的管理和服务水平;政局和社会稳定情况;当地人文背景、法律环境、历史传统、风俗习惯等,在国外投标时这一点特别重要。
⑤其他方面:医疗、环保、安全、治安情况等。

(3)复核工程量。

工程量是整个计算标价工作的基础。招标项目的工程量在招标文件的工程量清单中有详细说明,但由于种种原因,工程量清单中的工程数量有时会和图纸中的数量存在不一致的现象。因此,有必要进行复核。

①核实工程量的主要作用如下:全面掌握本项目需发生的各分项工程的数量,便于投标中进行准确的报价;及时发现工程量清单中关于工程量的错误和漏洞,为制定投标策略提供依据(可以使用不平衡报价法,工程量偏高的地方报低价,工程量偏低的地方报高价);有利于促进投标单位对技术规范中的计量支付规定做进一步的研究,便于精确地编写各工程细目的单价。

②核实工程量清单时应做的工作:全面核实设计图纸中各分项工程的工程量;计算受施工方案(施工方法)影响而需额外发生(设计图纸中未能计算进去的)和消耗的工程量;根据技术规范中计量与支付的规定折算出新的工程量(在折算过程中有时需要对设计图纸中的工程量进行分解或合并)。

(4)重视施工组织设计的编制。

内容以满足招标文件中质询表的要求为准。在合同中,施工组织设计又叫工程进度计划,通常应包含以下内容:

①施工方案和施工方法。
②分项工程施工进度计划(可用规定的横道图、垂直图、网络图等表示)。
③与施工进度计划向适应的工、料、机配备数量及进场计划。
④与施工进度计划相适应的用款计划。
⑤施工总体布置图及当地材料供应地点,开采山场。
⑥冬雨季施工计划及措施。
⑦工地(项目)施工组织机构图,土方工程调配图。
⑧临时工程及临时设施的(初步)设计图。
⑨质量、安全、环境保护措施和方法。
⑩其他。

高效率和低消耗是编制施工组织设计的总原则,施工组织设计的基本原则包括连续性原则、均衡性原则、协调性原则和经济性原则。其中,经济性原则是施工组织设计原则的核心和落脚点。因此,在编制施工组织设计时,应注意以下事项:

①充分满足技术上的先进性和可靠性,最大限度地提高劳动生产率,降低施工成本。
②充分利用现有的施工机械设备,提高施工机械的使用率以降低机械施工成本。
③采用先进的进度管理手段,优化施工进度计划,选择最优施工排序,均衡安排施工,避免施工高峰的赶工现象和施工低谷中的窝工现象,机动安排非关键线路的剩余资源,从非关键线路上要效益。
④聘用适当数量的当地员工或临时工,降低施工队伍调遣费,减少窝工现象。

投标竞争是场比技术、比管理的竞争,技术和管理的先进性应充分体现在施工组织设计中,先进的施工组织设计可以达到降低成本、缩短工期的目的。

(5) 明确报价的组成。

投标报价的费用构成主要有直接费、间接费、利润、税金以及不可预见费等。直接费是指在工程施工中直接用于工程实体上的人工、材料、设备和施工机械使用费等费用的总和;间接费是指组织和管理工程施工所需的各项费用,主要由施工管理费和其他间接费组成;利润和税金是指按照国家有关部门的规定,工程施工企业在承担施工任务时应计取的利润,以及按规定应计入工程造价内的营业税、城市建设维护税等税金;不可预见费是工程项目的风险费。

为了便于计算工程量清单中各个分项的价格,进而汇总整个工程标价,通常将工程费用分为直接费和待摊费用,如图 5-7 所示。待摊费用是工程项目实施所必需的,但在工程量清单中没有单列项的项目费用,需要将其作为待摊费用分摊到工程量清单的各个报价分项中去。

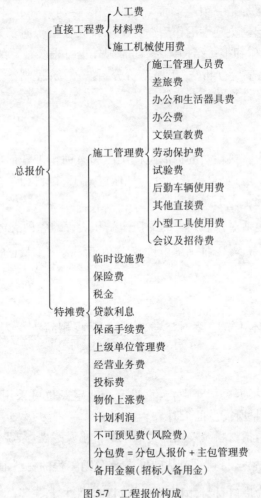

图 5-7 工程报价构成

(6) 掌握市场情报和信息,确定投标策略。

报价策略是投标单位在激烈竞争的环境下为了企业的生存与发展而可能使用的对策,报价策略运用是否得当,对投标单位能否中标和获得的利润影响很大。

(7) 确定费用和费率,计算工程量清单各细目单价与合价。

根据选用的工程量清单细目的计算方法,确定工程直接费和间接费率、利润率、税金和其他风险费用等。对计算出来的全部工程费用按工程量清单细目进行分析、组合、分配,形成清单细目的综合单价,然后乘以清单数量得出各清单细目的合价,最后按"章"汇总形成各章的合计数。

(8)汇总计算标价。

计算计日工单价表,汇总各章金额,计算总标价,即基础报价。

(9)总标价的重分配(不平衡报价)。

在保持总报价不变的前提下,根据报价所确定的技巧和有关资料,对工程量清单各细目的单价进行有针对性的调整,即标价重分配或不平衡报价(不平衡报价的具体方法见后面章节),以利于中标后谋取更多利益。

4)投标报价的计算

按清单的要求计算报价是一项严肃而关键的工作,特别是对工程费用的报价,它对投标的成败和施工工程的盈亏起到决定性的作用。每个承包人在报价时都要自己的经验和习惯,有自己的一套算标方法、程序和报价结构体系,同时国外也有很多很好的可以借鉴的方法。常见的报价计算方法有:定额单价分析法、工序单价分析法、总价控制法、以预算为基础的报价方法。下面分别予以介绍其计算步骤和方法。

(1)定额单价分析法。

①直接费的计算。

直接费是施工过程中直接耗费的构成工程实体和有助于工程形成的工、料、机费用,是标价构成中的主要部分。一般地,直接费的计算是通过人工、材料和永久设备、施工机械设备的基础单价乘以各自的消耗量再汇总得出的。

a. 人工费。人工费包括对作业人员的一切津贴和所有的各种支付。

$$人工费 = 工日基础单价 \times 分项工程的用工量(工日) \tag{5-1}$$

工日基础单价:

$$人工单价(元/工日) = \frac{[某工种全年各种(基本工资 + 各种津贴、福利 + 劳保用品费 + 人事保险费)费用之和]}{年有效施工天数(工日)} \tag{5-2}$$

分项工程的用工量:根据公司企业定额,没有企业定额也可采用部颁预算定额或劳动定额,计算完成此项目工程量所需总的工时数。

b. 材料费。材料费包括材料及安装部件的采购价格及运费、杂费、保险费及其他费用。

$$材料费 = 材料单位基础价格 \times 分项工程的材料消耗量 \tag{5-3}$$

材料按其来源可分为进口材料、国内供应材料和自采材料三类。

进口材料单价 = 到岸价 + 海关税和港口费 + 运至工地的运费 + 装卸费 + 运输损耗 + 仓储费

国内供应材料单价 = 供应价 + 到工地运费 + 运输损耗 + 装卸费 + 仓储费

自采材料单价 = 料场价 + 运至工地的运费 + 装卸费 + 运输损耗

根据技术规范和施工要求,可以确定各分项工程所需材料品种及材料消耗定额,然后,根据材料消耗定额和工程数量计算材料消耗量。

c. 永久设备费。永久设备费是指成为工程实体一部分的设备的采购费用及其他有关费用。

$$设备价 = 出厂价 + 运杂费 \tag{5-4}$$

运杂费按出厂价的一定百分比计算或者按照调查的运距及运输包装费等计算。设备的安装费另外列项目计算。

d. 施工机械费。施工机械费是指施工机械作业所发生的机械使用费以及机械安拆费和场外运费,内容包括折旧费、大修理费、经常修理费、安拆费及场外运输费、人工费、燃料动力费、养路费及车船使用税等。

$$施工机械费 = 台班单价 \times 分项工程所需机械设备台班数 \tag{5-5}$$

施工机械台班单价的计算方法有两种:一种是直接利用施工机械台班定额计算;另一种是按施工机械台班成本组成来计算。

$$台班单价 = \frac{基本折旧费 + 安装、拆卸费 + 维修费 + 机械保险费}{总台班数 + 机上人工费 + 燃料、动力费} \tag{5-6}$$

基本折旧费:施工机械基本折旧费的计算可以根据具体情况和投标报价策略的需要确定,但仍要以不加大投标报价为原则。

安装拆卸费:施工机械的安装拆卸费可根据施工方案和进度的安排,分别计算各种需要安装拆卸的设备在施工期间的拆装次数和每次拆装费用的总和。

维修保养费:维修费包括定期维修费(相当于中修)和现场修理费(相当于小修)。保养费则是指维持机械正常运转的日常费用。凡替换附件、工具附件、润滑油料等,均可按消耗定额和相应材料、人工单价进行计算。

燃料动力费:燃料费是指机械运行时消耗的燃油费。由于柴油、汽油价格都比较高,燃料费一般达到台班费的30%~50%,因此,燃料费用的计算要十分认真。一般根据实际耗油量资料确定,也可按消耗定额和当地燃料、动力单价进行计算。

其他费用:诸如机械停放场所、设施和看管机械人员等费用,以及机械调运、银行贷款利息等。

分项工程所需机械设备台班数:首先列出所需的各种施工机械,然后参照施工机械定额即计算出各种机械的台班数量。

e. 其他直接工程费。其他直接工程费指不包含在定额中,又属施工生产直接发生费用。包括施工现场消耗的水、电等费用,冬、雨季施工增加费、夜间施工增加费、材料二次搬运费、特殊地区施工增加费,以及机械(船舶)进退场费,外海工程拖船费等。可参考规定的费率结合工程实际情况分析计算,也可根据以前施工同类型项目的经验估算。

f. 分包项目费用。按照分包项目的分包单位的报价计算。

② 间接费的计算。

间接费是指施工企业为组织施工和进行经营管理以及间接为施工安装生产服务的各项费用。间接费主要包括现场综合管理费用以及其他待摊费用。

③ 不可预见费。

即是风险费,是指工程承包过程中由于各种不可预见的风险因素发生而增加的费用。通常由投标人经过对具体工程项目的风险因素分析之后,确定一个比较合理的工程总价的百分数作为风险费。

④利润税金计算。

利润是指施工企业完成所承包工程获得的盈利。税金指按国家税法规定的应计入工程造价内的营业税、城市维护建设税及教育费等。该项根据投标时情况确定。

⑤分项工程单价分析与计算。

a. 每个分项工程的直接费。

$$\text{直接费} A = \text{人工费} + \text{材料费} + \text{永久设备费} + \text{施工机械费} \tag{5-7}$$

与永久设备有关的项目,如每套水轮发电机组(包含采购、安装、调试)的单价分析,包括永久设备费。而绝大多数与永久设备无关的项目,如每立方米土方开挖单价,则不含永久设备费这一项。

b. 每个分项工程的间接费。

$$b = \frac{\sum I}{\sum A} \tag{5-8}$$

间接费比率系数 b 等于全部间接费项目的总和 $\sum I$ 与所有清单项目的直接费总和 $\sum A$ 的比值。

如果企业有经验的间接费比率系数,则每个分项工程的间接费可以用直接费乘以间接费比率系数得到。

$$\text{间接费} B = \text{直接费} \times \text{间接费比率系数} \tag{5-9}$$

c. 工程总成本。

$$\text{工程总成本} W = A + B \tag{5-10}$$

d. 上级企业管理费及利润。

$$\text{上级企业管理费及利润} C = W \times c \tag{5-11}$$

上级企业管理费、风险费及利润的费率 c 的变化很大,一般国内工程在5%~16%之间考虑;国外工程可在7%~15%之间考虑。取这个系数要根据公司本身的管理水平、承包市场、地区、对手、工程难易程度等许多因素来确定。

e. 分项工程单价。

$$\text{分项工程单价} U = \frac{W + C}{\text{该项目的工程量}} \tag{5-12}$$

$$\text{分项工程合价} = \text{分项工程单价} \times \text{本分项工程量} \tag{5-13}$$

将分项工程单价及分项工程合价填入工程量清单表中。

f. 标价汇总及调整。将各分项工程合价汇总,即为计算总标价。标价汇总时,常常将整个工程的人工费、材料费、机械设备费、直接费和间接费分别进行汇总,并计算出每项占总标价的比例。将这些比例与公司的经验数据进行比较,分析标价的组成及其合理性,必要时可以调整间接费率,并使各项费用的数字更为协调。

(2)工序单价分析法。

为了使分项工程单价的计算更接近施工实际情况,可采用工序单价分析法,步骤如下:

①工、料、机单价分析。人工和材料单价的分析,与定额单价分析法相同。机械台班单价应考虑机械运转和闲置,分两种情况计算:

$$\text{机械闲置时台班单价} = \text{台班不变费用} \tag{5-14}$$

$$\text{机械运转时台班单价} = \text{台班不变费用} + \text{台班可变费用} \tag{5-15}$$

②拟定施工方案和进度计划,确定主要工程的起止时间,然后把每一分项工程作为一道工序进行相应的安排。

③以每道工序的主导机械控制进度,以其产量定额和该工序流程期限反算所需机械数量,进行必要的调配,并相应配备辅助机械。

④配备符合该机组生产能力的工人,由于机械操作的费用已包括在机械费用之中,需要计算的人工费用只有技工和辅助工,可根据实际需要确定人数,也可参照定额计算所需人数。

⑤计算所需材料,可用定额所列每单位工程的材料消耗用量乘以本项目数量。

⑥计算各分项目的工程直接费和工程单价。

a. 把上面③、④、⑤条所得出的完成各分项目所需的工、料、机数量乘以各种工、料、机相应的单价并求其和,可得各分项目的直接费。

b. 把各分项目的直接费除以各该分项目的工程数量,即可反求该分项目的单位直接费。

(3)总价控制法。

总价控制法直接费的分析步骤如下:

①根据施工组织方案划分专业队。

②按专业队工作范围配备人员和机械。

③确定各机械使用的起止时间,计算机械费(闲置费和运转费分别计算)。

④按进度计划确定人员总需求,并计算人工费。

⑤计算材料费。

⑥计算工程总直接费。

这样算出来的直接费总额与将要发生的费用基本符合,如果施工方案是切实可行的,则所算出的总直接费加上待摊费用可以作为控制该工程的总价。

(4)以预算为基础的报价方法。

①根据招标文件的要求及设计工程量编制施工预算。

②将编制工程预算各单位工程的工程细目按"工程量清单"的项目分别填入工程预算—报价过渡表,并分别汇总人工、材料、机械台班数量。

③测算人工、材料及机械台班单价,在"工程预算—报价过渡表"中计算工料机费用等直接费。

④按"工程量清单"的工程项目对"工程预算—报价过渡表"的项目合并同类项,填入分项报价过度表。

⑤进行附加费测算、临时工程费测算、材料差价测算,并按上述程序在分项报价过渡表中将附加费、临时工程费及材料差价分摊到各工程项目内并计算各工程项目的总价及单价。

⑥填分章工程报价表及报价汇总表。

⑦根据工程费总额计列暂定金额,并汇总成报价总额。

5)投标价编制内容

(1)工程量清单报价书封面。

(2)投标总报价。

(3)投标报价说明。

(4)工程项目投标总价表。

(5)单项工程造价汇总表。

(6)单位工程造价汇总表。

(7)分部分项工程量清单与计价表。

(8)工程量清单综合单价分析表。

(9)措施项目清单计价表(一)。

(10)措施项目清单计价表(二)。

(11)其他项目清单计价表。

(12)其他项目清单与计价汇总表。

(13)暂列金额明细表。

(14)材料暂估单价表。

(15)专业工程暂估价表。

(16)计日工表。

(17)总承包服务费计价表。

(18)规费、税金项目清单与计价表。

(19)主要材料、设备价格表。

(20)需评审材料表。

(21)降低投标报价的说明、证明材料。

5.3.4 投标策略及其使用

承包人在正常经营条件下要想在一项竞争性投标中获胜,最关键的问题就是要有一个恰当的报价。实践证明,报价太高,无疑会失去竞争力而落标;报价太低,也未必能中标或者会变成废标。因此恰当的报价应是一种适度的报价,同时还应当有一定的策略,才能在竞争中获胜,中标后取得更多的经济效益。

1)基本策略

(1)以获得较大利润为投标策略。这种投标策略通常是企业近期任务饱和并对该工程项目拥有技术上的垄断优势、工期短、非我莫属时才采用。

(2)以保本或微利为投标策略。即在施工成本、利税及风险费三项费用中,降低利润目标,甚至不考虑利润的一种策略。这种策略通常在企业工程任务不饱满,竞争对手多,本企业对该项目又无优势可言及业主按最低标价定标时可采用。

(3)以最大限度降低报价为策略。进入新的市场时,可以以最大限度降低报价为策略。

(4)超常规低报价。超常规低报价适用于企业面临生存危机或竞争对手较强的情况。超常规低报价中标后应采用合理的施工方法、降低消耗等措施降低成本来完成项目,力求减少或避免亏损。

2)附带策略

以上是投标报价的4种常见策略。投标报价过程中,可以在以上4种策略的基础上采用以下几种附带策略:

(1)优化设计策略。即发现并修改原施工图设计中存在的不合理情况或采用新技术优化设计方案。如果这种设计能大幅度降低工程造价(或缩短工期)且设计方案可靠,则这种设计方案一经采纳,承包商即可获得中标资格。

(2)缩短工期策略。即通过先进的施工方案、施工方法、科学施工组织或优化设计缩短合同工期。当投标工期是关键工期时,业主在评标过程中会将缩短工期后所带来的预期受益定量考虑进去,此时对承包商获取中标资格是有利的。

(3)附加优惠策略。既在得知业主资金较紧张或者"三大材"供应有一定困难的情形下,附带地向业主提出相应的优惠条件来获得中标资格的一种投标策略。

(4)低价中标,着眼索赔。即在发现招标文件中存在许多漏洞甚至多处错误或业主不能提供必要的施工条件,开工后必然违约的情况下有意将价格报低,先争取中标,中标后通过索赔来挽回低报价损失。这种策略只有在合同条款中关于索赔的规定明显对己方有利的情形下方可采用。对于以 FIDIC 条款作为合同条款的项目招标,不宜采用这种方法。

5.3.5 投标决策中的报价手法

1)不平衡报价法

不平衡报价是在总价基本确定不变的前提下,调整工程各子项的单价的报价方法。不平衡报价法可以从以下两种情况考虑:

(1)从时间上处理。由于资金具有时间价值,获取收入的时间不同,对承包商来说其收益也不一样。就时间而言,不平衡报价有以下 4 种方法:

①早期摊入法。即将投标期间和开工初期需发生的费用全部摊入早期完工的分项工程中。这些费用有投标期间的各种开支、投标保函手续费、工程保险费、部分临时设施费、由承包商承担的监理设施费、施工队伍调遣费、临时工程及其他开支费用。采用不平衡报价法时,可以将工程量清单中的这些费用支付项目适当提高报价,由于这些费用支付时间较早(通常在开工初期支付),这样报价便于承包商尽早收回成本或减少周转资金。

②递减摊入法。即将施工前期发生较多而后逐步减少的一些费用,按随时间发生逐步减少分摊比例的方法摊到各分项工程中。这些费用有履约保函手续费、贷款利息、部分临时设施费、业务费、管理费。

③递增摊入法。其方法与递减摊入法相反,这些费用包括物价上涨费等费用。当承包人预测物价上涨率在施工后期较高甚至超过银行利率时,可以采用递增摊入法来报价。

④平均摊入法。即将费用平均分摊到各分项工程的单价中。这些费用包括意外费用、利润、税金等费用。

(2)从单价上处理有以下 6 种方法。

①对能早期结账收回工程款的项目(如土方、基础等)的单价可报以较高价,以利于资金周转;对后期项目单价可适当降低。

②估计今后工程量可能增加的项目,其单价可提高,而工程量可能减少的项目,其单价可降低。

③图纸内容不明确或有错误,估计修改后工程量要增加的,其单价可提高;而工程内容不明确的,其单价可降低。

④没有工程量只填报单价的项目(如疏浚工程中的开挖淤泥工作等),其单价宜高。这样,既不影响总的投标报价,又可多获利。

⑤对于暂定项目,其实施的可能性大的项目,价格可定高价;估计该工程不一定实施的可定低价。

⑥零星用工(计日工)一般可稍高于工程单价表中的工资单价。

不平衡报价处理情况如表5-5所示。

不平衡报价处理情况表　　　　　　　　　　　表5-5

序　号	信息类别	变动趋势	不平衡报价结果
1	资金收入的时间	早	单价高
		晚	单价低
2	工程量估计不准确	增加	单价高
		减少	单价低
3	报价图纸不明确	增加工程量	单价高
		减少工程量	单价低
4	暂定工程	自己承包可能性高	单价高
		自己承包可能性低	单价低
5	单价和包干混合制项目	固定包干价格项目	单价高
		单价项目	单价低
6	单价组成分析表	人工和机械费	单价高
		材料费	单价低
7	议标时业主要求压低单价	工程量大的项目	单价小幅度降低
		工程量小的项目	单价大幅度降低
8	报单价项目	没有工程量	单价高
		有假定工程量	单价低

2) 扩大标价法

除了按正常的已知条件编制价格外,对工程中变化较大或没有把握的工程项目,采用扩大单价、增加"不可预见费"的方法来减少风险。但这种方法总价偏高,不易中标。

3) 多方案报价法

多方案报价法是利用工程说明书或合同条款不够明确之处,以争取达到修改工程说明书和合同为目的的一种报价方法。即对同一个招标项目除了按招标文件的要求编制了一个投标报价以外,还编制了一个或几个建议方案。

其具体做法:在标书上报两价目单价,一是按原工程说明书合同条款报一个价,二是加以注解,"如工程说明书或合同条款可作某些改变时",则可降低多少的费用,使报价成为最低,以吸引业主修改说明书和合同条款。

但是要注意,投标人对原招标方案一定也要报价,从而使招标人比较两种方案的优劣。增加建议方案时,新方案不必得太具体,保留方案的关键技术,防止招标人采纳此方案后又交给其他承包商实施。值得一提的是,建议方案一定要比较成熟,或过去有这方面的实践经验。因为在投标时间不长的情况下,如果仅为中标而匆忙提出一些没有把握的建议方案,可能会在日后带来麻烦。

4) 开口升级报价法

将工程中的一些风险大、花钱多的分项工程或工作抛开作为活口,仅在报价单中注明,由双方再度商讨决定。这样大大降低了报价,用最低价吸引业主,取得与业主商谈的机会,而在议价谈判和合同谈判中逐渐提高报价。

5) 突然降价法

报价是一件保密的工作,但是对手往往通过各种渠道、手段来刺探情况,因而在报价时可以采取迷惑对方的手法。即先按一般情况报价或表现出自己对该工程兴趣不大,到快投标截止时,再突然降价。如鲁布革水电站引水系统工程招标时,日本大成公司知道他的主要竞争对手是前田公司,因而在临近开标前把总报价突然降低8.04%,取得最低标,为以后中标打下基础。

采用这种方法时,一定要在准备投标报价的过程中考虑好降价的幅度,在临近投标截止日期前,根据情报信息与分析判断,再作最后决策。如果由于采用突然降价法而中标,因为开标只降总价,在签订合同后可采用不平衡报价的思想调整工程量表内的各项单价或价格,以期取得更高的效益。

6) 风险防范

招标方式在提高公平竞争机会的同时,也大大地增加了投标人的风险。因此投标人在做投标报价时,要做好防范以下风险的工作:

(1) 计价失误引起的风险。

投标人在编制投标书时,要对各种条款研究透彻,分清楚承包者的责任和义务,以便在最终报价决策时得体恰当,即应当接受那些基本合理的限制,同时对不合理的制约条款在投标编制中争取埋下伏笔。以便今后中标后利于索赔,减少风险。

(2) 指定分包引起的风险。

有些项目,在中标的同时,投标人必须接受业主指定分包人,并接受对分包项目规定的计算费用的办法。投标人要争取在投标文件或合同文本中就某些重要条款提出具体措施,形成法律文件,防止双方发生摩擦。如果业主向着分包商,势必造成不必要的外部环境恶化,造成经济损失。

(3) 工程地质条件风险。

一般合同文本中都会明确:遇到工程地质不良等特殊地质条件而导致增加的费用时,承包商将得到合理的补偿。但是有的招标文件所附的合同文件故意删去这一条款,甚至写明承包商不得以任何理由提出合同价格以外的补偿。投标阶段要仔细分析招标文件,在报价时增加必要的费用,并在投标书中说明清楚。但是具体问题要具体对待,防止造成标书不响应。

(4) 提供图纸不及时风险。

在实际施工过程中,可能由于设计工程师工作的问题,提供图纸不及时,导致施工进度延误,以致窝工,而合同条件中又没有相应的补偿规定时。因此,这都是投标人在投标过程中都要综合考虑到的问题。

(5) 业主的资信风险。

业主的资信风险是投标项目应考虑的主要风险,应予以高度重视。资信主要指资金的筹措和社会信誉两个方面。业主的资金筹措方式直接关系到完工后的支付能力。对于利用自有资金投资项目的业主来说,支付能力比较强,风险比较小;对于向银行或其他法人借贷资金进行项目投资的业主来说,支付能力比较差,往往会由于经济恶化而无力支付工程款。由于业主资信比较差,致使承包商遭受重大损失的情况相当多。所以这要求投标人深入地进行调查了解,通过访问业主的有关客户,业主的所在地区有关政府部门、银行等全面掌握业主的社会信誉以及经济实力,从而对业主的资信风险做出客观的判断。

(6) 盲目压价形成的利润风险。

投标人求标心切,盲目压价,造成工程严重损失。

附表

工程量清单表 附表 5-1

清单 第 300 路面

子目号	子目名称	单位	数量	单价	合价
302-1	碎石垫层				
-a	厚…mm	m²			
302-2	砂砾垫层				
-a	厚…mm	m²			
302-2	水泥稳定土垫层				
-a	厚…mm	m²			
302-2	石灰稳定土垫层				
-a	厚…mm	m²			
303-1	石灰稳定土底基层				
-a	厚…mm	m²			
303-2	搭板、埋板下水泥稳定土底基层	m³			
304-1	水泥稳定土底基层				
-a	厚…mm	m²			
304-2	水泥稳定土基层				
-a	厚…mm	m²			
305-1	石灰粉煤灰稳定土底基层				
-a	厚…mm	m²			
205-2	搭板、埋板下石灰粉煤灰稳定土底基层	m³			
305-2	石灰工业废渣稳定土基层				
-a	厚…mm	m²			
306-1	级配碎石底基层				
-a	厚…mm	m²			
306-2	搭板、埋板下级配碎石底基层	m³			
306-3	级配碎石基层				
-a	厚…mm	m²			
306-4	级配砾石底基层				
-a	厚…mm	m²			
306-5	搭板、埋板下级配砾石底基层	m³			
306-6	级配砾石基层				
-a	厚…mm	m²			
307-1	沥青稳定碎石基层(ATB-25)				
-a	厚…mm	m²			
-b	厚…mm	m²			
308-1	透层	m²			

续上表

清单 第300 路面					
子目号	子目名称	单位	数量	单价	合价
308-2	黏层	m²			
309-1	细粒式沥青混凝土				
-a	厚…mm	m²			
-b	厚…mm	m²			
309-2	中粒式沥青混凝土				
-a	厚…mm	m²			
-b	厚…mm	m²			
309-3	粗粒式沥青混凝土				
-a	厚…mm	m²			
-b	厚…mm	m²			
310-1	沥青表面处治				
-a	厚…mm	m²			
-b	厚…mm	m²			
310-2	封层	m²			
311-1	细粒式改性沥青混合料路面				
-a	厚…mm	m²			
-b	厚…mm	m²			
311-2	中粒式改性沥青混合料路面				
-a	厚…mm	m²			
-b	厚…mm	m²			
311-3	SMA 路面				
-a	厚…mm	m²			
-b	厚…mm	m²			
312-1	水泥混凝土面板				
-a	厚…mm(混凝土弯拉强度 MPa)	m²			
-b	厚…mm(混凝土弯拉强度 MPa)	m²			
312-2	钢筋				
-a	HPB235	kg			
-b	HRB335	kg			
313-1	培土路肩	m³			
313-2	中央分隔带回填土	m³			
313-3	现浇混凝土加固土路肩(厚…mm)	m			
313-4	混凝土预制块加固土路肩(厚…mm)	m			
313-5	混凝土预制块路缘石	m			
314-1	排水管				

续上表

清单 第300 路面

子目号	子目名称	单位	数量	单价	合价
-a	PVC – U 管($\phi\cdots$mm)	m			
-b	铸铁管($\phi\cdots$mm)	m			
-c	混凝土管($\phi\cdots$mm)	m			
314-2	纵向雨水沟(管)	m			
314-3	C⋯混凝土集水井	座			
314-4	中央分隔带渗沟($\cdots$mm×$\cdots$mm×$\cdots$mm)	m			
314-5	沥青油毡防水层	m²			
314-6	路肩排水沟				
a	混凝土路肩排水沟	m			
-b	砂砾垫层	m³			
-c	土工布	m²			
314-7	拦水带				
-a	沥青混凝土拦水带	m			
-b	水泥混凝土拦水带	m			

清单300章合计人民币_____

劳 务 计 日 工 表   附表5-2-1

编号	子目名称	单 位	暂定数量	单 价	合 价
101	班长	h			
102	普通工	h			
103	焊工	h			
104	电工	h			
105	混凝土工	h			
106	木工	h			
107	钢筋工	h			
	……				

劳务小计金额：_____

（计入"计日工汇总表"）

材　料　　　　　　　　　　　　　　　　　　　　　附表 5-2-2

编号	子目名称	单　位	暂定数量	单　价	合　价
201	水泥	t			
202	钢筋	t			
203	钢绞线	t			
204	沥青	t			
205	木材	m³			
206	砂	m³			
207	碎石	m³			
208	片石	m³			
	……				

材料小计金额：_____
（计入"计日工汇总表"）

施　工　机　械　　　　　　　　　　　　　　　　附表 5-2-3

编号	子目名称	单　位	暂定数量	单　价	合　价
301	装载机				
301-1	1.5m³ 以下	h			
301-2	1.5～2.5m³	h			
301-3	2.5m³ 以上	h			
302	推土机				
302-1	90kW 以下	h			
302-2	90～180kW	h			
302-3	180kW 以下	h			
	……				

施工机械小计金额：_____
（计入"计日工汇总表"）

计　日　工　汇　总　表　　　　　　　　　　　　附表 5-2-4

名　称	金　额	备　注
劳务		
材料		
施工机械		

计日工总计：_____
（计入"投标报价汇总表"）

材料暂估价表

附表 5-3-1

序号	名称	单位	数量	单价	合价	备注

工程设备暂估价表

附表 5-3-2

序号	名称	单位	数量	单价	合价	备注

专业工程暂估价表

附表 5-3-3

序号	专业工程名称	工程内容	金额
	小计：		

投标报价汇总表　　　　　　　　　　　　　　　　　　　　　　　附表 5-4

_____（项目名称）_____标段

序号	章次	科 目 名 称	金额(元)
1	100	总则	
2	200	路基	
3	300	路面	
4	400	桥梁、涵洞	
5	500	隧道	
6	600	安全设施及预埋管线	
7	700	绿化及环境保护设施	
8		第 100 章~700 章清单合计	
9		已包含在清单合计中的材料、工程设备、专业工程暂估价合计	
10		清单合计减去材料、工程设备、专业工程暂估价合计(即 8 − 9 = 10)	
11		计日工合计	
12		暂列金额(不含计日工总额)	
13		投标报价(8 + 11 + 12) = 13	

注：材料、工程设备、专业工程暂估价已包括在清单合计中，不应重复计入投标报价。

工程量清单单价分析表　　　　　　　　　　　　　　　　　　　　　附表 5-5

序号	编码	子目名称	人 工 费			材 料 费						机械使用费	其他	管理费	税费	利润	综合单价
			工日	单价	金额	主材				辅材费	金额						
						主材耗量	单位	单价	主材费								

本章复习题

1. 解释道桥工程招投标的概念。
2. 道桥工程施工招标程序如何进行?
3. 哪些道桥工程施工项目必须进行招标?
4. 说明工程量清单的作用及组成。
5. 开标程序如何进行?
6. 说明招标文件的组成内容。
7. 说明以预算为基础的报价方法的步骤。
8. 投标策略有哪些?
9. 不平衡报价适用于哪几种情况?
10. 说明投标报价的编制步骤。

第6章 道桥工程施工组织设计

> **本章导读**
>
> **基本要求**：通过本章学习，了解施工组织设计的作用，施工组织调查的内容；熟悉施工组织设计的主要组成、内容；掌握施工方案、时间进度计划、资源需求计划及施工平面图设计方法等。在掌握施工组织设计方法的基础上，能熟练完成施工组织设计文件的编制。
>
> **重　点**：道桥施工组织设计中施工方案的确定、时间进度计划的编制、施工平面图设计。
>
> **难　点**：施工方案的确定、进度计划的编制。

6.1 施工组织设计概述

6.1.1 施工组织设计的概念

施工企业承揽到工程项目后，就要按照合同的内容和要求组织施工生产。

施工生产前要对项目如何开展做出系统、全面地筹划和安排，即编制工程项目的施工组织设计。

施工组织设计是从工程的全局出发，按照客观的施工规律和当时、当地的具体条件，统筹考虑施工活动中的人力、资金、材料、机械和施工方法5大因素，对整个工程的施工进度和资源消耗等做出科学而合理的安排。

施工组织设计的目的是使工程建设在一定的时间和空间内实现有组织、有计划、有秩序的施工，以达到工期尽量短、质量优、资金省、施工安全的效果。

道桥施工组织设计是规划和指导道桥工程从工程投标、签订建筑安装工程承包合同、施工准备工作到竣工验收全过程的一个综合性的技术经济文件,是对拟建工程在人力和物力、时间和空间、技术和组织等方面所做的全面合理的安排,是沟通工程设计和施工之间的桥梁。作为指导拟建工程项目的全局性文件,施工组织既要体现拟建工程的设计和使用要求,又要符合建筑施工的客观规律。

6.1.2 施工组织设计的分类与文件(内容)组成

1)按编制对象范围的不同分类

道桥施工组织设计按编制对象范围的不同可分为施工组织总设计、单位工程施工组织设计和分部(分项)工程施工组织设计。

(1)施工组织总设计。

施工组织总设计是以整个建设项目为对象编制的,用以指导整个建设项目施工全过程的各项施工活动的全局性、控制性的指导文件。在施工组织总设计的指导下,再深入研究总项目下的单位工程(分项工程)施工组织设计。施工组织总设计一般在初步设计或技术设计被批准之后,由总承包企业的总工程师负责,会同建设、设计和分包单位的工程师共同编制。

(2)单位工程施工组织设计。

单位工程施工组织设计是以一个单位工程(道桥工程中的一座隧道、一座桥梁或一个路面施工标段)为对象编制的,用以指导其施工全过程的各项施工活动的局部性、指导性文件。其任务是按照总体设计的要求,根据现场施工的实际条件,具体地安排人力和物力,进行施工组织,是施工单位编制作业计划和制订季、月、旬施工计划的依据。单位工程施工组织设计一般在施工图设计完成后,在拟建工程开工之前,由工程项目的技术负责人负责编制。

(3)分部(分项)工程施工组织设计。

分部(分项)工程施工组织设计是以分部(分项)工程为编制对象,用以具体实施其分部(分项)工程施工全过程的各项施工活动的技术、经济和组织的实施性文件。一般对于工程规模大、技术复杂、施工难度大或采用新工艺、新技术施工的建筑物或构筑物,在编制单位工程施工组织设计之后,常需对某些重要的又缺乏经验的分部(分项)工程再深入编制专业工程的具体施工组织设计。例如公路施工中的高填方、深路堑、深基础、大型结构安装、地下防水工程等。

2)按编制阶段分类

道桥施工组织设计是一个总体的概念,根据工程项目编制阶段的不同、编制对象范围的不同和工程项目的规模及特点的不同,在编制深度和广度上也有所不同。

在公路工程设计和施工各个阶段,必须编制相应的施工组织设计文件,即深度、内容由粗到细的"施工方案"、"修正施工方案"、"施工组织计划"和"实施性施工组织设计"。

施工组织设计按所起作用的不同分为两大类:一类是属于设计文件的组成部分,其中按设计阶段之不同,可分为两阶段设计中初步设计阶段的"施工方案",三阶段设计中技术设计阶段的"修正施工方案"和两阶段设计或三阶段设计中的施工图阶段的"施工组织计划";另一类是属于指导施工的技术经济文件,即"实施性施工组织设计"或称为施工组织设计,其中又可分为"施工组织总设计"、"单位工程施工组织设计"和"分部分项工程施工组织设计"。

施工组织设计又是施工方案、修正施工方案、施工组织计划和实施性施工组织设计等施工组织文件的统称。

施工方案、修正施工方案和施工组织计划由勘测设计单位负责编制,并编入相应的设计文件,按规定上报审批。实施性施工组织设计则完全由施工单位根据批准的初步设计或施工图设计中的施工方案或施工组织计划,综合施工时的自身和客观具体条件进行编制,并报监理和业主、上级主管部门审批或备案。

3) 施工组织设计文件组成

施工组织设计文件按组成不同,分类如下:

(1) 施工方案。

①施工方案说明。

②人工、主要材料及机具、设备安排表。

③工程概略进度图(根据劳动力、施工期限、施工条件以及施工方案进行概略安排)。

④临时工程一览表。

施工方案说明列入初步设计的总说明书中,其主要内容是:

①施工组织、施工力量和施工期限的安排。

②主要工程、控制工期的工程及特殊工程的施工方案。

③主要材料的供应,机具、设备的配备及临时工程的安排。

④下一阶段应解决的问题及注意事项。

(2) 修正施工方案。

采用三阶段设计的工程,在技术设计阶段应提出修正的施工方案。修正施工方案应根据初步设计的审批意见和需要进一步解决的问题进行编制。修正施工方案解决问题的深度和提交文件的内容,介于施工方案和施工组织计划之间。

(3) 施工组织计划。

不论采用几阶段设计,在施工图阶段都应编制施工组织计划,其内容如下:

①说明。

a. 初步设计(或技术设计)审批意见的执行情况。

b. 施工组织、施工期限,主要工程的施工方法、工期、进度及措施。

c. 劳动力计划及主要施工机具的使用安排。

d. 主要材料供应、运输方案及临时工程安排。

e. 对缺水、风沙、高原、严寒等地区以及冬季、雨季施工所采取的措施。

f. 施工准备工作的意见(如拆迁,征地,修建便道、便桥、临时房屋,架设临时电力、电信设施等)。

②工程进度图(包括劳动力计划安排)。

③主要材料计划表(包括型号、规格及数量)。

④主要施工机具、设备计划表。

⑤临时工程表(包括通往工地、料场、仓库等的便道、便桥及电力、电信设施等)。

⑥重点工程施工场地布置图。绘出仓库、工棚、便道、便桥、运输路线、构件预制场地、沥青(或水泥)混凝土拌和场地、材料堆放场地等工程和生活设施的位置。

⑦重点工程施工进度图。

(4)实施性施工组织设计。

在施工阶段,由施工单位编制的施工组织设计称为实施性施工组织设计。此时,施工图设计已获批准,所有施工方案已定,施工条件明确。因此,这一阶段的施工组织设计十分具体,对各分项工程各工序和各施工队都要进行施工进度的日程安排和具体操作的设计。

实施性施工组织设计文件的内容与施工图设计阶段的施工组织计划相似,但它要更具体、更详细。它是根据设计阶段施工组织计划和设计资料及确定的工期、施工企业的具体情况,以企业定额或历年统计资料整理的定额为依据而编制的。它不列入设计文件,是确保设计阶段施工组织计划实现的一种措施,是工程实施组织管理的重要内容。

施工阶段施工组织设计的内容目前尚无正式文件规定,由施工单位根据企业的实际情况和习惯编制,其主要内容一般应包括:

①对设计阶段施工组织计划的内容、要求、表格等按照施工单位的具体情况计算、核实,根据指导施工的要求将编制对象进一步细化,时间计划一般到月或旬;劳动组织方面可以班组为对象。

②实施性的开工前准备工作。

③在设计阶段施工组织计划编制的"材料计划表"的基础上,进一步编制材料供应图表。

④运输组织计划。

⑤附属企业及自办材料的开采和加工计划。

⑥供水、供电、供热及供气。

⑦实施性施工组织设计的技术组织措施计划。

⑧重点工程施工进度图和施工平面布置。

⑨建立相应的管理机构、管理制度,如项目部机构设置,施工安全、质量管理制度等。

从以上内容可以看出,施工组织设计与施工组织计划的内容十分接近,只是偏重具体实施这一方面。

综上所述,从施工方案到实施性施工组织设计,后一阶段比前一阶段的要求更高,内容也更具体,但是各个阶段是独立的又是相互联系的。

6.1.3 施工组织设计资料调查

路桥工程施工产品类型多、投资巨大、生产周期长、受外界及自然因素影响大、需要协调的问题复杂。要编制出切实可行的施工组织设计,施工前必须掌握准确可靠的原始资料,有计划、有步骤地认真做好原始资料的调查、收集和分析工作。在此基础上,才能正确地制订施工方案、合理地安排施工进度,才能正确地做好各项资源供应和施工现场部署工作。

编制设计阶段的施工组织设计文件所进行的原始资料调查,是在道桥勘察设计阶段,由勘察设计单位组成的调查组与道桥设计资料调查同时进行。编制施工阶段的施工组织设计文件所进行的原始资料调查,是在投标前和道桥施工准备阶段,由施工单位组成的调查组,结合招标文件及所签工程承包合同进行实地勘察或进行复核定线工作,是对设计阶段调查结果的复核和补充。设计阶段和施工阶段的调查方法及内容基本相同,都要深入现场,通过实地勘察、座谈访问、查阅历史资料,并采取必要的测试手段获得所需数据及资料。

调查工作的基本要求是:座谈有纪要、协商有协议、调查有证明、政策规定应索取原件或复印件、影印文本等。特别要注意所有资料均要真实可靠、手续齐全、措辞严谨、依法生效。

1) 自然条件调查

(1) 地形、地貌调查。

地形、地貌调查主要是指进行道路沿线桥位、隧道、附属加工厂及大型土石方地段的调查。这些资料可作为选择施工用地、布置施工平面图、进行场地平整及土方量计算、规划临时设施、了解障碍物及其数量等的依据。

(2) 工程地质调查。

工程地质调查的目的是为了查明建设地区的工程地质条件和特征,包括地层构造、土质的类别及土层厚度、土的性质、承载力及地震级别等。调查资料可作为选择路基土石方施工方法、基础施工方法及确定特殊路基处理措施、选定自采加工材料料场等的依据。

(3) 水文地质调查。

①地下水文资料,包括地下水的最高、最低水位;地下水的水质分析及化学成分分析;地下水对基础有无冲刷、侵蚀影响等。调查资料有助于选择基础施工方案、确定降低地下水位措施、复核地下排水设计以及拟定防止侵蚀性介质的措施。

②地面水文资料,包括邻近江河湖泊距施工现场的距离;洪水、平水、枯水期的水位、流量及航道深度;水质分析等。调查目的在于为确定临时供水方案、制订水下工程施工方案、复核地面排水设计等提供依据。

(4) 气象资料调查。

①降雨资料,包括全年降雨量、雨季期、日最大降雨量、年雷暴日数等。调查资料有助于确定全年施工作业的有效工作天数及桥涵下部构造的施工季节,制订雨季施工措施、工地排水及防洪方案等。

②气温资料,包括年平均、最高、最低气温。调查资料有助于确定夏季防暑降温及冬季施工措施,预测混凝土、水泥砂浆的强度增长情况,选择水泥混凝土工程、路面工程及砌筑工程的施工季节。

③风力及风向资料,包括最大风力、主导风向、风速、风的频率、大于或等于8级风全年天数等。调查资料有助于安排临时设施,确定高空作业及吊装的方案与安全措施。

(5) 其他自然条件调查。

其他自然条件包括地震、滑坡、泥石流等,必要时也应进行调查,并注意它们对路基和基础的影响,以便采取专门的施工保障措施。

2) 施工条件调查

(1) 建设地区的能源及生活物资供应调查。

能源一般指水源、电源、燃料资源等。调查内容主要有:施工及生活用水与当地水源连接的距离、地点、水压、水质及水费等;施工及生活用电的电源位置、路径、容量、电压及电费等;施工及生活用物资、燃料的供应及价格情况等。

(2) 建设地区的交通条件调查。

交通运输方式一般有铁路、公路、水路、航空等。调查内容包括:工地沿线及邻近地区的公路、铁路、航道的位置;车站、港口、码头到工地的距离和卸货与存储能力;主要材料及构件运输通道的情况;有超长、超高、超宽或超重的大型构件需整体运输时,还要调查沿途架空线路、隧道、立交等净空高度和宽度等资料。

(3)建筑材料及地方资源情况调查。

调查的内容包括建筑材料的产地、品种、规格、质量、单价、运输方式、运输距离及运费情况;地方资源的开采、运输、利用的可能性及经济合理性。这些资料可作为确定材料的供应计划、加工方式、储存和堆放场地及建造临时设施的依据。

(4)社会劳动力及生活设施调查。

调查的内容包括:当地能提供的劳动力来源、人数、技术水平、工资情况;建设地区已有的可供施工期间使用的房屋情况;当地主副食、日用品供应、文化教育、消防治安、医疗单位等各种设施在施工中可能充分利用的情况等。这些资料是制订劳动力安排计划、建立职工生活基地、确定临时设施的依据。

(5)建筑基地情况调查。

调查的内容包括:建设地区附近有无商品混凝土搅拌站和预制构件厂;有无建筑机械化基地、机械租赁站及修配厂;有无木材加工厂、采石厂、金属结构及配件加工厂等。这些资料可用做确定构配件、半成品及成品等货源的加工供应方式和运输计划的依据。

(6)占用征用土地调查。

调查的内容包括:征用占用土地的范围、位置、数量、所属单位(或个人)、土地上种植作物以及产量、补偿金额等情况。设计阶段调查时,应按照设计资料和国家有关法律、法规的要求,办理合法手续和批文(或协议合同)。施工阶段调查时,应根据业主(建设单位)的文件规定(或合同规定),了解落实提供给施工单位使用的时间及有关说明事项。

(7)拆迁建筑物、电力、电信及管线设施调查。

调查的内容包括:需要拆迁的建筑物、电力、电信及地上地下管线设施的名称、位置、数量、所属权(单位或个人)、补偿金额等。设计阶段调查时,设计单位应会同被拆迁单位和有关部门到现场查实确认,并按国家有关规定办理合法手续或协议(合同);施工阶段调查时,应根据招标文件或合同规定,了解建设单位(业主)拆迁时间和提供现场的时间以及对施工组织生产的影响情况等。

(8)路线交叉调查。

该调查是指当所建公路与铁路、水利设施、原有公路等交叉发生干扰时,对其名称、位置、工程量、交叉情况、处理方法及金额等的调查。设计阶段调查时,设计单位应会同有关单位协商解决,并按国家有关规定办理合法手续或签订协议(或合同);施工阶段调查时,应了解建设单位(业主)按照招标文件规定或合同条款处理完成的时间、有关说明以及对施工的影响情况等。

3)施工单位能力调查

在公路设计阶段,施工单位尚不明确,应向建设单位调查落实施工单位的情况。对施工单位,主要调查其施工能力,如施工技术人员数量及类别、施工工人数量及水平、机械设备的装备情况、施工单位的资质等级及近几年的施工业绩等。对实行招、投标的工程,在设计阶段不能明确施工单位,编制施工组织设计时,应从工程设计的角度出发,提出优化的、最合理的意见作为依据。在施工阶段,施工单位已确定,施工单位自身的施工能力和按合同规定允许分包的其他施工单位的施工,都是编制施工组织设计的依据。

4)施工干扰调查

调查行车、行人干扰,用于确定施工方法和考虑安全措施。施工阶段调查时,还应了解当地民风民俗、村规民约等情况,以利组织施工管理和职工教育,从而确保与地方关系和睦协调和文明施工。

6.1.4 编制施工组织设计的程序

编制施工组织设计要遵守一定的程序,要按照施工的客观规律,协调和处理好各个影响因素的关系,用科学的方法进行编制。同时,必须注意有关信息的反馈。编制流程见图6-1。一般的编制程序如下:

(1)分析设计资料,进行必要的调查研究。
(2)计算工程数量。
(3)选择施工方案,确定施工方法。
(4)编制工程进度图。
(5)计算人工、材料、机具需要量,制订供应计划。
(6)制订临时工程、供水、供电、供热计划。
(7)工地运输组织。
(8)布置施工平面图。
(9)编制技术措施计划,计算技术经济指标。
(10)确定施工组织管理机构。
(11)编制质量、安全、环保和文明施工措施计划。
(12)编写说明书。

图6-1 施工组织设计的编制程序

6.2 道桥施工方案

施工方案是指对工、料、机等生产要素所做的总体设想和安排,时间组织、空间组织、资源组织是影响施工方案的三大要素,确定施工方案必须把三者结合起来考虑,在保证合同要求的前提下,以达到时间短、空间小、资源均衡的目的。

施工方案是编制施工组织设计首要确定的问题,也是决定其他内容的基础。施工方案一旦确定,则整个工程施工的进程、人力、材料、机械的需要与布置、工程质量和施工安全、工程成本、现场的组织管理等也就随之确定下来。施工组织的各个方面都与施工方案发生联系而受到重大影响。施工方案的好坏,在很大程度上决定了施工组织设计的编制质量和工程施工的质量、工期及经济效益。因此,确定一个先进合理、切实可行的施工方案是公路施工组织设计的重要内容,也是决定整个工程全局的关键。

6.2.1 施工方案的选择

1) 制订和选择施工方案的基本要求

(1) 切实可行。制订施工方案必须从实际出发,一定要符合当前的实际情况,有实现的可能性。

(2) 技术先进。制订施工方案时,能有效地采用新技术、新方法、新工艺、新材料,从而能提高工效、缩短工期、保证施工质量。

(3) 满足合同要求的工期。施工方案必须保证在竣工时间上符合国家或合同规定的要求,并争取提前完成。

(4) 确保工程质量和施工安全。制订施工方案应充分考虑工程质量和施工安全,并提出保证工程质量和施工安全的技术组织措施,使方案完全符合技术规范与安全规程的要求。

(5) 施工费用最低。在制订施工方案时,尽量采用降低施工费用的一切正当的、有效的措施,使工料消耗和施工费用降到最低。

2) 施工方案选择的内容

由于施工产品的多样性,施工方法和施工机械的选择也是多种多样的。施工方法和施工机械的选择应当统一协调,相应的施工方法要求选用相应的施工机械。选择时,要根据工程的结构特征、工程量大小、工期长短、物质供应条件、场地四周环境以及施工企业技术装备水平等因素,拟定可行方案,进行优选后再决策。

施工方案一般包括施工方法的选择、施工机械的选择、施工顺序的安排和流水施工的组织四个方面的内容。前两项属于施工方案的技术方面,后两项属于施工方案的组织方面,施工技术是施工方案的基础,同时又要满足施工组织方面的要求,科学的施工组织又必须保证施工技术的实现,两方面相互联系相互制约。

3) 施工段落划分

公路里程较长,为了方便管理,应根据项目的实际情况,如施工任务的大小、项目的复杂程度及施工工期的要求等,进行施工总体部署及施工队伍的布置。对于大型项目或路线较长的项目,为了管理方便,可以将整个项目划分为若干个施工段落分别管理,同时进行施工,以加快进度,减少管理难度。

施工段落的划分应符合以下原则:

(1)为便于各段落的组织管理及相互协调,段落的划分不能过小,应适合采用现代化的施工方法和施工工艺,即采用目前市场上拥有的效率高、能保证施工质量的施工机械,保证正常的流水作业和必要的工序间隔,从而保证施工质量;也不能过大,过大起不到方便管理的作用。段落的大小应根据单位本身的技术能力、管理水平、机械设备状况结合现场情况综合考虑。

(2)各段落之间工程量基本平衡,投入的劳力、材料、施工设备及技术力量基本一致,都能够在一个合理的(或最短的)工期内完成工程。

(3)避免造成段落之间的施工干扰(施工交通、施工场地、临时用地等)。即各段落之间应有独立的施工道路及临时用地,土石方填、挖数量基本平衡,避免或减少跨段落调配,以避免造成段落之间相互污染或损坏修建的工程及影响工效等。

(4)工程性质相同的地段(如石方、软土段)或施工复杂难度较大而施工技术相同的地段尽可能避免化整为零,以免既影响效率,又影响质量。

(5)保持构造物的完整性,除了特大桥之外,尽可能不肢解完整的工程构造物。

例如:某单位在一高速公路项目接受公路施工任务,其中有特大桥一座。根据实际情况该单位组建项目部后,将其划分为三个标段,安排三个处进行施工,其中一个处负责特大桥,两个处负责桥两侧路段的路基、路面工程。各处单独管理,独立核算,项目部全面负责协调管理。

6.2.2 施工方法的确定

施工方法是施工方案的核心内容,它对工程的实施具有决定性作用。由于在施工过程中,可采用的施工方法有多种,而每一种施工方法都有其各自的优点和缺点,所以从若干可行的施工方法中,选择适合于本工程的最先进、最合理、最经济的施工方法是关键。施工方法在技术上必须满足保证施工质量、提高劳动生产率、加快施工进度及充分利用施工机械的要求,做到技术上先进、经济上合理。因此,选择施工方法应考虑以下几个方面的问题:

(1)选择的施工方法必须具备实现的可能性。

(2)选择的施工方法应满足合同工期的要求。

(3)选择的施工方法应进行多种可能方案的经济比较,力求降低工程成本。

(4)选择的施工方法能够保证施工质量和施工安全。

(5)选择施工方法时,尽量采用机械化施工,提高机械化施工水平,加快施工进度。

在现代化的施工条件下,施工方法的确定,一般与施工机械、机具的选择和配备有直接的关系,这有时会成为主要问题。例如,桥梁基础工程施工中,仅钻孔灌注桩就有多种施工机械可供选择,包括潜孔钻机、冲击式钻机、冲抓式钻机或旋转式钻机,钻机一旦确定,施工方法也就确定了。

6.2.3 施工顺序的安排

施工顺序的安排是编制施工方案的重要内容之一,施工顺序安排得好,可以加快施工进度,减少人工和机械的停歇时间,并能充分利用工作面,避免施工干扰,达到科学、均衡、连续地施工。在安排施工顺序时,要重点考虑决定施工顺序的主要因素,仔细分析各种不同施工顺序对工期、质量、成本等所产生的影响,做出最佳的施工顺序安排。安排施工项目的施工顺序时,应重点遵循和考虑以下几点。

1) 首先要考虑影响全局的关键工程的合理施工顺序

如工程中的某大桥、某隧道、某深路堑,若不在前期完工,将导致其他工程不能如期施工(如无法运输材料、机械或工期太长等)而拖延工期,此时应集中力量首先完成关键工程。

2) 必须符合施工工艺要求

道桥工程项目的各施工过程或工序之间,存在着一定的工艺顺序要求。如钻孔灌注桩在钻孔后应尽快灌注水下混凝土,以防坍孔,所以两道工序必须紧密衔接。

3) 统筹考虑各分部分项工程之间的关系

在一个单位工程项目中,各分部分项工程之间的施工总是有先有后。如桥梁施工,总是先基础,后桥台、墩身,最后是架梁。但是,各桥台、桥墩之间,桥墩与桥墩之间,都不存在哪个先施工、哪个后施工的施工顺序。所有这些都是统筹安排的问题。

4) 必须考虑对施工质量的影响

在安排施工顺序时,要以能确保工程质量作为前提条件之一。例如,桥梁工程的基础是钻孔灌注桩,施工方法采用旋转式钻机钻孔,在安排每个基础每根桩的施工顺序时,不能相邻桩顺序施工,必须要间隔施工,否则会发生坍孔现象。

5) 考虑当地的气候条件和水文、地质的影响

安排工程项目施工顺序时,必须考虑当地水文、地质、气象等因素的影响。在雨季施工时,应根据雨季施工特点来考虑施工顺序。如桥梁的基础工程一定要安排在汛期之前完成或安排在汛期之后进行。在冬季施工时,则应考虑冬季施工特点来安排施工顺序等。

6) 合理安排施工顺序可使施工工期缩短

工期缩短会带来显著的经济效益,因为工期缩短能减少管理费、人工费、机械台班费且无需额外的附加资源,可降低施工直接成本。

7) 安排施工顺序时应考虑经济和节约,降低施工成本

如施工中周转性材料的使用,应合理安排施工顺序。这样不但可以增加周转性材料的周转次数,还可以减少周转性材料的配备数量。如桥墩、桥台、基础施工顺序安排得当,可增加模板的周转次数,在同样完成任务的情况下可配备得少一些,减少材料成本。

8) 必须遵从合理组织施工过程的基本原则

符合施工过程的连续性、协调性、均衡性和经济性的原则。尽量安排流水或部分流水作业,以便充分发挥劳动力和机具的效率;尽量减少工人和机械的停歇等待时间,以便加快施工进度;尽量减少或避免各作业班组之间的相互干扰,以保证施工作业的顺利进行。

6.2.4 施工机械的选择

正确拟订施工方法和选择施工机械是合理组织施工的关键,而且二者有相互紧密的联系。施工方法一经确定,机械设备的选择就应以满足施工方法的要求为基本依据。而正确地选择施工机械能使施工方法更为先进、合理。因此,施工机械选择的好坏在很大程度上决定了施工方案的优劣。所以,选择施工机械时应注意以下几点。

1) 从全局出发统筹考虑选择施工机械

从全局出发就是不仅考虑本项工程施工的需要,也要考虑所承担的同一现场上的其他项

工程施工的需要。例如,同一现场的多个分部分项工程需要的混凝土量比较大,而又相距不远,则采用混凝土搅拌站比多台分散的搅拌机要经济,而且还可以保证混凝土的质量。

2)根据施工条件选择机械的类型

选择的机械类型必须符合施工现场的地质、地形条件及工程量和施工进度的要求等。这也是合理选择施工机械的重要依据。

3)在现有或可能获得的机械中选择

尽管某种机械在各方面都很合适,但不能得到,就不能作为可供选择的一个方案。如采用挖掘机配上翻斗车进行大型土方施工时,如有推土机、铲运机配合施工,效果会更好。但施工企业无资金购置或租赁不到,也只能按现有的设备确定方案。

4)考虑主机与辅机合理组合的原则

选择施工机械时,一定要在保证主机充分发挥作用的前提下,考虑辅机的台数和生产能力。如在土方工程施工中,用自卸汽车运输配合单斗挖掘机挖土时,自卸车的数量必须保证挖土机能连续不断地工作而不致因等车停歇。同时,自卸汽车的数量也必须要与挖掘机斗容量相匹配,以保证充分发挥挖掘机的工作效率。

5)根据机械的损耗费与运行费是否经济进行选择

机械的损耗费与运行费是机械运用中需重点考虑的因素,也是选择施工机械必须考虑的一项原则。为了降低施工运行费,不能大机小用,一定要以满足施工需要为目的。

6)购置机械与租赁机械的选择

根据工程量的大小与企业资金情况,通过比较确定施工需要的机械是购置还是租赁。

6.2.5 施工方案案例

某绕城线北段高速公路项目土建工程第×合同段,起止桩号为主线 K20+046.8~K25+310(含互通);一级公路连接线 LK0+000~LKl+482.508。其中主线 5.2632km,采用四车道高速公路标准建设,设计速度 100km/h,路基宽度 26.0m;连接线 1.4825km,采用一级公路标准建设,设计速度 100km/h,路基宽度 25.5m。本合同段路线全长 6.7457km。

1)本合同段包含的工程项目

路基工程:清理场地、临时工程、土石方工程、排水工程和防护工程。

桥涵工程:中、小桥,互通式和分离式立交桥,通道,涵洞,人行天桥等。

路面工程:主线、互通匝道、一级公路路面底基层及支线路面。

沿线设施:改路、改渠、改沟和接线工程。

2)主要工程数量(表6-1)

主 要 工 程 数 量   表6-1

序号	项 目	单 位	设计工程量	备 注
1	路基开挖土方	万 m^3	91.1723	含借土开挖
2	路基开挖石方	万 m^3	63.5072	
3	挖除淤泥	万 m^3	10.6379	
4	路基填筑	万 m^3	145.9219	含路基填石
5	水泥稳定砂砾底基层	万 m^2	20.3116	
6	中桥	m/座	53.12/1	

续上表

序号	项目	单位	设计工程量	备注
7	小桥	m/座	0	
8	圆管涵	m/道	485.7/10	
9	盖板通道(涵)	m/道	1079.3/26	
10	互通式立交	处	1	
11	分离式立交(含人行天桥)	m/处	364.56/7	
12	排水工程	km	21.024	
13	防护圬工	万 m³	2.53	

3) 工程特征分析及施工对策

(1) 工程特点。

地质条件较差,工期短,工程量大,构造物多是本合同段的主要特点。

(2) 工程重点和难点。

本合同段的重点、难点工程为石方爆破、路基填石和 K23+741.5 分离式跨线桥(上跨 G107 国道)35m 预应力 T 梁的预制安装。

(3) 施工对策。

①路基石方爆破施工对策:成立专业爆破小组,由项目副经理任组长,多开工作面,采用平行作业,加大人员、机械设备的投入。

②路堤填石施工对策:以技术为保障,合理组织,加强现场控制,利用晴好天气分段施工,重点突出。

③35m 预应力 T 梁施工对策:加大该桥人员、设备和资金的投入,精心组织、合理安排。配备专门的施工机械设备,安排专业队伍施工。

4) 工程施工总体安排

(1) 任务划分。

根据招标文件的总体要求及本合同段特点结合具体情况,项目部计划将本合同段的施工任务划分成两个路基责任工区,一个桥梁施工组和一个路面施工组。其中第一工区负责 K20+046.8~K23+790 段路基土石方、通道、涵洞、防护和排水施工(含接线工程);第二工区负责互通(K23+790~K25+310)和一级公路(LK0+000~LKl+482.508)的路基土石方、通道、涵洞、防护和排水施工(含接线工程);桥梁施工组负责本合同段全部桥梁施工;第三路面施工组负责本合同段路面工程的施工。

(2) 路基土石方施工及桥梁施工任务划分及人员、设备配备见表6-2、表6-3。

路基土石方任务划分及人员、设备配备表　　　　表6-2

作业队	负责施工区段	主要设备	劳动力	主要工程量
土石方施工1队(第一工区)	K20+046.8~K22+200	挖掘机2台,平地机1台,洒水车1台,羊足碾1台,振动压路机1台,推土机1台,自卸汽车10台,潜孔钻1台	30人	填方:329448.3m³ 挖方:262694m³

续上表

作业队	负责施工区段	主 要 设 备	劳动力	主要工程量
土石方施工2队（第一工区）	K22+200～K23+790	挖掘机2台,羊足碾1台,振动压路机1台,推土机1台,自卸汽车10台,潜孔钻1台,平地机1台,洒水车与1队共用1台	30人	填方:269358m³ 挖方:257921m³
土石方施工3队（第二工区）	K23+790～K25+310, CK0+142.073～CK0+250, EK0+225～EK0+581.711	挖掘机2台,羊足碾1台,平地机1台,洒水车1台,潜孔钻1台,推土机2台,自卸汽车15台,振动式压路机1台	30人	填方:346959.5m³ 挖方:293722m³
土石方施工4队（第二工区）	A匝道、B匝道、D匝道、养护工区, CK0+250～CK0+561.316, EK0+110～EK0+225	挖掘机2台,羊足碾1台,平地机1台,洒水车1台,潜孔钻1台,推土机1台,自卸汽车10台,振动压路机1台	30人	填方:363090m³ 挖方:219546m³
土石方施工5队（第二工区）	LK0+000～LK1+482.508 （包括平交口）	挖掘机2台,平地机1台,推土机1台,羊足碾1台,汽车10台,潜孔钻2台,振动压路机1台,洒水车与4队共用1台	30人	填方:218079m³ 挖方:215456m³

桥梁工程任务划分及人员、设备配备表　　　　表6-3

工区	施工队	桥梁名称	主要工程数量	作业时间	主要设备数量	劳动力
第一工区	桥梁一队	K21+228中桥	桩基:32根,16m 空心板:60片	2003-8-20～ 2004-4-10	旋转钻机2台,电焊机2台,发电机2台	90人
	桥梁二队	K23+741.5	T梁:12片,下构混凝土:3353m³	2003-8-20～ 2004-3-15	电焊机2台,发电机2台	80人
	桥梁三队	K20+675	桩基:8根,连续箱梁:61.48m	2003-10-1～ 2004-3-31	旋转钻机2台,发电机2台	80人
		K21+060	桩基:8根,连续箱梁:61.48m	2003-11-1～ 2004-4-30	旋转钻机2台,发电机2台	80人
		K22+120	预应力混凝土斜腿刚构49.28m	2004-1-10～ 2004-7-31	电焊机2台,发电机2台	80人

续上表

工区	施工队	桥梁名称	主要工程数量	作业时间	主要设备数量	劳动力
第二工区	桥梁四队	K22+440	13m空心板:20片,下构混凝土:3205m³	2003-7-20~2003-12-31	拌和机3台,发电机2台	70人
		LK0+015	13m空心板:20片,下构混凝土:3430m³	2003-10-15~2004-4-15	电焊机2台,发电机2台	70人
		AK0+691.45	25m空心板:24片,下构混凝土:2300m³	2004-1-15~2004-6-30	电焊机2台,发电机2台	70人

(3)进度安排。

①影响进度的因素。

该项目的总工期及本合同段的工程量、工程特点、气候因素以及投入人员、设备情况是本施工组织设计进度安排的主要影响因素。

②总工期的安排。

本标段计划开工日期为2005年6月28日,计划竣工日期为2006年11月28日。招标文件规定工期为18个月,计划提前1个月完工。

③施工总体安排。

项目开工后,组织相关人员、机械设备进场,修建好临时设施,打通路基的纵向施工便道,然后进行路基清表及软基处理工作,为大面积的路基填筑和桥涵施工创造条件。

路基填筑时,优先考虑桥梁及通道、涵洞开工必需的场地,尽早为本项目的关键工程打开工作面。

主线K23+741.5处,35m预应力简支T梁上跨107国道,对主线路基土石方调配和路基主线的贯通有很大的影响,因此,尽可能将该座跨线桥的开工日期提前,以确保其他工程按期完成。

涵洞、通道严重制约路基土石方的施工进度,对当地群众的农业生产及生活也有很大的影响,施工中计划把通道、涵洞施工和路基填筑作为一个整体来考虑,合理组织施工。

防护、排水工程根据路基填筑的进展情况及时组织施工,同时路基填筑也要兼顾防护工程的施工。

待路基填筑、桥梁工程的主体工程、通道涵洞全部工程完成后,组织队伍进行路基精加工的施工,路基精加工完成40%,且桥梁半幅通车后,开始进行路面底基层施工。

最后完成本合同段的路基扫尾工作,并做退场准备。

5)施工方案及施工方法

(1)普通路段路基土石方施工。

本合同段路基挖土方911723m³(包括软石),挖石方635072m³,填土方1199219m³。填石方260000m³,土石方作业设5个施工队,平行作业。

土石方施工方案如下:

①土方调运在 100m 以内采用推土机施工。
②土方调运在 100m 以上采用挖掘机配自卸汽车施工。
③开挖石方采用机械打眼,人工爆破后采用推土机推堆,挖掘机装车,自卸汽车运输。
④填土方采用推土机粗平,平地机精平,振动压路机碾压成型。
⑤填石方采用推土机整平,羊足碾配振动压路机碾压成型,辅以洒水车水密。

(2)石方爆破施工方案和施工方法。

本合同石方开挖工程数量有 635072m^3,主要集中在 K23 + 700 ~ LKl + 482.5 段,一般挖深 8 ~ 10m,最大挖深 22.5m,基岩主要为钙泥质砂岩,根据该基岩的特征,采用小型爆破方法进行开挖(具体人员、设备的配备及方案等省略)。

(3)路面工程施工方案和施工方法。

本标段路面工程有:34cm 厚 4% 水泥稳定砂砾底基层 133033m^2,17cm 厚 4% 水泥稳定砂砾底基层 49274m^2,15cm 厚 4% 水泥稳定砂砾底基层 20809m^2,15cm 厚 4% 水泥稳定砂砾基层 752m^2,15cm 厚 5% 水泥稳定碎石基层 3340m^2,18cm 厚水泥混凝土路面 3702m^2,20cm 厚水泥混凝土路面 460m^2,15cm 厚泥结碎石路面 1933m^2,20cm 厚泥结碎石路面 7810m^2。其中 34cm 厚、17cm 厚和 15cm 厚 4% 水泥稳定砂砾底基层分别为主线、互通匝道及一级公路的路面底基层,其余均为接线工程的路面工程数量。根据设计要求,结合现场情况及目前施工状况,主线、互通匝道和一级公路底基层混合料采用 300t/h 稳定土厂拌设备集中拌和,自卸汽车运输,具有自动调平、摊铺宽度大于 12m 的 ABG 摊铺机一次性摊铺成型,压路机压实,其中 34cm 厚的底基层按每层 17cm 厚分两层摊铺压实。

底基层拌和场设在 K23 + 500 路线左侧,接线工程的路面基层采用拌和站集中拌和,摊铺机摊铺,泥结碎石路面采用机械沿路拌和法施工,水泥混凝土路面采用拌和站集中拌和,机械摊铺。

(4)35m 预应力 T 梁的预制、安装。

①预制。

a. 台座。在桥梁 1 号台背处选择一个合理预制场场地,经平整、压实、硬化后开始预制台座的浇筑,距梁两端 100cm 处各留一缺口来安放托梁架,台座每隔 80cm 埋设一根塑料管,为装模时穿对拉栓螺杆。为了保证梁底平整与光洁,台座顶面铺厚 6mm 的钢板。预制台座以方便施工和转运 T 梁进行合理布置。

b. 模板。T 梁模板采用定制的钢模,侧模上安装附着式振动器。两相邻模板采用螺栓连接,并用橡胶止缝,以防漏浆。模板在拼装之前将表面清理干净,并涂抹脱模剂,模板的对拉螺杆采用 φ18mm 的圆钢制作,对拉螺杆套塑料管,拆模后抽除螺杆并用砂浆封灌。

c. 钢筋。钢筋在加工棚制作好后,在台座现场绑扎成型,施工过程中必须控制保护层厚度,确保钢筋间距达到设计要求,以保证预应力管道安装和混凝土的浇筑。

d. 预应力索加工和布置。预应力索采用高速砂轮切割机切断,下料长度满足设计和张拉操作的需要。预应力索每隔 1.5m 用 18 号铁丝绑扎成束,成束的钢绞线端头对拼并编号标明长度及所用部位。预应力束的设计位置及高程精确测放并标置于骨架上,波纹管安装按此位置固定,穿预应力索前根据管道编号与长度,将预应力索穿入端戴上铁帽固紧,预应力索用人工慢速卷扬机牵引。

e. 混凝土施工。预制场混凝土施工分为三大内容:混凝土拌和、混凝土浇筑、混凝土养护。

混凝土浇筑工艺直接影响到混凝土的强度和耐久性,混凝土浇筑工艺主要从两方面控制:一是浇筑方法,二是良好的振捣。

f. 预应力张拉。预应力张拉采用张拉应力和延伸量进行双控。张拉前对预应力设备进行校准、标定,并计算出理论延伸量、张拉油压。在混凝土强度达到设计要求的强度时开始张拉。张拉程序:

$$0 \to 初应力 \to 1.05\sigma_{con} \to \sigma_{con}(持荷2min) \to 锚固$$

预应力张拉经分级加压至设计值后,量测延伸量,如实际延伸量与预计延伸量之差大于 $\pm 6\%$,应查明原因,采取相应措施。梁体预应力全部张拉后,注意梁体的上拱值,若不符合设计值则分析原因,进行调整。

g. 孔道压浆。预应力张拉完毕后,应尽快进行压浆。在灌浆前,用手持式砂轮机将外露的钢绞线割断,然后吹入无油分的压缩空气清洗管道,再用 $0.5 \sim 0.7$ MPa 的恒压将水泥浆由梁的一端注入自另一端流出,直到流出的稠度达到注入稠度,灌浆完成后将出气孔逐一封闭,再浇筑封锚混凝土。

h. 封锚。孔道压浆后应立即将梁端水泥浆清洗干净,同时清除支承垫板,锚具及端面混凝土的污垢,并将端面混凝土凿毛,以备浇筑封端混凝土,预应力钢束用手持式砂轮切割机割除。首先绑扎端部钢筋网,妥善固定封端模板,在校核梁体长度无误后,浇筑封端混凝土。在浇筑封端混凝土时,需仔细操作并认真振捣,以确保锚具处的混凝土密实。

②T梁的安装。

T梁使用双导梁穿行式架桥机架设。先在桥头路堤上拼装架桥机并牵引至桥墩上,再吊运预制梁。用纵移平车将预制梁运至导梁并穿过平衡部分,当梁前端进入前横行的吊点下面时,用前横行上的链滑车将预制梁前端稍稍吊起,取去纵移平车后再落至原来高度使梁保持水平,由缆车牵引前行车前进,当预制梁后端进入后横行吊点下面时,仍按上述操作进行。完毕后,继续牵引梁前进至规定位置。

预制梁横移,先把纵桁行车轮制动,然后将横桁上的跑车横移至设计位置,再平稳就位。

预制梁的安装顺序是先安边梁、再中梁,安装一片焊接好横隔板的联结钢板和湿接缝混凝土,以保证 T 梁的稳定,不致倾倒。安装示意图如图 6-2 所示。

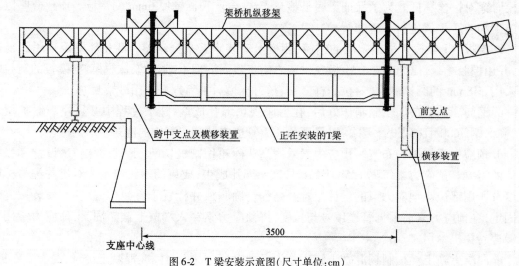

图 6-2 T梁安装示意图(尺寸单位:cm)

(5)安装空心板。

空心板安装采用架桥机,具体施工方法如下:

①在桥梁安装孔位置的路基上拼装双导梁架桥机并延伸到桥头,导梁长度为吊安桥跨长度的2.5倍,上铺枕木和钢轨,导梁上设置两个吊点,每吊点吊重40t,纵移采用2台5t单筒慢速卷扬机纵向牵引。构造图如图6-3所示。

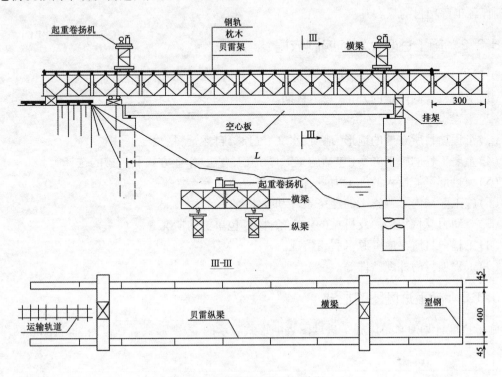

图6-3 导梁安装构造图(尺寸单位:cm)

②由架桥机两个吊点吊起,牵引到安装位置,搁置在墩台上。

③由于盖梁设有三角坡垫,不平整,可采用在盖梁上铺放钢轨的方法,钢轨上安放滑板,用手拉葫芦将空心板横向移到安装位置,再用千斤顶顶升,抽出钢轨,安放支座、落梁。

④当第一孔安装以后,架桥机向前拖至第二安装孔,运梁轨道相应延至第一孔,用同样方法安装第三孔。

6.3 道桥施工时间组织计划的编制

6.3.1 施工进度计划的作用

施工进度计划是在确定施工方案的基础上,根据规定的工期和各种资源供应条件,按照施工过程的合理施工顺序及施工组织的原则,对所有工程项目进行时间上的安排。施工进度计划反映了工程从施工准备工作开始,直至工程竣工为止的全部施工过程,反映了各分部分项工程及各工序之间的相互衔接关系。

施工进度计划的作用在于确定各个施工项目及主要工种工程、准备工作和全工地性工程的施工期限及其开工和竣工的日期,从而确定公路施工现场上劳动力、材料、成品、半成品、施工机械的需要数量和调配情况,以及现场临时设施的数量、水电供应数量和能源、交通的需要数量等。通过施工进度计划的编制,有助于领导部门抓住关键,统筹全局,合理布置人力、物力;有利于施工人员明确目标,更好地发挥主动精神;有利于施工企业内部及时配合,协同作战,确保各工程项目的顺利开展。

6.3.2 施工进度计划的编制依据

编制施工进度计划,主要依据下列资料:
(1)上级或合同规定的开工、竣工日期。
(2)工程设计图纸、定额资料等。
(3)工程项目所在地的地形、地质、水文、气象等自然资料。
(4)主要工程的施工方案(包括施工顺序、施工方法、作业方式及机械的选择等)。
(5)项目部可能投入的施工力量、机械设备等。
(6)施工区域内影响施工的经济条件和技术条件。
(7)劳动力、材料、构件及机械的供应条件,分包单位的情况等。
(8)工程项目所在地资源可利用情况。
(9)工程项目的外部条件等。

6.3.3 施工进度图的形式

施工进度计划通常是以施工进度图表的形式表示的,主要形式有横道图、垂直图和网络图三种。

1)横道图

横道图(也叫横线图或甘特图)是美国工程师亨利·甘特在第一次世界大战期间创造的一种生产进度的表达方法,目前已在工程实践中得到广泛的应用。它是以时间为横坐标,以各分部分项工程或施工工序为纵坐标,按一定的先后施工顺序和工艺流程,用带时间比例的水平横线表示对应项目或工序持续时间的施工进度计划图表。

(1)横道图的常用格式。

横道图的常用格式如图6-4所示。它由两大部分组成:左面部分是以分部分项工程或工序为主要内容的表格,包括项目名称(工序名称)、施工方法、工程量、定额和劳动量等计算依据;右面部分是用横向线条表示的进度图表,它是由左面表格中的有关数据经计算得到的。在指示图表中用横向线条形象地表示出各工序(项目)的施工进度,其线条的长度表示施工持续时间长短,线条的位置表示施工过程,线上可以用数字表示劳动力或其他资源的需要数量,线的不同符号表示作业队或施工段别。图中线段表示出各施工阶段的工期和总工期,并综合反映了各分部分项工程相互间的关系。

(2)横道图的特点。
①横道图的优点。
a.具有简单、直观、易懂、易编制的特点,可以方便地表达出施工计划的总工期和各分部分项工程或施工工序的持续时间。

编号	工程名称	施工方法	工程量 单位	工程量 数量	1	2	3	4	5	6	7	8	9	10	起止时间 开工	起止时间 结束
1	临时通信线路	人工为主	km	80	6										1月初	4月底
2	沥青混凝土基地	人工安装	处	1		35									2月初	3月底
3	清除路基	机械	m²	700000				4							1月初	4月底
4	路用房屋	人工	m²	1300					40						1月初	5月底
5	大桥	半机械化	座	1				56							3月初	9月底
6	中桥	半机械化	座	5						40					2月初	8月底
7	集中性土方	机械	m²	130000							20				3月初	8月底
8	小型构造物	半机械化	座	23						30					5月初	
9	沿线土方	机械为主	m²	89000							36				4月初	7月底
10	基层	半机械化	m²	560000								30			6月初	9月底
11	面层	半机械化	m²	560000									20		9月15日	10月
12	整修工程	人工为主	km	80										30		10月

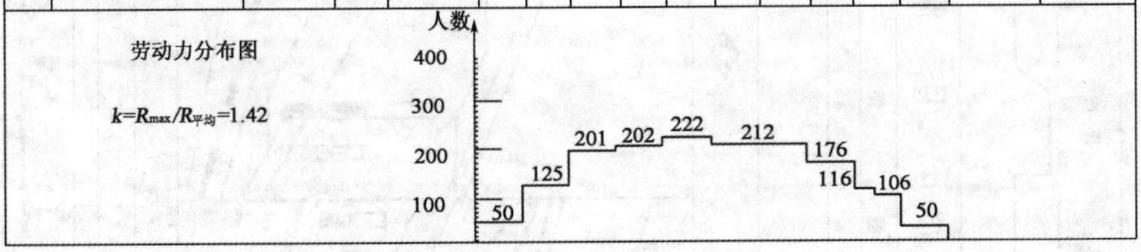

劳动力分布图

$k=R_{max}/R_{平均}=1.42$

人数：50, 125, 201, 202, 222, 212, 176, 116, 106, 50

图6-4 施工进度横道图

b. 每项工作何时开始、何时结束一目了然。

c. 便于计算完成施工计划所需的劳动力、材料、机械设备及资金等各种资源需要量。

② 横道图的缺点。

a. 分项工程（或工序）的逻辑关系不明确，仅反映工作之间的前后衔接关系。

b. 施工期限与地点关系无法表示，只能用文字说明。

c. 工程数量的实际分布情况不具体。

d. 仅能反映出平均施工强度。

e. 无法反映工作的机动使用时间，反映不出关键工作及哪些工作决定总工期。

横道图适用于编制集中性及简单的工程进度计划、材料供应计划或作为辅助性的图示附在说明书内，用来向施工单位下达任务。

2）垂直图

垂直图（也叫斜线图或坐标图）是在流水作业斜线图的基础上扩充和改进形成的。它是以纵坐标表示施工日期和工程数量，以横坐标表示公路里程和工程位置，而各分部分项工程（工序）的施工进度则相应地以不同的斜线（或垂线）表示的一种施工进度图形。

（1）垂直图的常用格式。

垂直图的常用格式如图6-5所示。它一般由3部分组成：图的上部表示了各分部分项工程的工程数量、按里程分布的具体情况和构造物的具体位置、结构形式等；图的中间部分用不同的斜线或垂直线条表示了各分部分项工程的施工进度和作业组织形式，对应进度线的右侧按月以一定的比例绘出劳动力需要量曲线；图的下部按里程绘出施工组织平面示意图。

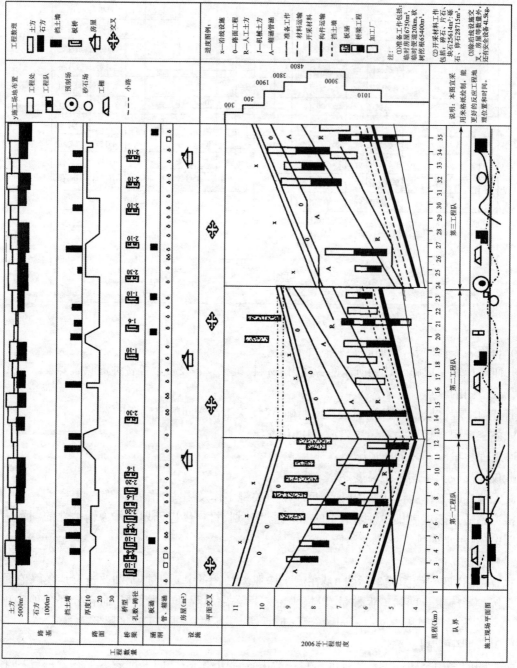

图6-5 施工进度垂直图

(2)垂直图的特点。

①垂直图的优点。

a. 各工程项目工程数量的分布情况和施工日期一目了然。

b. 各工程项目的相互关系、施工紧凑程度和施工速度都十分清楚。

c. 从图中可直接找出任何时间各作业队的施工位置和施工情况,可以预测在正常施工条件下的施工进程。

②垂直图的缺点。

a. 不能确定工作的机动时间及关键工作。

b. 计划的编制及修改的工作量较大。

c. 不能使用计算机进行定量分析。

d. 不能进行计划方案的比较及选优。

垂直图适用于各种工程进度计划的编制,是编制工程进度计划的一种较好的图形。

3)网络图

网络图(也叫流程图)是以加注工作持续时间的箭线和节点来表示施工进度计划的一种网状流程图。网络图与横直图、垂直图比较,不仅能反映施工进度,还能清楚地表达各施工项目、各施工专业队之间错综复杂的联系、制约和协作等关系。不论是集中性工程还是线形工程,都可以用网络图表示工程进度,尤其是时标网络图更能准确、直观地表达工程进度,它是一种比较先进的工程进度图的表示形式。网络图如图6-6所示。

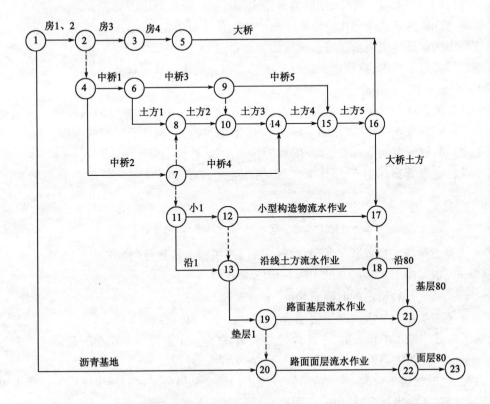

图6-6 施工进度网络图

6.3.4 施工进度计划的编制步骤

1)划分施工项目,确定施工方法

编制工程施工进度计划时,首先要按照施工图纸和施工顺序将各个施工项目划分为若干个工序、操作,并结合施工方法、施工条件、劳动组织等因素,加以适当调整,使其成为编制施工进度计划所需的施工过程。

划分施工项目时应注意以下原则:

(1)划分施工项目时,要以主导施工项目为主。首先要安排好主导施工项目的施工进度,其他施工项目要密切配合。

(2)施工项目的划分要结合施工条件、施工方法和劳动组织等因素,使施工进度计划能够符合施工实际,起到真正指导施工的作用。

(3)划分施工项目的粗细程度一般要根据进度计划的需要和施工定额(施工图设计阶段按预算定额)的细目和子目填列,分项后的工程项目必须能够在定额项目表中查到。

(4)施工项目的划分,必须要结合工程结构特点进行分项填列,切不可漏列、错列和重列,以免影响进度计划的准确性。

2)计算工程量与劳动量

(1)工程数量计算。

当施工项目划分完成并排好顺序后,即可根据施工图纸和有关工程数量的计算规则,计算各个施工项目的工程数量,并填入相应的表格中。计算时应注意以下问题:

①计算工程量的单位应与现行定额手册中规定的计量单位相一致。

②应考虑为保证施工质量和安全的附加工程量。

③结合施工组织要求,按照施工顺序分区、分段、分层次计算工程量。

(2)劳动量计算。

劳动量是工程项目的工程数量与相应时间定额的乘积。它等于施工时实际使用的劳动力数量与作业时间的乘积,或机械化施工时实际使用的机械台数与作业时间的乘积。

人工操作时称为劳动量;机械作业时称为作业量,统称劳动量。

劳动量根据计算出的各分部分项工程的工程量和查出的时间定额或产量定额按下式计算:

$$D = \frac{Q}{C} \quad \text{或} \quad D = QS \tag{6-1}$$

式中:D——完成某施工过程所需的劳动量(工日)或机械台班数量(台班);

Q——完成某施工过程所需的工程数量(m^3,m^2,t,…);

S——某施工过程所需的时间定额(工日或台班/m^3,m^2,t,…);

C——某施工过程所需的产量定额(m^3,m^2,t,…/工日或台班)。

受施工条件或施工单位人力、设备数量的限制,对作业工期起控制作用的劳动量称为主导劳动量。一般取作业工期较长的劳动量作为主导劳动量。

在人员、机械数量不变时,采用两班制或三班制将会缩短施工过程的生产周期。当主导劳动量生产周期过于突出时,就可以采用两班或三班制作业缩短生产周期。

3)生产周期计算

由于要求工期不同和施工条件的差异,其具体计算方法有以下两种:

(1)以施工单位现有的人力、机械的实际生产能力以及工作面大小,来确定完成该劳动量所需的持续时间(周期)。

一般可按下式计算:

$$t = \frac{D}{Rn} = \frac{QS}{Rn} = \frac{Q}{CRn} \tag{6-2}$$

式中:t——生产周期(即持续天数);

D——劳动量(工日或台班);

Q——完成某分部分项工程所需的工程数量(m^3,m^2,t,…);

S——某分部分项工程所需的时间定额(工日或台班,t/m^3,m^2,t,…);

C——某分部分项工程所需的产量定额(m^3,m^2,t,…/工日或台班);

R——某分部分项工程所配置的工人人数或机械台数;

n——每天工作班制数。

在安排每班工人人数和机械台数时,应综合考虑各分项工程所安排的工人或机械都应有足够的工作面(不能少于最小工作面),以提高工作效率并保证施工安全。注意生产工作班制应考虑施工工艺的要求,例如钻孔过程必须连续,计算生产周期时就应三班制作业。

(2)根据总工期要求倒排各分部分项工程的作业工期。

首先根据规定总工期和施工经验,确定各分部分项工程的施工时间,然后再按各分部分项工程需要的劳动量或机械台班数量,确定每一分部分项工程每个工作班所需要的工人数或机械台数,此时可将式(6-2)变化为:

$$R = \frac{D}{tn} = \frac{QS}{tn} = \frac{Q}{Ctn} \tag{6-3}$$

式中符号意义同前。

通常计算时均先按一班制考虑,如果每天所需机械台数或工人人数已超过施工单位现有人力、物力或工作面限制时,则应根据具体情况和条件从技术上和施工组织上采取积极的措施,如可采用两班制或三班制,最大限度地组织立体交叉平行流水作业等。

4)主导工期与工作班制选择

由式(6-3)可知,当某分部分项工程所配置的人工或机械的劳动量确定之后,可根据该项目所投入的工人人数、机械台数求得工人以及各种机械作业的工期,其中工期最长的那个作业称为主导作业,主导作业的工期称为主导工期。通常一个施工过程的工期主要取决于主导工期。

主导工期的长短,主要取决于各种作业的人工或机械数量的实际投入量。生产过程中各种作业的人工、机械投入数量是可以调节的,从而施工过程中的主导作业及其主导工期也是可变的。

在编制施工进度图时,应尽量调节各种作业所需的人工、机械投入数量,使各种作业的工期一致,亦即都成为主导作业。但在施工阶段,由于实际施工条件限制,往往不能使各种作业的工期一致,此时,则应按主导作业的主导工期绘制施工进度图,控制该施工过程的工期。而其他非主导作业所需的人工、机械数量只能供统计之用。

一般情况下,应以人工作业工期为主导工期,其他作业则应调节机械投入量或作业班制。

条件允许的情况下,在二十四小时内组织两班制或三班制作业,将会缩短作业的生产工期。

两班制或三班制作业,主要适用于工艺要求连续生产的作业项目,需要突击或为了缩短总施工期的作业项目,以及需要调节作业工期的作业项目。一般情况下,桥梁工程的水下施工部分(如基础、承台等)为了赶在汛期前完成,可采用两班制或三班制作业,路线工程一般采用一班制作业。

5)施工进度图的编制

施工进度图规定了各个施工项目的完成期限和整个工程的总工期,也是编制一切资源供应计划的依据。施工进度图编制质量的好坏,直接影响整个施工组织设计的优劣。

下面重点介绍各种施工进度图的编制步骤。

(1)横道图的编制步骤。

①作图的准备工作。

a.深入研究本工程的施工方案和施工方法。

b.充分研究各种作图的资料和依据,对拟编的施工进度图做出总体安排和构想。

②编制作业工期计算表。

a.准备好作业工期计算表(表6-4)。

作业工期计算表　　　　表6-4

序号	工程部位或桩号	项目名称	施工方法	工程数量		定额编号	主导工期	人工劳动量(工日)		实用人数		人工作业工期
				单位	数量			定额	数量	作业班制	每班人数	
1	2	3	4	5	6	7	8	9	10	11	12	13

序号	机械作业量(台班)						实用机械台数与作业工期						
	( )机		( )机		( )机		( )机			( )机			( )机		
	定额	数量	定额	数量	定额	数量	班制	台数	工期	班制	台数	工期	班制	台数	工期
1	14	15	16	17	18	19	20	21	22	23	24	25	26	27	28

b.根据设计图纸、施工方式、作业方法,参照所用概(预)算定额的子目,按前面介绍的划分施工项目的要求进行列项,并将所列项目(工序)填入表相应栏目内。

c.在表中逐项确定施工方法、计算工程数量及劳动量(作业量)。

d.逐项选定定额,按照定额的编号要求将其编号填入表中。

e.在表中逐项确定施工班组、作业班制、实用人数或机械台数,通过计算确定作业工期;或根据限定的主导工期和合同规定的工期,通过计算确定所需人工和机械数量。

f.在表中逐项确定主导工期。

③绘制施工进度线。

a.参照图6-4绘制横道图的图框和表格。

b.将"作业工期计算表"中的相关数据、计算成果抄录于横道图的左侧。

c. 按照合同或施工方案确定的开竣工日期,在图中填列施工进度日历。

d. 按照"作业工期计算表"计算的主导工期,结合工程项目(工序)之间的逻辑关系和各方面的因素,在进度图上合理设计各作业项目的施工起止日期。亦即用直线或不同形状、不同颜色的线条在施工进度图的右侧绘制施工进度线。

e. 在工程项目进度安排上,进行反复优化、比较、修改,同时修改作业工期计算表中相关数据,直至合理并取得较优结果为止。

f. 在进度图的下部,绘制劳动力安排曲线。

g. 编写施工进度图的说明,并列于进度图的适当位置。

h. 在进度图的适当位置,列出图例。

④多方案反复比较、评价,择优定案。

为了使施工组织设计符合施工实际,需要做多个比较方案,绘制几个施工进度草图,再经过反复平衡、比较、评价,最后才能确定采用的方案。

(2)垂直图的编制步骤。

①作图的准备工作。

编制垂直图的准备工作,与编制横道图的准备工作基本相同。

②编制作业工期计算表。

编制垂直图作业工期计算表的内容和方法,与编制横道图作业工期计算表的内容和方法基本相同。但在列项时,线型工程要按里程的顺序,并以公里为单位计量列项;集中型工程要按工程的桩号顺序,并单独计量列项(必要时还要按工程子目计量列项)。

③绘制施工进度线。

a. 根据作业项目的多少,参照图6-5绘制斜线图的图表轮廓并标注里程。

b. 将各分部分项工程的工程数量按里程分布的具体情况和构造物的具体位置、结构形式等用不同图形(符号)展绘于进度图的上部各栏内(图6-5)。

c. 根据合同或施工方案确定的工程开、竣工日期,将施工进度日历绘于图左的纵坐标上。

d. 将施工平面布置示意图按里程展绘于进度图的下部。

e. 列项计算各施工项目的劳动量、作业持续时间、劳动力及机械台数,一般可在作业工期计算表中算好,这与前面所介绍的计算方法相同。

f. 按各作业项目的主导工期、施工方法、作业方式,依照施工组织原理,分别用铅笔绘出不同形状(符号)的进度线,并按紧凑的原则,使各进度线相对移动到最佳位置,此项设计工作要反复比较、修改,直至符合要求。

具体设计方法如下:

a)小桥涵工程。首先要明确施工组织作业方法(顺序、平行、流水作业方法等),然后根据每座小桥涵工程的开、竣工日期,在各小桥涵的相应桩号位置,用垂直线绘出施工期进度线,并依次向流水方向移动,在图上反映的垂直方向全长,即为全部小桥涵工程之总工期。

b)大中桥工程。其绘制方法与小桥涵工程相同,但习惯上将桥梁上、下部工程用两种图线符号表示,有的还将下部工程分为基础和墩、台身分别表示。

c)路基工程。当路基工程的作业方式确定之后,可根据工程量、施工力量部署、施工条件,依公里逐个施工段按主导工期,以斜线表示时间和里程之间的关系。由于工程施工的复杂和多方面原因,路基施工进度线可能是一条或多条直线,也可能是一条或多条连续(或间断)

的折线。

d) 路面工程。路面工程一般组织成一段或多段连续施工,所以进度线一般是一条或多条斜直线。斜线的垂直高度为路面施工的总工期,斜线的水平长度等于路面总里程。由于路基线起伏变化大,为了使路面线与路基线不致相交(避免施工中断),应经过试排后再画。

g. 绘制资源(人工、材料等)消耗数量—时间曲线。

h. 进行反复优化、比较和调整。

在进行调整时,需注意的要点有:

a) 力求各线靠近而不相交。

b) 检查总工期是否符合规定要求。

c) 劳动力需要量力求均衡,避免出现高峰低谷。

i. 绘制图例,以黑线加深线条。

j. 编写施工进度图的说明。(链接垂直进度图绘制视频)

④ 做出多个方案,进行比较、评价,择优定案。

其评价要点与横道图编制步骤中第四步相同。

(3) 网络图的编制步骤。

采用网络图编制施工进度图,其原理、参数计算及编制步骤,已在第 5 章讲过,这里不再重复。

6) 施工进度计划的检查与调整

施工组织设计是一个科学的有机整体,编制的正确与否直接影响工程的经济效益。施工管理的目的是使施工任务能如期完成,并在企业现有资源条件下均衡地使用人力、物力、财力,力求以最少的消耗取得最大的经济效果。因此,当施工进度计划初步完成后,应按照施工过程的连续性、协调性、均衡性及经济性等基本原则进行检查与调整,这是一个细致的、反复的过程。

(1) 施工工期检查。

施工进度计划的工期应符合上级或合同规定的工期,并尽可能缩短,以保证工程早日交付使用,从而达到最好的经济效果。

(2) 劳动力消耗的均衡性检查。

每天出勤的工人人数力求不发生大的变动,即求劳动力消耗均衡。劳动力需要量图表明劳动力需要量与施工期限之间的关系。正确的施工组织设计应该使劳动力必须均衡,以减少服务性的各种临时设施和避免因调动频繁而形成的窝工。任何一项工程的施工组织设计,由于施工人数和施工时间不同,均有可能出现资源消耗不均衡的情况,故在编制施工进度图时,应以劳动力需要量均衡为原则,对施工进度进行恰当的安排和必要的调整。

不同的工程进度安排,劳动力需要量图呈现不同的形状,一般可归纳成图 6-7 所示的 3 种典型的图式。在图 6-7 中,a) 出现短暂的劳动力高峰,b) 劳动力数量频繁波动,这两种都不便于施工管理,并增大了临时生活设施的规模,应尽量避免;而 c) 在一个较长时间内劳动力保持均衡,符合施工规律,是最理想的状况。

劳动力消耗的均衡性,可用劳动力不均衡系数 K 表示,其值按下式计算:

$$K = \frac{R_{\max}}{R_{平均}} \qquad (6\text{-}4)$$

式中：R_{max}——施工期中人数最高峰值；
$R_{平均}$——施工期间加权平均工人人数。

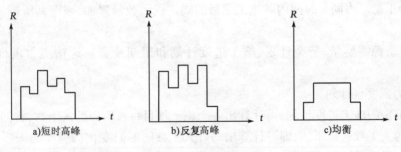

图 6-7 劳动力需要量图

劳动力不均衡系数的值大于1，一般不超过 1.50。要做到这一点通常都要多次调整工程进度图。

(3) 施工工期和劳动力均衡性的调整。

①如果要使工期缩短，则可对工期较长的主导劳动量的施工采取措施，如增加班制或工人数（包括机械数量），来达到缩短总工期的目的。

②若所编计划的工期不允许再延长，而劳动力出现较大的高峰或低谷，则可在允许的范围内，通过调整工序的开工或完工日期，使劳动力需要量较为均衡。

某些工程由于特定的条件，工期没有严格限制，而在投资、主要材料及关键设备等某一方面有时间或数量的限制时，就要将这些特定条件作为控制因素进行调整。复杂的工程要获得符合均衡施工的最合理的优化计划方案，必须进行多次反复调整计算，这个计算过程十分复杂。

总之，通过调整，在工期能满足要求的条件下，使劳动力、材料、设备需要趋于均衡，主要施工机械利用率比较合理。

6.3.5 资源需要量计划及其他图表

在施工进度计划确定以后，即可编制资源组织计划，资源组织计划必须依照施工进度计划进行编制。只有根据已确定的施工进度计划，计算出各个施工项目每天所需的各种资源种类和数量，将同一时间内所有施工项目的各种资源的数量分别累加，才可计算出每种资源随时间而变化的需要量。施工进度计划的变动必然影响到资源组织计划的变化，因此资源组织计划应与施工进度计划相对应。反之，当资源组织不平衡或受到限制，满足不了进度计划的要求时，则必须对进度计划进行调整以满足资源的要求。

1) 资源需求计划编制方法

(1) 根据所需资源数量的种类确定其主要资源，编制资源组织计划。所谓主要资源一般为：劳动力；主要材料、成品、半成品、预制构件；主要施工机械和对项目作业时间起控制作用的主导施工机械。

(2) 编制资源组织计划的表格，其内容根据资源种类和重要性及供应情况不同而可采用不同的形式，但是一般应包括以下内容：序号、名称、规格、单位、数量、来源、运输方式、计划时间、备注等。

(3) 计算每个施工项目单位时间的资源需要量。其方法根据设计工程数量和定额消耗量计算某种资源消耗总数量,除以施工进度计划中该项目实际作业天数(或单位时间),则可得每个施工项目单位时间的某种资源需要量。

(4)累计汇总。将同一时间内各施工项目的同一资源数量累加,则得其所需要的资源;然后填写表格。

(5)根据资源需要量、资金计划、施工进度计划和工期及交通运输能力进行优化,综合平衡。

2)劳动力需要量计划

根据已确定的施工进度计划,可计算出各个施工项目每天所需的人工数,将同一时间段内有施工项目的人工数进行累加,即可计算出每日人工数随时间变化的劳动力需要量。同时还可编制劳动力需要量计划,附于施工进度图之后,为现场主管部门提供劳动力进退场时间,保证及时调配,协调平衡,以满足施工的需要。如现有劳动力不足或过多时,应提出相应的解决措施,或者增开工作面,以按时或提前完成任务。劳动力需要量计划见表6-5。

劳动力需要量计划 表6-5

序号	工种名	需要人数及时间										备注
		年度					年度					
		一季度	二季度	三季度	四季度	合计	一季度	二季度	三季度	四季度	合计	
1	2	3	4	5	6	7	8	9	10	11	12	13

3)主要材料需要量计划

主要材料包括施工需要的由专业厂家生产的材料、地方供应和特殊的材料,以及有关临时设施和拟采取的各种施工技术措施用料,预制构件及其他半成品亦列入主要材料计划中。

材料的需要量可按照工程量和定额规定进行计算,然后根据施工项目的施工进度编制年、季、月主要材料计划表(表6-6)。主要材料(包括预制构件、半成品)计划应包括材料的规格、名称、数量、材料的来源及运输方式等,材料计划是为物资部门提供采购供应、组织运输和筹建仓库及堆料场的依据。

主要材料计划表 表6-6

序号	材料名称及规格	单位	数量	来源	运输方式	年					年					备注
						一季度	二季度	三季度	四季度	合计	一季度	二季度	三季度	四季度	合计	
1	2	3	4	5	6	7	8	9	10	11	12	13	14	15	16	17

编制: 复核:

4)主要机械使用计划编制

在确定施工方法时,已经考虑了各个施工项目应选择何种施工机具或设备。为了做好机具、设备的供应工作,应根据已确定的施工进度计划,将每个项目采用的施工机械种类、规格和需用数量,以及使用的具体日期等综合起来编制施工机具、设备计划(表6-7),以配合施工,保证施工进度的正常进行。

主要机具、设备计划　　　　　　　　　　　表6-7

序号	机具名称及规格	数量		使用期限		年								备注
						一季度		二季度		三季度		四季度		
		台班	台辆	开始日期	开始日期	台班	台辆	台班	台辆	台班	台辆	台班	台辆	
1	2	3	4	5	6	7	8	9	10	11	12	13	14	15

编制：　　　　　　　　　　　　　　　　　　　　　　　　　　　　复核：

主要施工机具、设备需要量包括基本施工过程、辅助施工过程所得的主要机具、设备,并应考虑设备进、出厂(场)所需台班以及使用期间的检修、轮换的备用数量。

5)临时工程计划

在施工组织设计中,还会遇到其他的临时工程设施,如便道、便桥、临时车站、码头、堆场、通信设施等。对于新建道路工程,这些临时工程设施更多。

各种临时工程设施的数量视工地具体情况而定,因它们的使用期限一般都很短,通常都采用简易结构。全部临时建筑及临时工程设施都应在设计完成之后再编制临时工程表。临时工程表是施工组织设计规定的文件之一,它的内容及格式见表6-8。

临 时 工 程 表　　　　　　　　　　　表6-8

序号	设置地点	工程名称	说明	单位	数量	工 程 数 量							备注
1	2	3	4	5	6	7	8	9	10	11	12	13	14

编制：　　　　　　　　　　　　　　　　　　　　　　　　　　　　复核：

6)运输组织计划

运输组织计划的任务是确定运输量、选择运输方式、计算运输工具的需要量等。公路施工需要运输的物资有建筑材料、构件、半成品以及机械设备、施工及生活用品等。场外运输物资一般都由专业运输单位承运;场内运输通常由施工单位承担。不论哪种运输,都应有组织,按计划地进行。

(1)确定运输量。

工地需要运输的物资,其运输量用下式计算：

$$q = K\frac{Q_i L_i}{T} \tag{6-5}$$

式中：q——每日运输量,t·km;

Q_i——各种物资的年度或季度需用量;

L_i——运输距离,km;

T——工程年度或季度计划运输天数;

K——运输工作不均衡系数,公路运输取1.2,铁路运输取1.5。

(2)选择运输方式。

目前工地运输的方式有铁路运输、公路运输、水路运输和特种运输(索道、管道)等。选择运输方式必须充分考虑各种影响因素,如运输量大小、运距长短和物资性质;现有运输设备条件;利用永久性道路的可能性;地形、地质、水文等自然条件;运杂费用等。

一般地,当货运量较大,运距远,具有条件时,宜采用铁路运输;运距短、地形复杂、坡度较陡时,宜采用汽车或当地的拖拉机运输。当有几种可能的运输方式可供选择时,应通过比较后确定最合适的运输方式。

(3)确定运输工具数量。

运输方式确定后,即可计算运输工具的需要量。运输工具数量可用下式计算:

$$m = \frac{QK_1}{qTnK_2} \tag{6-6}$$

式中:m——所需的运输工具台数;
  Q——年度或季度最大运输量,t;
  K_1——运输不均衡系数,场外运输一般采用1.2,场内运输一般采用1.1;
  T——工程年度或季度的工作天数;
  K_2——运输工具供应系数,一般采用0.9;
  q——汽车台班产量,t/台班,根据运距按定额确定;
  n——每日的工作班数。

7)技术组织措施计划

技术组织措施计划应根据企业下达的要求和指标,按表6-9编制。

技术组织措施计划 表6-9

措施名称及内容摘要	经济效果(元)	计划依据	负责人	完成日期
1	2	3	4	5

6.4 道桥施工临时工程及供水、供电、供热计划

6.4.1 临时设施布设及计算

工程项目施工的正常进行,除了安排合理的施工进度外,还需要在工程正式开工前充分做好各项准备工作,建造相应的临时设施,如工棚、仓库、供水、供电、通信设施等。

各种临时设施的数量视工程具体情况以及施工安排、施工计划经过计算而定,因它们的使用期限一般都很短,通常都根据不同的使用要求,采用不同的结构形式。主要的临时设施有以下几种。

1)工地加工场地

工地临时加工场地的任务是确定建筑面积和结构形式。

加工场(站、厂)的建筑面积通常参照有关资料或根据施工单位的经验确定,也可以按公式计算。

(1)钢筋混凝土构件预制厂、木工房、钢筋加工间等的场地或建筑面积用下式确定:

$$A = \frac{KQ}{TS\alpha} \tag{6-7}$$

式中：A——所需建筑面积，m^2；

Q——加工总量，m^3、t 等；

K——生产不均衡系数，取 1.3～1.5；

T——加工总工期，月、日、班等；

S——每平方米场地的月（日、班）平均产量，场地面积指工、机整个（台）工作面积；

α——场地或建筑面积利用系数，取 0.6～0.7。

（2）水泥混凝土拌和站面积用下式计算：

$$A_T = N \cdot A \tag{6-8}$$

式中：A_T——拌和站面积，m^2；

A——每台拌和机所需的面积，m^2；

N——拌和机数量，台，按式(6-9)计算。

$$N = \frac{QK}{TR} \tag{6-9}$$

式中：Q——混凝土总需要量，m^3；

K——不均衡系数，取 1.5；

T——混凝土工程施工总工作日；

R——混凝土拌和机台班产量，m^3/台班。

（3）大型沥青混凝土搅拌设备的场地面积及布置，根据设备说明书的要求确定。

上述建筑场地也可参照表 6-10 和表 6-11 确定。建筑场的结构形式应根据当地条件和使用期限而定。使用年限短的用简易结构，如油毡或草屋面的竹木结构；使用年限较长的则可采用瓦屋面的砖木结构或活动房屋等。

临时加工场（厂）所需面积参考指标　　　　　　表 6-10

序号	加工厂名称	年产量		单位产量所需建筑面积	占地总面积(m^2)	备注
		单位	数量			
1	混凝土拌和站	m^3	3200	$0.022 m^2/m^3$	按砂石堆场考虑	400L 拌和机 2 台，400L 拌和机 3 台，400L 拌和机 4 台
		m^3	4800	$0.021 m^2/m^3$		
		m^3	6400	$0.020 m^2/m^3$		
2	临时性混凝土预制厂	m^3	1000	$0.25 m^2/m^3$	2000	生产中小型预制构件等，配有蒸养设施
		m^3	2000	$0.20 m^2/m^3$	3000	
		m^3	3000	$0.15 m^2/m^3$	4000	
		m^3	5000	$0.125 m^2/m^3$	小于 6000	
3	半永久性混凝土预制厂	m^3	3000	$0.6 m^2/m^3$	9000～12000	
		m^3	5000	$0.4 m^2/m^3$	12000～15000	
		m^3	10000	$0.3 m^2/m^3$	15000～20000	

续上表

序号	加工厂名称	年产量 单位	年产量 数量	单位产量所需建筑面积	占地总面积(m²)	备注
4	木材加工厂	m³	15000	0.0244m²/m³	1800~3600	进行原木、方木加工
		m³	24000	0.0199m²/m³	2200~4800	
		m³	30000	0.0181m²/m³	3000~5500	
	粗木加工厂	m³	5000	0.12m²/m³	1350	加工模板
		m³	10000	0.10m²/m³	2500	
		m³	15000	0.09m²/m³	3750	
		m³	20000	0.08m²/m³	4800	
	钢筋加工厂	t	200	0.35m²/t	280~560	加工、成型、焊接
		t	500	0.25m²/t	380~750	
		t	1000	0.20m²/t	400~800	
		t	2000	0.15m²/t	450~900	
5	现场钢筋调直、冷拉拉直场卷扬机棚、冷拉场时效场			所需场地(长×宽)70~80m×3~4m,15~20m², 40~60m×3~4m, 30~40m×6~8m		包括材料和成品堆放
	钢筋对焊 对焊场地 对焊棚			所需场地(长×宽)30~40m×4~5m 15~24m²		包括材料和成品堆放
	钢筋冷加工 冷拔剪断机冷轧机 弯曲机12以下 弯曲机40以下			所需场地(m²/台)40~50 30~40 50~60 60~70		按一批加工数量计算
6	金属结构加工（包括一般铁件）			所需场地(m²/t)年产500t为10, 年产1000t为8,年产2000t为6,年产3000t为5		按一批加工数量计算
7	石灰消化	储灰池		5×3=15m²		第二个储灰池配一个淋灰池
		淋灰池		4×3=12m²		
		淋灰槽		3×2=6m²		

现场作业棚所需面积参考指标 表6-11

序号	名称	单位	面积(m²)	备注
1	木工作业棚	m²/人	2	占地为面积2~3倍
2	电锯房	m²	80	86~92cm 圆锯1台
3	电锯房	m²	40	小圆锯1台
4	钢筋作业棚	m²/人	3	占地为建筑面积3~4倍
5	拌和棚	m²/台	10~18	
6	卷扬机棚	m²/台	6~12	
7	烘炉房	m²	30~40	

续上表

序号	名称	单位	面积(m²)	备注
8	焊工房	m²	20~40	
9	电工房	m²	15	
10	铁工房	m²	20	
11	油漆工房	m²	20	
12	机、钳工修理房	m²	20	
13	立式锅炉房	m²/台	5~10	
14	发电机房	m²/kW	0.2~0.3	
15	水泵房	m²/台	3~8	
16	空压机房(移动式)	m²/台	18~30	
	空压机房(固定式)	m²/台	9~15	

2)临时仓库

工地临时仓库分为转运仓库、中心仓库和现场仓库等。临时仓库组织的任务是确定材料储备量和仓库面积、选择仓库位置和进行仓库设计等。

(1)确定材料储备量。

材料储备量要保证工程连续施工的需要,也要避免材料积压而增大仓库面积。供应不易保证、运输条件差、受季节影响大的材料可增大储存量。

常用材料的储备量宜通过运输组织确定,也可以按下式计算:

$$P = \frac{T_e Q_i K}{T} \tag{6-10}$$

式中:P——材料储备量,m^3、t 等;

T_e——储备期,d,按材料来源、运输方式确定,一般不小于10d,即保证10d需用量;

Q_i——材料、半成品等的总需要量;

T——有关项目施工的总工作日;

K——材料使用不均匀系数,取1.2~1.5。

对于不经常使用和储备期长的材料,可按年度需用量的某一百分比储备。

(2)确定仓库面积。

一般的仓库面积可按下式计算:

$$A = \frac{P}{q \cdot K} \tag{6-11}$$

式中:A——仓库总面积,m^2;

P——仓库材料储备量,由式(6-10)确定;

q——每平方米仓库面积能存放的材料数量(表6-12);

K——仓库面积利用系数(考虑人行通道和车行通道所占面积),一般为0.5~0.8。

每平方米面积所能储存材料数量　　　　　　　　　　　　表 6-12

项次	材料名称	单位	每平方米所能堆放的数量	堆放高度（m）	包装类别	堆放方式	储存方法	备注
1	砾石、砂	m^3 t	1.50~2.00 2.60~3.40	1.5~2.0	散	堆	露天	人工堆放
2	砾石、砂	m^3 t	3.00~4.00 5.00~7.00	5.0~6.0	散	堆	露天	机械堆放
3	片石、块石	m^3 t	1.00 1.60	1.50	散	堆	露天	
4	普通砖	块 t	700 2.40~2.60	1.50		码堆	露天	
5	水泥	t	2.00~2.80	1.50~2.00	散装	积堆	仓库	
6	水泥	t	1.50	1.80	袋装	码堆	仓库	
7	块石灰	t	2.25	2.50	散装	堆放	露天	
8	油毡	卷 t	15~22 1.50~2.00	1.00~1.50	卷	码堆	料棚	
9	工字钢、槽钢	t	0.7~1.0	0.60		码堆	露天	
10	角钢	t	2.00~3.00	1.00		码堆	露天	
11	铁皮、钢板	t	4.00~4.50	1.00		码堆	料棚	
12	钢筋	t	3.70~4.20	1.20		码堆	料棚	
13	盘条	t	1.50~1.90	1.00	捆	堆放	料棚	
14	块状沥青	t	2.20	2.20	桶装	码堆	露天	
15	石油沥青	t	0.90	1.75	桶	码堆	料棚	两层皆立放
16	润滑材料	t	0.65~0.80	1.40	桶	码堆	半地下仓库	两层皆立放
17	汽油	t	0.45~0.70	1.20~1.80	桶	码堆	半地下仓库	平放
18	圆木	m^3 t	1.30~2.00 0.85~1.30	2.00~3.00		码堆	露天	
19	方木、板材	m^3 t	1.20~1.80 0.75~1.20	2.00~3.00		码堆	料棚	

特殊材料,如爆炸品、易燃或易腐蚀品的仓库面积,按有关安全要求确定。仓库除满足总面积要求外,还要正确地确定仓库的平面尺寸,即仓库的长度和宽度。仓库的长度应满足装卸要求,宽度要考虑材料的存放方式、使用方便和仓库的结构形式。

[**例 6-1**] 某水泥混凝土路面工程,路面长度 20km,宽度 7.5m,水泥混凝土为 C30,厚度 26cm,计划工期 3 个月,试确定水泥仓库的面积。

解:(1)计算水泥用量。

根据现场施工配合比或参考有关配合比资料(定额配合比表)确定每立方米混凝土水泥用量。本例参照《预算定额》附录二(基本定额)中混凝土配合比表计算,查表知:C30 普通混凝土,采用最大粒径为 40mm 的碎石,每立方米混凝土需 42.5 级水泥 365kg,则该路面工程需水泥总量为:

$$P = 20000 \times 7.5 \times 0.26 \times 365 = 14235000 \text{kg} = 14235\text{t}$$

(2)计算水泥储备量。

按公式(6-10)计算:水泥储备期取15d;材料使用不均衡系数取1.3;施工工期为90d。则水泥储备量为:

$$P = \frac{T_e Q_i K}{T} = \frac{15 \times 14235 \times 1.3}{90} = 3084\text{t}$$

(3)计算水泥仓库面积。

按公式(6-11)计算仓库面积,每平方米仓库面积能存放的水泥数量查表(6-12),袋装水泥每平方米1.5t;仓库面积利用系数取0.7。

$$A = \frac{P}{q \cdot K} = \frac{3084}{1.5 \times 0.7} = 2937\text{m}^2$$

(4)确定仓库建筑尺寸及结构形式(略)。

3)行政、生活用临时房屋

此类临时房屋的建筑面积取决于工地的人数,包括施工人员和家属人数。建筑面积按下式确定:

$$A = N \cdot P \tag{6-12}$$

式中:A——建筑面积,m^2;

N——工地人数;

P——建筑面积指标,见表6-13。

行政、生活临时建筑面积指标表　　　　　　　　表6-13

序 号		临时房屋名称	指标使用方法	参考指标(m^2/人)
一		办公室	按使用人数	3.0~4.0
二		宿舍		
	1	单层通铺	按高峰年(季)平均人数	2.5~3.0
	2	双层床	按在工地住宿实有人数	2.0~2.5
	3	单层床	按在工地住宿实有人数	3.5~4.0
三		食堂	按高峰年平均人数	0.5~0.8
		食堂兼礼堂	按高峰年平均人数	0.6~0.9
四		其他合计	按高峰年平均人数	0.5~0.6
	1	医务室	按高峰年平均人数	0.05~0.07
	2	浴室	按高峰年平均人数	0.07~0.1
	3	理发室	按高峰年平均人数	0.01~0.03
	4	俱乐部	按高峰年平均人数	0.1
	5	小卖部	按高峰年平均人数	0.03
	6	招待所	按高峰年平均人数	0.06
	7	其他公用设施	按高峰年平均人数	0.05~0.1
	8	开水房	每间	10~40
	9	厕所	按工地平均人数	0.02~0.07

编制施工组织设计时,应尽量利用工地附近的现有建筑物,或提前修建能利用的永久房屋,如道班房(公路站)、加油站等,不足部分修建临时建筑。

临时建筑应按节约、适用、装拆方便的原则设计,其结构形式按当地气候、材料来源和工期长短确定。通常有帐篷、活动房屋和就地取材的简易工棚等。

4)工地供水设施

工地临时供水设施布设主要内容有确定用量、选择供应来源、设计管线网络等。如供应来源由工地自行解决,还需要确定相应的设备。

公路道路桥梁施工工地临时供水主要包括生产用水、生活用水和消防用水 3 种。

(1)确定用水量。

施工生产用水主要包括施工机械、运输工具、施工附属企业、建筑安装工程及其他安装施工的用水。

①确定工程施工用水量。

工地施工用水量按下式计算:

$$q_1 = k_1 \sum \frac{Q_1 \times N_1}{T_1 \times b} \times \frac{k_2}{8 \times 3600} \tag{6-13}$$

式中:q_1——工程施工用水量,L/s;

k_1——未预见的施工用水系数,取 1.05~1.15;

Q_1——年(季)度工程量,以实物计量单位表示;

N_1——施工用水定额,参考表 6-14 选取;

T_1——年(季)度有效作业日,d;

b——每天工作班数;

k_2——用水不均衡系数(表 6-15)。

施工用水参考定额　　　　　　　　　　　表 6-14

序号	用 水 对 象	单 位	耗水量(L)	备 注
1	浇筑混凝土全部用水	m³	1700~2400	
2	拌和普通混凝土	m³	250	
3	拌和轻质混凝土	m³	300~350	
4	混凝土养生(自然养生)	m³	200~400	
5	混凝土养生(蒸汽养生)	m³	500~700	
6	湿润模板	m³	10~15	
7	冲洗模板	m³	5	
8	人工洗石子	m³	1000	
9	机械洗石子	m³	600	
10	洗砂	m³	1000	
11	浇砖	千块	500	

续上表

序号	用水对象	单位	耗水量(L)	备注
12	砌砖工程全部用水	m³	150~250	
13	砌石工程全部用水	m³	50~80	
14	抹灰	m³	4~6	不包括调制用水
15	搅拌砂浆	m³	300	
16	消解生石灰	t	3000	
17	素土路面、路基	m²	0.2~0.3	

②确定施工机械用水量。

施工机械用水量按式(6-14)计算。

$$q_2 = k_1 \sum Q_2 \times N_2 \times \frac{k_3}{8 \times 3600} \qquad (6\text{-}14)$$

式中：q_2——施工机械用水量，L/s；

k_1——未预见的施工用水系数，取 1.05~1.15；

Q_2——同种机械台数，台；

N_2——施工机械台班用水定额，参考表 6-16 选取；

k_3——施工机械用水不均衡系数(表 6-15)。

施工用水不均衡系数表　　表 6-15

序 号	用水名称	系 数
k_2	施工工程用水 生产企业用水	1.50 1.25
k_3	施工机械、运输机具 动力设备	2.00 1.05~1.10
k_4 k_5	施工现场生活用水 居住区生活用水	1.30~1.50 2.00~2.50

施工机械用水量参考定额　　表 6-16

序号	机械名称	单 位	耗水量	备 注
1	内燃挖掘机	L/(台班·m³)	200~300	以斗容量 m³ 计
2	内燃起重机	L/(台班·t)	15~18	以起重吨数计
3	蒸汽打桩机	L/(台班·t)	1000~1200	以锤重吨数计
4	蒸汽起重机	L/(台班·t)	300~400	以起重吨数计
5	内燃压路机	L/(台班·t)	12~15	以压路机吨数计
6	拖拉机	L/(昼夜·台)	200~300	
7	汽车	L/(昼夜·台)	400~700	
8	空气压缩机	L/(台班·m³/min)	40~80	以压缩空气排气量

续上表

序号	机械名称	单位	耗水量	备注
9	内燃动力装置	L/(台班·马力)	120~300	直流水
10	内燃动力装置	L/(台班·马力)	25~40	循环水
11	锅炉	L/(h·t)	1000	以小时蒸发量计
12	锅炉	L/h	15~30	以受热面积计
13	电焊机 25 型	L/h	100	
14	电焊机 50 型	L/h	150~200	
15	电焊机 75 型	L/h	250~350	
16	对焊机	L/h	300	
17	冷拔机	L/h	300	
18	凿岩机 YQ-100	L/min	8~12	

③确定施工现场生活用水。

施工现场生活用水按式(6-15)计算。

$$q_3 = \frac{P_1 \times N_3 \times k_4}{8 \times 3600} \quad (6-15)$$

式中：q_3——施工现场生活用水量，L/s；

P_1——施工现场高峰人数；

N_3——施工现场用水定额，视当地气候、工种而定，一般为 20~60L/人·班；

k_4——现场生活用水不均衡系数(表6-15)。

④确定生活区生活用水。

生活区生活用水按式(6-16)计算。

$$q_4 = \frac{P_2 \times N_4 \times k_5}{24 \times 3600} \quad (6-16)$$

式中：q_4——生活区生活用水量，L/s；

P_2——生活区居住人数；

N_4——生活区生活用水定额，参考表 6-17 选取；

k_5——生活用水不均衡系数(表6-15)。

生活用水参考定额　　　　　　　　　　　表 6-17

序号	用水名称	单位	耗水量	备注
1	生活用水	L/(人·日)	20~30	洗漱、饮用
2	食堂	L/(人·日)	15~20	
3	淋浴	L/(人·次)	50	入浴人数按出勤人数30%计
4	洗衣	L/人	30~50	

续上表

序号	用水名称	单 位	耗水量	备 注
5	理发室	L/(人·次)	15	
6	工地医院	L/(病床·日)	100~150	
7	家属	L/(人·日)	50~60	有卫生设备
8	家属	L/(人·日)	25~30	无卫生设备

⑤确定消防用水量。

消防用水量(q_5)可参照表6-18确定。

消防用水量参考表 表6-18

序号	用水区域	用水情况	火灾同时发生次数	用水量(L/s)
1	居住区	5000人以内	1次	10
		10000人以内	2次	10~15
		25000人以内	2次	15~20
2	施工现场	施工现场在$25×10^4 m^2$以内	1次	10~15
		施工现场每增加$25×10^4 m^2$	1次	5

以上5个方面的用水量也可参照有关手册计算确定。

⑥由于生活用水是经常性的,施工用水是间断性的,而消防用水又是偶然性的,因此,工地的总用水量(Q)并不是全部计算结果的总和,实际中可按下列3种情况分别确定:

a. 当$(q_1+q_2+q_3+q_4)<q_5$时,则:

$$Q = q_5 + 0.5(q_1+q_2+q_3+q_4) \tag{6-17}$$

b. 当$(q_1+q_2+q_3+q_4)>q_5$时,则:

$$Q = q_1+q_2+q_3+q_4 \tag{6-18}$$

c. 当工地面积小于$50000 m^2$,且$(q_1+q_2+q_3+q_4)<q_5$时,则:

$$Q = q_5 \tag{6-19}$$

(2)水源选择。

首先考虑当地自来水作水源,不可能时可另选天然水源。当工地附近缺乏现成的供水管道或虽有供水管道但难以满足施工的使用要求时,方考虑采用江(河)水、湖水、水库、泉水、井水等天然水源。一般在野外有水的河道上建桥,施工用水大多取自河水。在干涸河道上建桥,如当地的地下水位不深时,可掘坑取水;地下水位较深时,则可开钻取水;如工地附近有山泉或水渠可取水时,可修建明沟或临时管道等将水引至工地。而且应优先考虑利用那些不需复杂的输水构筑物和大型水泵装置以及临时输水管道较短的水源。

确定的供水水源应满足以下要求:水量充足稳定,能保证最大需水量供应;符合生活饮用和生产用水的水质标准,取水、输水、净水设施安全可靠;施工安装、运转、管理和维护方便。

(3)临时供水系统。

供水系统由取水设施、净水设施、储水构造物、输水管网几部分组成。取水设施由取水口、进水管及水泵站组成。取水口距河底（或井底）不得小于 0.25~0.9m，距冰层下部边缘的距离也不得小于 0.25m。水泵要有足够的抽水能力和扬程。

当水泵不能连续工作时，应设置储水构造物，一般有水池、水塔或水箱等，工地可采用木支架或装配式常备钢构件来设置临时水塔，其储水箱用钢箱或钢筒。其容量以每小时消防用水量确定，但一般不小于 10~20m³。

输水管网应合理布局，干管一般为钢管或铸铁管，支管为钢管。输水管的直径必须满足输水量的需要。一般可按式（6-20）计算。

$$D = \sqrt{\frac{Q}{250\pi \times v}} \tag{6-20}$$

式中：D——输水管直径，m；

Q——消耗水量，L/s；

v——管网中的水流速度，m/s，取值见表 6-19。

水管经济流速表　　　　　　　　　　　　表 6-19

序　号	管径（m）	流速（m/s）	
		正常时间	消防时间
1	支管 $D<0.10$	2	
2	生产消防管道 $D=0.1~0.3$	1.3	>3
3	生产消防管道 $D>0.3$	1.5~1.7	2.5
4	生产用水管道 $D>0.3$	1.5~2.5	3

5）工地临时供电设施

（1）确定工地总用电量。

工地用电可分为动力用电和照明用电两类，用电量可用式（6-21）计算。

$$P = (1.05 ~ 1.10)\left(\frac{K_1 \sum P_1}{\cos\varphi} + K_2 \sum P_2 + K_3 \sum P_3 + K_4 \sum P_4\right) \tag{6-21}$$

式中：P——工地总用电量，kV·A；

P_1、K_1——电动机额定功率，kW，需要系数 K_1 取 0.5~0.7，电动机 10 台以下取 0.7，超过 30 台取 0.5；

P_2、K_2——电焊机额定容量，kV·A，需要系数 K_2 取 0.5~0.6，电焊机 10 台以下取 0.6；

P_3、K_3——室内照明容量，kW，需要系数 K_3 取 0.8；

P_4、K_4——室外照明容量，kW，需要系数 K_4 取 0.8；

$\cos\varphi$——电动机的平均功率因数，根据用电量和负荷情况而定，最高取 0.75~0.78，一般取 0.65~0.75。

现场用电也可参照表 6-20 所示的施工用电参考定额进行计算。

（2）选择电源及确定变压器。

无论由当地电网供电还是在工地设临时电站解决，或者各供给一部分，选择电源都应在考虑以下因素后，根据工程具体情况经过比较确定。当地电源能否满足施工期间最高负荷；电源距离较远时是否经济；设临时电站，供电能力应满足需用，避免造成浪费或供电不足；电源位置应设在设备集中、负荷最大而输电距离又最短的地方。

施工用电参考定额表　　　　　　　　　表6-20

序号	用电目的	用电量(W/m²)	序号	用电目的	用电量(W/m²)
(一)露天场地照明			(二)室内照明		
1	人工土方施工	0.6~0.75	10	宿舍及住宅	5
2	机械化施工土方、砌石、打桩	0.8	11	厨房、食堂、普通办公室	10
3	浇筑混凝土、拌制砂浆、轧碎石及过筛	2~2.5	12	厕所	3
			13	浴室、漱洗室	5
4	制造及装配金属结构	2.4~2.5	14	钢筋加工间、金属构件厂、机修间	13
5	露天堆场	6			
6	机械停放场	1.5~2.5	15	细木工车间	6
7	主要人行道及车行道	5kW/km	16	锯木厂	3~5
8	次要人行道及车行道	5kW/km	17	车库	13
9	警卫、照明	2			

一般都首先考虑将附近的高压电通过工地的变压器引入。

变压器的功率按式(6-22)计算。

$$P = K\left(\sum \frac{P_{max}}{\cos\varphi}\right) \tag{6-22}$$

式中：P——变压器的功率，kV·A；

K——考虑功率损失的系数，取1.05；

P_{max}——各施工区的最大计算负荷，kW；

$\cos\varphi$——变压器的功率因数。

(3)选择导线截面。

合理的导线截面应满足以下3个方面的要求：

①要有足够的机械强度，即在各种不同的敷设方式下，确保导线不致因一般机械损伤而折断。

②应满足通过一定的电流强度，即导线必须能承受负载电流长时间通过所引起的温度升高。

③导线上引起的电压降必须限制在容许限度之内。

这3方面要求均需满足，故取3者中截面最大者。

(4)配电线路的布置要点。

线路宜架设在道路的一侧，并尽可能选择平坦路线。线路距建筑物的水平距离应大于1.5m。在380/220V低压线路中，电杆间距为25~40m。分支线及引入线均应从电杆处接出。

因为架空线工程简单、经济、便于检修，临时布线一般都用架空线。电杆及线路的交叉跨越要符合有关输变电规范。

配电箱要设置在便于操作的地方，并有防雨、防晒设施。各种施工用电机具必须单机单闸，绝不可一闸多用。闸刀的容量按最高负荷选用。

6)工地临时供热

北方地区，冬季天气寒冷，生产及生活需考虑临时供热。工地临时供热的主要对象是：临时房屋如办公室、宿舍、食堂等内部的冬季采暖;冬季施工供热,如施工用水和材料加热等;预制场供热,如钢筋混凝土构件的蒸汽养生等。建筑物内部采暖耗热量,按有关建筑设计手册计算。

临时供热的热源,一般都设立临时性的锅炉房或个别分散设备(如火炉),如有条件,也利用当地的现有热力管网。

临时供热的蒸汽用量用式(6-23)计算。

$$W = \frac{Q}{I \times H} \tag{6-23}$$

式中:W——蒸汽用量,kg/h;

Q——所需总热量,按建筑采暖设计手册计算,J/h;

I——在一定压力下蒸汽的含热量,查有关热工手册,J/kg;

H——有效利用系数,一般为 0.4~0.5。

蒸汽压力根据供热距离确定,供热距离在 300m 以内时,蒸汽压力为 30~50kPa 即可,在 1000m 以内时,则需要 200kPa。确定了蒸汽压力后,根据式(6-23)计算得到蒸汽用量,即可查阅锅炉手册,选定锅炉的型号。

6.5 道桥施工平面图设计

施工平面图是对一个施工项目施工现场的平面规划和空间布置的具体成果。它是根据工程规模、特点和施工现场的条件,按照一定的设计原则,正确地解决施工期间所需设置的各种临时工程和其他设施的合理位置关系。施工平面图是进行施工现场布置的依据和实现施工现场有组织有计划进行文明施工的先决条件,因此它是施工组织设计的重要组成部分。

6.5.1 施工平面图的类型及主要内容

1)按施工平面图的作用划分

(1)施工总平面图。

施工总平面图是拟建项目施工场地的总布置图。它按照施工布置和施工总进度计划的要求,对施工现场的道路交通、材料仓库、附属企业、临时房屋、临时水电管线等做出合理的规划布置,从而正确处理整个工地施工期间所需各项设施和永久性建筑、拟建工程之间的空间关系。施工总平面图的绘图比例一般为 1:5000 或 1:2000。图 6-8 所示为某公路施工总平面图。

施工总平面图可用两种形式表示。一种是根据公路路线的实际走向按适当的比例绘制,这种图图形直观,图中所绘内容的位置准确。另一种是将公路路线绘成水平直线,将图中各点的平面位置以路中线为基准做相对移动,这种图纵横比例可以不同,一般用于斜条式工程进度图。

施工总平面图一般应包括以下内容:

①公路施工用地范围内及附近已有的和拟建的地上、地下建筑物及其他地面附着物、农田、果园、树林、地下洞穴、坟墓等位置及主要尺寸。

②新建公路工程的主要施工项目位置。如路线及里程、大中桥、隧道、渡口、集中土石方、交叉口、特殊路基等重点工程的位置;公路养护、运营管理使用的道班房、加油站、高速公路的收费站、服务区等运输管理服务建筑物位置。

第6章 道桥工程施工组织设计

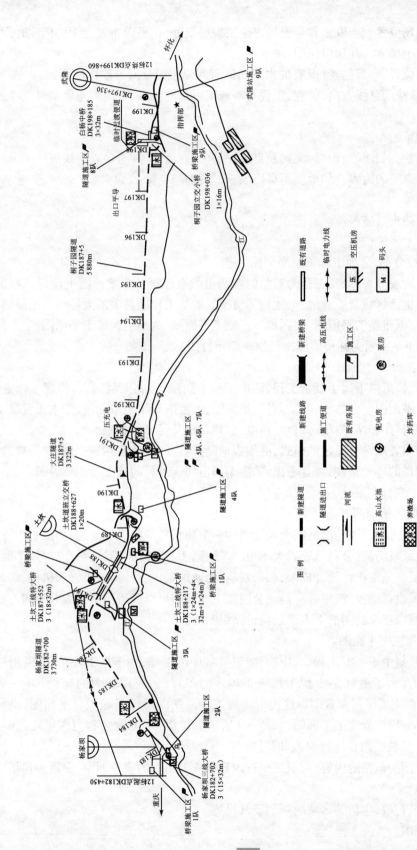

图6-8 施工总平面布置图

③取土和弃土场位置。当取土和弃土场离施工现场很远,在平面布置上无法标注时,可用箭头指向取土或弃土场方向并加以说明。

④既有高压线位置、水源位置(既有的水井),既有河流位置及河道改移位置。

⑤既有公路、铁路的路线方向、位置、里程与本施工项目的关系,因施工需要临时改移公路的位置。

⑥公路临时设施的布置。

⑦重要地形地物。如河流、山峰、文物及自然保护区、高压铁塔、重要通信线等。

⑧其他与施工有关的内容。如地质不良路段、国家测量标志、气象台、水文站、变电站、防洪、防火、安全设施等。

⑨现场安全及防火设施等。

⑩施工场地排水系统位置。

(2)单位工程或分部、分项工程施工平面图。

它是以单位工程或分部、分项工程为对象的空间组织平面设计方案。图上应详细绘出施工现场、辅助生产、生活区域及原有地形、地物等情况。如某工程项目中的大桥施工平面图、隧道施工平面图、立交枢纽施工平面图、附属加工厂施工平面图、基础工程施工平面图、主梁吊装施工平面图等。图6-9所示为某桥梁施工场地平面布置图。

(3)其他施工场地平面图。

有一些工程项目,虽然不属于复杂工程,但由于施工期限长,施工范围大,管理工作量大,有必要绘制其施工平面图。例如沿线砂石料厂平面图;大型附属场地平面图,如水泥混凝土构件预制厂、沥青混合料拌和站等;临时供水、供电、供热基地及管线分布平面图。

施工场地平面布置图没有固定的模式,必须因地制宜,密切联系实际,充分收集资料,针对工程特点和施工现场的环境条件,综合考虑,才能编制出切实可行的施工场地布置图。

2)按主体工程形态划分

(1)线性工程施工平面图。

公路工程线性施工平面图是沿路线全长绘制的一个狭长的带状式平面图,如图6-8所示。图中一方面要反映原有河流、公路、铁路、大车道、车站、码头、运输点、田地、悬崖、湿地等地形、地物;另一方面要反映施工组织设计成果,如采料场、附属加工厂、仓库、施工管理机构、临时便道、便桥及大型机械设备的停放、维修厂等。公路施工平面图可以按道路中线为假想的直线进行相对的展绘,也可以在平面图的下方展绘出道路纵断面。

(2)集中型工程施工平面图。

公路立交枢纽、集中土石方工程、大中桥、隧道等集中型工程,由于施工环节多,需用较多的机械、设备和人力,为了做好集中型工程施工场地的布置,需要用较大的比例尺(一般为1:500~1:100)绘制施工平面布置图。这类工程施工平面图既可以是施工总平面图,也可以是单项工程或分部分项工程施工平面图,如图6-9所示。其总的特点是工程范围比较集中(包括局部线型工程),反映的内容比较深入和具体。

这类施工平面图所包括的内容,应根据工程内容和施工组织的需要而定,一般应包括:

①原有地形地物。

②场区的生产、行政、生活等区域的规划及其设施。

③施工用地范围。

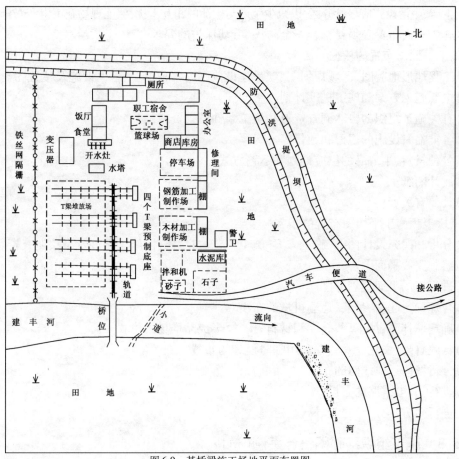

图6-9 某桥梁施工场地平面布置图

④主要的测量及水文标志。
⑤基本生产、辅助生产、服务生产的空间组织成果。
⑥场区运输设施。
⑦安全消防设施等。

6.5.2 施工平面图布置的原则、依据和步骤

1)施工平面图布置的原则

施工平面图设计总的原则是:平面紧凑合理、方便施工流程、运输方便通畅、降低临建费用、便于生产生活、保护生态环境、满足消防要求、保证安全可靠。具体内容包括:

(1)在满足现场施工要求的前提下,充分利用原有地形、地物,尽可能减少施工用地,以利于降低工程成本。

(2)在确保施工顺利进行的前提下,尽可能减少临时设施,充分利用施工现场附近的原有建筑物、构筑物作为施工临时用房,并利用永久性道路供施工使用。

(3)最大限度地减少场内运输及场内材料、构件的二次搬运;充分利用场地;各种材料堆放的位置尽量靠近使用地点,以节约搬运劳动力和减少材料多次转运中的消耗。

(4)临时设施的布置应便利施工管理及工人生产和生活。办公用房应靠近施工现场;施工管理机构的位置必须有利于全面指挥和管理施工现场。

(5)生产、生活设施应尽量分区,以减少生产与生活的相互干扰,保证现场施工生产安全进行。

(6)施工平面布置必须要符合安全防火、劳动保护的要求。

2)施工平面图布置的依据

(1)工程地形地貌图、区域规划图、项目建设范围内各种地上、地下设施及位置图。

(2)主要施工方案和施工进度计划。

(3)有关施工组织的自然调查资料和施工条件调查资料。

(4)各类临时设施的规模和数量等。

(5)各种材料、半成品的供应计划和运输方式。

(6)设计图纸。

(7)其他有关资料。

3)道桥工程施工平面图布置的步骤

(1)分析和研究设计图纸、施工方案、施工工艺、自然条件、施工条件及有关调查资料。

(2)绘制路线平面图。

(3)进行现场平面规划分区。

(4)合理确定起重、吊装、运输机械的布设。

(5)确定搅拌站、加工厂、仓库和材料、构件、半成品堆场的位置。

(6)行政管理、文化、生活、福利用临时设施的布置。

(7)进行场内运输线路的布设。

(8)进行水、电线路的布设。

(9)进行多方案分析、比较、修改、定案。

6.5.3 施工组织平面图设计案例(道桥)

某绕城线北段高速公路项目土建工程第×合同段,起止桩号为主线 K20+046.8~K25+310(含互通);一级公路连接线 LK0+000~LK1+482.508。其中主线 5.2632km 采用四车道高速公路标准建设,设计速度 100km/h,路基宽度 26.0m;连接线 1.482km 采用一级公路标准建设,设计速度 100km/h,路基宽度 25.5m。本合同段路线全长 6.7457km。

本合同段包含下列工程项目。

路基工程:清理场地、临时工程、土石方工程、排水工程和防护工程。

桥涵工程:中、小桥、互通式和分离式立交桥、通道、涵洞、人行天桥等。

路面工程:主线、互通匝道、一级公路路面底基层及支线路面。

沿线设施:改路、改渠、改沟和接线工程。

1)施工便道设计及施工

项目开工后,路基范围内拉通一条纵向施工便道,便道宽 7m,采用挖掘机、推土机、平地机、压路机和自卸汽车施工。当有河沟、渠道横穿主线时,安装临时过水圆管涵来保证农田用水和泄洪的需要。

2)施工驻地的设置

计划将承包人驻地设置在 K23+650 路基左侧。第一批人员进场后,首先做好"四通一平"工作,然后进行临时房屋建设。临时房屋建设包括办公室、宿舍、工地试验室、会议室、食堂、浴室、卫生间、仓库、机修车间和污水处理池。根据初步估算修建临时房屋面积共计

1870m²。为丰富职工业余生活,还将在驻地内修建篮球场和职工娱乐室。驻地建设以环保为原则,以人为本,在不铺张浪费的前提下,营造一个清洁、舒适的工作环境。施工驻地需临时用地约2500m²(3.8亩)。

3)拌和站及预制场的设置

根据招标文件的要求,结合现场实际情况,计划在K21+228中桥0号台后的路基上设置一个空心板预制场,K23+800右侧设一个T梁预制场和一个混凝土拌和站,在AK0+691.45跨线桥右侧再增设一个空心板预制场,小型构件预制场设在K22+100右侧,底基层稳定料拌和场设在K23+500左侧。

4)施工用电和施工用水

本合同段沿线电力资源十分丰富,能满足本工程施工用电的需要,生活、施工用电将以外电输送为主。施工中,将准备3台发电机作为备用电源。

沿线水系发达,水源丰富,水质洁净,施工用水可直接就近取用,生活用水采取打井取水。如遇旱季或供水困难时,计划用水车运输来保证生活及施工用水。

5)施工通信

本合同段所在的村镇都开通了程控电话,移动网络也基本上覆盖了全线。施工中,将以对讲机、程控电话和移动电话作为主要的施工通信工具。另外项目驻地还将配置传真机、开通互联网,以加强与业主和外界的联络。

6)临时工程总体布置与数量

本合同段临时工程布置详见施工总平面布置图(图6-10)、桥梁预制场平面布置图(图6-11)。临时工程数量详见表临时工程用地计划表(略)。

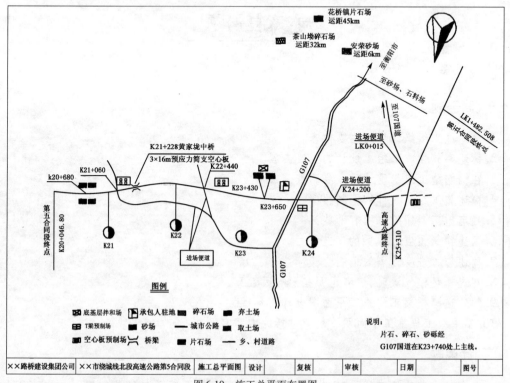

图6-10 施工总平面布置图

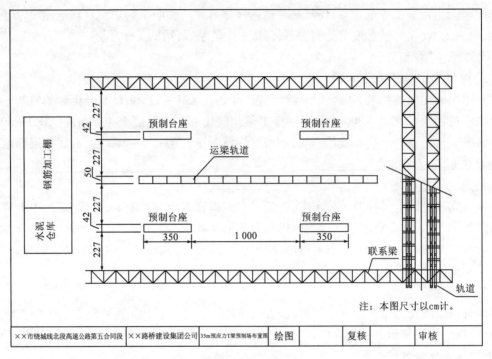

图 6-11 桥梁预制场平面布置图

本章复习题

一、简答题

1. 简述施工组织计划的主要内容。
2. 简述实施性施工组织设计的主要内容。
3. 在编制施工组织设计时主要调查哪四个方面的资料?
4. 简述施工组织设计的编制程序。
5. 确定施工顺序的原则有哪些?
6. 简述预制预应力 T 梁的工艺流程。
7. 简述施工进度计划的编制步骤。
8. 在选择运输方式时,应考虑哪些影响因素?
9. 简述道路桥梁工程施工平面图设计的步骤。
10. 集中型工程施工平面图一般应包括的内容有哪些?

二、计算题

1. 某实体式浆砌块石桥台高度 8m,工程量 $250m^3$,按预算承包给某砌筑班,该班 20 人,按

一班制施工,预计几天完成,若要求 14d 完成需增加几人?(浆砌块石施工定额为 23.5 工日/$10m^3$)

2. 某石砌挡土墙墙身 $Q=100m^3$,流水施工组织的单位工作量为 $20m^3$,时间定额每立方米 1.1 工日,投入 14 人,求流水节拍及全部工作时间。

3. 钢筋混凝土管涵,混凝土工程量 $400m^3$,钢筋 30t,直径 1.5m,有 50 名工人,250L 混凝土搅拌机 1 台,采用一班制,求劳动量和主导劳动量,若要求 60d 完成如何解决?

4. 某道路工程的劳动力用工计划安排如表 6-21 所示,试计算该工程劳动力不均衡系数,并说明是否需调整用工计划。

劳动力用工计划安排 表 6-21

三月	四月	五月	六月	七月	八月	九 月			十月
						上旬	中旬	下旬	
30	32	40	56	78	62	55	46	42	28

5. 表 6-22 是某工程的钢筋需求计划与供应计划安排表,试计算到日历天数为多少天时,可完成材料的供应任务?若为了保证工程正常进行,要求材料供应有 5d 的储备量,请问该钢筋供应方案能否满足要求。

钢筋需求计划与供应计划安排 表 6-22

日历天数	10	20	30	40	50	60	70	80
日需求量(t)	0	0	35	40	45	55	50	40
日供应量(t)	30	40	35	25	45	45	30	20

6. 某施工项目部共有行政办公人员 36 人,根据施工进度计划安排,高峰期施工人数达 450 人。试确定临时房屋建筑面积。

7. 某路桥施工场地的总面积为 10 万 m^2,施工人员总数为 150 人,试计算生活用水量和消防用水量。

8. 某工地进行混凝土承台施工,每日需进行钢筋绑扎、焊接及混凝土浇筑、养生作业(自然养生),电焊机为 25 型(2 台),一班制作业,高峰作业时的每日浇筑混凝土量为 $100m^3$,试计算工程施工用水量和施工机械用水量。

9. 某项目经理部在进行施工工地供水设施设计中计算得到用水量数据为:工地施工工程用水量为 11.46L/s,机械用水量为 0.12L/s,工地生活用水量为 0.72L/s,生活区生活用水量为 0.95L/s,消防用水量为 10L/s,若工地面积为 $45000m^2$,试问采用直径为 50mm 钢管供水,能否符合要求。

10. 某桥梁工程的箱梁预制场,需要在 120d 内预制标准路径 30m,计算跨径 29.5m 的 C50 (碎 40,42.5 级水泥)普通混凝土箱梁 80 片,若箱梁横截面积为 $1.76m^2$,C50 混凝土消耗定额为水 $0.19m^3$,水泥 487kg,中砂 $0.43m^3$,碎石 $0.79m^3$。水泥储备期不小于 10d,材料使用不均衡系数取 1.3,仓库利用系数取 0.7,散装水泥堆放高度为 2.00m,每平方米堆放水泥 2.8t。

(1)计算水泥总需要。

(2)计算水泥储备量。

(3)计算水泥仓库面积。

第7章 施工网络计划技术

本章导读

基本要求：通过本章学习，掌握网络图的定义和构成要素，网络图的关键线路确定的方法和各工序时间参数的定义和计算方法，带时间坐标网络计划图的绘制方法、单代号网络图的绘制与计算，网络计划的时间优化以及时间—费用优化的方法。熟悉网络图的特点和虚箭线的运用，时标网络图的概念及特点，时间优化、时间—费用优化、资源优化的方法。

重　　点：网络图的定义、构成要素和网络图的绘制，网络图的特点和虚箭线的运用，网络图的关键线路确定的方法和各工序时间参数的定义和计算方法，带时间坐标网络计划图的绘制方法、单代号网络图的绘制与计算，网络计划资源优化的方法。

难　　点：虚箭线的运用和网络图的绘制，各工序时间参数的定义和计算方法，带时间坐标网络计划图的绘制方法，单代号网络图的绘制与计算，网络计划时间—费用优化的方法。

7.1 网络计划概述

　　网络计划在我国也称为统筹方法，是一种有效的系统分析和优化技术。它来源于工程技术和管理实践，又广泛地应用于军事、航天和工程管理、科学研究、技术发展、市场分析和投资决策等各个领域，并在诸如保证和缩短时间、降低成本、提高效率、节约资源等方面取得了显著的成效。我国引进和应用网络计划理论，除国防科研领域外，以土木建筑工程建设领域最早，并且在有组织地推广、总结和研究这一理论方面的历史也最长。

网络计划技术的基本原理:首先绘制工程施工网络图;然后通过计算找出计划中的关键工作及关键线路;继而通过不断改善网络计划,选择最优方案,并付诸实施;最后在执行中进行控制和监督,保证以最小的消耗取得最大的经济效益。

7.1.1 网络计划技术的产生与发展

20世纪50年代中期后,为适应生产发展和科技进步需要,国外陆续采用了一些用网络图表达的计划管理的新方法,由于这些新方法都是建立在网络图的基础上,所以在国际上把这种方法统称为"网络计划方法"或"网络计划技术"。

我国自1965年开始应用网络计划技术,经过多年的实践和应用,该技术至今已得到不断扩大和发展。为了使网络计划技术在工程计划编制与控制的实际应用中能遵循统一的技术规定,做到概念正确、计算原则一致和表达方式统一,以保证网络计划管理的科学性、规范性,国家建设部于1992年颁发了行业标准《工程网络计划技术规程》(JGJ/T 1001—1991),并于1999年、2015年分别颁发了重新修订的行业标准《工程网络计划技术规程》(JGJ/T121—1999)、《工程网络计划技术规程》(JGJ/T 121—2015)。

7.1.2 网络计划技术的性质和特点

网络计划技术是使计划安排合理化的科学手段。网络计划应在确定技术方案与组织方案、按需要粗细划分工作、确定工作之间的逻辑关系及各工作的持续时间的基础上进行编制。

进度计划既可以用横道图表示,也可用网络图表示,横道图与网络图两者都是工程进度计划表示的有效形式。网络计划技术的最大特点是正好克服了横道计划法的缺点,它从工程的整体出发,统筹安排,明确反映了施工过程中所有工序之间的逻辑关系,把计划变成了一个有机的整体;同时突出了应抓的关键工序,显示了其他各工序可以灵活机动使用的时间。其缺点是:流水作业情况不能在计划上全部反映出来;不能直接在网络图上计算劳动力、材料和施工机具等资源需要量。具体归纳为如下几点:

(1)能全面而明确地反映各工序之间相互制约和相互依赖的逻辑关系。

(2)可以进行各种时间参数的计算,能找出影响工程进度的关键工序,便于抓住主要矛盾指挥生产。

(3)能确定工序是否有机动时间,便于更好地利用人力、物力和财力。

(4)可通过优化,在若干可行方案中找出最优方案。

(5)可利用计算机进行计算、调整和优化。

7.1.3 网络计划技术的分类

1)按表示方法分类

(1)双代号网络计划。

双代号网络计划是以双代号网络图表示的计划,双代号网络图是以箭线及其两端节点的编号表示工作的网络图。

(2)单代号网络计划。

单代号网络计划是以单代号网络图表示的计划,单代号网络图是以节点及其节点编号表示工作,以箭线表示工作之间逻辑关系的网络图。

2）按性质分类
（1）肯定型网络计划。
肯定型网络计划是指各工作数量、各工作之间的逻辑关系及各工作的持续时间都肯定的网络计划。
（2）非肯定型网络计划。
非肯定型网络计划是指各工作数量、各工作之间的逻辑关系及各工作的持续时间三者之中，有一项及其以上不肯定的网络计划。
3）按目标的多少不同分类
（1）单目标网络计划。
只有一个最终目标的网络计划称为单目标网络计划，如图 7-1 所示。
（2）多目标网络计划。
由若干个独立的最终目标与其相互有关工作组成的网络计划称为多目标网络计划，如图 7-2 所示。

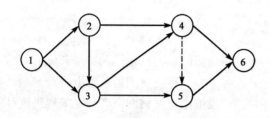

图 7-1　单目标网络计划

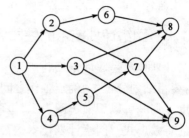

图 7-2　多目标网络计划

4）按网络计划包括范围不同分类
（1）局部网络计划。
局部网络计划是指以一个建筑物或构筑物中的一部分，或以一个分部工程为对象编制的网络计划。
（2）单位工程网络计划。
单位工程网络计划是指以一个单位工程或单体工程为对象编制的网络计划。
（3）综合网络计划。
综合网络计划是指以一个单项工程或一个建设项目为对象编制的网络计划。
5）网络计划的其他分类
（1）时标网络计划。

工作的持续时间以时间坐标为尺度绘制的网络计划称为时标网络计划，如图 7-3 所示。工作的持续时间以数字形式标注在箭线下面绘制的网络计划称为非时标网络计划。

（2）搭接网络计划。
搭接网络计划是指前后工作之间有多种逻辑关系的肯定型网络计划，其主要特点是可以表示各种搭接关系。

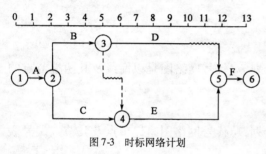

图 7-3　时标网络计划

7.2 双代号网络计划时间参数计算

7.2.1 双代号网络图的组成

组成双代号网络图的三要素:箭线(箭杆)、节点、线路。

1)箭线(箭杆)

网络图中一端带箭头的线段即为箭线。在双代号网络图中,它与其两端的点表示一项工作。双代号网络图中的工作分为三类:第一类工作是既需消耗时间,又需消耗资源的工作,称为一般工作,用实箭线表示;第二类工作只消耗时间而不消耗资源(如混凝土的养护);第三类工作,它既不消耗时间,也不需要消耗资源的工作,称为虚工作。虚工作是为了反映各工作间的逻辑关系而引入的,并用虚箭线表示。

(1)实箭线是一端带箭头的实线,如图7-4a)所示。一根实箭线表示一个施工过程(或一项工作)。一根箭线表示一项工作所消耗的时间和资源,分别用数字标注在箭线的下方和上方。

在非时标网络图中,箭线的长度不代表时间的长短。

在时标网络图中,其箭线的长度必须根据完成该项工作持续时间长短按比例绘制。

箭线的方向表示工作进行的方向,应保持自左向右的总方向。

(2)虚箭线是一端带箭头的虚线,如图7-4b)所示。

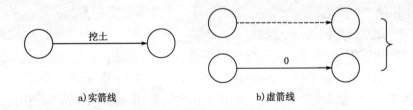

图 7-4 箭线示意图

虚箭线仅表示工作之间的逻辑关系。

箭线表达的内容有以下几个方面:一根箭线表示一项工作或一个施工过程,工作既可以是一个简单的施工过程,也可以是一项复杂的工程任务;一根箭线表示一项工作所消耗的时间和资源,分别用数字标注在箭线的下方和上方;在无时间坐标的网络图中,箭线的长度不代表时间的长短,画图时原则上是任意的,但必须满足网络图的绘制规则;箭线的方向表示工作进行的方向和前进的路线,箭尾表示工作的开始,箭头表示工作的结束;箭线可以画成直线、折线和斜线。

2)节点

网络图中箭线端部的圆圈或其他形状的封闭图形就是节点,是前后两工作(序)的交点,表示工作的开始、结束和连接关系。节点是瞬间概念,不消耗时间和资源。

图7-5a)中第一个节点,称始节点;最后一个节点称终节点;其他节点称中间节点。节点

沿箭线由左到右从小到大。

(1)节点:一般表示该节点前工作的结束,同时也表示该节点后工作的开始。

(2)节点分类:开始节点、结束节点、起点节点、终点节点、中间节点。

(3)节点编号。

①节点编号的规则:箭头节点编号始终大于箭尾节点编号。

②节点编号的顺序:从起始节点开始,依次向终点节点进行。

③在一个网络图中,所有节点不能出现重复编号,编号的号码可以按自然顺序进行,也可以非连续编号。

(4)用箭线和节点表示一项工作。

①一项工作中与箭尾衔接的节点,称工作的始节点。

②一项工作中与箭头衔接的节点,称工作的终节点。

(5)用箭线和节点表示两项工作间的紧前及紧后逻辑关系。

①A 工作的箭头与 B 工作的始节点衔接,则表示出 A 工作是 B 紧前工作。

箭线

②B 工作的箭尾与 A 工作的终节点衔接,则表示出 B 工作是 A 紧后工作。

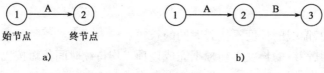

紧前逻辑关系

图 7-5 节点示意图

注:①②——A 为 B 的紧前工作;②③——B 为 A 的紧后工作。

图 7-5 中用两个编号表示一个工作,称双代号。如用一个节点序号表示一项工作,则称单代号。在此先介绍双代号网络图的绘制。

在双代号网络图中,节点表示工作之间的逻辑关系,节点表达的内容有以下几个方面:节点表示前面工作结束和后面工作开始的瞬间,所以节点不需要消耗时间和资源;箭线的箭尾节点表示该工作的开始,箭线的箭头节点表示该工作的结束,根据节点在网络图中的位置不同可以分为起点节点、终点节点和中间节点;网络图中的每个节点都有自己的编号,以便赋予每项工作以代号,便于计算网络图的时间参数和检查网络图是否正确。

3)线路、关键线路

网络图中从起始节点开始,沿箭线方向连续通过一系列箭线和节点,最后到达终点节点的通路称为线路。

关键线路:网络图中自其起始节点至终点节点上各条线路工作持续时间之和最大的线路为关键线路。

非关键线路:网络图中除了关键线路以外的线路。非关键线路上都有若干机动时间称为时差。

关键工作:位于关键线路上的工作。关键工作不一定只在关键线路上。

一个网络中关键线路至少有一条,也可能有几条。关键线路和非关键线路可以相互转化。

关键线路适宜用粗箭线、双箭线或彩色箭线标注,以突出其重要位置。

7.2.2 双代号网络图的绘制

1) 网络图的逻辑关系及其正确表示

(1) 逻辑关系。

逻辑关系是指工作之间开始投入或完成的先后关系,工作之间的逻辑关系用紧前关系或紧后关系(一般用紧前关系)来表示。

工作之间的逻辑关系包括工艺逻辑关系和组织逻辑关系。

①工艺逻辑关系:由施工工艺所决定的各个施工过程之间客观上存在的先后顺序关系。对于一个具体的工程项目而言,当确定施工方法之后,各个施工过程的先后顺序一般是固定的,有的是绝对不允许颠倒的。在图 7-6 中,挖槽(简称"槽")1→垫层基础(简称"垫基")1→回填(简称"填")1 为工艺逻辑关系。

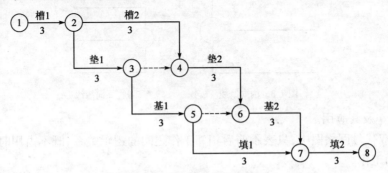

图 7-6 某基础工程施工关系图

②组织逻辑关系:组织逻辑关系是施工组织安排中,考虑劳动力、机具、材料及工期等方面的影响,在各施工过程之间主观上安排的施工顺序,这种关系不受施工工艺的限制,不是由工程性质本身决定的,而是在保证工作质量、安全和工期等的前提下,可以人为安排的顺序关系。在图 7-6 中,槽 1→槽 2、垫 1→垫 2 等为组织逻辑关系。

绘制双代号网络图,对工作的逻辑关系必须正确表达,图 7-7 给出了表达工作逻辑关系的几个例子。图 7-7a)表示工作 A 的紧后工作为 B、C;图 7-7b)表示工作 C 的紧前工作是 A、B;图 7-7c)表示工作 A、B 的紧后工作是 C、D;图 7-7d)表示工作 A 的紧后工作是 C、D,工作 B 的紧后工作是 D。图 7-7d)中,用一虚箭线把工作 A 和工作 D 连了起来,若没有它,工作 A、B、C、D 的这种关系就无法表达了。

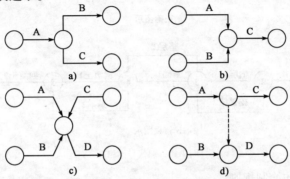

图 7-7 双代号网络计划工作逻辑关系图

(2)工作—工作的逻辑关系。

本工作:如 i-j 工作。

紧前工作:紧排在本工作之前的工作称为本工作的紧前工作,如 h-i。

紧后工作:紧排在本工作之后的工作称为本工作的紧后工作,如 j-k。

平行工作:与本工作同时进行的工作称为平行工作。

起始工作:没有紧前工作的工作。

结束工作:没有紧后工作的工作。

(3)内向箭线和外向箭线。

①内向箭线:指向某个节点的箭线称为该节点的内向箭线,如图 7-8 所示。

②外向箭线:从某节点引出的箭线称为该节点的外向箭线,如图 7-9 所示。

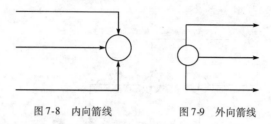

图 7-8　内向箭线　　　　图 7-9　外向箭线

(4)虚工作及其应用。

虚工作:双代号网络图中,只表示前后相邻工作之间的逻辑关系,既不占用时间,也不耗用资源的虚拟的工作。

虚工作一般起着联系、区分、断路三个作用。

①联系作用:如图 7-10a)所示,③—④虚工作表明垫层 2 在垫层 1、挖基槽 2 都完成后才开始。

②断路作用:如图 7-10a)所示,③—④、⑤—⑥虚工作表示正确的逻辑关系。

③区分作用:如图 7-10a)所示,③—④虚工作区分②—④与②—③。

去掉图 7-10a)虚工作后为图 7-10b),该图没有了联系、区分、断路的作用。

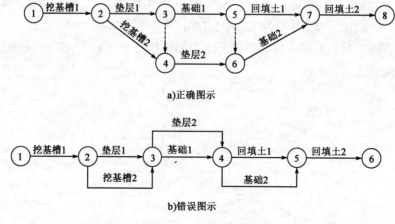

图 7-10　双代号网络图

2)双代号网络图的绘制规则

(1)双代号网络图必须正确表达逻辑关系,如表 7-1 所示。

网络图中常见的工种工作逻辑关系　　　　　　　　　表 7-1

序号	工作之间的逻辑关系	网络图中的表示方法	说明
1	A、B 两项工作依次施工		A 制约 B 的开始，B 依赖 A 的结束
2	A、B、C 三项工作同时开始施工		A、B、C 三项工作为平行施工方式
3	A、B、C 三项工作同时结束		A、B、C 三项工作为平行施工方式
4	A、B、C 三项工作，A 结束后，B、C 才能开始		A 制约 B、C 的开始，B、C 依赖 A 的结束，B、C 为平行施工
5	A、B、C 三项工作，A、B 结束后，C 才能开始		A、B 为平行施工，A、B 制约 C 的开始，C 依赖 A、B 的结束
6	A、B、C、D 四项工作，A、B 结束后，C、D 才能开始		引发节点 j 正确地表达它们之间的逻辑关系
7	A、B、C、D 四项工作，A 完成后，C 才能开始，A、B 完成后，D 才能开始		引出虚工作 ij 正确地表达它们之间的逻辑关系
8	A、B、C、D、E 五项工作，A、B、C 完成后，D 才能开始，B、C 完成后，E 才能开始		引出虚工作 ij 正确表达它们之间的逻辑关系
9	A、B、C、D、E 五项工作，A、B 完成后，C 才能开始，B、D 完成后，E 才能开始		

在表示工程进度计划的网络图中，工作之间的逻辑关系是由施工组织、施工技术、工艺流程、资源供应、施工场地等决定的。各项工作之间逻辑关系表达正确与否，是网络计划图能否反映工程项目实际情况的关键。如果工作逻辑关系表示错了，则网络计划图的时间参数计算就会发生错误，关键线路和工程计划总工期也跟着发生错误。

要绘制一张正确反映工作逻辑关系的网络计划图，必须搞清工作之间的关系。工作之间基本的逻辑关系有四种：

①确定本项工作的紧后工作。
②确定本项工作的紧前工作。
③确定与本工作平行进行的工作。
④确定与本工作无关的工作。

在工程实际的网络计划图中,各项工作之间的逻辑关系是复杂多变的,表7-1中所列的是网络计划图中常见的一些工作关系的表示方法。各工作名称以字母表示,供绘制双代号网络计划图时参考。

(2)网络图中不允许出现循环线路。图7-11a)所示的网络图中,出现了①→②→③→①的循环回路,这是工作逻辑关系的错误表达。

(3)在网络图中,不允许出现代号相同的箭线。图7-11b)中A、B两项工作的节点代号均是①→②,这是错误的,要用虚箭线加以处理,如图7-11c)所示。

(4)双代号网络图中,只允许有一个起始节点和一个终止节点(多目标网络除外)。在网络图中,除起点和终点外,不允许再出现没有外向工作的节点及没有内向工作的节点。图7-11d)是错误的画法;图7-11e)是纠正后的正确画法;图7-11f)是较好的画法。

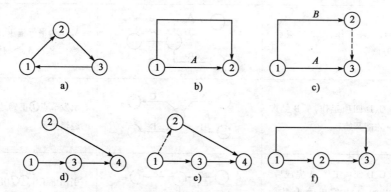

图7-11 双代网络图绘制规则

(5)严禁在网络图中出现没有箭尾节点的箭线和没有箭头节点的箭线,如图7-12所示。

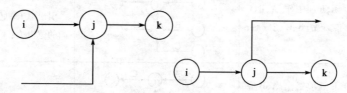

图7-12 没有箭尾节点的箭线和没有箭头节点的箭线

(6)网络图中不允许出现双向箭头、无箭头或倒向的线。

(7)当网络图的起点节点有多条外向箭线或终点节点有多条内向箭线时,为使图形简洁,可应用母线法绘图,如图7-13所示。

(8)绘制网络图时,应避免箭线交叉。当交叉不可避免时,可采用图7-14中几种表示方法。

(9)双代号网络图中,严禁在箭线上引入或引出箭线。图7-15所示的画法就不允许。

(10)箭线应以水平线为主,竖线和斜线为辅,不应画成曲线。箭线宜保持自左向右的方向,不宜出现箭头指向左方的水平箭线或箭头偏向左方的斜向箭线。图7-16a)就是错误的,图7-16b)正确。

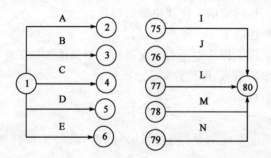

图 7-13 母线法

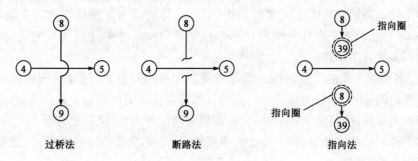

图 7-14 交叉箭线的表示方法

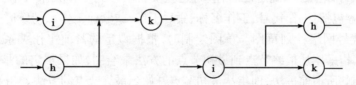

图 7-15 在箭线上引入或引出箭线

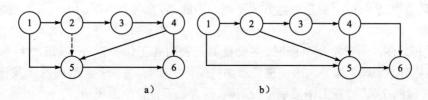

图 7-16 网络图绘制

（11）正确应用虚箭线，力求减少不必要的虚箭线。图 7-17a）就是用了多余的虚箭线，图 7-17b）是正确的画法。

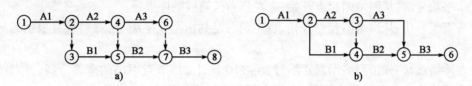

图 7-17 虚线使用

3）双代号网络图绘制的步骤

当已知每一项工作的紧前工作时，可按以下步骤绘制双代号网络图。

①首先根据每一项工作的紧前工作找出紧后工作。
②绘制与起点节点相连的工作。
③根据各项工作的紧后工作从左至右依次进行绘制其他各项工作,直至终点节点。
④合并没有紧后工作的节点,即终点节点。
⑤确认无误后进行节点编号。

具体操作步骤如下:

(1)工程任务分解。首先应清楚地显示计划的内容,将工程任务分解为若干个单项的工作。

(2)确定各单项工作的相互逻辑关系。逻辑关系包括工艺逻辑关系和组织逻辑关系,即明确指出各工作在开始之前应完成哪些工作(紧前工作),或者工作结束之后有哪些工作(紧后工作)。对于一个熟悉工程任务情况和本单位物质技术条件的计划人员来说,找出工作之间的相互逻辑关系并不困难。

(3)确定各单项工作的持续时间。当考虑资源和费用问题时,还应给出相应的数据。确定工作的持续时间至关重要,工作持续时间的可靠性直接影响计划的质量。若时间定得太短,会造成人为的紧张局面,甚至工作无法完成;如果时间定得太长,又造成时间上的浪费。

在确定工作的持续时间时,应不受工作重要性、指令工期等条件的约束,也就是应按正常情况下所需时间而确定。

(4)资料列表。以上三项确定之后,应将这些资料填写到工作关系表中去。通常的工作关系表的基本内容包括:工作代号、工作名称、紧后工作(或紧前工作)、持续时间等。

(5)绘制双代号网络计划草图。草图绘制时,根据拟定的紧前工作关系,可按后退法绘制,所谓后退法即指采用从最终节点到最初节点的方法来绘制;如果拟定的是紧后工作关系,则可按前进法绘制,所谓前进法,即指从最初节点开始到最终节点的方法。当然紧前工作关系和紧后工作关系也可以相互转换。比如说:A 的紧后工作是 B,则换句话说,B 的紧前工作是 A,这两句话意思是一样的,只是表达方式不同。因此,后面内容所举例中,以前进法来绘制双代号网络图。

(6)整理成图。由于绘制草图时,主要目的是表明各工作关系,所以布局上不是十分合理,同时难免有多余虚工作等。因而整理草图的工作主要有:去掉多余的虚箭线,调整位置,尽量去掉箭杆线的交叉,检查工作关系是否正确,检查是否符合绘图规则。

(7)节点的编号。节点的编号代表工序的名称,编号的要求是:由小到大、从左至右,箭头的号码大于箭尾的号码,不允许重号,但可不必连续编号,以便增减新的节点。在满足节点编号规则的前提下,可按以下习惯方法进行节点编号。

①水平编号法:从网络图起点开始,由左到右按箭线顺序编号。
②垂直编号法:从网络图起点开始,自左到右足列由上而下编号,每列编号根据编号规则进行。
③删除箭线法:先给网络图起点编号,再在图上划去该节点引出的全部箭线,并对图中剩下的没有箭线进入的节点依次编号,直到全部节点编完号为止。

4)虚箭线的应用

在绘制工程进度计划网络图时,根据工作关系的需要增设虚箭线,下面介绍虚箭线在表达工作间逻辑关系中的应用。

(1)虚箭线用于解决工作间逻辑关系的连接。

在表7-1序号4中,工作A的紧后工作为C,工作B的紧后工作为D,但工作D又是工作A的紧后的工作,为了把A、D两项工作的前后关系连接起来,需引入虚工作。由于虚工作的持续时间为零,所以A工作完成后D工作才能开始。同理在图7-10a)中,是虚箭线在工作关系连接方面的应用。

(2)虚箭线用于解决工作关系的逻辑断路问题。

绘制双代号网络计划图时,容易产生错误之处是把不该发生的工作逻辑关系连接起来,使网络图发生与实际不相符的逻辑错误。这时必须引入虚箭线隔断原来没有的工作联系,这种处理方法称为"断路法"。绘双代号网络图时应特别注意这一点,下面举例说明。

某施工队进行三道涵洞的施工,每道涵洞可分解为挖槽、砌基、按管、洞口4道工序,按3个施工段流水施工。如果绘成图7-18a)所示的双代号网络图那就错了,因为第三施工段上的挖基槽(挖槽3)与第一个施工段上砌基础(砌基1)不存在逻辑关系,同样砌基3与安管1也不存在逻辑关系。正确的绘制方法应把不该发生逻辑关系的工序连接用虚箭线断开,如图7-18b)所示。此法在流水作业施工进度计划双代号网络图中广泛应用。

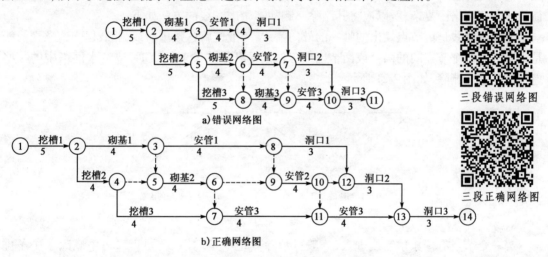

图7-18 虚箭线表示工作关系断路中的应用

(3)当两项或两项以上的工作同时开始和同时结束时,必须引入虚箭线,以免造成混乱。如图7-19a)中,工作B、C、D三条箭线共用③、⑤两个节点,则代号3,5同时表示工作B、C、D,这样就产生了混乱。如果引入虚箭线,则符合双代号网络图每项工作均由一根箭线和两个节点代号组成的基本含义,如图7-19b)所示。

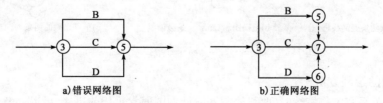

图7-19 虚箭线在两项或两项以上同时开始同时结束工作中的应用

(4) 虚箭线在不同工程项目之间工作有联系时的应用。

例如,甲、乙两项独立的工程项目施工时,应分别绘制双代号网络图;但如果两工程的某些工序需要共用某台施工机械或某个技术班组时,就应引入虚箭线表示这些联系,如图 7-20 所示。

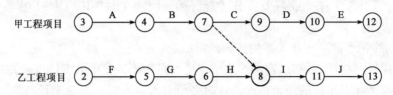

图 7-20　虚箭线在不同工程项目中的应用

从图 7-20 可以看出,乙工程项目的 I 工序不仅要等紧前工序 H 完成而且在甲工程项目的 B 工序也应完成后才能开始。

综上所述,在绘制双代号网络计划图时,引用虚箭线是非常重要的。但是,在什么地方、在什么情况下引用虚箭线的判断比较困难,一般是先增设虚箭线,待网络计划图构成以后,再删除不必要的虚箭线。因为多余的虚箭线会增加绘图工作量和计算工作量,而且没有必要的虚箭线还会使网络图复杂,所以应将其删除。删除多余虚箭线的方法如下:

如果虚箭线是由节点发出的唯一的外向箭线,一般应将这条虚箭线删除;但当这条虚箭线是为了区分两个节点间的两个或两个以上工作同时开始又同时结束时,或流水网络中的某些虚箭线就不能删除,如图 7-21 所示。

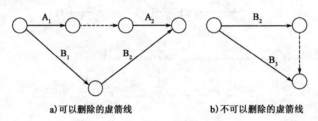

a) 可以删除的虚箭线　　　　b) 不可以删除的虚箭线

图 7-21　虚箭线处理方法之一

当一个节点有两条虚箭线进入,一般可消除其中一条虚箭线,图 7-22a) 中删除了一条虚箭线,正确图示为图 7-22b)。在图 7-22c) 中节点②的两条外向虚箭线和节点⑤的两条内向虚箭线都不能删除。

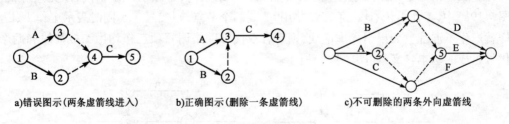

a) 错误图示(两条虚箭线进入)　　b) 正确图示(删除一条虚箭线)　　c) 不可删除的两条外向虚箭线

图 7-22　虚箭线处理方法之二

5) 网络图的绘制方法

构成工作关系及工作持续时间后,绘制网络计划图通常采用前进法、后退法及先粗后细法。

(1) 前进法。

前进法是从网络图起点开始顺箭线方向逐节点生长法绘图,直到各条线路均达到网络图的终点为止。一般当工作关系表中列出本工作与紧后工作的关系时,可方便地采用前进法绘网络图。前进法绘图的关键是第一步,要正确而又清楚地确定出哪些工作为最先开始的工作。

(2)后退法。

后退法是从网络图终点节点开始逆箭线方向逐节点后退,直到各条线路均退回到网络图的起点为止。一般当工作关系表中列出本工作与紧前工作的关系时,使用后退法较为方便。后退法绘网络图的关键是后退的第一步,也应正确又清楚地确定出哪些工作为最后结束的工作。

(3)先粗后细法。

在工程进度计划实际网络图绘制中,可先粗略划分工程项目,然后逐步细分;先绘制分项或分部工程的子网络图,再拼成单位工程或单项工程总网络图。因此,工程实际绘制网络计划图时应广泛采用先粗后细法。

6)网络图的绘制技巧

(1)绘制没有紧前工作的工作,使它们具有相同的开始节点,即起始节点。

(2)绘制没有紧后工作的工作,使它们具有相同的结束节点,即终点节点。

(3)当所绘制的工作只有一个紧前工作时,将该工作直接画在其紧前工作的结束节点之后。

(4)当所绘制的工作有多个紧前工作时,按以下4种情况分别考虑。

①如果在其紧前工作中存在一项只作为本工作紧前工作的工作,则将本工作直接画在该紧前工作结束节点之后。

②如果在其紧前工作中存在多项只作为本工作紧前工作的工作,先将这些紧前工作的结束节点合并,再从合并后的节点开始,画出本工作。

③如果其所有紧前工作都同时作为其他工作的紧前工作,先将它们的完成节点合并后,再从合并后的节点开始,画出本工作。

④如果不存在情况①、②、③,则将本工作箭线单独画在其紧前工作箭线之后的中部,然后用虚工作将紧前工作与本工作相连。

(5)绘制双代号网络图应注意的问题。

①网络图布局要合理,重点要突出。

②正确应用虚箭线进行网络图的断路。

③力求减少不必要的箭线和节点。

(6)双代号网络图的排列。

①按施工过程排列。

按施工过程排列是根据施工顺序把各施工过程按垂直方向排列,把施工段按水平方向排列。例如,某梁板预制工程分为支模、绑钢筋、浇混凝土三个施工过程,若分为两个施工段组织流水施工,其网络图的排列形式如图7-23所示。

②按施工段排列。

按施工段进行排列与按施工过程排列相反。它是把同一施工段上的各个施工过程按水平方向排列,而施工段则按垂直方向排列,其网络图形式如图7-24所示。

(7)双代号网络图的合并。

为简化网络图,可将较详细的相对独立的局部网络图合并成少箭线的网络图。网络图的合并主要适用于群体工程或大型建设项目控制网络图的编制。

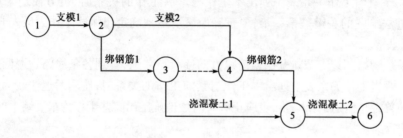

图 7-23 按施工过程排列

主梁网络图

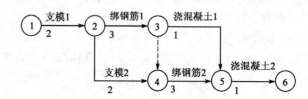

图 7-24 按施工段排列

(8)双代号网络图的分解。

当网络图的工作任务较多时,可以把它分成几个小块来绘制。分界点一般选择在箭线和节点较少的位置,或按施工部位分块。

(9)双代号网络图的连接。

在编制一个工程规模较大或者群体工程的网络计划时,一般先按不同的分部工程分别编制局部网络图,然后再根据其相互之间的逻辑关系进行连接,形成一个总体网络图。在连接过程中,应注意以下几点:

①必须有统一的构图和排列形式。
②整个网络图的节点编号要协调一致。
③施工过程划分的粗细程度应一致。
④各分部工程之间应预留连接节点。

[例 7-1] 已知网络图资料如表 7-2 所示,试绘制双代号网络图。

工作逻辑关系表 表 7-2

工作	A	B	C	D	E	F	G
紧前工作	—	—	A、B	A、B	C	D、E	D

解:(1)首先找出各项工作的紧后工作,如表 7-3 所示。

变换后的工作逻辑关系表 表 7-3

工作	A	B	C	D	E	F	G
紧前工作	—	—	A、B	A、B	C	D、E	D
紧后工作	C、D	C、D	E	F、G	F	—	—

(2)A、B 两项工作没有紧前工作,所以都与起点节点相连。绘制起点节点,并从起点节点引出工作 A、B,如图 7-25 所示。

(3)根据表7-3中各项工作的紧后工作从左至右依次进行绘制其他各项工作,如图7-26所示。

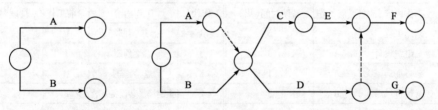

图7-25 绘制起点节点　　　　图7-26 从左至右依次进行绘制其他各项工作

(4)合并没有紧后工作的节点,即为终点节点,并进行节点编号,如图7-27所示。

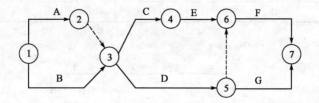

图7-27 节点编号

[例7-2] 某段城市道路扩建工程应用实例

某一段城市道路扩建工程,工作项目划分与工作相互关系及工作持续时间如表7-4所示,试绘出其施工进度双代号网络计划图。

工作项目划分明细表　　　　表7-4

工作代号	A	B	C	D	E	F	G	H
工作名称	测量	土方工程	路基工程	安装排水设施	清理杂物	路面工程	路肩工程	清理现场
紧前工作	—	A	B	B	B	C、D	C、E	F、G
持续时间(d)	1	10	2	5	1	3	2	1

根据表7-4所列工作关系,如果采用前进法绘网络图,关键是确定A为开始工作,然后从表7-4中找出紧前工作与本工作的前后关系,逐节前进绘图直至网络图的终点;若采用后退法绘网络图,关键是确定H为结束工作,再从表7-4中寻找本工作与紧前工作的前后关系,逐节后退绘图直到网络图的起点。绘制的双代号网络计划图如图7-28所示。

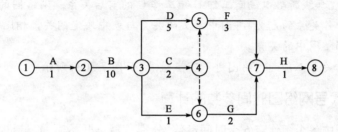

图7-28 道路更新工程施工进度双代号网络计划图

[例7-3] 某立交桥工程应用实例

某合同段立交桥工程施工工期直接影响主线路基和四条匝道路基填筑,据此确定工程项目的工作组成和工作间的逻辑关系及工作持续时间,如表7-5所示。绘制双代号网络图。

工 作 关 系 表   表7-5

工作代号	工作内容	紧前工作	持续时间(周)	工作代号	工作内容	紧前工作	持续时间(周)
A	临建工程	—	5	I	修筑预制场	E	1
B	施工组织设计	A	3	J	主梁预制	I	6
C	平整场地	A	1	K	盖梁施工	H	4
D	材料进场	B	3	L	预制场吊装设备安装	F	1
E	主桥施工放样	B	1	M	吊装准备工作	L	1
F	材料配合比试验	C	1	N	主梁安装	J、K、M	3
G	基础工程施工	D	4	P	桥面系统施工	N	2
H	桥墩施工	G	3				

双代号网络图如图7-29所示。

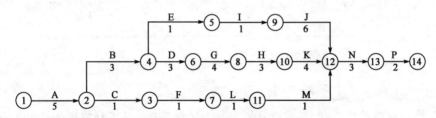

图7-29 某立交桥施工进度双代号网络图

[例7-4] 根据表7-6绘制双代号网络图

工 作 关 系 表   表7-6

工作代号	A	B	C	D	E	F	G	H	I	J
紧后工作	D	G	E、F	G、H	H、I	—	J	J	—	—

第一步根据工作关系表7-6用前进法绘制草图,关键是确定A、B、C工作同时开始,并且在"紧后工作"栏目中找到有约束关系的局部联系,按"越是简单的关系越要先画"的原则,将系列局部联系从左而右的连接即可,如图7-30a)所示。第二步调整网络图的步距,避免箭杆线交叉,如图7-30b)所示。

第三步用后退法检查图7-30b)中工作相互关系是否全部符合表7-6。检查发现节点⑤处前面有虚工作4、5,后面还有虚工作(5,6)使工作E和工作G产生前后关系,此关系在表7-6中不存在,应引入虚箭线断路以隔断工作E和工作G的前后关系。网络图的复核也可采用紧前工作或者紧后工作关系的定义,将图中定义的关系与表中给定的关系相比较,检查两者是否吻合来决定是否调整图中的关系。

第四步对工作关系正确的网络图进行节点编号,如图7-30c)所示。

7.2.3 双代号网络图时间参数的计算

双代号网络图中各个工作有6个时间参数,分别是最早开始时间、最早结束时间、最迟开始时间、最迟结束时间、总时差、自由时差。

双代号网络图时间参数的计算有很多方法,一般常用的有:分析计算法、图上计算法、表上计算法、矩阵计算法和电算法等。在实际工作中最常用的是图上计算法。

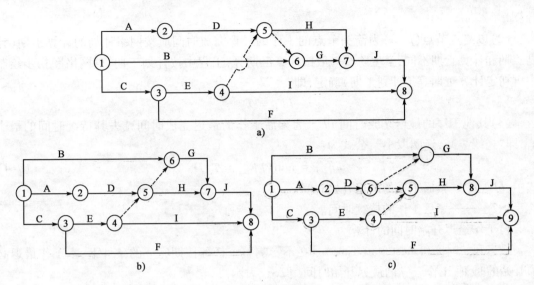

图 7-30 双代号网络图

1) 工作最早开始时间的计算

最早开始时间(Earliest Start Time)是在各紧前工作全部完成后,本工作有可能开始的最早时刻。工作 i-j 的最早开始时间用 ES_{i-j} 表示。工作最早开始时间应从网络计划的起点节点开始,顺着箭线方向依次计算。计算步骤如下。

(1) 以网络计划的起点节点为开始节点的工作的最早开始时间为零, $ES_{i-j} = 0$。

(2) 其他工作的最早开始时间等于其紧前工作的最早开始时间加该紧前工作的持续时间所得之和的最大值,即"沿线累加,逢圈取大"。公式为:

$$ES_{i-j} = \max\{ES_{h-i} + T_{h-i}\} \text{ 或 } ES_{i-j} = \max\{EF_{h-i}\} \quad (7-1)$$

式中:ES_{h-i}——紧前工作最早可能开始时间;

T_{h-i}——紧前工作的持续时间;

$i-j$——紧前工作的最早完成时间。

2) 工作最早完成时间的计算

最早完成时间(Earliest Finish Time)是在各紧前工作全部完成后,本工作有可能完成的最早时刻。工作 i-j 的最早完成时间用 EF_{i-j} 表示。

工作最早完成时间等于工作最早开始时间加本工作持续时间。公式为:

$$EF_{i-j} = ES_{i-j} + T_{i-j} \quad (7-2)$$

网络计划的计算工期是根据时间参数计算所得到的工期,等于网络计划中以终点节点为结束节点的各工作最早完成时间的最大值,用字母 T_p 表示。可按下式进行计算:

$$T_p = \max\{EF_{i-n}\} \quad (7-3)$$

其中,终点节点为 $i-n$。

3) 工作最迟完成时间的计算

工作最迟完成时间(Lastest Finish Time)等于工作最迟开始时间加本工作持续时间。是在不影响整个任务按期完成的条件下,本工作最迟必须完成的时刻。工序 $i-j$ 的最迟完成时间用 LF_{i-j} 表示。

(1) 工序 $i-j$ 的最迟完成时间 LF_{i-j} 应从网络计划的终点节点开始,逆着箭线方向依次计算。

(2)以终点节点($j=n$)为箭头节点的工序的最迟完成时间应按网络计划的计算工期(计划工期和计算工期不同,学生阶段一般按计算工期算,工程中按计划工期算,网络图初步绘制中可初定计算工期等于计划工期)确定,即:

$$LF_i = T_p$$

(3)其他工序的最迟完成时间 LF_{i-j} 为紧后工作的最迟完成时间减去其持续时间的最小值,即"逆线累减,逢圈取小",公式为:

$$LF_{i-j} = \min\{LF_{j-k} - T_{j-k}\} \tag{7-4}$$

式中:LF_{j-k}——紧后工作的最迟开始时间。

T_{j-k}——紧后工作的持续时间。

4)工作最迟开始时间的计算

最迟开始时间(Latest Start Time)是在不影响整个任务按期完成的条件下,本工作最迟必须开始的时刻,工作 $i-j$ 的最迟开始时间用 LS_{i-j} 表示。

$$LS_{i-j} = LF_{i-j} - T_{ij} \tag{7-5}$$

5)总时差的计算

总时差(Total Float)是在不影响总工期的前提下,本工作可以利用的机动时间。工作 $i-j$ 的总时差用 TF_{i-j} 表示。根据工作总时差的定义可知,一项工作 $i-j$ 的工作总时差等于该工作的最迟开始时间与其最早开始时间之差,或等于该工作的最迟完成时间与其最早完成时间之差。公式为:

$$TF_{i-j} = LS_{i-j} - ES_{i-j} \tag{7-6}$$

$$TF_{i-j} = LF_{i-j} - EF_{i-j} \tag{7-7}$$

6)自由时差的计算

自由时差(Free Float)是在不影响其紧后工作最早开始的前提下,本工作可以利用的机动时间。工作 $i-j$ 的自由时差用 FF_{i-j} 表示。工作的自由时差小于等于其总时差。

当工作 $i-j$ 后又有紧后工作 $j-k$ 时,其自由时差应为:

$$FF_{i-j} = ES_{j-k} - EF_{i-j} \tag{7-8}$$

$$FF_{i-j} = ES_{j-k} - ES_{i-j} - T_{ij} \tag{7-9}$$

以网络计划的终点节点($i-n$)为箭头节点的工作,其自由时差 FF_{i-n} 应按网络计划的计划工期 T_p 确定,即:

$$FF_{i-n} = T_p - EF_{i-n} \tag{7-10}$$

7)关键工作、关键节点和关键线路

总时差最小的工作就是关键工作。在计划工期 T_p 等于计算工期 T_c 时,总时差为 0 的工作就是关键工作。

关键工作两端的节点称为关键节点,关键节点具有如下规律。

(1)网络计划的起始节点和终点节点必为关键节点。

(2)以关键节点为完成节点的工作,当 $T_p = T_c$ 时,其总时差和自由时差必然相等。其他非关键工作的自由时差小于等于总时差。由关键工作组成的线路,且当每相邻的两项关键工作之间的时间间隔为 0 时,该条线路即为关键线路。

按工作计算法计算时间参数应在确定了各项工作的持续时间之后进行。时间参数的计算结果应标注在箭线之上,如图 7-31 所示。

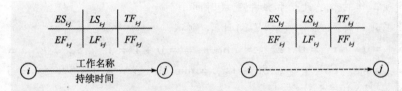

图 7-31　时间参数计算标示

8) 工期

(1) 计算工期。

计算工期指根据项目方案具体的工艺、组织和管理等方面情况,拟定网络计划后,根据网络计划所计算出的工期,用 T_c 表示;

(2) 要求工期。

任务委托人所要求的工期,用 T_r 表示;

(3) 计划工期。

根据要求工期和计算工期所确定的作为实施目标的工期,用 T_p 表示。

网络计划的计划工期 T_p 应按下列情况分别确定:

当已规定了要求工期 T_r 时,$T_p \leqslant T_r$。

当未规定要求工期时,可令计划工期等于计算工期,$T_p = T_c$。

[例 7-5]　已知网络计划的资料,如表 7-7 所示。试绘制双代号网络计划。若计划工期等于计算工期,试计算各项工作的 6 个时间参数并确定关键线路,标注在网络计划上。

某网络计划工作逻辑关系及持续时间表　　　　表 7-7

工作代号	A	B	C	D	E	F	G	H
紧后工作	C、D	E、F	E、F	G、H	G、H	H	—	—
工作时间	1	5	3	2	6	5	5	3

解:(1) 根据表 7-7 中网络计划的有关资料,按照网络图的绘图规则,绘制双代号网络图,如图 7-32 所示。

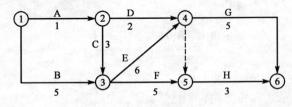

图 7-32　网络图

双代号时间参数计算网络图绘制

(2) 计算各项工作的时间参数,并将计算结果标注在箭线上方相应的位置。

① 计算各项工作的最早开始时间和最早完成时间。

从起点节点(①节点)开始顺着箭线方向依次逐项计算到终点节点(⑥节点)。

a. 以网络计划起始节点为开始节点的各工作的最早开始时间为零。

工作 1-2 的最早开始时间 ES_{1-2} 从网络计划的起点节点开始,顺着箭线方向依次逐项计算,因此规定其最早开始时间 ES_{1-2},则:

$$ES_{1-2} = 0$$

b. 计算各项工作的最早开始和最早完成时间。

工作的最早开始时间 ES_{i-j} 按式(7-1)计算，则：

$$ES_{12} = 0 \quad ES_{13} = 0 \quad ES_{23} = ES_{12} + t_{12} = 0 + 1 = 1 \quad ES_{24} = ES_{23} = 1$$

$$ES_{34} = \max\{ES_{23} + t_{23}, ES_{13} + t_{13}\} = \max\{1 + 3 = 4, 0 + 5 = 5\} = 5$$

$$ES_{35} = ES_{34} = 5$$

$$ES_{46} = \max\{ES_{24} + t_{24}, ES_{34} + t_{34}\} = \max\{1 + 2 = 3, 6 + 5 = 11\} = 11$$

$$ES_{45} = ES_{46} = 11$$

$$ES_{56} = \max\{ES_{45} + t_{45}, ES_{35} + t_{35}\} = \max\{11 + 0 = 11, 5 + 5 = 10\} = 11$$

工作的最早完成时间就是本工作的最早开始时间 ES_{i-j} 与本工作的持续时间 T_{i-j} 之和，按式(7-2)计算，则：

$$EF_{ij} = ES_{ij} + t_{ij}$$

$$EF_{12} = 0 + 1 = 1 \quad EF_{13} = 0 + 5 = 5 \quad EF_{23} = 1 + 3 = 4 \quad EF_{24} = 1 + 2 = 3$$

$$EF_{34} = 5 + 6 = 11 \quad EF_{35} = 5 + 5 = 10 \quad EF_{46} = 11 + 5 = 16 \quad EF_{45} = 11 + 0 = 11$$

$$EF_{56} = 11 + 3 = 14$$

② 确定计算网络计划总工期 T_p。

网络计划的总工期 T 取以终点节点（⑥节点）为箭头节点的工作4-6和工作5-6的最早完成时间的最大值，按式(7-7)计算：

$$T_p = \max\{ES_{46} + t_{46}, ES_{56} + t_{56}\} = \max\{11 + 5 = 16, 11 + 3 = 14\} = 16$$

③ 计算各项工作的最迟开始时间和最迟完成时间。

从终点节点（⑥节点）开始逆着箭线方向依次逐项计算到起点节点（①节点）。

a. 以网络计划终点节点为箭头节点的工作的最迟完成时间等于总工期。

网络计划结束工作 i-j 的最迟完成时间为：

$$LF_{56} = T = 16$$

b. 计算各项工作的最迟开始和最迟完成时间。

按式(7-4)计算，以此类推，算出其他工作的最迟完成时间，则：

$$LF_{56} = T = 16 \quad LF_{46} = LF_{56} = 16 \quad LF_{45} = LF_{56} - t_{56} = 16 - 3 = 13$$

$$LF_{35} = LF_{56} = 13$$

$$LF_{34} = \min\{LF_{45} - t_{45}, LF_{46} - t_{46}\} = \min\{13 - 0, 16 - 5\} = 11$$

$$LF_{24} = LF_{34} = 11$$

$$LF_{23} = \min\{LF_{34} - t_{34}, LF_{35} - t_{35}\} = \min\{11 - 6, 13 - 5\} = 5$$

$$LF_{12} = \min\{LF_{24} - t_{24}, LF_{23} - t_{23}\} = \min\{11 - 2, 5 - 3\} = 2$$

$$LF_{13} = \min\{LF_{34} - t_{34}, LF_{35} - t_{35}\} = \min\{11 - 6, 13 - 5\} = 5$$

网络计划所有工作 i-j 的最迟开始时间均按式(7-5)计算，则：

$$LS_{ij} = LF_{ij} - t_{ij}$$

$$LS_{56} = T - t_{56} = 13 \quad LS_{46} = T - t_{46} = 16 - 5 = 11 \quad LS_{45} = LF_{45} - t_{45} = 13$$

$$LS_{35} = LF_{35} - t_{35} = 13 - 5 = 8 \quad LS_{34} = LF_{34} - t_{34} = 11 - 6 = 5$$

$$LS_{24} = LF_{24} - t_{24} = 11 - 2 = 9 \quad LS_{23} = LF_{23} - t_{23} = 5 - 3 = 2$$

$$LS_{12} = LF_{12} - t_{12} = 2 - 1 = 1$$

④ 计算各项工作的总时差。

可以用工作的最迟开始时间减去最早开始时间或用工作的最迟完成时间减去最早完成时间。

$$TF_{ij} = LS_{ij} - ES_{ij} = LF_{ij} - EF_{ij}$$

$TF_{12} = 1 \quad TF_{13} = 0 \quad TF_{23} = 1 \quad TF_{24} = 8 \quad TF_{34} = 0$

$TF_{35} = 3 \quad TF_{46} = 0 \quad TF_{56} = 2$

⑤ 计算各项工作的自由时间。

网络计划中工作 $i-j$ 的自由时差等于紧后工作的最早开始时间减去本工作的最早完成时间，可按式(7-8)计算，则：

$$FF_{ij} = ES_{jk} - EF_{ij} = ES_{jk} - ES_{ij} - t_{ij}$$

$FF_{12} = 0 \quad FF_{13} = 0 \quad FF_{23} = 1 \quad FF_{24} = 8 \quad FF_{34} = 0 \quad FF_{35} = 1$

网络计划中的结束工作 $i-j$ 的自由时差按式(7-10)计算。

$$FF_{46} = T_p - EF_{56} = 16 - 16 = 0$$

$$FF_{56} = T_p - EF_{56} = 16 - 14 = 2$$

将以上计算结果标注在图 7-33 中的相应位置。

(3) 确定关键工作及关键线路。

在图 7-33 中，最小的总时差是 0，所以，凡是总时差为 0 的工作均为关键工作。该例中的关键工作是 B、E、G。

在图 7-33 中，自始至终全由关键工作组成的关键线路用双箭线进行标注。

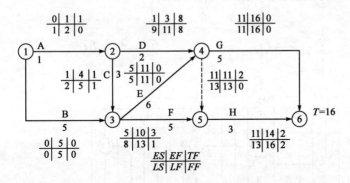

图 7-33　双代号网络图计算实例图上计算时间参数

双代号时间参数计算

7.3　时标网络图的绘制

时标网络是指网络图中各工序箭线在水平方向的投影长度等于工序的持续时间。它是以时间坐标为尺度表示工作的进度网络，时间单位可大可小，如季度、月、旬、周、天或小时等。双代号时标网络既可以表示工作的逻辑关系，又可以表示工作的持续时间。

7.3.1　时标网络的特点

在时标网络计划中，以实箭线表示工作，实箭线的水平投影长度表示该工作的持续时间；

以虚箭线表示虚工作,由于虚工作的持续时间为零,故虚箭线只能垂直画;以波形线表示工作与其紧后工作之间的时间间隔(以终点节点为完成节点的工作除外,当计划工期等于计算工期时,这些工作箭线中波形线的水平投影长度表示其自由时差)。

时标网络计划既具有网络计划的优点,又具有横道计划直观易懂的优点,它将网络计划的时间参数直观地表达出来。具体的特点是:

(1)工序工作时间一目了然、直观易懂。

(2)可直接看出网络图的时间参数。

(3)可在网络图的下面绘制资源需要曲线。

(4)修改、调整较麻烦。

7.3.2 时标网络的绘图规则

绘制时标网络时,应遵循如下规定:

(1)时间长度是以所有符号在时标表上的水平位置及其水平投影长度表示的,与其所代表的时间值所对应。

(2)时标网络计划中所有符号在时间坐标上的水平投影位置都必须与其时间参数相对应。节点中心必须对准时标的刻度线。

(3)时标网络计划中虚工作必须以垂直方向的虚箭线表示,有自由时差时加波纹线表示。双代号网络图与时标图的对应关系如图 7-34 所示。

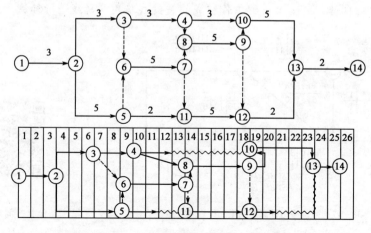

图 7-34 双代号网络图与时标图对应关系

7.3.3 时标网络计划的编制

双代号时标网络计划的编制方法有两种:

1)直接法绘制

直接法绘制是指不计算网络计划时间参数,直接在时间坐标上进行绘制的方法。

根据网络计划中工作之间的逻辑关系及各工作的持续时间,直接在时标计划表上绘制时标网络计划。绘制步骤如下:

(1)将起点节点定位在时标表的起始刻度线上。

(2)按工作持续时间在时标计划表上绘制起点节点的外向箭线。

(3)其他工作的开始节点必须在其所有紧前工作都绘出以后,定位在这些紧前工作最早完成时间最大值的时间刻度上,某些工作的箭线长度不足以到达该节点时,用波形线补足,箭头画在波形线与节点连接处。

(4)用上述方法从左至右依次确定其他节点位置,直至网络计划终点节点定位,绘图完成。

2)间接法绘制

间接法绘制是指先计算网络计划的时间参数,再根据时间参数在时间坐标上进行绘制的方法。

先绘制出网络图或网络计划图,计算各工作的最早时间参数,再根据最早时间参数在时标计划表上确定节点位置,连线完成,某些工作箭线长度不足以到达该工作的完成节点时,用波形线补足。具体绘制方法如下:

(1)按工序最早可能开始时间绘制带时标的网络图。

①确定坐标线所代表的时间,绘于图的上方。

②按工序最早可能开始时间确定各工序起始的节点位置。

③将各工序的持续时间用实线沿起始节点后的水平方向绘出,其水平投影长度等于该工序的作业持续时间。

④用水平波形线把实线部分与该工序的完工节点连接起来,波线水平投影长度是该工序的时差。

⑤虚工作不占用时间,因此用虚箭线连接各相关节点以表示逻辑关系。

⑥把时差为零的箭线从开始节点到结束节点连接起来得到关键线路。

(2)按工序最迟必须结束时间绘制带时间坐标的网络计划图。

①确定坐标线所代表的时间,绘于图的上方。

②按工序最迟必须完成时间确定各工序完工节点位置。

时标网络绘制

③将各工序的持续时间用实线沿完工节点向前的水平方绘出,其水平投影长度等于该工序的作业持续时间。

④用水平波形线把实线部分与该工序的起始节点连接起来,波线水平投影长度是该工序的时差。

⑤虚工作不占用时间,因此用虚箭线连接各相关节点以表示逻辑关系。

⑥把时差为零的箭线从开始节点到结束节点连接起来得到关键线路。

7.3.4 时标网络计划中关键线路和时间参数分析

时标网络计划中关键线路和时间参数分析方法如下:

(1)关键线路。它是指自终节点到始节点观察,不出现波形线的通路。

(2)计算工期。它是指终节点与始节点所在位置的时间差值。

(3)工作最早时间。每条箭尾中心所对应的时刻代表最早开始时间。没有自由时差的工作的最早完成时间是其箭头节点中心所对应的时刻;有自由时差的工作的最早完成时间是其箭头实线部分的右端所对应的时刻。

(4)工作自由时差。它是指其波形线在水平坐标轴上的投影长度。

(5)总时差。可从右到左逐个推算,其公式为:

$$TF_{i,j} = \min\{TF_{j,k}\} + FF_{i,j} \qquad (7-11)$$

式中：$TF_{j,k}$——工作(i,j)的紧后工作的总时差；

$FF_{i,j}$——工作(i,j)的自由时差。

[例 7-6] 已知网络计划的资料，如表 7-8 所示。试用直接法绘制双代号时标网络计划。

某网络计划工作逻辑关系及持续时间表　　　　表 7-8

工作	紧前工作	紧后工作	持续时间	工作	紧前工作	紧后工作	持续时间
A_1	—	A_2、B_1	2	C_3	B_3、C_2	E、F	2
A_2	A_1	A_3、B_2	2	D	B_2	G	2
A_3	A_2	B_3	2	E	C_3	G	1
B_1	A_1	B_2、C_1	3	F	C_3	I	2
B_2	A_2、B_1	B_3、C_2	3	G	D、E	H、I	4
B_3	A_3、B_2	D、C_3	3	H	G	—	3
C_1	B_1	C_2	2	I	F、G	—	3
C_2	B_2、C_1	C_3	4				

解：(1) 将起点节点①定位在时标表的起始刻度线上，如图 7-35 所示。

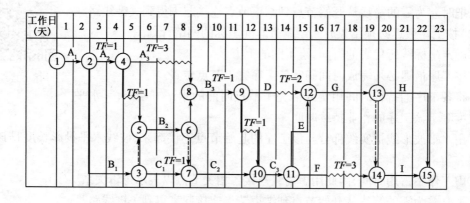

图 7-35　按最早时间绘制的时标网络计划

(2) 按工作的持续时间绘制①节点的外向箭线①→②，即按 A_1 工作的持续时间，画出无紧前工作的 A_1 工作，确定节点②的位置。

(3) 自左至右依次确定其余各节点的位置。如②、③、④、⑥、⑨、⑪、⑬节点之前只有一条内向箭线，则在其内向箭线绘制完成后即可在其末端将上述节点绘出。⑤、⑦、⑧、⑩、⑫、⑭、⑮节点则必须待其前面的两条内向箭线都绘制完成后才能定位在这些内向箭线中最晚完成的时刻处。其中，⑤、⑦、⑧、⑩、⑫、⑭各节点均有长度不足以达到该节点的内向实箭线，故用波形线补足。

(4) 用上述方法自左至右依次确定其他节点位置，直至画出全部工作，确定终点节点⑮的位置，该时标网络计划即绘制完成。

7.4 单代号网络图的绘制与计算

7.4.1 概述

单代号绘图法用圆圈或方框表示工作,并在圆圈或方框内可以写上工作的名称和持续时间,如图 7-36 所示。工作之间的逻辑关系用箭线表示。单代号绘图法将工作有机地连接,形成一个有方向的图形称为单代号网络图,如图 7-37 所示。

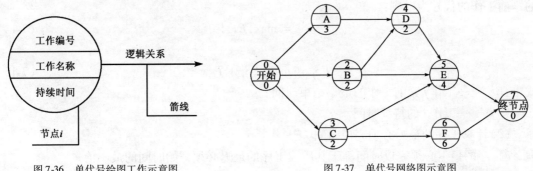

图 7-36 单代号绘图工作示意图　　　图 7-37 单代号网络图示意图

7.4.2 绘制规则

单代号网络的绘制规则与双代号网络基本相同,但是单代号网络图中无虚工作。若开始或结束工作有多个而缺少必要的逻辑关系时,须在开始与结束处增加虚拟的起点节点与终点节点。

单代号绘制网络

7.4.3 时间参数计算

1)单代号网络计划时间参数的标注形式

标注形式如图 7-38 所示。

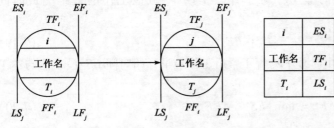

图 7-38 单代号网络图时间参数的标注形式

2)单代号网络计划时间参数的计算

单代号网络图时间参数计算的方法和双代号网络图相同。计算最早时间从第一个节点算到最后一个节点,计算最迟时间从最后一个节点算到第一个节点,计算出最早时间和最迟时间,即可计算时差和分析关键线路。

令整个进度计划的开始时间为第 0 天,则时间参数的计算公式如下:

(1)工作最早开始时间 ES_i 与工作最早完成时间 EF_i。

网络计划中各项工作的最早开始时间和最早完成时间的计算应从网络计划的起点节点开始,顺着箭线方向依次逐项计算。

网络计划的起点节点的最早开始时间为零。如起点节点的编号为 1,则:

$$ES_i = 0 \quad (i = 1) \tag{7-12}$$

工作最早完成时间等于该工作最早开始时间加上其持续时间,即:

$$EF_i = ES_i + T_i \tag{7-13}$$

其他工作的最早开始时间等于该工作的各个紧前工作的最早完成时间的最大值,如工作 j 的紧前工作的代号为 i,则:

$$ES_j = \max\{EF_i\} \tag{7-14}$$

或

$$ES_j = \max\{ES_i + T_i\} \tag{7-15}$$

式中:EF_i——工作 j 紧前工作的最早结束时间;

T_i——工作 i 的持续时间。

(2)计算工序的最迟必须完成时间 LF_i。

i 工序的最迟必须完成时间等于其后续工序的最迟必须开始时间的最小值。

$$LF_i = \min\{LS_j\} \tag{7-16}$$

终节点的最迟必须完成时间为计划的总工期 T。

(3)计算工序的最迟必须开始时间 LS_i。

工作 i 的总时差 LS_i 等于该工作的最迟结束时间 LF_i 与工作 i 的持续时间 T_i 之差,即:

$$LS_i = LF_i - T_i \tag{7-17}$$

(4)计算工作总时差 TF_i。

工作 i 的总时差 TF_i 等于该工作的最迟开始时间 LS_i 与最早开始时间 ES_i 之差,即:

$$TF_i = LS_i - ES_i \tag{7-18}$$

(5)计算工作自由时差 FF_i。

工作 i 若无紧后工作,其自由时差 FF_i 等于计划工期 T_p 减该工作的最早完成时间 EF_i,即:

$$FF_i = T_P - EF_i \tag{7-19}$$

当工作 i 有紧后工作 j 时,其自由时差 FF_i 等于紧后工作最早开始时间 ES_j 最小值与本工作最早完成时间 EF_i 之差,即:

$$FF_i = \min\{ES_j\} - EF_i \tag{7-20}$$

(6)关键工作和关键线路的确定。

①关键工作:总时差最小的工作是关键工作。

②关键线路的确定按以下规定:从起点节点开始到终点节点的所有工作均为关键工作,且所有工作的时间间隔为零的线路为关键线路。

不计算时间参数的情况下,由起点节点到终点节点形成的路线上各项工作持续时间之和最大值所对应的路线称为关键路线。

3)单代号网络图与双代号网络图的比较

(1)单代号网络图绘制方便,不必增加虚工作。

(2)单代号网络图便于说明,容易被非专业人员理解,且易于修改。

(3)单代号网络图中,当有两个或两个以上工作同时开始或同时结束时,一般要虚拟一个"起点节点"或"终点节点"。

(4)双代号网络图表示工程进度比单代号网络图更为形象,特别是时标网络图。

(5)双代号网络图使应用计算机进行计算和优化过程更为简便。

[例7-7] 已知网络计划的资料,如表7-7所示。试绘制单代号网络计划,计算工期,试计算各项工作的6个时间参数并确定关键线路,标注在网络计划上。

解:(1)根据表7-7中网络计划的有关资料,按照网络图的绘图规则,绘制单代号网络图,如图7-39所示。

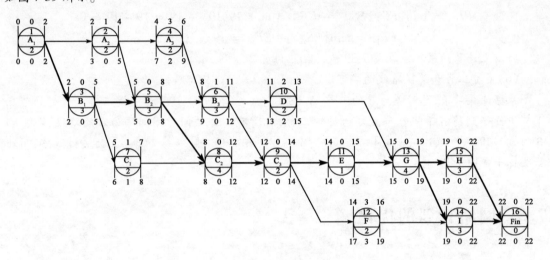

图7-39 单代号网络图计算实例

(2)计算最早开始时间和最早完成时间。

因为未规定其最早开始时间,起点节点的最早开始时间为零,由式(7-12)得到:
$$ES_1 = 0$$

其他工作i的最早开始时间和最早完成时间按式(7-13)和(7-14)依次计算,则:
$$EF_1 = 0 + 2 = 2$$
$$ES_5 = \max\{ES_2 + EF_3\} = \max\{4,5\} = 5$$
$$EF_5 = ES_5 + T_5 = 5 + 3 = 8$$

已知计划工期等于计算工期,故有$T_p = T_c = EF_{16} = 22$。

(3)按式(7-16)和式(7-17)计算工序的最迟必须完成时间和工序的最迟必须开始时间,则:
$$LF_{16} = T_p = 22, LS_{16} = LF_{16} - 0 = 22$$
$$LF_{15} = \min\{LS_{16}\} = \min\{22\} = 22, LS_{15} = LF_{15} - 3 = 22 - 3 = 19$$
$$LF_{14} = \min\{LS_{16}\} = \min\{22\} = 22, LS_{14} = LF_{14} - 3 = 22 - 3 = 19$$
$$LF_{13} = \min\{LS_{14}, LS_{15}\} = \min\{19,19\} = 19, LS_{13} = LF_{13} - 4 = 19 - 4 = 15$$

(4) 按式(7-18)计算工作总时差,则:
$$TF_{16} = LS_{16} - ES_{16} = 22 - 22 = 0$$
其他工作总时差:
$$TF_{15} = LS_{15} - ES_{15} = 19 - 19 = 0$$
$$TF_{14} = LS_{14} - ES_{14} = 19 - 19 = 0$$
$$TF_{13} = LS_{13} - ES_{13} = 15 - 15 = 0$$
$$TF_{12} = LS_{12} - ES_{12} = 17 - 14 = 3$$

(5) 按公式(7-19)或(7-20)计算工作的自由时差 FF_i。
$$FF_{16} = T_P - EF_{16} = 22 - 22 = 0$$
$$FF_{15} = \min\{ES_{16}\} - EF_{15} = 22 - 22 = 0$$
$$FF_{14} = \min\{ES_{16}\} - EF_{14} = 22 - 22 = 0$$
$$FF_{13} = \min\{ES_{14}, ES_{15}\} - EF_{13} = \min\{19, 19\} - 19 = 19 - 19 = 0$$
$$FF_{12} = \min\{ES_{14}\} - EF_{12} = 19 - 16 = 3$$

将以上计算结果标注在图 7-39 中的相应位置。

(6) 关键工作和关键路线的确定。

根据计算结果,总时差为零的工作:A_1、B_1、B_2、C_2、C_3、E、G、H、I 为关键工作。从起始节点①节点开始到终点节点?节点均为关键工作,且所有工作之间时间间隔为零的路线,即①→③→⑤→⑧→⑨→⑪→⑬→⑭→⑯→①→③→⑤→⑧→⑨→⑪→⑬→⑮→⑯为关键线路,用粗箭头标示在图 7-39 中。

7.5 网络计划的优化

网络优化是指通过利用时差,不断改善网络计划的初始方案,在满足既定条件下按某一衡量指标(如时间、成本、物资等)来寻求最优方案。网络计划的优化主要有工期优化(也称为时间优化)、资源优化、工期与成本(费用)优化。网络计划优化采用双代号网络图进行,比单代号直观,如果是双代号时标网络图就更加直观,因此以下介绍时均使用双代号网络图,可以用双代号时标网络图帮助理解。

7.5.1 工期优化

时间在施工管理中是一个主要要素。当网络计划编制完成后常遇到计算工期大于要求工期的问题,此时就需要调整进度计划,压缩工期,即对工期进行优化;而对于工期要求紧迫的施工任务,也需要千方百计采取措施,调整网络计划,以达到工期最短的目的。这种以工期为目标,即工期最短或达到要求工期,而进行调整网络计划的过程,称为网络计划的工期优化,也称为时间优化。工期优化的实质就是缩短工程工期到要求工期或使其最短,要缩短工期就必须缩短关键线路。缩短关键线路的方法和途径主要有两种:一是网络计划中关键线路的结构调整(也称为调整工作关系),二是关键工作持续时间的缩短(也称为强制法和时差利用)。

1) 缩短关键线路的方法或途径

(1) 主要是调整关键线路上的关键工作之间的关系,可采取下述措施:

①将顺序施工的关键工作改为平行施工、交叉或者搭接施工。
②将顺序施工的关键工作调整为流水作业方式。
(2)缩短关键工作的持续时间。压缩关键工作持续时间的强制法方主要有：
①平均法,关键线路上各关键工作平均压缩相同的数值。
②加权平均法,即按关键工作持续时间长短的百分比进行压缩。
③顺序(依次)法,按关键工作开始时间确定,先开始的工作先压缩。
④选择法,即有目的地分析和选择关键工作,例如缩短持续时间对质量影响不大的关键工作,有充足备用资源的工作,赶工费率最低的工作等。选择法是最常用的方法。

缩短关键工作持续时间的途径,可以通过增加资源来缩短关键工作的持续时间;也可通过抽调非关键工作的同类资源来支援关键工作以缩短关键工作持续时间,后者也称为时差利用法。这种利用时差的调整虽然增长相应非关键工作持续时间,但只要未超过其总时差就不增长工期。也就是人们常说的"向关键线路要时间,向非关键工作要资源"。

2)网络计划工期优化(时间优化)的计算方法和步骤

网络计划工期优化的基本方法就是循环优化法,缩短工期就必须压缩关键线路,因此必须从关键线路人手。循环优化法的基本原理是:计算初始网络计划图的计算工期并确定关键线路,将计算工期与要求工期比较求出需缩短的时间,采用适当的时间优化措施和途径压缩关键工作持续时间,从而压缩了关键线路长度,并重新计算网络计划的工期、确定新的关键线路。此时,如果网络计划的计算工期小于或等于要求工期,时间优化即告完成;否则,重复上述步骤,再次压缩关键线路,直到满足要求工期为止。工期优化的结果是不唯一的,例如图7-40所示的网络图,计算工期是52,要求工期49;优化的方案不同,其结果也就不同。

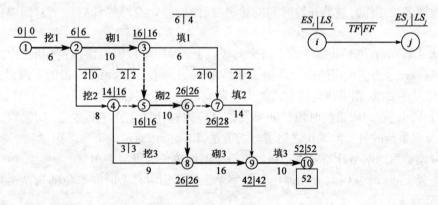

图7-40 网络图

(1)循环法方案1:先选择"砌3"压缩3d,计算工期为50d;这时"填2"为关键工序,然后再选择"填2"还要压缩1d,工期才能缩短为49d。

(2)循环法方案2:选择"砌2"压缩3d,计算工期为49d。

(3)循环法方案3:选择"砌3"压缩2d和"填3"压缩1d,计算工期为49d。

3)在压缩关键线路过程中应注意以下几个问题

(1)选择需压缩的关键工作,最好是包含在多条关键线路上的共同部分。

(2)要压缩的关键工作,应注意其压缩量取多少时间较为合适,相对值应较小为好。

(3)多条关键线路时,所压缩的关键工作必须使多条的关键线路长度一起缩短。可能需要同时压缩平行的关键工作。

（4）如果需要得到网络计划最短工期,采用循环压缩关键线路长度,直到不能再压缩为止（这需要给定每个工作的极限持续时间）。

7.5.2 资源优化

资源是指为完成一项计划任务所需投入的人力、材料、机械设备和资金等。完成一项工程任务所需要的资源量基本上是不变的,不可能通过资源优化将其减少。资源优化的目的是通过改变工作的开始时间和完成时间,使资源按照时间的分布符合优化目标。

在通常情况下,网络计划的资源优化分为两种,即"资源有限,工期最短"的优化和"工期固定,资源均衡"的优化。前者是通过调整计划安排,在满足资源限制条件下,使工期延长最少的过程;而后者是通过调整计划安排,在工期保持不变的条件下,使资源需用量尽可能均衡的过程。

这里所讲的资源优化,其前提条件是:
①在优化过程中,不改变网络计划中各项工作之间的逻辑关系。
②在优化过程中,不改变网络计划中各项工作的持续时间。
③网络计划中各项工作的资源强度（单位时间所需资源数量）为常数,而且是合理的。
④除规定可中断的工作外,一般不允许中断工作,应保持其连续性。
为简化问题,这里假定网络计划中的所有工作需要同一种资源。

1)"资源有限,工期最短"的优化

"资源有限,工期最短"的优化一般可按以下步骤进行:
（1）按照各项工作的最早开始时间安排进度计划,并计算网络计划每个时间单位的资源需用量。
（2）从计划开始日期起,逐个检查每个时段（每个时间单位资源需用量相同的时间段）资源需用量是否超过所能供应的资源限量。如果在整个工期范围内每个时段的资源需用量均能满足资源限量的要求,则可执行优化方案即编制完成;否则,必须转入下一步进行计划的调整。
（3）分析超过资源限量的时段。如果在该时段内有几项工作平行作业,则采取将一项工作安排在与之平行的另一项工作之后进行的方法,以降低该时段的资源需用量。
（4）对调整后的网络计划安排重新计算每个时间单位的资源需用量。
（5）重复上述(2)~(4),直至网络计划整个工期范围内每个时间单位的资源需用量均满足资源限量为止。

例如,有 A 和 B 两项路基填筑工作平行施工,如图 7-41 所示,此时只有 1 台压路机,无法实现平行施工。解决的方法只有两种:一是花钱购买或租赁压路机;二是将"平行"施工改为"顺序"施工。那么第二种解决方法就产生了问题,哪项工作先施工使用资源。判断解决方案好的标准是什么? 因此,解决资源有限情况下造成资源冲突的方案,好的标准就是调整后的进度计划使工程工期增加得最少。将平行施工改为顺序施工后,工期值增加最少的顺序施工方案就是资源优化的方案,如图 7-42 所示。调整的方法是

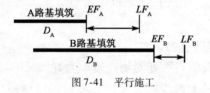

图 7-41 平行施工

方案 1：A 先施工 B 后施工,工期增加值 $= EF_A + T_B - LF_B$

方案 2：B 先施工 A 后施工，工期增加值 $= EF_B + T_A - LF_A$

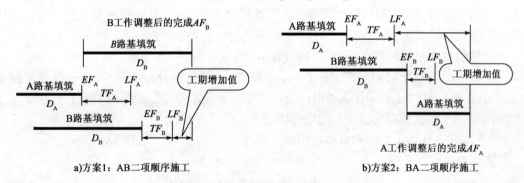

a) 方案1：AB二项顺序施工　　　　b) 方案2：BA二项顺序施工

图 7-42　路基填筑工作工期调整

比较两个方案，其中工期增加值最少的方案就是最优方案。从图 7-42 可以看出方案 1 要优于方案 2。

2)"工期固定,资源均衡"的优化

安排建设工程进度计划时,需要使资源需用量尽可能地均衡,使整个工程单位时间的资源需用量不出现过多的高峰和低谷,这样不仅有利于工程建设的组织与管理,而且可以降低工程费用。

"工期固定,资源均衡"的优化方法有多种,如方差值最小法、极差值最小法、削高峰法等。按方差值最小的原理,"工期固定,资源均衡"的优化一般可按以下步骤进行：

(1) 按照各项工作的最早开始时间安排进度计划,并计算网络计划每个时间单位的资源需用量。

(2) 从网络计划的终点节点开始,按工作完成节点编号值从大到小的顺序依次进行调整。当某一节点同时作为多项工作的完成接点时,应先调整开始时间较迟的工作。

(3) 当所有工作均按上述顺序自右向左调整了一次之后,为使资源需用量更加均衡,再按上述顺序自右向左进行多次调整,直至所有工作既不能右移也不能左移为止。

7.5.3　工期—成本优化

1) 工程的时间(工期)和工程的费用(工程成本)关系

一个工程施工项目是由许多工作组成的,这些工作绝大部分都要消耗资源(工、料、机),也就构成了施工费用(成本)。工程的施工费用由工程的直接费(直接成本)和工程的间接费(间接成本)组成,工程直接费随着工期增加而减少,随着工期的减少而增加；而工程间接费随着工期增加而增加,随着工期的减少而减少；施工总费用(总成本)与工期之间就存在最优的平衡点,即最优工期。如图 7-43 所示,工期小于最优工期时总费用增加,工期大于最优工期时总费用也增加。最优工期是针对工程而言的,工作(工序)是没有最优工期的。在实际工作中,一般很难找出最优工期,所以通常是以合理工期为目标,即以最优工期

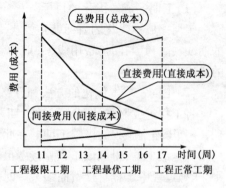

图 7-43　工程的工期与费用关系

为中点,在它附近一定范围内的工期值作为合理工期;工程实践也只需要追求合理工期,这时的工程费用相对最低。工程的费用是由各工作的费用组成的,因此必须掌握工作的持续时间与其费用的关系。

2) 工作的持续时间与其直接费用(直接成本)的关系

工作(工序)的持续时间与其直接费用(直接成本)的关系分为两种形式:一种是连续型的,例如某工作(工序)主要采用人工时的直接费用或直接成本;另一种是离散型的,例如某工作(工序)采用不同机械时的直接费用或直接成本。

(1)连续型工作持续时间和直接费用的关系。

①直接费的计算。

$$直接费 = 劳动量 \times 每工日(台班)费用 \tag{7-21}$$

②直接费的变化率。

连续型工作持续时间和直接费用的关系一般是非线性的,是曲线关系,因此每个时刻的直接费变化率不是固定值。考虑到工程实际直接费的曲线值与直线值相差不大,为了计算简便将曲线近似为直线,那么直接费变化率近似为定值,如图7-44a)所示。直接费的变化率工程界习惯称为赶工费率或直接成本斜率。

$$直接费的变化率(赶工费率) = \frac{C_a - C_b}{t_a - t_b} \tag{7-22}$$

(2)离散型工作持续时间和直接费用的关系。

离散型直接费用不存在变化率,只有直接费用的数值(或直接成本),选用不同的时间就有相应的直接费用值,如图7-44b)所示。

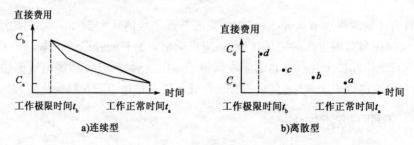

图7-44 工作的持续时间与其直接费用的关系

3) 工期—成本优化的方法

(1)工期—成本优化的目标。

工期—成本优化的目标就是要获得如图7-44所示工程在不同工期情况下直接费用最低的曲线,并将其与间接费用线(一般为斜直线)叠加后形成总费用曲线,从而找到总费用最低的最优工期。

(2)工期—成本优化的方法和思路。

将工程进度网络计划从正常工期开始,压缩关键工作的持续时间,从而压缩了工程的工期,一直压缩到工程的极限工期。在此压缩工程工期过程中应保证每次压缩所引起直接费用的增加是最少的,得到该工程直接费最低曲线,而使总费用最低点的工期值才是最优工期。否则,压缩过程中工程直接费曲线某一时点的直接费如不是最低,图中总费用最低点就不能保证是工程最优工期。

(3)工期—成本优化方法应注意的事项。

工期—成本优化过程有两个难点:一是如何选择压缩的关键工作,即压缩方案;二是已经选择的关键工作压缩量应取多少才能既不超压也不欠压(要考虑优化计算效率)。

①选择压缩的关键工作。

选择压缩的关键工作应保证直接费增加最少,即应选择综合赶工费率最低的关键工作。由于关键线路的复杂性,有一条关键线路的简单情况和多条关键线路的复杂情况。

a. 只有一条关键线路时,选择关键线路中赶工费率最低的关键工作。

b. 两条以上关键线路时,问题较复杂,要根据具体网络计划进行分析和选择。因为有时多条关键线路中共同包含某一关键工作,只需压缩该关键工作工程的工期就能缩短;有时需要平行压缩多个关键工作工程工期才能缩短。因此需具体情况具体分析比较后进行选择。所以原则上,如果此时需要平行压缩多个关键工作才能缩短工期,那么它们的赶工费率之和应最低。

关键线路较少而且简单时,可以直接将各种可能的组合进行比较。关键线路复杂时可以用网络最大流理论来确定压缩方案,但是要注意多个压缩关键工作的赶工费率之和最低的方案所对应的是网络流所有方案的最小值而不是最大值。运筹学教材中运用该理论是寻找网络流的最大值,而我们需要最小值,这点在使用该理论时正好是相反使用,很难保证所选的方案是最小值,因此很难使用;不过可以利用割线的思想和方法来计算赶工费率的和,这是很好掌握又不易产生错误的,在下面的算例中将有所涉及。

②确定关键工作的压缩量。

压缩多少才既不超压也不欠压,应同时满足以下两点要求:

a. 不超过该关键工作的极限持续时间。

b. 应保证压缩后的关键工作仍然是关键工作,即不能超压。这一点难度很大。

最简单但却耗时的方法是线路全枚举法,即将所有线路长度计算出来,逐条比较,来综合决定压缩量。为什么要综合呢?因为不能采用简单比较就下结论为:"压缩量等于非关键工作的最小总时差,$\triangle = \min\{TF\}$"。例如某网络图有三条线路,一条关键线路工期为100,另外两条非关键线路工期分别是98和95;那么为了使关键工作没有超压不一定只能压缩100 - 98 = 2单位,有可能可以压缩100 - 95 = 5单位,因为当被压缩的关键工作也包含在98的非关键线路中时,关键工作每缩短1个单位,原98长度的线路也随之缩短,不会制约关键工作的压缩而担心超压,此时就可以压缩5个单位。因此压缩量的确定要综合分析,是属于非肯定的问题,不能用特殊代表一般。当然,有的方法是每次只压缩1个单位然后重新计算关键线路,循环重复进行压缩优化,这种方法若采用手工计算,优化效率太低,适合计算机计算。

另外一种确定压缩量的方法是通过时差分析,判断"圈"内的自由时差和总时差,避免超压和欠压。这种方法需要对网络计划知识掌握得很扎实,尤其需要进行时差分析。这样通过网络计划优化可以促进网络计划知识的学习和掌握。在进行时差分析时可借助双代号时标网络图的直观性帮助理解,一旦掌握了时差分析方法后就不需要在优化时绘制成双代号时标网络图了。

4)工期—成本优化示例

某工程计划网络图如图7-45所示。表7-9是该工程各工作的时间和费用数据。整个工程的间接费率为10万元/周,正常工期时间接费为70万元。对此工程进行工期—费用优化,确定工期—费用曲线并求最优工期。图7-45中圆括号内的数值表示工作极限持续时间;没有圆括号的时间是正常持续时间,在以下计算时未被划去就代表正常值。

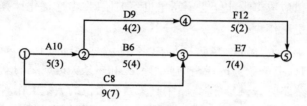

图7-45　某工程网络计划图

(1)根据式(7-22),在表7-9中的最后一列计算每项工作的直接费变化率(赶工费率)并将计算结果标注在每项工作箭线的上方,便于优化压缩时的分析和计算。

各工作时间与费用时间表　　　　　　　　　　　　　　　　　　　　表7-9

工作代号	正常持续时间	极限持续时间	正常直接费	极限直接费	赶工费率
1.2	5	3	80	100	$(100-80)/(5-3)=10$
1.3	9	7	160	176	$(176-160)/(9-7)=8$
2.3	5	4	90	96	$(96-90)/(5-4)=6$
2.4	4	2	50	68	$(68-50)/(4-2)=9$
3.5	7	4	100	121	$(121-100)/(7-4)=7$
4.5	5	2	120	156	$(156-120)/(5-2)=12$
合计	无		600	717	无

(2)按照各工程正常持续时间计算网络计划的时间参数和关键线路,如图7-46所示。

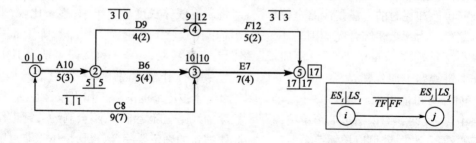

图7-46　按正常持续时间的网络计划计算结果

(3)按照工期—成本优化的方法和注意事项逐步(循环)压缩关键工作,以获得直接费用最低的曲线数据,如表7-10所示。

网络计划工期—成本优化循环压缩的过程　　　　　　　　　　　　表7-10

循环次数	压缩方案	压缩时间	工期(周)	增加费用	增加总费用	工程直接费	工程间接费	工程总费用
0	原始网络图不调	0	17	0	0	600	70	670
1	压缩B	1	16	6	0+6=6	606	60	666
2	压缩E	2	14	2×7=14	6+14=20	620	40	660

续上表

循环次数	压缩方案	压缩时间	工期（周）	增加费用	增加总费用	工程直接费	工程间接费	工程总费用
3	压缩 ED	各1	13	1×(7+9)=16	20+16=36	636	错误	删除
4	压缩 AE 增加 B	各1	13	10+7−6=11	20+11=31	631	30	661
5	压缩 AC	各1	12	1×(10+8)=18	31+18=49	649	20	669
6	压缩 BCD	各1	11	6+8+9=23	49+23=72	672	10	682

循环压缩优化的具体过程如下：

循环1：关键线路中 B 工作的赶工费率最低，选择 B 工作压缩1周。此时网络计划的时间参数发生变化，与 B 工作平行的有两个"圈"，它们的时差会有变化。①③"圈"中的 C 工作变成关键工作，关键线路增加一条；②⑤"圈"中 D 和 F 工作时差都会改变，根据双代号时标网络图的特性和式(7-22)，B 工作的缩短1周将相应减少 F 工作的自由时差1周和总时差1周，从而减少 D 工作总时差1周。变化后的工期和时差结果如图 7-47 所示，费用计算如表 7-10 所示。此时只需关心时差和工期，不需再计算和关注节点时间参数了。

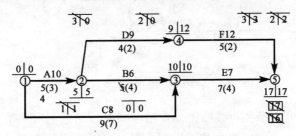

图 7-47　经过第1次压缩优化后的工期与时差变化结果

循环2：从图 7-47 的在两条关键线路中进行比较，E 工作是两条关键线路的共同组成，而且赶工费率最低，选择压缩 E 工作。E 工作压缩量的极限虽然可以达到 7−4=3 周，考虑到与之平行的②⑤"圈"中 D 和 F 的总时差只有2周，因此 E 工作的压缩量取2周。D 和 F 工作变成关键工作，关键线路再增加一条，三条都是关键线路。变化后的工期和时差结果如图 7-48 所示，费用计算如表 7-10 所示。

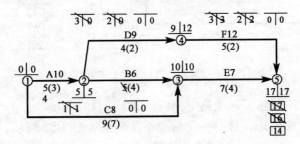

图 7-48　经过第2次压缩优化后的工期和时差变化结果

循环3：根据图 7-48 三条关键线路的比较，人们一般从直观判断有两种组合压缩方案，A、D 各压1周的费率 10+8 和 DE 各压1周的费率 9+7 比较，选择 D、E 各压1周的费率 16 最低。工期可以压缩到 13 周，这个方案实际上是错误的，因为有比它更低的赶工费率的方案即下面的方案。

如果压缩 A 和 E 工作各 1 周,将 B 工作增加 1 周,则不影响与之平行的两条关键线路而工期又能缩短 1 周,而赶工费率等于 $10+7-6=11$ 比 16 还要低,所以 D 和 E 工作各压 1 周的方案是错误的。变化后的工期结果如图 7-49 所示,费用计算如表 7-9 所示。该方案的获得确有困难。因此可以借助网络流最大理论的割线方法去寻找各种可能的割线方案,该方案是分别割到 A、B、E 三项工作的割线,如图 7-49 所示。采用割线分割时,应保证网络图的起点节点和终点节点分别位于割线两侧,请读者关注图形下部分的节点①和③,如果约定位于割线起点节点同一侧节点上箭尾的赶工费率为正值表示可以缩短,而节点上箭头的赶工费率为负值表示对已经压缩的还原增加,则赶工费率的和为 $10-6+7=11$。不过在保证赶工费率和为正值前提下,如果作为赶工费率负值的工作是正常持续时间还未压缩过,则方案不可行。

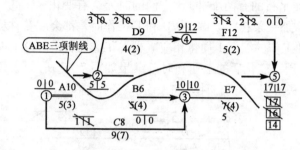

图 7-49　将图 7-48 网络图分割成上下两部分

循环 4:根据图 7-50 三条关键线路中,AC 组合共同压缩赶工费率是 18,BCD 组合共同压缩赶工费率是 23,所以选择 AC 组合共同压缩 1 周。变化后的工期结果如图 7-51 所示,费用计算如表 7-10 所示。

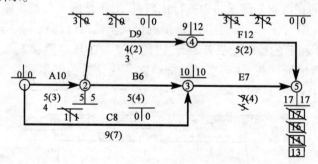

图 7-50　经过第 3 次压缩优化后的工期变化结果

循环 5:根据图 7-51 三条关键线路中,只有 BCD 组合共同压缩赶工费率是 23 最小,所以选择 BCD 组合共同压缩 1 周。最终变化后的工期结果如图 7-52 所示,各工作 $A=3,B=4,C=7,D=3,E=4,F=5$(未压缩);费用计算如表 7-10 所示。最优工期是 14 周,如图 7-53 所示。

在压缩优化过程中只需画一个一般双代号网络图就能,将优化过程和时差变化全标注在图上进行比较,同时将计算结果填在表 7-10 中即可。在利用时差分析时应正确使用式(7-22)以及"圈"的概念,多做多练就能达到熟能生巧。

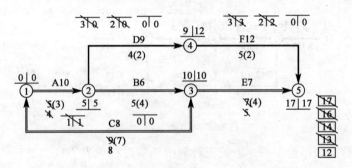

图 7-51 经过第 4 次压缩优化后的工期变化结果

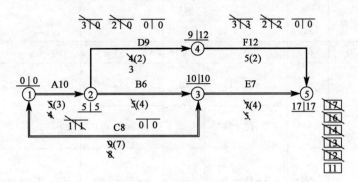

图 7-52 经过第 5 次压缩优化后的最终工期变化结果

(4) 工期—费用曲线如图 7-53 所示。
(5) 优化过程的分析对比如图 7-54 所示。

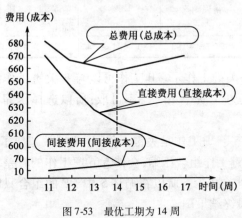

图 7-53 最优工期为 14 周

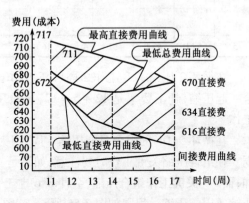

图 7-54 最低和最高的直接费曲线

在直接费用压缩优化过程中工程的每个工期值,可以对应地求出其相应的最低值,这是我们所希望的。如果此时我们在优化过程所选择的方案有错误,不是最低的赶工费率,则所得到的直接费一定是位于阴影区域内,因为最高直接费曲线是在每次相应工期值的情况下将非关键工作都按照极限持续时间的直接费计算而得,是对应工期值的最大值。

5) 将工期—成本优化方法应用于计划调整以确定最经济的工期

某工程网络计划如图 7-55 所示,合同工期为 60 周。工期提前奖励 20 千元/周,拖延赔偿 15 千元/周。施工到第 18 周检查 A 工序刚完成。施工单位应如何调整进度计划最经济。

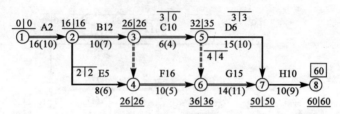

图 7-55 某工程网络计划图

箭线上方的数字表示赶工费率。施工计划的调整过程见表 7-11。

网络计划工期调整循环压缩的过程　　　　　　　　　表 7-11

循环次数	压缩方案	压缩时间	工期（周）	增加费用	增加总费用	奖赔值	盈亏值	备注
0	不调	0	62	0	0	$2 \times (-15) = -30$	$-30 - 0 = -30$	
1	压缩 H	1	61	$1 \times 10 = 10$	10	$1 \times (-15) = -15$	$-15 - 10 = -25$	压后所有时差不影响
2	压缩 B	2	59	$2 \times 12 = 24$	34	$1 \times 20 = +15$	$20 - 34 = -14$	E 控制 B 压 2，E 关键
3	压缩 G	3	56	$3 \times 15 = 45$	79	$4 \times 20 = +80$	$80 - 79 = +1$	压后 CD 关键，⑤⑥虚工作不影响
4	压缩 BE	各 1	55	$1 \times (12+5) = 17$	96	$5 \times 20 = +100$	$100 - 96 = +4$	最经济
5 50	压缩 DF	各 5		$5 \times 22 = 110$		错误删除		压 4 周，⑤⑥就关键了，压 5 周出错
5	压缩 DF	各 4	51	$4 \times (6+16) = 88$	184	$9 \times 20 = +180$	$180 - 184 = -4$	只能压 4 周

在循环 2 压缩了 B 工作 2 周后，E 工作已经是关键工作了。B 工作可以与 E 关键工作组合一起压缩，赶工费率是 $12 + 5 = 17$，比只压 G 的赶工费率 15 大，不可取；所以选择压缩 G 工作。

在循环 5，DF 的组合只能压缩 4 周，因为此时⑤⑥虚工作是关键工作，压 5 周就超压了 1 周。在组合压缩关键工作时要注意，如果是 CG 关键工作组合压缩，会使⑤⑥虚工作的时差增加；而 DF 关键工作组合压缩，会使⑤⑥虚工作的时差减少。所以在循环 5 中 DF 的组合只能压缩 4 周。压缩过程图如图 7-56 所示，该图不是最终结果图。

所以选择循环 4 的结果施工计划最经济。

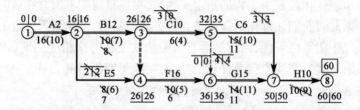

图 7-56 合同工期 60 周施工计划调整图

本章复习题

一、简答题

1. 网络图与横道图比较具有哪些优点？
2. 双代号网络图中，虚工作怎样表示，其作用是什么？
3. 什么是时差？时差有哪几种类型？
4. 双代号网络图的绘图规则有哪些？
5. 时标网络图有何特点？绘制步骤是什么？
6. 单代号网络图的基本组成要素有哪些？它与双代号网络图的本质区别有哪些？
7. 时间坐标网络计划的绘制方法有哪几种？试加以比较。
8. 什么是网络计划的优化？有哪几种优化？简述各种优化的特点。
9. 什么是网络图的关键线路？确定关键线路的方法是什么？
10. 什么叫关键工作、关键节点和关键线路？

二、计算题

1. 绘制表 7-12 的双代号网络图。

表 7-12

工作代号	A	B	C	D	E	F	G	H	I	J
紧前工作	—	A	B	A	B	C、D	C	E、C	H、G、F	I

2. 绘制表 7-13 的双代号网络。

表 7-13

工作代号	A	B	C	D	E	F	G	H	I	J
紧前工作	—	—	A	A	A、B	B	C	C、D、E	F	G、H

3. 绘制表 7-14 的双代号网络图。

表 7-14

工作代号	A	B	C	D	E	F	G	H	I	J
紧前工作	—	A	A	B	B、C	C	E、F	D、E	G、H	G

4. 某工程由 9 项工作组成，它们之间的网络逻辑关系如表 7-15 所示，试绘制双代号网络图。

表 7-15

工作名称	紧前工作	紧后工作	持续时间(d)
A	—	B、C	3
B	A	D、E	4

续上表

工作名称	紧前工作	紧后工作	持续时间(d)
C	A	F、D	6
D	B、C	G、H	8
E	B	G	5
F	C	H	4
G	D、E	I	6
H	D、F	I	4
I	G、H	—	5

5. 绘制表7-16双代号网络图,计算时间参数,总工期,确定关键线路。

表7-16

工作代号	A	B	C	D	E	F	G	H
紧前工作	—	A	B	B	B	C、D	E、C	F、G
持续时间(d)	1	3	1	6	2	4	2	4

6. 绘制表7-17的双代号网络图,计算时间参数,总工期,确定关键线路。

表7-17

工作代号	A	B	C	D	E	F	G	H	I	J
紧后工作	B、C、D	E	F	G	H	I、H	I	J	J	—
工作时间(d)	10	10	20	30	20	20	20	30	30	50	10

7. 试计算下面双代号网络图(时间单位:d)中工作C的总时差。

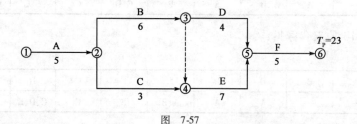

图 7-57

8. 绘制表7-18所示的双代号网络图,确定 $t=40$ 天时的优化措施并绘制工序最早开始时间时标网络图。A、C均位于关键线路上,且有压缩时间,可将A压缩3d,C压缩2d,使总工期达到40d。

表7-18

工序代号	①-② A	①-③ B	②-③ C	②-④ D	③-④ E	③-⑤ F	④-⑤ G
正常时间(d)	20	25	10	12	5	15	10
极限时间(d)	17	25	8	6	4	13	5

9. 如图7-58所示为某路面工程双代号网络计划(时间单位d),把它改绘成时标网络图。

10. 已知单代号网络计划,如图7-59所示,若计划工期等于计算工期,试计算单代号网络计划的时间参数,将其标注在网络计划上,并用双箭线标示出关键线路。

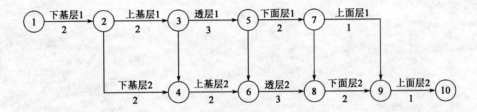

图 7-58

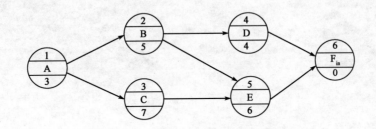

图 7-59 单代号网络计划计算示例(时间单位 d)

11. 绘制表 7-19 所示的单代号网络图,计算时间参数,总工期,确定关键线路。

表 7-19

工作代号	A	B	C	D	E	F	G	H
紧前工作		A	B	B	B	C、D	C、E	F、G
工作时间(d)	1	3	1	6	2	4	5	5

第8章 进度计划控制

本章导读

基本要求：通过本章学习了解公路工程进度计划控制的概念、影响进度控制的因素、进度控制过程、作用及相关原理；熟悉公路工程进度控制的方法和措施；掌握公路进度计划的监测与调整、实际进度计划进度的比较方法和调整方法等。在掌握公路工程进度计划控制方法的基础上，能熟练完成公路工程建设进度计划的监测与调整。
重　　点：公路工程进度计划监测与调整、实际进度与计划进度的比较方法。
难　　点：调整工程工程建设进度计划方法和应用

8.1 进度计划控制概述

8.1.1 进度计划控制的概念

进度计划控制是指在既定的进度目标内，由施工单位（承包人）编制出合理的工程施工进度计划，报经监理工程师审批后，施工单位（承包人）按计划进行施工。在施工过程中，经常检查施工实际进度情况并将其与计划进度相比较。若出现偏差，应分析产生偏差的原因和对工程进度目标（含工期目标）的影响程度，采取一定的措施并要求承包人加强进度管理，调整后续进度计划或考虑给予延长工期。不断地如此循环，直至工程竣工。

8.1.2 反映进度的指标和进度目标

1）进度指标

进度通常是指工程项目实施结果的进展情况。在工程实施过程中要消耗时间、资源（工、料、机)和资金才能完成工程项目任务,项目实施结果应该以项目任务的完成情况(如工程的数量)来表达。由于工程项目对象的复杂性往往很难用一个恰当又统一的指标来全面反映进度。在工程管理中人们已赋予进度综合的含义并形成一个综合指标。通常可以用以描述进度的指标有:

(1)时间指标即持续时间。人们常用某工作已经进行的持续时间与其工程进度计划时间相比较来描述工程的完成程度,但是要注意区分(总)工期与进度在概念上的不一致性。因为工程的效率(速度)不是线性的,因此工程的工期进行一半并不能表示工程进度到达了一半。工程进度是以"S曲线"形式分布,往往工程的中期是施工的高潮期,投入也最大。所以进度控制与工期控制的含义不同。

(2)工程活动的结果状态数量。如工程量,路基工程土石方数量(m^3),桥梁工程的混凝土数量(m^3)等。但是不同类型的工程量不具有可累加性和可比性。

(3)共同适用的某种计量单位。如货币形式的工作量。它是最具有统一性和较好可比性的指标,既可以在工程施工的各个环节也可以在整个项目使用该指标。不同类型的工程量不具有可累加性,但是它们的工作量(货币形式产值)具有可累加性。可比性是指"甲公路工程"与"乙公路工程"在工作量上的比较,例如图 8-1 所示的美国加州公路分局的进度管理曲线被形象地称为"香蕉曲线",就是采用工作量指标,才可以将该曲线作为动态衡量该地区类似公路工程进度的参考标准。

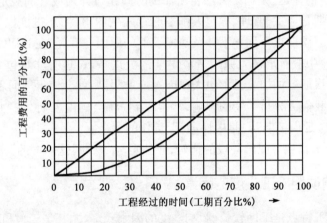

图 8-1 美国加州公路分局 45 个典型公路分析形成的进度管理曲线

2)进度目标

从进度的指标分析和讨论中可以得出一个结论,即使"工作量或产值"在反映工程进度方面具有统一性,但也不能用单一的指标来反映工程进度,应该用上述三个指标来综合反映进度状况。进度目标是一个综合指标体系,进度目标包含工期目标;施工过程中应该动态地控制进度的各项指标使其符合预期的进度目标。在后面的内容中,有关进度控制的检查方法时侧重讨论进度控制中的工期控制,而网络计划优化时则会涉及工程量和资源与工期的关系。

如果只考虑施工进度的工期目标而且进度计划是用网络计划表示,那么实际进度情况与其计划进度相比较所出现偏差的含义是什么,是表示被检查工作的实际进度与其计划进度的最早时间相比较,还是与其最迟时间相比较的偏差呢。因此就要对进度检查涉及的相关概念有清晰和全面的了解。

8.1.3 工程进度检查中涉及的有关概念

1）延误(Delay)

延误是指施工中实际进度与计划进度相比较的拖延或耽误,即进度偏差的不利一面。在工程施工过程中谈及延误时,往往是指某些被检查正在施工或者已经完成的工作(分项工程)的延误,在网络计划中一般是与计划的最早时间相比较的拖延,在网络计划检查计算方法中详细解释。所以在无限定词时的延误一般是泛指工作拖延或耽误,是局部的,通常指某一分项、分部、单位工程的拖延,而不是针对整个工程项目或合同段。

2）工期(Project Duration)

工期原来是泛指完成一件事情所需的时间。事情可大可小,小到一个工作(或工序),大到一个工程项目或合同段。因此人们常将工作所需的时间称为工期(Duration,某些国内和国外软件中目前也还称为工期),工程项目所需的时间一般情况下为了区别而称为总工期。但是目前工程界的习惯是将工作所需的时间称为工作持续时间,而将工程项目或合同段施工所需时间称为工期(Project Duration)。本教材为避免工期一词带来的混乱,在谈及工期时都表示工程项目或合同段所需的时间,即过去习惯的总工期。

3）工期拖延（或延误工期 Fail to Comply with the Time for Completion）

延误工期（或工期拖延）是指工程项目所需的时间超过计划或合同规定的竣工时间,简称为误期或拖期。误期是业主、监理、承包人都不愿意发生的事件,从进度控制目标的角度应尽量避免误期的发生。误期这个词并不涉及造成误期的原因与责任,在 FIDIC 合同条件和《公路工程标准招标文件》中既有承包人原因造成误期的处理条款,也有非承包人原因造成误期的处理条款。如果给误期一词加上是承包人原因造成的限制,就会使得用词表达时很不方便,例如,在进行检测时,我们需分析工期的影响,常常提到"将会延误工期"或"将造成工期拖延"。因此"工程拖延"或"延误工期"只是中性词,无责任的含义。

"误期"是整个工程项目或合同段的拖延,应注意与"逾期"这一词的关联和不同。

8.1.4 影响项目施工进度的因素

工程项目的施工特点是工期较长、影响进度的因素较多,尤其是较大和复杂的施工项目更是如此。编制、执行和控制施工进度计划时,必须充分认识和评估这些因素,才能克服其影响。影响项目施工进度的主要因素有以下几方面。

1）参与单位和部门的影响因素

影响项目施工进度的单位和部门众多,包括建设单位、设计单位、总承包单位,以及施工单位上级主管部门、政府有关部门、银行信贷单位、资源物资供应部门等。只有做好有关单位的组织协调工作,才能有效地控制项目施工进度。

2）施工技术因素

项目施工技术因素主要有:低估项目施工技术上的难度;采取的技术措施不当;没有考虑某些设计或施工问题的解决方法;对项目设计意图和技术要求没有全部领会;在应用新技术、新材料或新结构方面缺乏经验,没有进行相应的科研和试验,导致盲目施工,以致出现工程质量缺陷等技术事故。

3)施工组织管理因素

施工组织管理因素主要有:施工平面布置不合理,出现相互干扰和混乱;劳动力和机械设备的选配不当;流水施工组织不合理等。

4)项目投资因素

项目投资因素是指因资金不能保证以至于影响项目施工进度。

5)项目设计变更因素

项目设计变更因素主要有:建设单位改变项目设计功能;项目设计图样错误或变更,致使施工速度放慢或停工。

6)不利条件和不可预见因素

在项目施工中,可能遇到洪水、地下水、地下断层、溶洞或地面深陷等不利的地质条件;也可能出现恶劣的气候条件、自然灾害、工程事故、政治事件、工人罢工或战争等不可预见的事件,这些因素都将影响项目施工进度。

8.1.5 进度控制的过程

进度控制的基本对象是工程施工活动。项目进度状况通常是通过各工程活动完成程度(百分比)逐层统计计算得到的,其控制过程如图8-2所示。

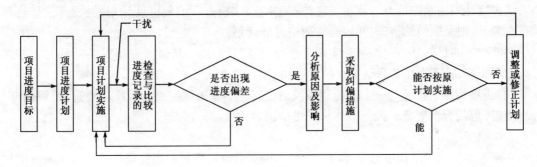

图8-2 施工项目进度控制循环图

(1)采用各种控制手段保证项目及各个工程活动按计划及时开始,在施工过程中记录各工程活动的开始和结束时间及完成程度。

(2)在各控制期末(如月末、季末,一个工程阶段结束)将各活动的完成程度与计划对比,确定整个项目的完成程度,并结合工期、生产成果、劳动效率、消耗等指标,评价项目进度状况,分析其中的问题。

(3)对下期工作作出安排,对一些已开始但尚未结束的项目单元的剩余时间作估算,提出调整进度的措施,根据已完成状况作新的安排和计划,调整网络(如变更逻辑关系、延长/缩短持续时间、增加新的活动等),重新进行网络分析,预测新的工期状况。

(4)对调整措施和新计划作出评审,分析调整措施的效果,分析新的工期是否符合目标要求。

8.1.6 进度控制的作用

通过项目施工进度控制,可以有效地缩短项目建设周期;可以减少不同单位和部门之间的相互干扰;可以落实承建单位各项施工计划,保证施工项目成本、进度和质量目标顺利实现;可以为防止或提出项目施工索赔提供依据。

8.1.7 公路工程进度控制原理

1)进度控制的动态控制原理

　　进度控制与质量控制、费用控制是同等重要的工程项目管理的内容。工程的动态控制包含主动控制和被动控制。在进行进度控制时,进度计划的不变是相对的,而进度计划的变化是绝对的。实际进度与计划进度完全一致是几乎不可能的,因此动态控制常常是从主动控制到被动控制的过程,纠偏尤其是关键。作为工程施工管理人员在施工过程中应分清主次,即密切关注关键工作,避免造成工作盲目和被动;多观察,多记录,尽早发现影响进度的不利因素,及时采取措施和对策,或由承包人调整后续进度计划,使进度符合目标要求。

　　(1)进度控制的内容。

　　进度控制是一个动态的管理过程。它包括:

　　①进度目标的分析和论证。其目的是论证进度目标是否合理,进度目标是否可能实现;如果经过科学的论证,目标不可能实现,则必须调整目标。

　　②在收集资料和调查研究的基础上编制进度计划。

　　③进度计划的跟踪检查与调整。它包括定期跟踪检查所编制进度计划的执行情况,若其执行有偏差,则采取纠偏措施,并视必要调整进度计划。

　　进度控制的目的是通过控制来实现工程的进度目标;施工进度控制不仅关系到施工进度目标能否实现,它还直接关系到工程的质量和成本。

　　(2)进度控制的措施——主动控制和被动控制。实现进度控制的措施主要有:组织措施、管理措施(包括合同措施)、经济措施和技术措施。

　　①组织措施。

　　在施工项目组织结构中应有专门的工作部门和符合进度控制岗位资格的专人负责进度控制工作。其工作的任务和相应的管理职能应在任务分工表和管理职能分工表中标示并落实。应编制施工项目进度控制的工作流程,建立和完善各参与方的进度控制体系。

　　②管理措施(包括合同措施)。

　　为了实现进度目标,应选择合理的合同结构,以避免过多的合同交界面而影响工程的进展。工程物资的采购模式对进度也有直接的影响,对此应作比较分析。在分析的基础上采取风险管理措施,以减少进度失控的风险量。常见的影响工程进度的风险有组织风险、管理风险、合同风险、资源(人力、物力和财力)风险、技术风险等。具体措施可用工程网络计划的方法编制进度计划,并将网络计划与信息技术结合应用于进度控制。

　　③经济措施。

　　分析由于经济的原因而影响施工项目目标实现的问题,并采取相应的措施,如落实加快工程施工进度所需的资金和经济激励措施所需要的费用。

　　④技术措施。

　　分析由于技术(包括设计和施工的技术)的原因而影响施工项目目标实现的问题,并采取相应的措施,如调整设计、改进施工方法和改变施工机具等。

　　(3)进度控制(被动控制)的纠偏和调整措施。

①组织措施:调整项目经理部的成员;强化制度建设和落实;调整任务分工和优化工作控制流程。

②管理措施(包括合同措施):增加工作面,组织更多的施工队伍;增加每天的施工时间(多班制或加班);增加关键工作的资源投入(劳力、设备等),实施强有力的调度;改善劳动条件和外部配套条件;分包等合同措施。

③技术措施:改进施工工艺和技术,缩短工艺技术间歇时间(如添加混凝土的早强剂等);改进施工方法以缩短施工过程的持续时间(如现浇方案改为预制装配,但预制装配的控制难度大于现浇);采用先进的施工机械。

④经济措施:用物质刺激和精神鼓励的方法提高效率;对所采取的技术措施给予相应经济补偿。

2)进度控制的系统原理

(1)施工项目进度计划系统。

为了确保施工项目进度目标实现,施工单位(承包人)要编制一套围绕施工项目进度总目标的进度计划系统。施工项目进度计划系统是由多个相互关联的进度计划组成的系统,它是施工项目进度控制的依据。由于各种进度计划编制所需要的必要资料是在项目进展过程中逐步形成的,因此项目进度计划系统的建立和完善也要有一个过程,它是逐步形成的。

施工项目进度计划系统可以是由多个相互关联的不同计划功能的进度计划组成的计划系统,例如控制性进度计划、指导性进度计划、实施性进度计划等。

施工项目进度计划系统也可以由多个相互关联的不同计划深度的进度计划组成其计划系统,例如施工项目总体进度计划、单项(位)工程进度计划等。

施工项目进度计划系统还可以是由多个相互关联的不同计划周期的进度计划组成的计划系统,例如年度计划、季度、月份、旬、周生产计划。

国际上如FIDIC条款所说的总进度计划(系统)还包括与这些进度计划相适应的资源供应计划(或需求计划)、资金需求计划以及施工方案等,相当于我国的施工组织设计中的计划。

(2)施工进度计划实施的保证系统。

施工进度计划实施的保证从内容上可概括为组织保证、技术保证、合同保证、资源与经济保证。从施工项目的参与方来分,主要有承包人、监理人和发包人(业主),还有设计单位、分包人、供应商;在施工过程中,重点是落实承包人、监理人和发包人(业主)保证系统。

(3)承包人进度计划实施的保证系统。

承包人的项目经理部是进度计划顺利实施的重要保证,是保证系统的组织保证。从项目经理到项目经理部的各职能部门,为确保工程进度目标,要齐心协力,各尽其职,加强内部管理,尤其应注重人、机、料三大要素的优化配置与协调工作。承包人应将整个工程逐项分解,由粗到细,最后形成月生产计划和周工作计划下达并上报监理工程师,以便实施和接受监督。对工程进度的控制应派专人记录进度的实际情况,收集反映进度的数据,统计整理汇总实际进度的数据(开、完工时间,完成的工程数量等)形成实际进度报表,并将其与计划进度相比较和分析,以利于后续工程施工。不同层次人员有不同的进度控制职责,做到分工协作,共同组成一个纵横连接的承包人进度控制保证系统。

(4)监理方进度计划实施的保证系统。

监理人应加强内部管理,提高人员的素质。从项目总监理工程师到合同段驻地监理工程师以及监理机构是整个施工监理的组织保证,也是监理人进度计划实施保证系统的组织保证。这些人员应负责审批项目或合同段工程进度计划。监理人不仅要加强组织保证,还要加强技术保证、合同保证和经济保证。监理人员应提高自身的监理业务水平,在严格监理的同时,又能热情服务,这才符合中国特色的施工监理的要求;尤其在不良地区和不良气候条件下监理人员应具有现场处理应急事件的能力,想承包人所想,急承包人所急,及时和果断处理好现场中发生的问题,使工程的进度不受较大影响。例如,基础和结构物下部等部位,这些部位如不及时处理,一旦下雨就直接影响工程进度。合同保证方面应加强对承包人分包工作的管理,分包工程与总承包人工程的衔接也直接影响工程进度。经济保证方面应及时验收计量和签认支付,资金是影响整个工程进度中最重要的因素之一,尤其重要。

(5)发包人(业主)进度计划实施的保证系统。

发包人(业主)为保证进度目标的实现,应及时完成征地拆迁工作;筹措工程所必需的资金;在施工过程中及时支付工程进度款;及时向监理人提交设计图纸,以便监理人交与承包人,以保证及时照图施工;发包人(业主)要积极努力协调与施工周边环境的关系,以保证施工的顺利进行。

3)进度控制的信息反馈原理

施工项目的基层控制人员收集实际进度,经加工处理逐级向上反馈,直到主控部门,再经比较分析作出决策和调整,使其符合预定工期目标。信息反馈是项目进度控制的主要环节,项目建设的实际进度通过信息反馈至基层进度控制人员,在分工的职责范围内,经过其加工后,将信息逐级向上反馈,直到主控制室,主控制室整理统计各方面的信息,经比较分析作出决策,调整进度计划,使其符合预定工期目标。项目在建设实施阶段不断进行循环往复直至竣工。

4)弹性原理

由于公路工程建设项目工期长、影响因素多,其中有的因素是可以预料的,在编制进度计划时,编制者根据统计资料和经验,可以估算影响进度的程度和出现的可能性,并在确定进度目标、进行实现目标分析时,对编制的进度计划留有余地,使项目进度计划具有一定的弹性。在项目实施阶段,实际进度与计划进度出现偏差时,可以利用这些弹性,缩短工期,或者改变它们之间逻辑关系,对计划进行调整,达到预期计划目标的实现。

5)封闭循环原理

项目建设进度计划控制的全过程是计划、实施、检查、比较分析、确定调整措施、再计划。从编制项目建设进度计划开始,经过在实施阶段进行跟踪检查,收集有关实际进度的信息,比较和分析实际进度与计划进度之间的偏差,找出产生原因和解决的办法,确定调整措施,再修改原进度计划,形成一个封闭的循环系统。

6)网络计划技术的原理

在公路工程项目建设进度控制中,利用网络计划技术原理编制进度计划,在项目实施阶段,根据收集的实际进度信息,比较和分析进度计划,又利用网络计划工期优化、工期与成本优化和资源优化的理论对原网络计划进行调整。网络计划技术原理是对建设项目进度控制进行完整的计划管理和分析计算的理论基础。

8.1.8 工程进度控制的强制时限

工作的开始和完成有 4 个时间参数,分别是最早开始 ES、最早完成 EF、最迟开始 LS、最迟完成 LF。仅有这 4 个时间参数还不能够反映真实的工程进度实际情况,在工程项目中,某些工作必须在某个特定的时间限制条件下才可以开始,或者必须结束,这就是强制时限。例如,桥梁工程预制场地的征地拆迁工作较困难,业主答应在整个工程开始的三个月后才可能提交给施工方,那么施工单位编制的进度计划中第一道工序"预制场的平整和桥梁预制"的开始时间就必须加上强制开始时限"最早不早于"工程开工后的三个月。如果公路工程的路基工程工期为两年,整个工程从 2010 年 10 月 1 日开工到 2012 年 9 月 30 日完工,而路基工程的土石方部分要求在 2011 年 5 月 30 日必须完成,因为 6 月份以后进入雨季而且业主要准备开始路面工程的招标。在这种情况下路基土石方工程的完成时间就必须加上强制结束时限"最迟不迟于"2011 年 5 月 30 日完成,这样才能真实地反映工程的进度要求。否则,由于路基土石方此时没有紧后工作,当 2011 年 5 月 30 日按时完成时,其总时差本应为 0,但是按照没有强制时限要求所计算出其工作总时差就有 16 个月(相对于两年工期来说 24 – 8 = 16)。所以实际应用中,主要有 3 种强制时限:强制开始时限——最早不早于;强制最迟时限——最迟不迟于;中断时限,主要考虑到实际施工中某些工作可能需要中断施工而设。

强制时限的应用在使用有关项目管理的计算机应用软件时很简单,只需在工作属性中加入所需要的强制时限就可以了。计算机软件中的工作属性可以多达 9 种,包含最早、最迟和上述的最早不早于、最迟不迟于,要注意最迟完成和最迟不迟于之间的区别。以上述路基土石方工程为例,如果路基土石方没有紧后工作时,其最迟完成时间根据计算而得为 2012 年 9 月 30 日,在计划中反映出该工作将不是关键工作;而最迟不迟于时间,人为设置为 2011 年 5 月 30 日,则在计划中反映该工作为关键工作。

8.1.9 公路工程进度控制的方法和措施

1)进度控制的方法
(1)进度控制的行政方法。

用行政方法控制进度,是指上级单位及上级领导,本单位的领导,利用其行政地位和权力,通过发布进度指令,进行指导、协调、考核。利用激励手段,监督、督促等方式进行进度控制。

使用行政方法进行进度控制,优点是直接、迅速、有效,缺点是容易出现主观、武断、片面的错误指挥。

(2)进度控制的经济方法。

进度控制的经济方法,是指有关部门和单位用经济类手段对进度控制进行影响和制约,主要有以下几种:建设银行通过投资的投放速度控制工程项目的实际进度;在承包合同中有关工期和进度的条款;建设单位通过招标的进度优惠条件鼓励施工单位加快进度;建设单位通过工期提前奖励和延期惩罚等实际方法进度控制,通过物资的供应进行控制等。

(3)进度控制的管理技术方法。

进度控制的管理技术方法主要是监理工程师运用规划、控制和协调的管理方法对公路工程项目进度进行控制。

2)进度控制措施

进度控制的措施包括组织措施、技术措施、合同措施、经济措施和信息管理措施等。

(1)组织措施。

①项目监理班子中进度控制部门的人员具体控制任务和管理责任分工。

②进行项目分解,如按项目结构分、按项目进展阶段分、按合同结构分,并建立编码体系。

③确定进度协调工作制度,包括协调会议举行的时间、协调会议的参加人员等。

④对影响进度目标实现的干扰和风险因素进行分析。风险分析要有依据,主要根据许多统计资料的积累,对各种因素影响进度的概率及进度拖延的损失值进行计算和预测。

(2)技术措施。

对工程进度计划编制横道图或网络图,并在实施过程根据实际情况对进度计划进行调整。

(3)合同措施。

在公路工程建设承包合同中写入工期或进度条款,对承包人进度进行控制。

(4)经济措施。

建设单位通过招标文件的进度优惠条款鼓励施工单位加快进度;在合同中采用对工期提前奖励和工期延期惩罚的措施对实际进度进行控制。

(5)信息管理措施。

通过对计划进度与实际进度的动态比较,分析偏差的原因;定期向建设单位提供比较报告。

8.2 进度计划监测与调整

制订一个科学、合理的公路工程建设进度计划是进度计划控制的一个首要前提。但是,进度计划的编制者很难事先对项目在实施过程中可能出现的问题估计得准确无误。在项目实施过程中,由于某种影响进度因素的干扰,往往造成实际进度与计划进度产生偏差,如果偏差得不到及时纠正,必将会影响总目标的实现。因此,进度计划不变是相对的,而随着实际情况进行变化是绝对的。为此,在项目进度计划执行过程中,必须采取系统的进度控制措施,即采取有效的监测控制手段不断发现工程进度的问题,运用行之有效的进度调整方法及时解决问题,保证工程建设进度目标的实现。

8.2.1 公路工程进度计划实施中监测与调整的系统

公路工程项目建设进度监测系统主要包括以下工作。

1)公路工程项目建设进度计划的审核

为使编制公路工程项目进度计划能够尽可能反映将来的工程实际情况,对公路工程建设进度发挥指导和控制作用,对编制好的工程进度计划必须进行审核,审核的内容包括:

(1)工程进度安排是否符合工程建设合同的要求,是否符合开工和竣工日期的规定。

(2)工程进度计划中的内容是否有遗漏。

(3)施工顺序的安排是否符合施工程序的要求,各工作逻辑关系是否正确。

(4)资源供应计划是否能保证工程建设进度计划的实现,资源的供应是否均衡。

(5)对实施工程建设进度计划的风险分析是否清楚,是否有相应的对策。

(6)各项保证工程建设进度计划实现的措施设计是否周到、可行、有效。

2)公路工程建设进度计划的贯彻

(1)检查各层次的公路工程建设进度计划,形成严密的计划保证系统。

公路工程项目建设进度计划,项目总进度计划,单位工程进度计划,分部(项)工程进度计划,都是围绕一个总任务而编制的。高层次计划为低层次计划提供依据,低层次计划是高层次计划的具体化,要保证计划目标层层分解,相互衔接,组成一个计划实现的项目进度监测系统,如图8-3所示。

(2)明确责任,层层签订责任书。

施工项目经理、作业队和作业班组之间分别签订责任书,按计划目标明确规定工期、承担的经济责任、权限和利益。用任务书的形式将作业任务下达到各班组。

(3)进行计划交底,促进计划的全面、彻底实施。

公路工程项目进度计划的实施是全体工作人员的共同行动,在计划实施前要根据计划的范围进行计划交底,要使有关人员都明确各项计划的目标、任务、实施方案和措施。

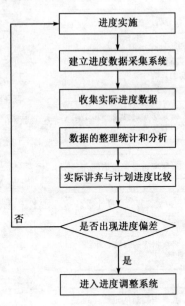

图 8-3 项目进度监测系统过程

3)公路工程建设进度计划的实施

(1)编制月(旬)作业计划。

(2)签发施工作业任务书。

(3)做好施工进度记录,填好施工进度统计表。

(4)做好施工过程中的组织协调工作。

4)公路工程进度计划执行中的跟踪检查

(1)经常定期地收集公路工程进度报表资料。

(2)深入现场、检查公路工程进度计划执行情况。

(3)定期召开现场会议。

5)整理、统计和分析收集的数据

(1)在检查期限内实际完成和累计完成工程量。

(2)实际参加作业的人力、机械数量和生产效率。

(3)窝工人数、窝工机械台班数及其原因。

(4)公路工程进度偏差情况。

(5)公路工程进度管理情况。

(6)影响公路工程进度的特殊原因及分析。

6)进行计划进度与实际进度的对比

(1)对网络计划的关键工作进度进行检查。

(2)对网络非关键工作进度进行检查。

(3)对工作之间的逻辑关系进行检查。

8.2.2 公路工程进度计划调整的系统过程

1)分析产生公路工程进度偏差的原因

为了调整进度,工程进度控制人员应深入现场,进行调查,分析产生偏差的原因。

2)分析偏差对后续工作和总工期的影响

在查明产生偏差原因之后,要分析偏差对后续工作和总工期的影响,确定是否应当调整。

3)确定影响后续工作和总工期的限制条件

在分析了对后续工作和总工期的影响以后,需要采取一定的调整措施时,应当首先确定进度可调整的范围,主要指关键节点、后续工作的限制条件以及总工期允许变化的范围。认真研究合同,尽量防止关于进度方面的索赔。

4)调整工程进度计划

采取进度调整措施,以后续工作和总工期的限制条件为依据,对原进度计划进行调整,保证进度目标的实现,项目进度调整系统过程如图8-4所示。

5)实施调整后的工程进度计划

按调整后的进度计划,继续实施工程建设,并在实施过程中及时协调有关单位的关系,采取相应措施保证进度计划的实现。

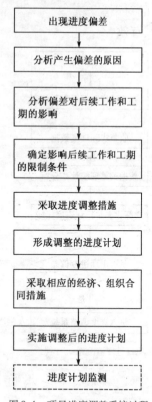

图8-4 项目进度调整系统过程

8.3 实际进度与计划进度的比较方法

进度检查就是将实际进度与计划进度作对比,判断有无偏差。偏差不外乎有三种可能性——实际进度提前完成、按时(正常)完成或拖延(延误)了。这些偏差是指正在接受检查工作(工序或分项工程等)的快慢,同时最好还应分析这些偏差对工程项目或合同段工期有何影响,也就是工程总体进度的发展趋势。检查的方法主要有横道图法、工程进度曲线法(S曲线)和网络图法。

8.3.1 项目进度计划的检查

对进度计划进行检查与调整应依据进度计划的实施记录,跟踪检查,收集实际进度材料,进行统计整理和对比分析,确定实际进度与计划进度之间的关系。进度计划检查应按统计周期的规定进行定期检查,根据需要进行不定期检查。跟踪检查的时间和收集数据的质量直接影响计划控制工作的质量和效果。现场的计划管理人员应该每天在现场对照月度计划检查完成情况,对于滞后的施工项目需要在每天下午的调度会上给予指出,并帮助解决存在的问题;对于应该开工而未开工的项目,计划管理人员需要给予提醒。

1)进度计划的检查内容

(1)工作量的完成情况。

(2) 工作时间的执行情况。

(3) 资源使用及与进度的匹配情况。

(4) 上次检查提出问题的处理情况。

2) 检查结果的上报

进度计划检查后应按下列内容编制进度报告，总体进度情况分析完成后，形成计划执行报告，上报主管部门和项目部高层管理人员，便于其掌握动态并作出决策。报告内容应包括：

(1) 进度执行情况的综合描述。

(2) 实际进度与计划进度的对比资料。

(3) 进度计划的实施问题及原因分析。

(4) 进度执行情况对质量、安全和成本等的影响情况。

(5) 采取的措施和对未来计划进度的预测。

3) 检查的形式

一般采用检查表的形式，具体用表可根据检查的内容进行设计，要满足使用且检查内容完整可操作。针对网络计划的工程进度检查表如表 8-1 所示；也可以针对具体的分项工程的工程量编制进度检查表。图 8-5 是用 EXCEL 编制的每周对进度完成状况的统计检查表，在项目栏中标明统计工作量的条目和数量，工作量百分比是指按工作量的条目完成工序进行统计。

工程进度检查表 表 8-1

工作代号	工作名称	检查计划时还需施工时间 $T_{i-j}^{②}$	到计划最迟完成时间尚余时间 $T_{i-j}^{③}$	原有总时差 $TF_{i-j}^{①}$	尚有总时差	情况判断	
						影响工期天数	影响紧后工作最早开始时间
1-2	A	6−3=3	8−5=3	2	3−3=0	否	影响 F 工作 2 周
…	…	…	…	…	…	…	…
…	…	…	…	…	…	…	…

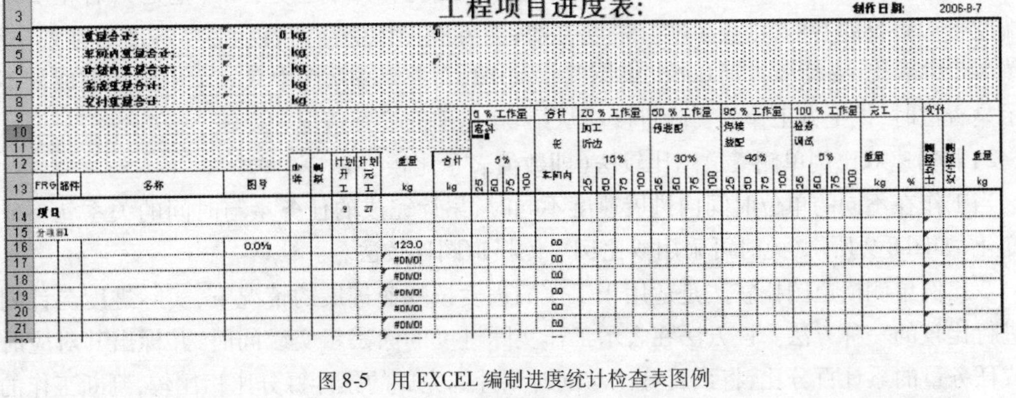

图 8-5 用 EXCEL 编制进度统计检查表图例

8.3.2 横道图法(即横道图比较法)

横道图比较法是将施工项目施工中检查的实际进度信息经加工整理后直接用横线长度或数值反映在横道图上,进行直观的比较。缺点是不便判断对工程工期的具体影响情况。

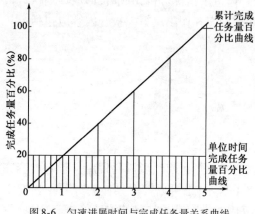

图8-6 匀速进展时间与完成任务量关系曲线

1)匀速横道图比较法

匀速进展是指公路工程项目中,每项工作的进展速度都是均匀的,即在单位时间内完成的任务都是相等的,累计完成的任务量与时间成直线变化,如图8-6所示。完成的任务量可以用实物工程量,劳动消耗量或费用支出表示。为了便于比较,通常用上述物理量的百分比表示。

这种比较方法的步骤为:
(1)编制横道图进度计划。
(2)在进度计划上标出检查日期。
(3)将检查收集的实际进度数据,按比例涂黑在横道图进度计划的下方,如图8-7所示;

(4)比较分析实际进度与计划进度,可能的结果有以下几种情况:

①涂黑的粗实线右端与检查日期相重合,表明实际进度与计划进度相一致。

②涂黑的粗实线右端在检查日期左侧,表明实际进度比计划进度拖后,如图8-7所示。实际进度比计划进度拖后半个月。

③涂黑的粗实线右端在检查日期右侧,表明实际进度比计划进度超前。

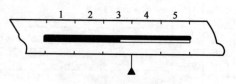

图8-7 实际进度数据的表示方法

必须指出:该种方法只适用于工作从开始到完成的整个过程中,其进展速度是不变的,累计完成的任务量与时间成正比;若进展速度是变化的,就不能使用该方法。

例如,支模计划工程量为$100m^2$,持续时间为6d;检查日是第8天末(即晚上)。实际工程量完成了$90m^2$,则$(90 \div 100) \times 6 = 5.4d$,用粗实线标注5.4d长度在其相应的位置。此时,未完成工作的实际粗实线的末端位于检查日的左侧,则表示实际进度延误(拖延);若粗实线的末端位于检查日的右侧,则表示实际进度提前;若与检查日重合则表示实际进度与计划一致。从图8-8中看出,支模板拖延0.6d,绑钢筋提前1d;而挖土方从图中只表示出已经完成却不能表示是否按时,挖土方工作的实际进度应从第6d以前的检查情况中反映。

2)非匀速双比例单侧横道图比较法(即数值表示比较法)

当工作在不同的单位时间内进展速度不同时,累计完成的任务量与时间的关系就不成直线变化,如图8-9所示,此时可采用双比例单侧横道图比较法。

双比例单侧横道图比较法是适用于工作的进度按变速进展的情况下,实际进度与计划进度进行比较的一种方法。该方法在表示工作实际进度的涂黑粗实线同时,并标出其对应时刻完成任务量的累计百分比,将该百分比与同时刻计划完成的累计百分比相比较,判断工作的实际进度与计划进度之间的关系。

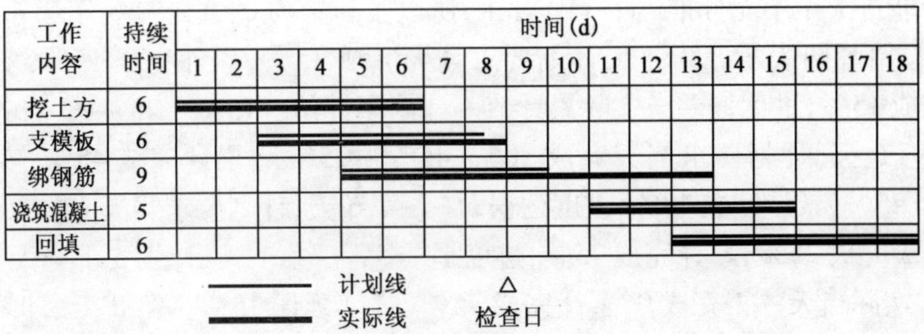

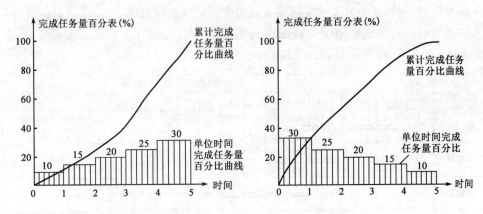

图 8-8　匀速横道图比较法

图 8-9　非匀速进展时间与完成任务量关系曲线图

这种比较方法的步骤为：
(1) 编制横道图进度计划。
(2) 在横道图上方标出各主要时间的计划完成任务累计百分比。
(3) 在横道图下方标出各相应时间的实际完成任务累计百分比。
(4) 用涂黑粗实线标出实际进度线,由开工日标起,同时反映出项目实施过程中的连续与间断的情况。
(5) 对照横道线上方计划完成任务累计量与同时刻的下方实际完成任务累计量,比较出实际进度与计划进度之间的偏差,可能出现的情况有:
①同一时刻上下两个累计百分比相等,表示实际进度与计划进度一致。
②同一时刻上面的累计百分比大于下面的累计百分比,表明该时刻实际进度拖后,拖后的量为两者之差。
③同一时刻上面的累计百分比小于下面的累计百分比,表明该时刻实际进度超前,超前的量为两者之差。
由于工作进展速度是变化的,因此横道图中进度横线,不管计划进度还是实际进度,都表示工作的开始时间、持续时间和完成时间,并不表示计划完成量和实际完成量。这两个量分别通过标注在横道线上方及下方的累计百分比来表示。实际进度的涂黑粗实线按实际工程的开始日期标起,若工程实际进度间断,可在涂黑粗实线作相应的空白。

以支模板为例。原计划第 3d 早晨(第 2 天末)开始支模板工作并要求完成 10% 的支模板工程量,由于准备工作不充分推迟了 11d 开工,所以实际量为 0,实际开始于第 4 天早晨,粗实线从第 4 天起始画图表示。第 4 天计划要求当天完成 15%,累计完成 15%,实际当天完成 15%,累计完成 15%,进度偏差 = 实际累计值 - 计划累计值 = 15% - 25% = -10%,说明进度延误 10%。第 5 天,计划要求当天完成 20%(45% - 25%),累计完成 45%,实际当天完成 40% - 15% = 25%,累计完成 40%,进度延误 5%。第 6 天,计划要求当天完成 25%,累计完成 70%,实际当天完成 25%,累计完成 75%,进度提前 5%。第 7 天,计划要求当天完成 15%,累计完成 90%,实际当天停工完成 0,累计完成 75%,进度延误 15%。第 8 天,计划要求当天完成 10%,累计完成 100%,实际当天停工完成 13%,累计完成 88%,进度延误 12%。

应注意,非匀速双比例单侧横道图比较法中的粗实线表示的实际线,只表示实际时间而不表示实际工程量,例如挖土方工作实际第 7 天完成粗实线就画到第 7 天,工程量通过计划线上下方的数值表示。而匀速横道图比较法中的粗实线表示的实际线只表示实际工程量,如图 8-10 所示的支模板 5.4d 粗实线横线长度。

工作内容	持续时间	时间(d)																
		1	2	3	4	5	6	7	8	9	10	11	12	13	14	15	16	17	18
挖土方	6	10	25	40	55	80	100												
		5	15	30	50	75	90	100											
支模板	6			10	25	45	70	90	100										
				0	15	40	75	75	88										
绑钢筋	9					10	15	25	40	50	60	75	90	100					
						5	15	25	55										
浇筑混凝土	5										10	30	50	80	100				
回填	6													15	30	50	70	85	100

—— 计划线   △ 检查日
━━ 实际线

图 8-10 非匀速横道图比较法

8.3.3 工程进度曲线("S"曲线)

工程进度曲线以横坐标表示进度时间,纵坐标表示累计完成的工程量或工作量(产值),而绘制出一条按照计划时间累计完成量的曲线,因为所绘制曲线的形状如同英文字母 S,因此也称为"S"曲线。当只分析比较自己本身的工程时,横坐标所表示的进度时间一般采用绝对时间,如果是多个工期不同的同类工程进行比较分析时则必须采用相对时间。纵坐标反映累计完成的工程量时可以用绝对量(图 8-11)或相对值,该形式较少使用;反映整个工程项目时,就必须用累计工作值的百分数(即相对量,如图 8-13 所示),这是"S"曲线最主要最常用的形式。

工程进度曲线检查进度可以从两个方面进行比较和判断。

(1)实际线的点在计划线的上方说明实际进度提前,提前值为高差对应的水平时间值,表明工程进度快;否则在下方说明实际进度延误,延误值为高差对应的水平时间值,表明工程进度慢,如图 8-11 或图 8-13 所示。

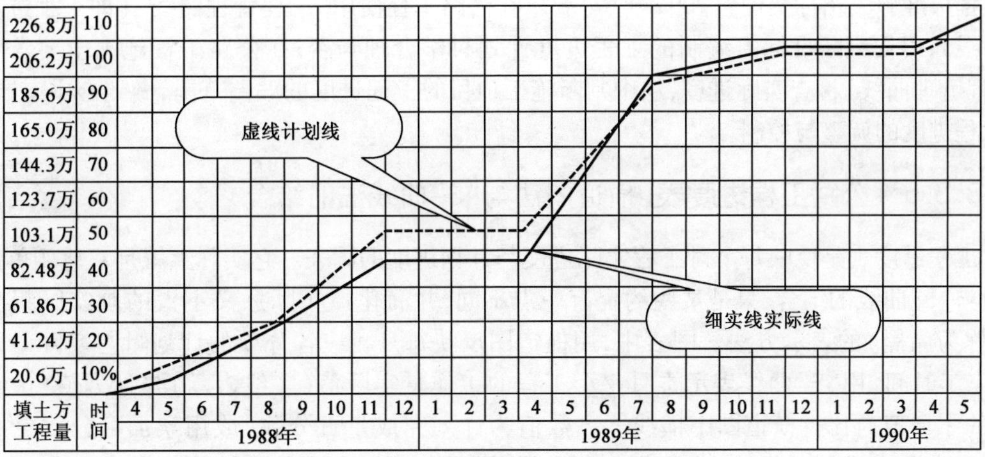

图 8-11　京津唐高速公路某合同段土方填筑工程量 S 曲线

(2)"S"曲线的斜率可以反映进度的快慢,斜率越大工程进度越快,斜率越小工程进度越慢,斜率为零工程停工;斜率是反映工程内部不同阶段的进度速率。

《公路工程标准施工招标文件》(2009 版)中要求的"进度率图(斜率图)"实际上就是公路工程中 9 个主要单位工程或分部工程的 S 曲线图的集合。严格地说各时间段的速率是不同的,图线应该是 S 曲线(折线),只不过在斜率图中人们常常简单地将其画成了一条斜直线。

8.3.4　工程进度管理曲线("香蕉"曲线)

工程进度管理曲线是由两条 S 曲线组合而成的闭合曲线。利用网络计划的最早时间可以获得一条反映工程工作量按照最早时间完成的 S 曲线(EF 曲线),同时利用网络计划的最迟时间获得另一条反映工程工作量按照最迟时间完成的 S 曲线(LF 曲线),二者就构成了工程进度管理曲线。工程进度管理曲线指出了工程进度允许偏差的范围,将实际工程进度 S 曲线与工程进度管理曲线比较看其偏离多大,只要未超出最迟完成(EF)曲线范围,工程的进度目标预计就可以如期完成,如图 8-12 所示。请注意符号的表示,有的书将最早完成线的符号表示为 ES 曲线,最迟完成线的符号表示为 LS 曲线,考虑到这样容易与 ES 时间参数和 LS 时间参数混淆,因此本书将其符号改为 EF 和 LF 以便与时间参数符号相对应。工程进度管理曲线的形状呈香蕉状,所以也称为"香蕉曲线"。

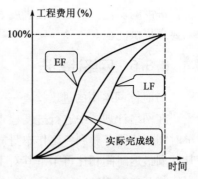

图 8-12　工程香蕉曲线

工程进度管理曲线的另一种表示形式是来自多个同类型的工程经过分类整理统计其平均值形成最早完成 S 曲线和最迟完成 S 曲线组合称为"香蕉曲线",此时纵横坐标必须使用相对量。例如,美国加州公路分局对典型 45 个工程进行分析和统计编制了该区域的公路工程进度管理曲线,如图 8-1 所示。这种评价和比较,可以动态反映该地区同类工程的各阶段进度综合指标,该香蕉曲线就是工程动态的工期指标与其对应工作量之间关系的评判标准。因此,《公路工程标准施工招标文件》(2009 年版)要求在公路工程使用"工程管理曲线"(即工程进度管理曲线),以便判断投标人编制的工程进度计划科学合理与否;在公路工程施工中要求应用"工程管理曲线"检查实际进度,从中判断施工项目的工程进度的偏差范围,做到心中有数,以便工程进度的调整与控制。

8.3.5 公路工程进度表(横道图法与"S"曲线法的结合)

工程进度表是反映每个月工程实际进度与计划进度的图表。它实际上就是双比例单侧横道图与"S"曲线的结合,只是某些约定有一点不同,并简化掉实际意义不大的画实际粗实线(或称为涂黑)的表示方法。图表中,用横道图反映每月相应各分项的计划量与实际量以及开、完工时间;用"S"曲线表示本月整个工程的工作量实际值(实线表示)与计划值(虚线表示)的累加值对比。横道图中横线下方数值为计划完成量百分数(或用累加百分数更好),上方为实际完成量百分数(或用累加百分数更好)。如 8-13 所示,图表中其他数据项的关系为:

$$\text{单项占合同价}(\%) = \frac{\text{单个细目合同金额}(元)}{\text{合同总价}} \times 100\%$$

$$\text{单项完成}(\%) = \frac{\text{单(分)项的累加完成量}(元)}{\text{合同数量}(元)} \times 100\%$$

$$= \text{横道图中各月实际量百分数的累加} \qquad (8\text{-}1)$$

$$\text{完成占合同价}(\%) = \frac{\text{单(分)项的累加完成量}(元)}{\text{合同总价}} \times 100\% \qquad (8\text{-}2)$$

工程进度表实现了横道图法与 S 曲线法的优势互补,取长补短,克服了横道图不便反映工程整体进度的弱点和工程 S 曲线(工程实践中一般不做分项工程的 S 曲线)无法反映各分项工程进度的弱点。所以工程进度表是公路工程进度控制的重要形式,世界银行贷款项目一般都要求提供此表。

8.3.6 网络计划法

1)时标网络图的进度检查——实际进度前锋线

在网络计划图中进行进度检查能做到一举两得,检查时,各工作实际进度情况与其计划最早时间相比可了解到各工作本身的进度状况,也可了解到对后续工作可能造成的影响;同时与其计划最迟时间相比可了解其对工程项目工期的影响即各工作的误期值,也等于各工作的延误值与其总时差的差值;各工作误期值的最大值就是工程工期延误。这是网络计划图的最显著优点,使计划管理人员能从局部的工作预计未来的工程全局。用网络计划图进行进度检查,既全面又简单、快捷,真正做到了局部和全局都一目了然。

最早时间的双代号时标网络图是最直观和常用的进度计划形式。最早时标图很直观地表示工程各工作的最早开工、完工时间和各工作的自由时差,但各工作的总时差必须通过自由时差反向逐个计算,或从该工作往后看线路上各工作的自由时差之和的最小值来求得。

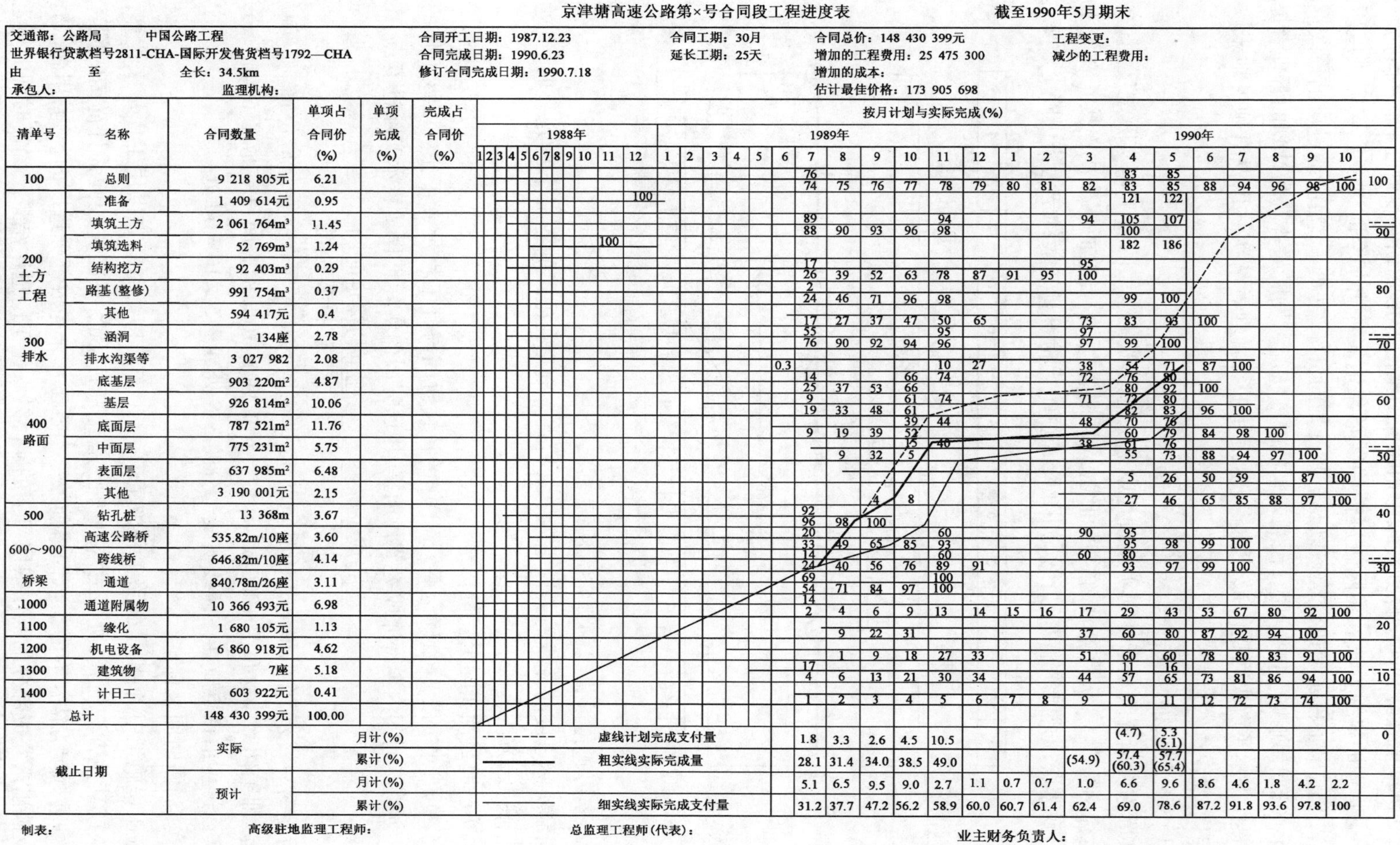
京津塘高速公路第×号合同段工程进度表
截至1990年5月期末
交通部：公路局 中国公路工程
世界银行贷款档号2811-CHA-国际开发售货档号1792—CHA
由 至 全长：34.5km
承包人： 监理机构：
合同开工日期：1987.12.23
合同完成日期：1990.6.23
修订合同完成日期：1990.7.18
合同工期：30月
延长工期：25天
合同总价：148 430 399元
增加的工程费用：25 475 300
增加的成本：
估计最佳价格：173 905 698
工程变更：
减少的工程费用：
清单号
名称
合同数量
单项占合同价(%)
单项完成(%)
完成占合同价(%)
按月计划与实际完成(%)
1988年
1989年
1990年
100 总则 9 218 805元 6.21
200 土方工程
准备 1 409 614元 0.95
填筑土方 2 061 764m³ 11.45
填筑选料 52 769m³ 1.24
结构挖方 92 403m³ 0.29
路基(整修) 991 754m³ 0.37
其他 594 417元 0.4
300 排水
涵洞 134座 2.78
排水沟渠等 3 027 982 2.08
400 路面
底基层 903 220m² 4.87
基层 926 814m² 10.06
底面层 787 521m² 11.76
中面层 775 231m² 5.75
表面层 637 985m² 6.48
其他 3 190 001元 2.15
500 钻孔桩 13 368m 3.67
600～900 桥梁
高速公路桥 535.82m/10座 3.60
跨线桥 646.82m/10座 4.14
通道 840.78m/26座 3.11
1000 通道附属物 10 366 493元 6.98
1100 缘化 1 680 105元 1.13
1200 机电设备 6 860 918元 4.62
1300 建筑物 7座 5.18
1400 计日工 603 922元 0.41
总计 148 430 399元 100.00
截止日期
实际 月计(%) 累计(%)
预计 月计(%) 累计(%)
虚线计划完成支付量
粗实线实际完成量
细实线实际完成支付量
制表：
高级驻地监理工程师：
总监理工程师(代表)：
业主财务负责人：

图8-13 工程进度图

实际进度前锋线是网络计划技术中用时标网络图的形式动态反映工程实际进度,是工程施工动态管理的科学方法。实际进度前锋线形象地表示出某个时刻工程实际进度所到达的"前锋",反映出工程实际执行状态以及与其计划的目标差(即偏差)。通过对前锋线形态变化的分析,发现计划执行中的问题,预测未来的进度状况和发展趋势。为计划的管理者提供许多有用信息,揭示了解决问题的最佳途径,以指导工程管理者从实际出发有预见地采取有效措施,争取最佳经济效益。

(1)实际进度前锋线。

实际进度前锋线是指计划实施过程中某一时刻正在施工的各工作实际进度到达的连线。它在时标网络图上,从检查时刻的时间线(或日期线)开始自上而下依次连接正在施工的各工作实际到达点,通常形成一条折线,如图8-14所示。检查日一般约定为当天晚上收工时。

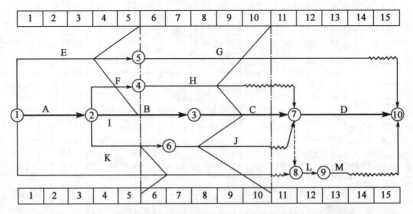

图8-14 实际进度前锋线进度检查图

(2)实际进度前锋线的标定方法。

绘制实际进度前锋线的关键是标定某检查时刻正在施工的各工作的实际进度到达点。有以下两种标定方法:

①按已完成的实际工程量标定。

当一项工作的工程量确定后,其工作的持续时间与其工程量成正比。以该工作的总工程量在计划持续时间内全部完成为假设前提,用已完成的实际工程量表示实际进度点。

$$\frac{已完成工程量}{总工程量} = \frac{已施工的标定时间}{计划工作持续时间} \tag{8-3}$$

标定时,从该工作的最早开始时间点起(即箭尾),从左向右画在相应位置上。例如,某土方工程(即工作),土方量为 $1000m^3$,计划持续时间为10d,检查时已完成了 $600m^3$ 土方,则该工作实际进度前锋点应在该箭线实线部分的3/5处或 $3/5 \times 10 = 6d$ 处。

②按尚需时间来标定。

在工程施工中,特别是公路工程施工,有些工作的持续时间难以用工程量来计算,只能根据经验或其他方法估算,所以无法获得已完成的工程量,只能凭经验估计尚需时间。另一方面,第一种标定方法没有考虑依照目前效率对本工作未完成部分进度的预测,用尚需时间表示就能反映出未完成部分的工作依照目前的实际效率施工的进度结果。尚需时间的标定方法是将计算或估算的尚需时间从该工作最早结束时间点(即箭线中实线的末端)起,反向从右向左画在相应位置上。

当工作实际效率不等于计划效率,实际工程总量也不等于计划总量时,尚需时间按式(8-4)计算:

$$尚需时间 = \frac{预计实际工程总量 - 已完成工程量}{目前实际效率} \quad (8-4)$$

式中的目前实际效率 = 已完成的工程量/已施工的有效时间。已施工有效时间是指到检查日为止施工中已经消耗的有效时间,即实际开工时间到检查时间再扣除该工作在施工中的停工时间(例如雨天)。如果后续施工过程中可能由于气候原因而停工时,尚需时间还应再加上可能会出现的停工时间。我们应注意到工程施工中的情况是复杂、多变的,这些方法只是相对准确,不可能也无必要绝对精确。

这里对尚需时间的计算是假设该工作的后续施工是连续地、均匀地按目前效率进行。例如,某土方工程,计划持续时间为 10d,原计划工程量为 $1000m^3$,已施工了 4d 时间,完成了 $600m^3$ 工程量,由于工程变更造成工程量增加了 $800m^3$。该工作尚需多少时间完工?

效率 = $600 \div 4 = 150m^3/d$

尚需日 = $(1000 + 800 - 600) \div 150 = 8d$

对于实际与计划的效率和工程量差异不大时,尚需时间也可按式(8-5)计算:

$$尚需时间 = 计划持续时间 - 已施工的时间 \quad (8-5)$$

在工程施工中,管理人员用前锋线进行进度检查,就必须要求计划的编制人在提交的报告中有反映进度的上述数据,而管理人员也应注意这些进度数据的收集和记录,以及影响进度的其他数据。具有了上述数据才能绘制出前锋线,才能对未来的施工进度做出预测。

(3)前锋线对工程进度描述的预测和评价。

实际进度前锋线的功能之一就是对工程进度的描述。以检查时的日期线作为基线,若前锋线与工作的交点在日期线之前(右侧),则表示该工作比计划提前;若交点正好在检查日期线上,则表示该工作与计划相比是按时的正常情况;若交点在日期线之后(左侧),则表示该工作与计划相比延误;偏差值就是交点与日期值的偏差。前锋线反映了正在施工的各工作实际进度与计划进度的偏差。处于前锋线波峰的工作比相邻的工作进度快,处于前锋线波谷的工作比相邻的工作进度慢;但不能认为波峰的工作一定是提前,波谷的工作一定是延误。波峰和波谷是相对于相邻工作而言,而提前和延误是相对检查日期线而言。

例如,图 8-14 中,从第 5 天晚上检查情况分析,E 工作延误 2d,F 工作延误 1d,B 工作按时,I 工作按时,K 工作提前 1d。接此时的进度发展趋势,虽然关键工作 B 是按时,进度正常,但 E 工作延误 2d 过大,扣除其 1d 总时差后,E 将造成工期拖延 1d(2 − 1 = 1),即(总)工期拖延 1d。工作总时差按式(8-6)计算。

$$TF_{ij} = FF_{ij} + 后续线路中工作自由时差之和的最小值 \quad (8-6)$$

$$工作的误期值 = 工作的延误值 - 工作总时差 \quad (8-7)$$

根据前锋线提供的信息,就可以对后续的施工做出合理调整,加快那些会造成工期延误的工作或其后续工作,即 E 或 G 工作。而对有较多机动时间的延误工作,如 F 工作,可暂不作处理;甚至还有可能要抽调有较多机动时间工作中的同类型资源支持关键工作。此时,应注意原本是关键工作的 B 工作现在已经不再是关键工作,而 E 工作却变成关键工作。

当工程继续施工到第 10 天末,其检查结果如图 8-14 所示的第 10 天位置处,G 工作延误 1d,H 工作延误 2d,C 工作延误 1d,J 工作延误 3d,K 工作延误 1d。对工期有影响的有两个工作,C 工作造成误期 1 天,J 工作造成误期 2d,所以 C、J 两个工作的综合影响,造成工程工期将拖延 2d。要加强对 J 工作管理,分析延误原因采取措施,尽快使工程达到进度目标。上述事例也反映出工程进度控制是一个动态过程,网络计划技术最适合于动态管理。

在计划实施过程中,我们不仅可以通过前锋线预测工程项目的总进度目标的情况,还可以按照一定的时间间隔对计划的执行情况进行检查,通过依次画出不同时刻的实际进度前锋线进行进度预测,例如图 8-14 中,①—⑤—⑩这条线路的工程内容在加快进度,①—②—⑥—⑦—⑩这条线路的工程进度过于缓慢。可以用进度比指标来衡量。

$$进度比 = \frac{线路上两前锋线的时间差}{日期线差} \qquad (8-8)$$

进度比值大于 1 表示进度快,比值小于 1 表示进度慢,比值为 1 是基准,说明不快也不慢。通过现在时刻和过去时刻两条前锋线的分析比较,则可反映出过去计划和现在计划的执行情况,在一定范围内对进度计划未来的变化趋势做出预测。

2)一般网络图(无时标)进度检查的剖线法——完工时点计算法

用网络图来进行进度检查是进度控制中计划检查最简单和最有效的方法。在检查时需记载实际进度情况,收集进度的实际信息与实际进度前锋线方法相同。

一般网络图(无时标)的进度检查,可用割线将正在施工的各工作进行切割,只需关注被切割到的工作,通过对这些工作实际进度和计划进度进行计算比较和分析,找出进度偏差和工期影响程度,以及对后续工作的影响。

(1)各工作延误的比较计算与分析判断。

工作发生延误有两种可能性,一种是开工延误,另一种是工作持续时间增长。根据前面对延误含义的理解:

$$开工延误 = 工作的实际开工时间 - 工作的计划最早开始时间(ES) \qquad (8-9)$$

$$工作持续时间增长 = 工作实际持续时间 - 计划持续时间 \qquad (8-10)$$

$$工作延误值(综合) = 开工延误 + 工作持续时间增长$$

$$= 工作实际结束时间 - 计划最早结束(EF) \qquad (8-11)$$

考虑到检查时某些工作正在施工,还未真正完工,式(8-11)中的工作实际结束时间可以改为"预计工作的实际结束时间",见式(8-12):

$$工作延误值(综合) = 预计工作的实际结束时间 - 计划最早结束(EF) \qquad (8-12)$$

式(8-12)中的预计工作的实际结束时间为:

$$预计工作的实际结束时间 = 检查日 + 尚需日 \qquad (8-13)$$

检查日数值一般定为下午收工的日期(即日期末),如果是早晨检查则减 1d。尚需日可按时标网络图检查中的尚需日计算方法来计算或估算,见式(8-4)或式(8-5)。各工作进度偏差分析评价与判断:

$$工作延误值 \begin{cases} < 0\ 说明该工作提前 \\ = 0\ 说明该工作按时(正常) \\ > 0\ 说明该工作延误(拖延) \end{cases} \qquad (8-14)$$

(2)各工作进度延误(偏差)对后续工作的影响。

$$\max\{工作的误期值\} \begin{cases} < 0\ 说明(总)工期提前 \\ = 0\ 说明工程如期竣工 \\ > 0\ 说明(总)工期拖延 \end{cases} \qquad (8-15)$$

这里只考虑延误是否对后续工作开工有影响，对于工作提前是否使后续工作可以提前开工的问题较复杂，必要条件是双代号网络图中唯一的内向箭线或是唯一自由时差为零的工作并且紧后工作不是虚工作。

(3) 工期的影响计算和分析判断。

工期的影响应通过正在施工的各工作误期值的计算来分析。工作的误期值就是各工作单独对（总）工期的影响；工期的影响则是在比较各个工作单独影响工期的误期值中，取其最大值，它就是工程项目或合同段的工期影响。

$$\text{工作的误期值} = \text{工作延误值} - \text{工作总时差} \tag{8-16}$$

将式(8-11)和总时差 $= LF - EF$ 代入上式可得：

$$\text{工作的误期值} = \text{预计工作的实际结束时间} - \text{计划最迟结束时间} \tag{8-17}$$

工期影响判断：

$$\max\{\text{工作的误期值}\}\begin{cases} < 0 \text{ 说明（总）工期提前} \\ = 0 \text{ 说明工程如期竣工} \\ > 0 \text{ 说明（总）工期拖延} \end{cases} \tag{8-18}$$

(4) 完工时点计算法的步骤。

① 用式(8-4)或(8-5)先确定出各工作检查时刻的尚需完成日，即尚需日。

② 用式(8-13)计算出各工作预计实际完成时间。

③ 用式(8-12)计算各工作的延误值，并用式(8-14)判断各工作延误情况。

④ 用式(8-17)计算各工作的误期值。

⑤ 用式(8-18)判断对工程工期的影响。

⑥ 用式(8-15)对有延误的工作判断其对紧后工作开工的影响。

[例 8-1]　已知某工程网络计划图如图 8-15 所示，第 10 天晚上进度检查时，G 工作尚需 5d 才能完成，H、C、J、K 工作的尚需日分别为 1d、2d、3d、1d，图中[　]的数值表示为尚需日。用割线完工时点计算法进行各工序的进度检查与评价，判断对后续工作的影响并对工程总体进度的状况进行评价。

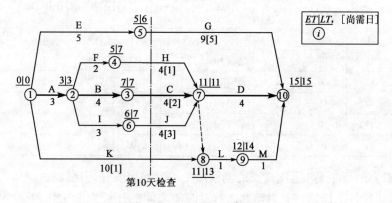

图 8-15　某工程网络计划图

(1) 评价各工作（工序）的进度状况（即计算各工序的延误值并评价）。

G 工序的延误 = 预计实际完成 − 计划最早完成

　　　　　= （检查日 + 尚需日）− （箭尾节点最早时间 + 本工作持续时间）

$\qquad\qquad\qquad = (10+5) - (5+9) = 1$ G 工序拖延 1d；

H 工序的延误 $= (10+1) - (5+4) = 2$ H 工序拖延 2d；

C 工序的延误 $= (10+2) - (7+4) = 1$ C 工序拖延 1d；

J 工序的延误 $= (10+3) - (6+4) = 3$ J 工序拖延 3d；

K 工序的延误 $= (10+1) - (0+10) = 1$ K 工序拖延 1d。

(2)评价工程的总体进度状况(即工期有无拖延)。

各工序的误期值计算(即工序造成的工期拖延量,图上只有节点时间参数,无时差)

G 工序的误期值 = 预计实际完成 − 计划最迟完成

$\qquad\qquad\qquad$ = (检查日+尚需日) − 箭头节点最迟时间 $= (10+5) - 15 = 0$

H 工序的误期值 $= (10+1) - 11 = 0$

C 工序的误期值 $= (10+2) - 11 = 1$

J 工序的误期值 $= (10+3) - 11 = 2$

K 工序的误期值 $= (10+1) - 13 = -2$

工程工期(总工期)拖延的判断：

$\max\{0, 0, 1, 2, -2\} = 2$，所以工程的工期将拖延 2d。

(3)对各后续工作的影响。

H 工序对后续工作的影响 = 工作延误值 − 工作自由时差 $= 2 - 2 = 0$，对后续工作没影响；

C 工序对后续工作的影响 $= 1 - 0 = 1$，对后续工作有影响,推迟 1d；

J 工序对后续工作的影响 $= 3 - 1 = 2$，对后续工作有影响,推迟 2d；

K 工序对后续工作的影响 $= 1 - 1 = 0$，对后续工作没影响。

对于上述计算过程,也可列表计算,如表 8-2 所示。其中第 4 列的计划最早完成(EF_{ij}) = 各工作箭尾节点最早时间(ET_i) + 本工作持续时间 D_{ij}。

工程进度完工时点计算法计算表   表 8-2

工作名称	检查时尚需日	预计实际完成	计划最早完成(EF)	工作延误值(3)−(4)	工作进度判断	计划最迟完成(LF)	工作误期值(3)−(7)	工期影响判断	工作自由时差	紧后工作影响(5)−(10)	紧后开工影响判断
(1)	(2)	(3)	(4)	(5)	(6)	(7)	(8)	(9)	(10)	(11)	(12)
G	5	15	14	1	延误 1d	15	0	max | 误期 | = +2 所以工期将施延 2d	1	0	无
H	1	11	9	2	延误 2d	11	0		2	0	无
C	2	12	11	1	延误 3d	11	1		0	1	推迟 1d
J	3	13	10	3	延误 3d	11	2		1	2	推迟 2d
K	1	11	10	1	延误 1d	13	−2		1	0	无

3)一般网络图(无时标)进度检查的割线法——时差列表分析比较法

该方法是通过各工作原有总时差和尚有总时差之间的比较判断工作的延误和工期影响,如表 8-3 所示。

检查时尚需日,在例题 8-1 中是已知条件,计算计划最迟完成时间就是箭头节点最迟时间。原有总时差从网络图的节点时间参数计算可以得到。工作尚有总时差等于到计划最迟完成尚需日减去检查时尚需日。

工程进度时差列表分析比较法计算表　　　　　　　　　　　表 8-3

工作代号	工作名称	检查时尚需日	计划最迟完成	到计划最迟完成尚需日	原有总时差	工作尚有总时差	本工作反映的进度延误	工期判断
(1)	(2)	(3)	(4)	(5)=(4)−检查日	(6)	(7)=(5)−(3)	(8)=(6)−(7)比较	(9)
5−10	G	5	15	15−10=5	1	5−5=0	工作延误1d	不影响
4−7	H	1	11	11−10=1	2	1−1=0	工作延误2d	不影响
3−7	C	2	11	11−10=1	0	1−2=−1	工作延误1d	有影响1d
6−7	J	3	11	11−10=1	1	1−3=−2	工作延误3d	有影响2d
1−8	K	1	13	13−10=3	3	3−1=2	工作延误1d	不影响

实际进度与计划进度的偏差有以下两种情况：

(1)若工作尚有总时差小于原有总时差，但仍然为正值，则说明该工作的实际进度比计划进度拖后，产生的偏差值就是二者的差值；即工作延误值＝原有总时差－尚有总时差，大于零延误，小于零提前，等于零按时；如果是判断本工作进度(而不是工作延误)最好用式(8-19)，这样就与赢得值法(挣得值)的约定一致，正值是提前，负值是拖延，零是按时。

$$\text{工作的进度偏差} = \text{尚有总时差} - \text{原有总时差} \tag{8-19}$$

(2)若尚有总时差为负值，则说明对工程工期有影响，应关注后续的施工或调整计划。

$$\text{工程的进度偏差(工期影响的提前值)} = \min\{\text{尚有总时差}\} \tag{8-20}$$

正值是工期提前，负值是工期拖延，零是可以按期完工。

综上所述，时差列表比较法与完工时点计算法实质是一样的，但是不如完工时点计算法直观、简单易记。

8.4 调整公路工程建设进度计划方法

8.4.1 分析产生偏差的原因

进度拖延是工程项目建设过程中经常发生的现象，常见的有以下几方面问题：

1)工程项目各相关单位之间的协调配合

公路工程建设项目是一个多专业、多方面协调合作的复杂过程，如果政府部门、建设单位、咨询单位、设计单位、物资供应单位、贷款单位、监理单位、施工单位等各单位之间，以及土建、水电、通信、运输等各专业之间没有形成良好的协作，必然会影响工程建设的顺利实施。例如：建设单位工程进度款不能及时支付，则会对施工单位施工进度产生影响。

2)工程变更

如设计变更、设计错误、建设单位或政府机构对建设项目提出新的要求或限制等，使得工程建设项目发生变更，必然会影响工程建设进度。例如：当工程项目已施工的部分发现一些设计问题或建设单位提出必须进行工程变更时，都会影响施工进度计划的执行。

3)风险因素

风险因素包括政治、经济、技术及自然等方面的各种预见或不可预见因素。政治方面有战争、内乱、罢工、拒付债务、制裁等；经济方面有延迟付款、汇率浮动、换汇控制、通货膨胀、分包单位违约等；技术方面有工程事故、试验失败、标准变化等；自然方面有地震、洪水等。

4) 工期及相关计划的失误和管理过程的失误

计划工期及进度计划超过实际可能，计划进度不合理；管理过程中失误，如计划者与工程实施者之间，总包与分包之间，业主与承包商之间缺少沟通，工作脱节等，都会影响工程建设进度。

8.4.2 分析偏差对后续工作及总工期的影响

当实际进度与进度计划出现偏差时，需要分析该偏差对后续工作及总工期产生的影响。

偏差的大小及其所处位置对后续工作和总工期的影响程度是不同的。分析的方法主要利用网络计划中的总时差和自由时差的概念进行判断，如图8-16所示。

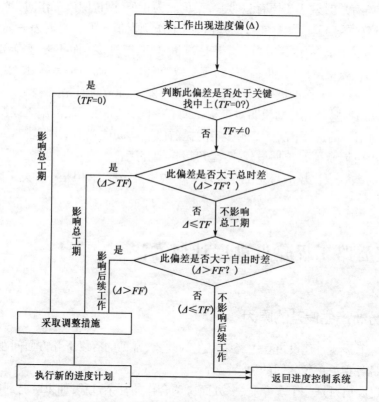

图8-16 对后续工作和总工期的影响分析图

当某工作进度偏差值小于该工作的自由时差时，该工作的超前或拖后对后续工作及总工期没有影响。

当某工作进度偏差值大于自由时差，而小于总时差时，对后续的最早开始时间有影响，但对总工期无影响。

当某工作进度偏差值大于自由时差，也大于总时差时，对后续工作和总工期都会影响。

具体分析步骤如下：

1) 分析出现进度偏差的工作是否为关键工作

根据工作所在线路的性质或时间参数的特点，判断该工作是否为关键工作。若出现偏差的工作为关键工作,则无论偏差大小,都对后续工作及总工期产生影响,必须采取相应的调整措施;若出现偏差的工作不是关键工作,需要根据偏差值与总时差和自由时差的大小关系,确定对后续工作和总工期的影响。

2) 分析进度偏差是否大于总时差

若工作进度偏差大于该工作的总时差,说明此偏差影响后续工作和总工期,必须采取相应措施,调整原进度计划。若工作的进度偏差小于或等于该工作的总时差,说明此偏差对总工期无影响,但它会对后续工作有影响,影响程度需要根据偏差值与自由时差的比较情况来确定。

3) 分析进度偏差是否大于该工作的自由时差

若工作的进度偏差大于该工作的自由时差,说明此偏差对后续工作产生影响,应根据后续工作允许影响的程度而确定如何调整原进度计划;若工作的进度偏差小于或等于该工作的自由时差,则说明此偏差对后续工作无影响。因此,原进度计划可以不作调整。

8.4.3 进度计划的调整方法

1) 改变某些工作之间的逻辑关系

若实施中的进度计划产生的偏差影响了总工期,并且有关工作之间的逻辑关系允许改变时,可以改变关键线路和超过计划工期的非关键线路上某些工作之间的逻辑关系达到压缩工期的目的。

2) 缩短某些工作的持续时间

这种方法是不改变工作之间的逻辑关系,通过增加资源投入、提高劳动效率等措施缩短某些工作的持续时间,而使施工进度加快,以保证按计划工期完成该项目。这些被压缩持续时间的工作是位于关键线路的关键工作和超过计划工期的非关键线路上的工作。详见第7章第5节中有关工期优化的内容。

3) 调整项目进度计划

项目进度计划在实施过程中结合工程实际情况,对原项目进度资料更新,调整项目进度计划。

[例8-2] 某工程双代号网络计划如图8-17所示,该进度计划已经监理工程师审核批准,合同工期为23个月。问题:(1)该施工网络计划的计算工期为多少个月。(2)该施工网络图各工作的时间参数是什么,确定关键线路。(3)绘制时标网络计划图。(4)如果工作C和工作G需共用一台施工机械且只能按先后顺序组织施工,该施工网络计划图如何安排较为合理。

解:(1)用标号法确定关键线路和计算工期,如图8-18所示。

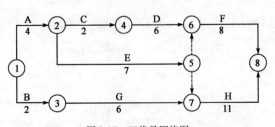

图8-17 双代号网络图

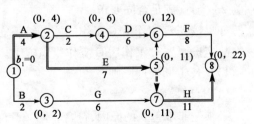

图8-18 标号法确定关键线路

故该施工网络计划的计算工期为22个月。关键线路为①—②—⑤—⑦—⑧。

（2）绘制时标网络计划图，如图8-19所示。

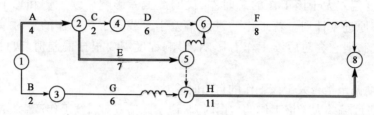

图8-19 时标网络计划图

（3）如果工作C和工作G共用一台施工机械且只能按先后顺序组织施工该施工网络计划图。当按先C工作后G工作的顺序组织施工，双代号网络图如图8-20所示。

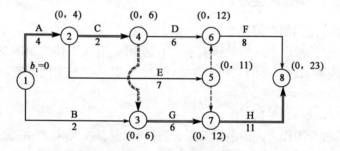

图8-20 双代号网络图（先C后G）

（4）按先G工作后C工作的顺序组织施工，双代号网络图如图8-21所示。

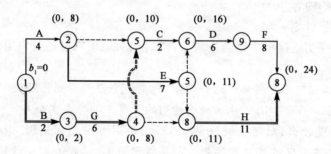

图8-21 双代号网络图（先G后C）

如果工作C和工作G需共用一台施工机械，按先C工作后G工作的施工组织安排计算工期为23个月，满足合同要求。

如果按先G工作后C工作的施工组织安排，计算工期为24个月，不满足合同要求。

故应按照先C工作后G工作组织施工。

4) 延长工期处理原则

（1）合同原则

必须是非承包人的原因，符合合同条款的规定，同时要符合延长工期的申请程序。

（2）损害事实原则

必须造成工程工期的损害,即工期拖延。一般在申请表中要注明是关键线路或关键工作。要注意关键线路是变化的,如果非关键工作的延误量过大一旦超过总时差,就从非关键变成为关键,应动态地理解关键线路。一般情况下工期拖延量就是应该延长的工期值,但有时要根据做了补救的实际情况对损失进行折减,就是体现了损害事实原则。

8.4.4 调整原进度计划应考虑的因素

1)总工期和后续施工工期的要求

后续施工工期紧张程度不同,要采取的调整措施和增加的资源量也不同。

2)调整进度计划给相应施工方带来的损失

由于调整进度计划,必定打乱原计划而造成某些施工资源的紧张,也会引起施工机械设备的闲置,所以会造成施工费用增加,给相应施工方带来损失。

3)对材料供应的影响

调整进度计划,应重新分析需要多大的材料供应强度。

4)劳动力供应

加快施工一般要使用更多的劳动力。因此,既要考虑工人的数量,又要考虑其素质。

5)气候条件的影响

调整进度计划,要尽量避开不利施工的气候条件,如雨季等。

6)施工作业空间的影响

加快施工进度可能需要多个工作面同时施工,这时应考虑施工作业空间是否允许,原有的施工道路等能否满足。

7)施工单位对新技术的适应能力

一般来说,采用新技术施工会加快进度,但对新技术,施工单位往往需要一个学习、培训和熟练的过程。如果这一过程太长,就不能补救工期了。

本章复习题

1. 进度控制(被动控制)的纠偏和调整措施有哪些?
2. 简述匀速横道图比较法的步骤。
3. 简述分析偏差对后续工作及总工期的影响具体步骤。
4. 简述偏差产生的原因主要有哪些。
5. 进度计划调整方法主要有哪些?
6. 调整原进度计划应考虑的因素主要有哪些?

附录一　概、预算项目表

项目	目	节	细目	工程或费用名称	单位	备注
				第一部分　建筑安装工程费	公路公里	建设项目路线总长度（主线长度）
一				临时工程	公路公里	
	1			临时道路	km	新建便道与利用原有道路总长
		1		临时便道的修建与维护	km	新建便道长度
		2		原有道路的维护与恢复	km	利用原有道路长度
		……				
	2			临时便桥	m/座	指汽车便桥
	3			临时轨道铺设	km	
	4			临时电力线路	km	
	5			临时电信线路	km	不包括广播线
	6			临时码头	座	按不同的形式划分节或细目
二				路基工程	km	扣除桥梁、隧道和互通立交的主线长度、独立桥梁或隧道为引道或接线长度
	1			场地清理	km	
		1		清理与掘除	m²	按清除内容的不同划分细目
			1	清除表土	m²	
			2	伐树、挖根、除草	m²	
		……				
		2		挖除旧路面	m²	按不同的路面类型和厚度划分细目
			1	挖除水泥混凝土路面	m²	
			2	挖除沥青混凝土路面	m²	
			3	挖除碎（砾）石路面	m²	
		……				
		3		拆除旧建筑物、构筑物	m³	按不同的构筑材料划分细目
			1	拆除钢筋混凝土结构	m³	
			2	拆除混凝土结构	m³	
			3	拆除砖石及其他砌体	m³	
		……				
	2			挖方	m³	
		1		挖土方	m³	按不同的地点划分细目
			1	挖路基土方	m³	
			2	挖改路、改河、改渠土方	m³	
		……				

续上表

项目	节	细目		工程或费用名称	单位	备 注
	2			挖石方	m³	按不同的地点划分细目
		1		挖路基石方	m³	
		2		挖改路、改河、改渠石方	m³	
		……				
		3		挖非适用材料	m³	
		4		弃方运输	m³	
	3			填方	m³	
		1		路基填方	m³	按不同的填筑材料划分细目
			1	换填土	m³	
			2	利用土方填筑	m³	
			3	借土方填筑	m³	
			4	利用石方填筑	m³	
			5	填砂路基	m³	
			6	粉煤灰及填石路基	m³	
			……			
		2		改路、改河、改渠填方	m³	按不同的填筑材料划分细目
			1	利用土方填筑	m³	
			2	借土方填筑	m³	
			3	利用石方填筑	m³	
			……			
		3		结构物台背回填	m³	按不同的填筑材料划分细目
			1	填碎石	m³	
			……			
	4			特殊路基处理	km	按需要处理的软弱路基长度
		1		软土处理	km	按不同的处治方法划分细目
			1	抛石挤淤	m³	
			2	砂、砂砾垫层	m³	
			3	灰土垫层	m³	
			4	预压与超载预压	m²	
			5	袋装砂井	m	
			6	塑料排水板	m	
			7	粉喷桩与旋喷桩	m	
			8	碎石桩	m	
			9	砂桩	m	
			10	土工布	m²	
			11	土工格栅	m²	

续上表

项目	节	细目	工程或费用名称	单位	备注
		12	土工格室	m²	
			……		
	2		滑坡处理	处	按不同的处理方式划分细目
		1	卸载土石方	m³	
		2	抗滑桩	m³	
		3	预应力锚索	m	
			……		
	3		岩溶洞回填	m³	按不同的回填材料划分细目
		1	混凝土	m³	
			……		
	4		膨胀土处理	km	按不同的处理方式划分细目
		1	改良土	m³	
			……		
	5		黄土处理	m³	按黄土的不同特性划分细目
		1	陷穴	m³	
		2	湿陷性黄土	m²	
			……		
	6		盐渍土处理	m²	按不同的厚度划分细目
			……		
5			排水工程	km	按不同的结构类型分节
	1		边沟	m³/m	按不同的材料、尺寸划分细目
		1	现浇混凝土边沟	m³/m	
		2	浆砌混凝土预制块边沟	m³/m	
		3	浆砌片石边沟	m³/m	
		4	浆砌块石边沟	m³/m	
			……		
	2		排水沟	处	按不同的材料、尺寸划分细目
		1	现浇混凝土排水沟	m³/m	
		2	浆砌混凝土预制块排水沟	m³/m	
		3	浆砌片石排水沟	m³/m	
		4	浆砌块石排水沟	m³/m	
			……		
	3		截水沟	m³/m	按不同的材料、尺寸划分细目
		1	浆砌混凝土预制块截水沟	m³/m	
		2	浆砌片石截水沟	m³/m	
			……		

续上表

项	目	节	细目	工程或费用名称	单位	备 注
		4		急流槽	m³/m	按不同的材料、尺寸划分细目
			1	现浇混凝土急流槽	m³/m	
			2	浆砌片石急流槽	m³/m	
				……		
		5		暗沟	m³	按不同的材料、尺寸划分细目
				……		
		6		渗(盲)沟	m³/m	按不同的材料、尺寸划分细目
				……		
		7		排水管	m	按不同的材料、尺寸划分细目
				……		
		8		集水井	m³/个	按不同的材料、尺寸划分细目
				……		
		9		泄水槽	m³/个	按不同的材料、尺寸划分细目
				……		
	6			防护与加固工程	km	按不同的结构类型分节
		1		坡面植物防护	m²	按不同的材料划分细目
			1	播种草籽	m²	
			2	铺(植)草皮	m²	
			3	土工织物植草	m²	
			4	植物袋植草	m²	
			5	液压喷播植草	m²	
			6	客土喷播植草	m²	
			7	喷混植草	m²	
				……		
		2		坡面圬工防护	m³/m²	按不同的材料和形式划分细目
			1	现浇混凝土护坡	m³/m²	
			2	预制块混凝土护坡	m³/m²	
			3	浆砌片石护坡	m³/m²	
			4	浆砌块石护坡	m³/m²	
			5	浆砌片石骨架护坡	m³/m²	
			6	浆砌片石护面墙	m³/m²	
			7	浆砌块石护面墙	m³/m²	
				……		
		3		坡面喷浆防护	m²	按不同的材料划分细目
			1	抹面、捶面护坡	m²	
			2	喷浆护坡	m²	

续上表

项目	节	细目	工程或费用名称	单位	备注
		3	喷射混凝土护坡	m^3/m^2	
		……			
	4		坡面加固	m^2	按不同的材料划分细目
		1	预应力锚索	t/m	
		2	锚杆、锚钉	t/m	
		3	锚固板	m^2	
		……			
	5		挡土墙	m^3/m	按不同的材料和形式划分细目
		1	现浇混凝土挡土墙	m^3/m	
		2	锚杆挡土墙	m^3/m	
		3	锚碇板挡土墙	m^3/m	
		4	加筋土挡土墙	m^3/m	
		5	扶臂式、悬臂式挡土墙	m^3/m	
		6	桩板墙	m^3/m	
		7	浆砌片石挡土墙	m^3/m	
		8	浆砌块石挡土墙	m^3/m	
		9	浆砌护肩墙	m^3/m	
		10	浆砌(干砌)护脚	m^3/m	
		……			
	6		抗滑桩	m^3	按不同的规格划分细目
		……			
	7		冲刷防护	m^3	按不同的材料和形式划分细目
		1	浆砌片石河床铺砌	m^3	
		2	导流坝	m^3/处	
		3	驳岸	m^3/m	
		4	石笼	m^3/处	
		……			
	8		其他工程	km	根据具体情况划分细分
		……			
三			路面工程	km	
1			路面垫层	m^2	按不同的材料分节
	1		碎石垫层	m^2	按不同的厚度划分细目
	2		砂砾垫层	m^2	按不同的厚度划分细目
	……				
2			路面底基层	m^2	按不同的材料分节
	1		石灰稳定类底基层	m^2	按不同的厚度划分细目

续上表

项目	节	细目	工程或费用名称	单位	备注
	2		水泥稳定类底基层	m²	按不同的厚度划分细目
	3		石灰粉煤灰稳定类底基层	m²	按不同的厚度划分细目
	4		级配碎（砾）石底基层	m²	按不同的厚度划分细目
			……		
	3		路面基层	m²	按不同的材料分节
		1	石灰稳定类基层	m²	按不同的厚度划分细目
		2	水泥稳定类基层	m²	按不同的厚度划分细目
		3	石灰粉煤灰稳定类基层	m²	按不同的厚度划分细目
		4	级配碎（砾）石基层	m²	按不同的厚度划分细目
		5	水泥混凝土基层	m²	按不同的厚度划分细目
		6	沥青碎石混合料基层	m²	按不同的厚度划分细目
			……		
	4		透层、黏层、封层	m²	按不同的形式分节
		1	透层	m²	
		2	黏层	m²	
		3	封层	m²	按不同的材料划分细目
			1 沥青表处封层	m²	
			2 稀浆封层	m²	
			……		
		4	单面烧毛纤维土工布	m²	
		5	玻璃纤维格栅	m²	
			……		
	5		沥青混凝土面层	m²	指上面层面积
		1	粗粒式沥青混凝土面层	m²	按不同的厚度划分细目
		2	中粒式沥青混凝土面层	m²	按不同的厚度划分细目
		3	细粒式沥青混凝土面层	m²	按不同的厚度划分细目
		4	改性沥青混凝土面层	m²	按不同的厚度划分细目
		5	沥青玛蹄脂碎石混合料面层	m²	按不同的厚度划分细目
			……		
	6		水泥混凝土面层	m²	按不同的材料分节
		1	水泥混凝土面层	m²	按不同的厚度划分细目
		2	连续配筋混凝土面层	m²	按不同的厚度划分细目
		3	钢筋	t	
	7		其他面层	m²	按不同的类型分节
		1	沥青表面处治面层	m²	按不同的厚度划分细目
		2	沥青贯入式面层	m²	按不同的厚度划分细目

续上表

项	目	节	细目	工程或费用名称	单位	备注
			3	沥青上拌下贯式面层	m²	按不同的厚度划分细目
			4	泥结碎石面层	m²	按不同的厚度划分细目
			5	级配碎(砾)石面层	m²	按不同的厚度划分细目
			6	天然砂砾面层	m²	按不同的厚度划分细目
				……		
		8		路槽、路肩及中央分隔带	km	
			1	挖路槽	m²	按不同的土质划分细目
				1 土质路槽	m²	
				2 石质路槽	m²	
			2	培路肩	m²	按不同的厚度划分细目
			3	土路肩加固	m²	按不同的加固方式划分细目
				1 现浇混凝土	m²	
				2 铺砌混凝土预制块	m²	
				3 浆砌片石	m²	
				……		
			4	中央分隔带回填土	m³	
			5	路缘石	m³	按现浇和预制安装划分细目
				……		
		9		路面排水	km	按不同类型分节
			1	拦水带	m	按不同的材料划分细目
				1 沥青混凝土	m	
				2 水泥混凝土	m	
			2	排水沟	m	按不同的类型划分细目
				1 路肩排水沟	m	
				2 中央分隔带排水沟	m	
				……		
			3	排水管	m	按不同的类型划分细目
				1 纵向排水管	m	
				2 横向排水管	m/道	
				……		
			4	集水井	m³/个	按不同的规格划分细目
				……		
四				桥梁涵洞工程	km	指桥梁长度
	1			漫水工程	m/处	
			1	过水路面	m/处	
			2	混合式过水路面	m/处	

续上表

项	目	节	细目	工程或费用名称	单位	备 注
	2			涵洞工程	m/道	按不同的结构类型分节
		1		钢筋混凝土管涵	m/道	按管径和单、双孔划分细目
			1	1-Φ1.0m 圆管涵	m/道	
			2	1-Φ1.5m 圆管涵	m/道	
			3	倒虹吸管	m/道	
				……		
		2		盖板涵	m/道	按不同的材料和涵径划分细目
			1	2.0m×2.0m 石盖板涵	m/道	
			2	2.0m×2.0m 钢筋混凝土盖板涵	m/道	
				……		
		3		箱涵	m/道	按不同的涵径划分细目
			1	4.0m×4.0m 钢筋混凝土箱涵	m/道	
				……		
		4		拱涵	m/道	按不同的材料和涵径划分细目
			1	4.0m×4.0m 石拱涵	m/道	
			2	4.0m×4.0m 钢筋混凝土拱涵	m/道	
				……		
	3			小桥工程	m/座	按不同的结构类型分节
		1		石拱桥	m/座	按不同的跨径划分细目
		2		钢筋混凝土矩形板桥	m/座	按不同的跨径划分细目
		3		钢筋混凝土空心板桥	m/座	按不同的跨径划分细目
		4		钢筋混凝土 T 形梁桥	m/座	按不同的跨径划分细目
		5		预应力混凝土空心板桥	m/座	按不同的跨径划分细目
				……		
	4			中桥工程	m/座	按不同的结构类型或桥名分节
		1		钢筋混凝土空心板桥	m/座	按不同的跨径或工程部位划分细目
		2		钢筋混凝土 T 形梁桥	m/座	按不同的跨径或工程部位划分细目
		3		钢筋混凝土拱桥	m/座	按不同的跨径或工程部位划分细目
		4		预应力混凝土空心板桥	m/座	按不同的跨径或工程部位划分细目
				……		
	5			大桥工程	m/座	按桥名或不同的工程部位分节
		1		××××大桥	m²/m	按不同的工程部位划分细目
			1	天然基础	m³	
			2	桩基础	m³	
			3	沉井基础	m³	

续上表

项	目	节	细目	工程或费用名称	单位	备 注
			4	桥台	m³	
			5	桥墩	m³	
			6	上部构造	m³	注明上部构造跨径组成及结构形式
				……		
		2		……	m²/m	
	6			××特大桥工程	m²/m	按桥名分目,按不同的工程部位分节
		1		基础	m²/座	按不同的形式划分细目
			1	天然基础	m³	
			2	桩基础	m³	
			3	沉井基础	m³	
			4	承台	m³	
				……		
		2		下部构造	m³/座	按不同的形式划分细目
			1	桥台	m³	
			2	桥墩	m³	
			3	索塔	m³	
				……		
		3		上部构造	m³	按不同的形式划分细目
			1	预应力混凝土空心板	m³	
			2	预应力混凝土T形梁	m³	
			3	预应力混凝土连续梁	m³	
			4	预应力混凝土连续刚构	m³	
			5	钢管拱桥	m³	
			6	钢箱梁	t	
			7	斜拉索	t	
			8	主缆	t	
			9	预应力钢材	t	
				……		
		4		桥梁支座	个	按不同规格划分细目
			1	矩形板式橡胶支座	dm²	
			2	圆形板式橡胶支座	dm²	
			3	矩形四氟板式橡胶支座	dm²	
			4	圆形四氟板式橡胶支座	dm²	
			5	盆式橡胶支座	个	
				……		
		5		桥梁伸缩缝	m	指伸缩缝长度,按不同规格划分细目

续上表

项目	目	节	细目	工程或费用名称	单位	备注
			1	橡胶伸缩装置	m	
			2	模数式伸缩装置	m	
			3	填充式伸缩装置	m	
			……			
		6		桥面铺装	m³	按不同的材料划分细目
			1	沥青混凝土桥面铺装	m³	
			2	水泥混凝土桥面铺装	m³	
			3	水泥混凝土垫平层	m³	
			4	防水层	m²	
			……			
		7		人行道系	m	指桥梁长度,按不同的类型划分细目
			1	人行道及栏杆	m³/m	
			2	桥梁钢防撞护栏	m	
			3	桥梁波形梁护栏	m	
			4	桥梁水泥混凝土防撞墙	m	
			5	桥梁防护网	m	
			……			
		8		其他工程	m	指桥梁长度,按不同的类型划分细目
			1	看桥房及岗亭	座	
			2	砌筑工程	m³	
			3	混凝土构件装饰	m³	
			……			
五				交叉工程	处	按不同的交叉形式分目
	1			平面交叉道	处	按不同的类型分节
		1		公路与铁路平面交叉	处	
		2		公路与公路平面交叉	处	
		3		公路与大车道平面交叉	处	
		……				
	2			通道	m/处	按结构类型分节
		1		钢筋混凝土箱式通道	m/处	
		2		钢筋混凝土板式通道	m/处	
		……				
	3			人行天桥	m/处	
		1		钢结构人行天桥	m/处	
		2		钢筋混凝土结构人行天桥	m/处	
	4			渡槽	m/处	按结构类型分节

续上表

项	目	节	细目	工程或费用名称	单位	备 注
			1	钢筋混凝土渡槽	m/处	
			2	……		
		5		分离式立体交叉	处	按交叉名称分节
			1	×××分离式立体交叉	处	按不同的工程内容划分细目
				1 路基土石方	m³	
				2 路基排水防护	m³	
				3 特殊路基处理	km	
				4 路面	m²	
				5 涵洞及通道	m³/m	
				6 桥梁	m²/m	
				……		
			2	……		
		6		××互通式立体交叉	处	按互通名称分目(注明其类项),按不同的分部工程分节
			1	路基土石方	m³/km	
				1 清理与掘除	m²	
				2 挖土方	m³	
				3 挖石方	m³	
				4 挖非适用材料	m³	
				5 弃方运输	m³	
				6 换填土	m³	
				7 利用土方填筑	m³	
				8 借土方填筑	m³	
				9 利用石方填筑	m³	
				10 结构物台背回填	m³	
			2	特殊路基处理	km	
				1 特殊路基垫层	m³	
				2 预压与超载预压	m²	
				3 袋装砂井	m	
				4 塑料排水板	m	
				5 粉喷桩与旋喷桩	m	
				6 碎石桩	m	
				7 砂桩	m	
				8 土工布	m²	
				9 土工格栅	m²	
				10 土工格室	m²	
				……		

续上表

项目	节	细目	工程或费用名称	单位	备注
	3		排水工程	m³	
		1	混凝土边沟、排水沟	m³/m	
		2	砌石边沟、排水沟	m³/m	
		3	现浇混凝土急流槽	m³/m	
		4	浆砌片石急流槽	m³/m	
		5	暗沟	m³	
		6	渗(盲)沟	m³/m	
		7	拦水带	m	
		8	排水管	m	
		9	集水井	m³/个	
			……		
	4		防护工程	m³	
		1	播种草籽	m²	
		2	铺(植)草皮	m²	
		3	土工织物植草	m²	
		4	植生袋植草	m²	
		5	液压喷播植草	m²	
		6	客土喷播植草	m²	
		7	喷混植草	m²	
		8	现浇混凝土护坡	m³/m²	
		9	预制块混凝土护坡	m³/m²	
		10	浆砌片石护坡	m³/m²	
		11	浆砌块石护坡	m³/m²	
		12	浆砌片石骨架护坡	m³/m²	
		13	浆砌片石护面墙	m³/m²	
		14	浆砌块石护面墙	m³/m²	
		15	喷射混凝土护坡	m³/m²	
		16	现浇混凝土挡土墙	m³/m	
		17	加筋土挡土墙	m³/m	
		18	浆砌片石挡土墙	m³/m	
		19	浆砌块石挡土墙	m³/m	
			……		
	5		路面工程	m²	
		1	碎石垫层	m²	
		2	砂砾垫层	m²	
		3	石灰稳定类底基层	m²	

续上表

项目	节	细目	工程或费用名称	单位	备注
		4	水泥稳定类底基层	m²	
		5	石灰粉煤灰稳定类底基层	m²	
		6	级配碎(砾)石底基层	m²	
		7	石灰稳定类基层	m²	
		8	水泥稳定类底基层	m²	
		9	石灰粉煤灰稳定类基层	m²	
		10	级配碎(砾)石基层	m²	
		11	水泥混凝土基层	m²	
		12	透层、黏层、封层	m²	
		13	沥青混凝土面层	m²	
		14	改性沥青混凝土面层	m²	
		15	沥青玛蹄脂碎石混合料面层	m²	
		16	水泥混凝土面层	m²	
		17	中央分隔带回填土	m³	
		18	路缘石	m³	
		……			
	6		涵洞工程	m/道	
		1	钢筋混凝土管涵	m/道	
		2	倒虹吸管	m/道	
		3	盖板涵	m/道	
		4	箱涵	m/道	
		5	拱涵	m/道	
	7		桥梁工程	m²/m	
		1	天然基础	m³	
		2	桩基础	m³	
		3	沉井基础	m³	
		4	桥台	m³	
		5	桥墩	m³	
		6	上部构造	m³	
		……			
	8		通道	m/处	
六			隧道工程	km/座	按隧道名称分目,并注明其形式
	1		×××隧道	m	按明洞、洞门、洞身开挖、衬砌等分节
		1	洞门及明洞开挖	m³	
			1 挖土方	m³	
			2 挖石方	m³	

续上表

项	目	节	细目	工程或费用名称	单位	备注
				……		
		2		洞门及明洞修筑	m³	
			1	洞门建筑	m³/座	
			2	明洞衬砌	m³/m	
			3	遮光棚(板)	m³/m	
			4	洞口坡面防护	m³	
			5	明洞回填	m³	
				……		
		3		洞身开挖	m³/m	
			1	挖土石方	m³	
			2	注浆小导管	m	
			3	管棚	m	
			4	锚杆	m	
			5	钢拱架(支撑)	t/榀	
			6	喷射混凝土	m³	
			7	钢筋网	t	
				……		
		4		洞身衬砌	m³	
			1	现浇混凝土	m³	
			2	仰拱混凝土	m³	
			3	管、沟混凝土	m³	
				……		
		5		防水与排水	m³	
			1	防水板	m²	
			2	止水带、条	m	
			3	压浆	m³	
			4	排水管	m	
				……		
		6		洞内路面	m²	按不同的路面结构和厚度划分细目
			1	水泥混凝土路面	m²	
			2	沥青混凝土路面	m²	
				……		
		7		通风设施	m	按不同的设施划分细目
			1	通风机安装	台	
			2	风机启动柜洞门	个	
				……		

续上表

项目	节	细目	工程或费用名称	单位	备注
	8		消防设施	m	按不同的设施划分细目
		1	消防室洞门	个	
		2	通道防火闸门	个	
		3	蓄(集)水池	座	
		4	喷防水涂料	m²	
		……			
	9		照明设施	m	按不同的设施划分细目
		1	照明灯具	m	
		……			
	10		供电设施	m	按不同的设施划分细目
	11		其他工程	m	按不同的内容划分细目
		1	卷帘门	个	
		2	检修门	个	
		3	洞身及洞门装饰	m²	
		……			
2			×××隧道	m	
七			公路设施及预埋管线工程	公路公里	
1			安全设施	公路公里	按不同的设施分节
	1		石砌护栏	m³/m	
	2		钢筋混凝土防撞护栏	m³/m	
	3		波形钢板护栏	m	按不同的形式划分细目
	4		隔离栅	km	按不同的材料划分细目
	5		防护网	km	
	6		公路标线	km	按不同的类型划分细目
	7		轮廓标	根	
	8		防眩板	m	
	9		钢筋混凝土护栏	根/m	
	10		里程碑、百米桩、公路界碑	块	
	11		各类标志牌	块	按不同的规格和材料划分细目
	12		……		
2			服务设施	公路公里	按不同的设施分节
	1		服务区	处	按不同的内容划分细目
	2		停车区	处	按不同的内容划分细目
	3		公共汽车停靠站	处	按不同的内容划分细目
3			管理、养护设施	公路公里	按不同的设施分节
	1		收费系统设施	处	按不同的内容划分细目

续上表

项	目	节	细目	工程或费用名称	单位	备注
			1	设备安装	公路公里	
			2	收费亭	个	
			3	收费天棚	m²	
			4	收费岛	个	
			5	通道	m/道	
			6	预埋管线	m	
			7	架设管线	m	
				……		
		2		通信系统设施	公路公里	按不同的内容划分细目
			1	设备安装	公路公里	
			2	管道工程	m	
			3	人(手)孔	个	
			4	紧急电话平台	个	
				……		
		3		监控系统设施	公路公里	
			1	设备安装	公路公里	按不同的内容划分细目
			2	光(电)缆敷设	km	
				……		
		4		供电、照明系统设施	公路公里	按不同的内容划分细目
			1	设备安装	公路公里	
				……		
		5		养护工区	处	按不同的内容划分细目
			1	区内道路	km	
				……		
	4			其他工程	公路公里	
			1	悬出路台	m/处	
			2	渡口码头	处	
			3	辅道工程	km	
			4	支线工程	km	
			5	公路交工前养护费	km	按附录一计算
八				绿化及环境保护工程	公路公里	
	1			撒播草种和铺植草皮	m²	按不同的内容分节
			1	撒播草种	m²	按不同的内容划分细目
			2	铺植草皮	m²	按不同的内容划分细目
			3	绿地喷灌管道	m	按不同的内容划分细目
	2			种植乔、灌木	株	按不同的内容分节

285

续上表

项目	节	细目	工程或费用名称	单位	备注
		1	种植乔木	株	按不同的树种划分细目
			1 高山榕	株	
			2 美人蕉	株	
			……		
		2	种植灌木	株	按不同的树种划分细目
			1 夹竹桃	株	
			2 月季	株	
			……		
		3	种植攀缘植物	株	按不同的树种划分细目
			1 爬山虎	株	
			2 葛藤	株	
			……		
		4	种植竹类植物	株	按不同的内容划分细目
		5	种植棕榈类植物	株	按不同的内容划分细目
		6	栽植绿篱	m	
		7	栽植绿色带	m²	
	3		声屏障	m	按不同的类型分节
		1	消声板声屏障	m	
		2	吸音砖声屏障	m³	
		3	砖墙声屏障	m³	
			……		
	4		污水处理	处	按不同的内容分节
	5		取、弃土场防护	m³	按不同的内容分节
九			管理、养护及服务房屋	m²	
	1		管理房屋	m²	
		1	收费站	m²	
		2	管理站	m²	
		3	……		
	2		养护房屋	m²	按房屋名称分节
		1	……		
	3		服务房屋	m²	按房屋名称分节
		1	……		
			第二部分 设备及工具、器具购置费	公路公里	
一			设备购置费	公路公里	
	1		需安装的设备	公路公里	

续上表

项	目	节	细目	工程或费用名称	单位	备注
			1	监控系统设备	公路公里	按不同设备分别计算
			2	通信系统设备	公路公里	按不同设备分别计算
			3	收费系统设备	公路公里	按不同设备分别计算
			4	供电照明系统设备	公路公里	按不同设备分别计算
		2		不需安装的设备	公路公里	
			1	监控系统设备	公路公里	按不同设备分别计算
			2	通信系统设备	公路公里	按不同设备分别计算
			3	收费系统设备	公路公里	按不同设备分别计算
			4	供电照明系统设备	公路公里	按不同设备分别计算
	二			工具、器具购置	公路公里	
	三			办公及生活用家具购置	公路公里	
				第三部分 工程建设其他费用	公路公里	
一				土地征用及拆迁补偿费	公路公里	
二				建设项目管理费	公路公里	
		1		建设单位(业主)管理费	公路公里	
		2		工程质量监督费	公路公里	
		3		工程监理费	公路公里	
		4		工程定额测定费	公路公里	
		5		设计文件审查费	公路公里	
		6		竣(交)工验收试验检测费	公路公里	
三				研究试验费	公路公里	
四				前期工作费	公路公里	
五				施工机构迁移费	公路公里	
六				供电贴费	公路公里	
七				联合试运转费	公路公里	
八				生产人员培训费	公路公里	
九				固定资产投资方向调节税	公路公里	
十				建设期贷款利息	公路公里	
				第一、二、三部分费用合计	公路公里	
				预留费用	元	
				1.价差预备费	元	
				2.基本预备费	元	预算实行包干时列系数包干费
				概(预)算总金额	元	
				其中:回收金额	元	
				公路基本造价	公路公里	

附录二　全国冬季施工气温区划分表

省、自治区、直辖市	地区、市、自治洲、盟(县)	气温区	
北京	全境	冬二	Ⅰ
天津	全境	冬二	Ⅰ
河北	石家庄、邢台、邯郸、衡水市(冀州市、枣强县、故城县)	冬一	Ⅱ
	廊房、保定(涞源县及以北除外)、衡水(冀州市、枣强县、故城县除外)、沧州市	冬二	Ⅰ
	唐山、秦皇岛市		Ⅱ
	承德(围场县除外)、张家口(沽源县、张北县、尚义县、康保县除外)、保定市(涞源县及以北)	冬三	
	承德(围场县)、张家口市(沽源县、张北县、尚义县、康保县)	冬四	
山西	运城市(万荣县、夏县、绛县、新绛县、稷山县、闻喜县除外)	冬一	Ⅱ
	运城(万荣县、夏县、绛县、新绛县、稷山县、闻喜县)、临汾(尧都区、侯马市、曲沃县、翼城县、襄汾县、洪洞县)、阳泉(孟县除外)、长治(黎城县)、晋城市(城区、泽州县、沁水县、阳城县)	冬二	Ⅰ
	太原(娄烦县除外)、阳泉(孟县)、长治(黎城县除外)、晋城(城区、泽州县、沁水县、阳城县除外),晋中(寿阳县、和顺县、左权县除外)、临汾(尧都区、侯马市、曲沃县、翼城县、襄汾县、洪洞县除外)、吕梁市(孝义市、汾阳市、文水县、交城县、柳林县、石楼县、交口县、中阳县)		Ⅱ
	太原(娄烦县)、大同(左云县除外)、朔州(右玉县除外)、晋中(寿阳县、和顺县、左权县)、忻州、吕梁市(离石区、临县、岚县、方山县、兴县)	冬三	
	大同(左云县)、朔州市(右玉县)	冬四	
内蒙古	乌海市、阿拉善盟(阿拉善左旗、阿拉善右旗)	冬二	Ⅰ
	呼和浩特(武川县除外)、包头(固阳县除外)、赤峰、鄂尔多斯、巴彦淖尔、乌兰察布市(察哈尔右翼中旗除外)、阿拉善盟(额济纳旗)	冬三	
	呼和浩特(武川县)、包头(固阳县)、通辽、乌兰察布市(察哈尔右翼中旗)、锡林郭勒(苏尼特右旗、多伦县)、兴安盟(阿尔山市除外)	冬四	
	呼伦贝尔市(海拉尔区、新巴尔虎右旗、阿荣旗)、兴安(阿尔山市)、锡林郭勒盟(冬四区以外各地)	冬五	
	呼伦贝尔市(冬五区以外各地)	冬六	
辽宁	大连市(瓦房店市、普兰店市、庄河市除外)、葫芦岛市(绥中县)	冬二	Ⅰ
	沈阳(康平县、法库县除外)、大连(瓦房店市、普兰店市、庄河市)、鞍山、本溪(桓仁县除外)、丹东、锦州、阜新、营口、辽阳、朝阳(建平县除外)、葫芦岛(绥中县除外)、盘锦市	冬三	
	沈阳(康平县、法库县)、抚顺、本溪(桓仁县)、朝阳(建平县)、铁岭市	冬四	
吉林	长春(榆树市除外)、四平、通化(辉南县除外)、辽源、白山(靖宇县、抚松县、长白县除外)、松原(长岭县)、白城市(通榆县)、延边自治州(敦化市、汪清县、安图县除外)	冬四	
	长春(榆树市)、吉林、通化(辉南县)、白山(靖宇县、抚松县、长白县)、白城(通榆县除外)、松原市(长岭县除外)、延边自治州(敦化市、汪清县、安图县)	冬五	

续上表

省、自治区、直辖市	地区、市、自治洲、盟(县)	气温区	
黑龙江	牡丹江市(绥芬河市、东宁县)	冬四	
	哈尔滨(依兰县除外)、齐齐哈尔(讷河市、依安县、富裕县、克山县、克东县、拜泉县除外)、绥化(安达市、肇东市、兰西县)、牡丹江(绥芬河市、东宁县除外)、双鸭山(宝清县)、佳木斯(桦南县)、鸡西、七台河、大庆市	冬五	
	哈尔滨(依兰县)、佳木斯(桦南县除外)、双鸭山(宝清县除外)、绥化(安达市、肇东市、兰西县除外)、齐齐哈尔(讷河市、依安县、富裕县、克山县、克东县、拜泉县)、黑河、鹤岗、伊春市、大兴安岭地区	冬六	
上海	全境	准二	
江苏	徐洲、连云港市	冬一	I
	南京、无锡、常州、淮安、盐城、宿迁、扬州、泰州、南通、镇江、苏州市	准二	
浙江	杭州、嘉兴、绍兴、宁波、湖州、衢州、舟山、金华、温州、台州、丽水市	准二	
安徽	亳州市	冬一	I
	阜阳、蚌埠、淮南、滁州、合肥、六安、马鞍山、巢湖、芜湖、铜陵、池州、宣城、黄山市	准一	
	淮北、宿州市	准二	
福建	宁德(寿宁县、周宁县、屏南县)、三明市	准一	
江西	南昌、萍乡、景德镇、九江、新余、上饶、抚州、宜春市	准一	
山东	全境	冬一	I
河南	安阳、商丘、周口(西华县、淮阳县、鹿邑县、扶沟县、太康县)、新乡、三门峡、洛阳、郑州、开封、鹤壁、焦作、济源、濮阳、许昌市	冬一	I
	驻马店、信阳、南阳、周口(西华县、淮阳县、鹿邑县、扶沟县、太康县除外)、平顶山、漯河市	准二	
湖北	武汉、黄石、荆州、荆门、鄂州、宜昌、咸宁、黄岗、天门、潜江、仙桃市、恩施自治州	准一	
	孝感、十堰、襄樊、随州市、神农架林区	准二	
湖南	全境	准一	
四川	阿坝(黑水县)、甘孜自治州(新龙县、道浮县、泸定县)	冬一	II
	甘孜自治州(甘孜县、康定县、白玉县、炉霍县)	冬二	I
	阿坝(壤塘县、红原县、松潘县)、甘孜自治州(德格县)		II
	阿坝(阿坝县、若尔盖县、九寨沟县)、甘孜自治州(石渠县、色达县)	冬三	
	广元市(青川县)、阿坝(汶川县、小金县、茂县、理县)、甘孜(巴塘县、雅江县、得荣县、九龙县、理塘县、乡城县、稻城县)、凉山自治州(盐源县、木里县)	准一	
	阿坝(马尔康县、金川县)、甘孜自治州(丹巴县)	准二	
贵州	贵阳、遵义(赤水市除外)、安顺市、黔东南、黔南、黔西南自治州	准一	
	六盘水市、毕节地区	准二	
云南	迪庆自治州(德钦县、香格里拉县)	冬一	II
	曲靖(宣威市、会泽县)、丽江(玉龙县、宁蒗县)、昭通市(昭阳区、大关县、威信县、彝良县、镇雄县、鲁甸县)、迪庆(维西县)、怒江(兰坪县)、大理自治州(剑川县)	准一	

续上表

省、自治区、直辖市	地区、市、自治洲、盟(县)	气温区	
西藏	拉萨市(当雄县除外)、日喀则(拉孜县)、山南(浪卡子县、错那县、隆子县除外)、昌都(芒康县、左贡县、类乌齐县、丁青县、洛隆县除外)、林芝地区	冬一	I
	山南(隆子县)、日喀则地区(定日县、聂拉木县、亚东县、拉孜县除外)		II
	昌都地区(洛隆县)	冬二	I
	昌都(芒康县、左贡县、类乌齐县、丁青县)、山南(浪卡子县、日喀则(定日县、聂拉木县)、阿里地区(普兰县)		II
	拉萨市(当雄县)、那曲(安多县除外)、山南(错那县)、日喀则(亚东县)、阿里地区(普兰县除外)	冬三	
	那曲地区(安多县)	冬四	
陕西	西安、宝鸡、渭南、咸阳(彬县、旬邑县、长武县除外)、汉中(留坝县、佛坪县)、铜川市(耀州区)	冬一	I
	铜川(印台区、王益区)、咸阳市(彬县、旬邑县、长武县)		II
	延安(吴起县除外)、榆林(清涧县)、铜川市(宜君县)	冬二	II
	延安(吴起县)、榆林市(清涧县除外)	冬三	
	商洛、安康、汉中市(留坝县、佛坪县除外)	准二	
甘肃	陇南市(两当县、徽县)	冬一	II
	兰州、天水、白银(会宁县、靖远县)、定西、平凉、庆阳、陇南市(西和县、礼县、宕昌县)、临夏、甘南自治州(舟曲县)	冬二	II
	嘉峪关、金昌、白银(白银区、平川区、景泰县)、酒泉、张掖、武威市、甘南自治州(舟曲县除外)	冬三	
	陇南市(武都区、文县)	准一	
	陇南市(成县、康县)	准二	
青海	海东地区(民和县)	冬二	II
	西宁市、海东地区(民和县除外)、黄南(泽库县除外)、海南、果洛(班玛县、达日县、久治县)、玉树(囊谦县、杂多县、称多县、玉树县)、海西自治州(德令哈市、格尔木市、都兰县、乌兰县)	冬三	
	海北(野牛沟、托勒除外)、黄南(泽库县)、果洛(玛沁县、甘德县、玛多县)、玉树(曲麻莱县、治多县)、海西自治州(冷湖、茫崖、大柴旦、天峻县)	冬四	
	海北(野牛沟、托勒)、玉树(清水河)、海西自治州(唐古拉山区)	冬五	
宁夏	全境	冬二	
新疆	阿拉尔市、喀什(喀什市、伽师县、巴楚县、英吉沙县、麦盖提县、莎车县、叶城县、泽普县)、哈密(哈密市泌城镇)、阿克苏(沙雅县、阿瓦提县)、和田地区、伊犁(伊宁市、新源县、霍城县霍尔果斯镇)、巴音郭楞(库尔勒市、若羌县、且末县、尉犁县铁干里可)、克孜勒苏自治州(阿图什市、阿克陶县)	冬二	I
	喀什地区(岳普湖县)		II
	乌鲁木齐市(牧业气象试验站、达板城区、乌鲁木齐县小渠子乡)、塔城(乌苏市、沙湾县、额敏县除外)、阿克苏(沙雅县、阿瓦提县除外)、哈密(哈密布十三间房、哈密区红柳河、伊吾县淖毛湖)、喀什(塔什库尔干县)、吐鲁番地区、克孜勒苏(乌恰县、阿合奇县)、巴音郭楞(和静县、焉耆县、和硕县、轮台县、尉犁县、且末县搭中)、伊犁自治州(伊宁市、霍城县、察布查尔县、尼勒克县、巩留县、昭苏县、特克斯县)	冬三	

续上表

省、自治区、直辖市	地区、市、自治洲、盟（县）	气温区
新疆	乌鲁木齐市（冬三区以外各地区）、塔城（额敏县、乌苏县）、阿勒泰（阿勒泰市、哈巴河县、吉木乃县）、哈密地区（巴里坤县）、昌吉（昌吉市、米泉市、木垒县、奇台县北塔山镇、阜康市天池）、博尔塔拉（温泉县、精河县、阿拉山口口岸）、克孜勒苏自治州（乌恰县吐尔尕特口岸）	冬四
	克拉玛依、石河子市、塔城（沙湾县）、阿勒泰地区（布尔津县、福海县、富蕴县、青河县），博尔塔拉（博乐市）、昌吉（阜康市、玛纳斯县、呼图壁县、吉林萨尔县、奇台县、米泉市蔡家湖）、巴音郭楞自治州（和静县巴音布鲁克乡）	冬五

注：表中行政区划以2006年地图出版社出版的《中华人民共和国行政区划简册》为准。为避免繁冗，各民族自治州名称予以简化，如青海省的"海西蒙古族藏族自治州"简化为"海西自治州"。

附录三 全国雨季施工雨量区及雨季期划分表

省、自治区、直辖市	地区、市、自治州、盟(县)	雨量区	雨季期(月数)
北京	全境	II	2
天津	全境	I	2
河北	张家口、承德地区(围场县)	I	1.5
河北	承德(围场县除外)、保定、沧州、石家庄、廊坊、邢台、衡水、邯郸、唐山、秦皇岛市	II	2
山西	全境	I	1.5
内蒙古	呼和浩特、通辽、呼伦贝尔(海拉尔区、满洲里市、陈巴尔虎旗、鄂温克旗)、鄂尔多斯(东胜区、准格尔旗、伊金霍洛旗、达拉特旗、乌审旗)、赤峰、包头、乌兰察布市(集宁区、化德县、商都县、兴和县、四子王旗、察哈尔右翼中旗、察哈尔右翼后旗、卓资县及以南)、锡林郭勒盟(锡林浩特市、多伦县、太仆寺旗、西乌珠穆沁旗、正兰旗、正镶白旗)	I	1
内蒙古	呼伦贝尔市(牙克石市、额尔古纳市、鄂伦春旗、扎兰屯市及以东)、兴安盟		2
辽宁	大连(长海县、瓦房店市、普兰店市、庄河市除外)、朝阳市(建平县)	I	2
辽宁	沈阳(康平县)、大连(长海县)、锦州(北宁市除外)、营口(盖州市)、朝阳市(凌源市、建平县除外)	I	2.5
辽宁	沈阳(康平县、辽中县除外)、大连(瓦房店市)、鞍山(海城市、台安县、岫岩县除外)、锦州(北宁市)、阜新、朝阳(凌源市)、盘锦、葫芦岛(建昌县)、铁岭市	I	3
辽宁	抚顺(新宾县)、辽阳市		3.5
辽宁	沈阳(辽中县)、鞍山(海城市、台安县)、营口(盖州市除外)、葫芦岛市(兴城市)	II	2.5
辽宁	大连(普兰店市)、葫芦岛市(兴城市、建昌县除外)	II	3
辽宁	大连(庄河市)、鞍山(岫岩县)、抚顺(新宾县除外)、丹东(凤城市、宽甸县除外)、本溪市		3.5
辽宁	丹东市(凤城市、宽甸县)		4
吉林	辽源、四平(双辽市)、白城、松原市	I	2
吉林	吉林、长春、四平(双辽除外)、白山市、延边自治州	II	2
吉林	通化市	II	3
黑龙江	哈尔滨(市区、呼兰区、五常市、阿城市、双城市)、佳木斯(抚远县)、双鸭山(市区、集贤县除外)、齐齐哈尔(拜泉县、克东县除外)、黑河(五大连池市、嫩江县)、绥化(北林区、海伦市、望奎县、绥棱县、庆安县除外)、牡丹江、大庆、鸡西、七台河市、大兴安岭地区(呼玛县除外)	I	2
黑龙江	哈尔滨(市区、呼兰区、五常市、阿城市、双城市除外)、佳木斯(抚远县除外)、双鸭山(市区、集贤县)、齐齐哈尔(拜泉县、克东县)、黑河(五大连池市、嫩江县除外)、绥化(北林区、海伦市、望奎县、绥棱县、庆安县)、鹤岗、伊春市、大兴安岭地区(呼玛县)	II	2
上海	全境	II	4
江苏	徐州、连云港市	II	2
江苏	盐城市	II	3
江苏	南京、镇江、淮安、南通、宿迁、扬州、常州、泰州市	II	4
江苏	无锡、苏州市	II	4.5

续上表

省、自治区、直辖市	地区、市、自治州、盟(县)	雨量区	雨季期(月数)
浙江	舟山市	II	4
	嘉兴、湖州市		4.5
	宁波、绍兴市		6
	杭州、金华、温州、衢州、台州、丽水市		7
安徽	亳州、淮北、宿州、蚌埠、淮南、六安、合肥市	II	1
	阜阳市		2
	滁州、巢湖、马鞍山、芜湖、铜陵、宜城市		3
	池州市		4
	安庆、黄山市		5
福建	泉州市(惠安县崇武)	I	4
	福州(平潭县)、泉州(晋江市)、厦门(同安区除外)、漳州市(东山县)	II	5
	三明(永安市)、福州(市区、长乐市)、莆田市(仙游县除外)		6
	南平(顺昌县除外)、宁德(福鼎市、霞浦县)、三明(永安市、龙溪县、大田县除外)、福州(市区、长乐、平潭县除外)、龙岩(长汀县、连城县)、泉州(晋江市、惠安县崇武、德化县除外)、莆田(仙游县)、厦门(同安区)、漳州市(东山县除外)		7
	南平(顺昌县)、宁德(福鼎市、霞浦县除外)、三明(龙溪县、大田县)、龙岩(长汀县、连城县除外)、泉州市(德化县)		8
江西	南昌、九江、吉安市	II	6
	萍乡、景德镇、新余、鹰潭、上饶、抚州、宜春、赣州市		7
山东	济南、潍坊、聊城市	I	3
	淄博、东营、烟台、济宁、威海、德州、滨州市		4
	枣庄、泰安、莱芜、临沂、荷泽市		5
	青岛市	II	3
	日照市		4
河南	郑州、许昌、洛阳、济源、新乡、焦作、三门峡、开封、濮阳、鹤壁市	I	2
	周口、驻马店、漯河、平顶山、安阳、商丘市		3
	南阳市		4
	信阳市	II	2
湖北	十堰、襄樊、随州市、神农架林区	I	3
	宜昌(秭归县、远安县、兴山县)、荆门市(钟祥市、京山县)	II	2
	武汉、黄石、荆州、孝感、黄冈、咸宁、荆门(钟祥市、京山县除外)、天门、潜江、仙桃、鄂州、宜昌市(秭归县、远安县、兴山县除外)、恩施自治州		6
湖南	全境	II	6
广东	茂名、中山、汕头、潮州市	I	5
	广州、江门、肇庆、顺德、湛江、东莞市		6

续上表

省、自治区、直辖市	地区、市、自治州、盟(县)	雨量区	雨季期(月数)
广东	珠海市	II	5
	深圳、阳江、汕尾、佛山、河源、梅州、揭阳、惠州、云浮、韶关市		6
	清远市		7
广西	百色、河池、南宁、崇左市	II	5
	桂林、玉林、梧州、北海、贵港、钦州、防城港、贺州、柳州、来宾市		6
海南	全境	II	6
重庆	全境	II	4
四川	甘孜自治州(巴塘县)	I	1
	阿坝(若尔盖县)、甘孜自治州(石渠县)		2
	乐山(峨边县)、雅安市(汉源县)、甘孜自治州(甘孜县、色达县)		3
	雅安(石棉县)、绵阳(平武县)、泸州(古蔺县)、遂宁市、阿坝(若尔盖县、汶川县除外)、甘孜自治州(巴塘县、石渠县、甘孜县、色达县、九龙县、得荣县除外)		4
	南充(高坪区)、资阳市(安岳县)		5
	宜宾市(高县)、凉山自治州(雷波县)	II	3
	成都、乐山(峨边县、马边县除外)、德阳、南充(南部县)、绵阳(平武县除外)、资阳(安岳县除外)、广元、自贡、攀枝花、眉山市、凉山(雷波县除外)、甘孜自治州(九龙县)		4
	乐山(马边县)、南充(高坪区、南部县除外)、雅安(汉源县、石棉县除外)、广安(邻水县除外)、巴中、宜宾(高县除外)、泸州(古蔺县除外)、内江市		5
	广安(邻水县)、达州市		6
贵州	贵阳、遵义市、毕节地区	II	4
	安顺市、铜仁地区、黔东南自治州		5
	黔西南自治州		6
	黔南自治州		7
云南	昆明(市区、嵩明县除外)、玉溪、曲靖(富源县、师宗县、罗平县除外)、丽江(宁蒗县、永胜县)、思茅(墨江县)、昭通市、怒江(兰坪县、泸水县六库镇)、大理(大理市、漾鼻县除外)、红河(个旧市、开远市、蒙自县、红河县、石屏县、建水县、弥勒县、泸西县)、迪庆、楚雄自治州	I	5
	保山(腾冲县、龙陵县除外)、临沧市(凤庆县、云县、永德县、镇康县)、怒江(福贡县、泸水县)、红河自治州(元阳县)		6
	昆明(市区、嵩明县)、曲靖(富源县、师宗县、罗平县)、丽江(古城区、华坪县)、思茅市(翠云区、景东县、镇沅县、普洱县、景谷县)、大理(大理市、漾鼻县)、文山自治州	II	5
	保山(腾冲县、龙陵县)、临沧(临祥区、双江县、耿马县、沧源县)、思茅市(西盟县、澜沧县、孟连县、江城县)、怒江(贡山县)、德宏、红河(绿春县、金平县、屏边县、河口县)、西双版纳自治州		6
西藏	那曲(索县除外)、山南(加查县除外)、日喀则(定日县)、阿里地区	I	1
	拉萨市、那曲(索县)、昌都(类乌齐县、丁青县、芒康县除外)、日喀则(拉孜县)、林芝地区(察隅县)		2

294

续上表

省、自治区、直辖市	地区、市、自治州、盟(县)	雨量区	雨季期(月数)
西藏	昌都(类乌齐县)、林芝地区(米林县)	I	3
	昌都(丁青县)、林芝地区(米林县、波密县、察隅县除外)	I	4
	林芝地区(波密县)		5
	山南(加查县)、日喀则地区(定日县、拉孜县除外)	II	1
	昌都地区(芒康县)		2
陕西	榆林、延安市	I	1.5
	铜川、西安、宝鸡、咸阳、渭南市、杨凌区		2
	商洛、安康、汉中市		3
甘肃	天水(甘谷县、武山县)、陇南县(武都区、文县、礼县)、临夏(康乐县、广河县、永靖县)、甘南自治州(夏河县)	I	1
	天水(北道区、秦城区)、定西(渭源县)、庆阳(西蜂区)、陇南市(西和县)、临夏(临夏市)、甘南自治州(临潭县、卓尼县)		1.5
	天水(秦安县)、定西(临洮县、岷县)、平凉(崆峒区)、庆阳(华池县、宁县、环县)、陇南市(宕昌县)、临夏(临夏县、东乡县、积石山县)、甘南自治州(合作市)		2
	天水(张家川县)、平凉(静宁县、庄浪县)、庆阳(镇原县)、陇南市(两当县)、临夏(和政县)、甘南自治州(玛曲县)	I	2.5
	天水(清水县)、平凉(泾川县、灵台县、华亭县、崇信县)、庆阳(西峰区、合水县、正宁县)、陇南市(徽县、成县、康县)、甘南自治州(碌曲县、迭部县)		3
青海	西宁市(湟源县)、海东地区(平安县、乐都县、民和县、化隆县)、海北(海晏县、祁东县、刚察县、拖勒)、海南(同德县、贵南县)、黄南(泽库县、同仁县)、海西自治州(天峻县)	I	1
	西宁市(湟源县除外)、海东地区(互助县)、海北(门源县)、果洛(达日县、久治县、班玛县)、玉树自治州(称多县、杂多县、囊谦县、玉树县)、河南自治县	I	1.5
宁夏	固原地区(隆德县、泾源县)	I	2
新疆	乌鲁木齐市(小渠子乡、牧业气象试验站、大西沟乡)、昌吉地区(阜康市天池)、克孜勒苏(吐尔尕特、托云、巴音库鲁提)、伊犁自治州(昭苏县、霍城县二台、松树头)	I	1
台湾	(资料暂缺)		

注:1. 表中未列的地区除西藏林芝地区墨脱县因无资料未划分外,其余地区均因降雨天数或平均日降雨量未达到计算雨季施工增加费的标准,故未划分雨量区及雨季期。
2. 行政区划依据资料及自治州、市的名称列法同冬季施工气温区划分说明。

附录四 全国风沙地区公路施工区划表

区划	沙漠(地)名称	地 理 位 置	自 然 特 征
风沙一区	呼伦贝尔沙地、嫩江沙地	呼伦贝尔沙地位于内蒙古呼伦贝尔平原,嫩江沙地位于东北平原西北部嫩江下游	属半干旱、半湿润严寒区,年降水量280~400mm,年蒸发量1400~1900mm,干燥度1.2~1.5
风沙一区	科尔沁沙地	散布于东北平原西辽河中,下游主干及支流沿岸的冲积平原上	属半湿润温冷区,年降水量300~450mm,年蒸发量1700~2400mm,干燥度1.2~2.0
风沙一区	浑善达克沙地	位于内蒙古锡林郭勒盟南部和昭乌达盟西北部	属半湿润温冷区,年降水量100~400mm,年蒸发量2200~2700mm,干燥度1.2~2.0,年平均风速3.5~5m/s,年大风日数50~80d
风沙一区	毛乌素沙地	位于内蒙古鄂尔多斯中南部和陕西北部	属半干旱温热区,年降水量东部400~440mm,西部仅250~320mm,年蒸发量2100~2600mm,干燥度1.6~2.0
风沙一区	库布齐沙漠	位于内蒙古鄂尔多斯北部、黄河河套平原以南	属半干旱温热区,年降水量150~400mm,年蒸发量2100~2700mm,干燥度2.0~4.0,平平均风速3~4m/s
风沙二区	乌兰布和沙漠	位于内蒙古阿拉善东北部、黄河河套平原西南部	属干旱温热区,年降水量100~145mm,年蒸发量2400~2900mm,干燥度8.0~16.0,地下水相当丰富,埋深一般为1.5~3m
风沙二区	腾格里沙漠	位于内蒙古阿拉善东南部及甘肃武威部分地区	属干旱温热区,沙丘、湖盆、山地、残丘及平原交错分布,年降水量116~148mm,年蒸发量3000~3600mm,干燥度4.0~12.0
风沙二区	巴丹吉林沙漠	位于内蒙古阿拉善西南边缘及甘肃酒泉部分地区	属干旱温热区,沙山高大密集,形态复杂,起伏悬殊,一般高在200~300m,最高可达420m,年降水量40~80mm,年蒸发量1720~3320mm,干燥度7.0~16.0
风沙二区	柴达木沙漠	位于青海柴达木盆地	属极干旱寒冷区,风蚀地、沙丘、戈壁、盐湖和盐土平原相互交错分布,盆地东部年均气温2~4℃,西部为1.5~2.5℃,年降水量东部为50~170mm,西部为10~25mm,年蒸发量2500~3000mm,干燥度16.0~32.0
风沙二区	古尔班通古特沙漠	位于新疆北部准噶尔盆地	属干旱温冷区,其中固定、半固定沙丘面积占沙漠面积的97%,年降水量70~150mm,年蒸发量1700~2200mm,干燥度2.0~10.0
风沙三区	塔克拉玛干沙漠	位于新疆南部塔里木盆地	属极干旱炎热区,年降水量东部为20mm左右,南部为30mm左右,西部40mm左右,北部50mm以上,年蒸发量1500~3700mm,中部达高限,干燥度>32.0
风沙三区	库姆达格沙漠	位于新疆东部、甘肃西部、罗布泊低地南部和阿尔金山北部	属极干旱炎热区,全部为流动沙丘,风蚀严重,年降水量10~20mm,年蒸发量2800~3000mm,干燥度>32.0,8级以上大风天数在100d以上

附录五　公路交工前养护费指标

公路交工前养护费为陆续竣工的路段,在路段交工初验时止,以路面为主包括路基、构造物在内的养护费用。按全线里程及平均养护月数,以下列标准计算:

三、四级公路每月养护费按每公里每月 60 个工日计算；

二级及以上公路每月养护费按每公里每月 30 个工日计算；

另按路面工程类别计算其他工程费和间接费。

附录六　封面、目录及概（预）算表格样式

一、扉页的次页格式

×× 公路初步设计概算

（K××＋×××～K××＋×××）

第　　册　共　　册

编制：[签字并加盖执业（从业）资格印章]
复核：[签字并加盖执业（从业）资格印章]
（编制单位）
年　　月

二、目录格式（甲组文件、乙组文件）

（一）甲组文件

目　录

（甲组文件）

1. 编制说明
2. 总概（预）算汇总表(01-1 表)
3. 总概（预）算人工、主要材料、机械台班数量汇总表(02-1 表)
4. 总概（预）算表(01 表)
5. 人工、主要材料、机械台班数量汇总表(02 表)
6. 建筑安装工程费计算表(03 表)
7. 其他工程费及间接费综合费率计算表(04 表)
8. 设备、工具、器具购置费计算表(05 表)
9. 工程建设其他费用及回收金额计算表(06 表)
10. 人工、材料、机械台班单价汇总表(07 表)

……

总概(预)算汇总表　　　　　　　　　　　　01-1 表

建设项目名称：　　　　　　　　　　　　　　　　　　　第　页　共　页

项次	工程或费用名称	单位	总数量	概(预)算金额(元)		技术经济指标	各项费用比例(％)	备注
					合计			

编制：　　　　　　　　　　　　　　复核：

填表说明：1.一个建设项目分若干单项工程编制概(预)算时,应通过本表汇总全部建设项目概(预)算金额。
2.本表反映一个建设项目的各项费用组成,概(预)算总值和技术经济指标。
3.本表项次、工程费用名称、单位、总数量、概(预)算金额应由各单项或单位工程总概(预)算表(01 表)转来,"目""节"可视需要增减,"项"应保留。
4."技术经济指标"以各项概(预)算金额汇总合计除以相应总数量计算；"各项费用比例"以汇总的各项目概(预)算金额合计除以总概(预)算金额合计计算。

总概(预)算人工、主要材料、机械台班数量汇总表　　　　02-1 表

建设项目名称：　　　　　　　　　　　　　　　　　　　第　页　共　页

序号	规格名称	单位	总数量	编 制 范 围				

编制：　　　　　　　　　　　　　　复核：

填表说明：1.一个建设项目分若干个单项工程编制概(预)算时,应通过本表汇总全部建设项目的人工、主要材料、机械台班数量。
2.本表各栏数据均由各单项或单位工程概(预)算中的人工、主要材料、机械台班数量汇总表(02 表)转来,编制范围指单项或单位工程。

总概(预)算表　　　　　　　　　　　　　　　　　01 表

建设项目名称：　　　　　　　　　　　　　　　　　　　　　　　第　页　共　页

编制范围：

项	目	节	细目	工程或费用名称	单位	数量	概(预)算金额(元)	技术经济指标	各项费用比例(%)	备注

编制：　　　　　　　　　　　　　　　　复核：

填表说明：1. 本表反映一个单项或单位工程的各项费用组成，概(预)算金额，技术经济指标等。
2. 本表"项""目""节""工程或费用名称""单位"等应按概(预)算项目表的序列及内容填写。"目"、"节"可视需要增减，但"项"应保留。
3. "数量""概(预)算金额"由建筑安装工程费计算表(03 表)，设备、工具、器具购置费计算表(05 表)，工程建设其他费用及回收金额计算表(06 表)转来。
4. "技术经济指标"以各项目概(预)算金额除以相应数量计算；"各项费用比例"以各项概(预)算金额除以总概(预)算金额计算。

人工、主要材料、机械台班数量汇总表　　　　　　　02 表

建设项目名称：　　　　　　　　　　　　　　　　　　　　　　　第　页　共　页

序号	规格名称	单位	总数量	编　制　范　围				

编制：　　　　　　　　　　　　　　　　复核：

填表说明：1. 一个建设项目分若干个单项工程编制概(预)算时，应通过本表汇总全部建设项目的人工、主要材料、机械台班数量。
2. 本表各栏数据均由各单项或单位工程概(预)算中的人工、主要材料、机械台班数量汇总表(02 表)转来，编制范围指单项或单位工程。

建筑安装工程费计算表

建设项目名称：

编制范围：

第　页　共　页

03 表

序号	工程名称	单位	工程量	直接费（元）				其他工程费	合计	间接费（元）	利润（元）费率（%）	税金（元）综合税率（%）	建筑安装工程费	
				直接工程费									合计（元）	单价（元）
				人工费	材料费	机械使用费	合计							
1	2	3	4	5	6	7	8	9	10	11	12	13	14	15

编制：　　　　　　复核：

填表说明：1.本表各表栏之间关系，5～7均由08表计算转来；8＝5＋6＋7；9＝8×9的费率或(5＋7)×9的费率；10＝8＋9；11＝5×规费综合费率＋10×企业管理费综合费率；12＝(10＋11－规费)×12的费率；13＝(10＋11＋12)×综合税率；14＝10＋11＋12＋13；15＝14÷4。

其他工程费及间接费综合费率计算表

04 表

建设项目名称：
建设项目范围：
编制范围：

第　页　共　页

序号	工程类别	其他工程费率(%)											综合费率		间接费费率(%)											
		冬季施工增加费	雨季施工增加费	夜间施工增加费	高原地区施工增加费	风沙地区施工增加费	沿海地区施工增加费	行车干扰工程施工费	安全文明施工措施费	临时设施费	施工辅助费	工地转移费	Ⅰ	Ⅱ	规费				综合费率	基本费率	企业管理费				
															养老保险费	失业保险费	医疗保险费	住房公积金	工伤保险费			主副食运费补贴	职工探亲路费	职工取暖补贴	财务费用	综合费率
1	2	3	4	5	6	7	8	9	10	11	12	13	14	15	16	17	18	19	20	21	22	23	24	25	26	27

编制：　　　　　　　　　　　　　　　　　　　　　　　　　　　　　　　　复核：

填表说明：本表应根据建设工程项目具体情况，按概（预）算编制办法有关规定填入数据计算。其中：14 = 3 + 4 + 5 + 8 + 10 + 11 + 12 + 13；15 = 6 + 7 + 9；21 = 16 + 17 + 18 + 19 + 20；27 = 22 + 23 + 24 + 25 + 26。

设备、工具、器具购置费计算表　　　　　　　　　　　05表

建设项目名称：
编制范围：　　　　　　　　　　　　　　　　　　　　　　　第　页　共　页

序号	设备、工具、器具规格名称	单位	数量	单价(元)	金额(元)	说明

编制：　　　　　　　　　　　　　　　　　复核：

填表说明：本表应根据具体的设备、工具、器具购置清单进行计算，包括设备规格、单位、数量、单价以及需要说明的有关问题。

工程建设其他费用及回收金额计算表　　　　　　　　　06表

建设项目名称：
编制范围：　　　　　　　　　　　　　　　　　　　　　　　第　页　共　页

序号	费用名称及回收金额项目	说明及计算式	金额(元)	备注

编制：　　　　　　　　　　　　　　　　　复核：

填表说明：本表应按具体发生的工程建设其他费用项目填写，需要说明和具体计算的费用项目依次相应在说明及计算式栏内填写或具体计算，各项费用具体填写如下：
  1. 土地征用及拆迁补偿费应填写土地补偿单价、数量和安置补助费标准、数量等，列式计算所需费用，填入金额栏。
  2. 建设项目管理费包括建设单位(业主)管理费、工程质量监督费、工程监理费、工程定额测定费、设计文件审查费、竣(交)工验收试验检测费，按"建筑安装工程费×费率"或有关定额列式计算。
  3. 研究试验费应根据设计需要进行研究试验的项目分别填写项目名称及金额或列式计算或进行说明。
  4. 建设项目前期工作费按国家有关规定填入本表，列式计算。
  5. 其余有关工程建设其他费用的填入和计算方法，根据规定依次类推。

人工、材料、机械台班单价汇总表　　　　　　07表

建设项目名称：
编制范围：　　　　　　　　　　　　　　　　　　　　　第　页　共　页

序号	名称	单位	代号	预算金额(元)	备注	序号	名称	单位	代号	预算金额(元)	备注

编制：　　　　　　　　　　　　　　　　　　　复核：

填表说明：本表预算单价主要由材料预算单价计算表(09表)和机械台班单价计算表(11表)转来。

(二)乙组文件

目　录
(乙组文件)

1. 建筑安装工程费计算数据表(08-1表)

2. 分项工程概(预)算表(08-2表)

3. 材料预算单价计算表(09表)

4. 自采材料料场价格计算表(10表)

5. 机械台班单价计算表(11表)

6. 辅助生产工、料、机械台班单位数量表(12表)

……

建筑安装工程费计算数据表

08-1 表

建设项目名称：　　　　　　　　编制范围：　　　　　　　　数据文件编号：
路线或桥梁长度(km)：　　　　　路基或桥梁宽度(m)：　　　　第　页共　页

项目代号	本项目数	目的代号	本目节数	节的代号	本节细目数	细目代号	费率编号	定额个数	定额代号	项或目或节或细目或定额的名称	单位	数量	定额调整情况

编制：　　　　　　　　　　　　　复核：

填表说明：1. 本表应逐行从左到右横向跨栏填写。
2. "项""目""节""细目""定额"等的代号应根据实际需要按本办法附录四概、预算项目表及《公路工程预算定额》、《公路工程预算定额》的序列及内容填写。
3. 本表主要是为利用计算机软件编制概、预算提供基础数据，具体填表规则由软件用户手册详细制定。

分项工程概(预)算表

08-2 表

编制范围:
工程名称:　　　　　　　　　　　　　　　　　　　　　　　　　第　页　共　页

编号	工程项目											合计	
	工程细目												
	定额单位												
	工程数量												
	定额表号												
	工、料、机名称	单位	定额	数量	金额(元)	定额	数量	金额(元)	定额	数量	金额(元)	数量	金额(元)
1	人工	工日											
2	……												
	定额基价	元											
	直接工程费	元											
	其他工程费 Ⅰ	元											
	其他工程费 Ⅱ	元											
	间接费 规费	元											
	间接费 企业管理费	元											
	利润及税金	元											
	建筑安装工程费	元											

编制:　　　　　　　　　　　　　　　　　　复核:

填表说明:1. 本表按具体分项工程项目数量、对应概(预)算定额子目填写,单价由 07 表转来,金额 = 工、料、机各项的单位×定额×数量。
2. 其他工程费按相应项目的直接工程费或人工费与施工机械使用费之和×规定费率计算。
3. 规费按相应项目的人工费×规定费率计算。
4. 企业管理费按相应项目的直接费×规定费率计算。
5. 利润按相应项目的(直接费+间接费-规费)×利润率计算。
6. 税金按相应项目的(直接费+间接费+利润)×税率计算。

材料预算单价计算表

09 表

建设项目名称：
编制范围：
第　页共　页

序号	规格名称	单位	原价（元）	运杂费					原价运费合计（元）	场外运输损耗		采购及保管费		预算单价（元）
				供应地点	运输方式、比重及运距	毛重系数或单位毛量	运杂费构成说明或计算式	单位运费（元）		费率（%）	金额（元）	费率（%）	金额（元）	

编制：　　　　　　　　　　　　　复核：

填表说明：1. 本表计算各种材料自供应地点或料场至工地的全部运杂费与材料原价及其他费用组成预算单价。
2. 运输方式按火车、汽车、船舶等及所占运输比重填写。
3. 毛重系数、场外运输损耗、采购及保管费按规定填写。
4. 根据材料供应地点、运输方法、运输单价、毛重系数等，通过运杂费构成说明或计算式，计算得出材料单位运费。
5. 材料原价与单位运费、场外运输损耗、采购及保管费组成材料预算单价。

自采材料料场价格计算表

10 表

建设项目名称:
编制范围:
第　页　共　页

序号	定额号	材料规格名称	单位	料场价格(元)	人工(工日)单价(元)		间接费(元)[占人工费(%)]	(　　)单价(元)		(　　)单价(元)		(　　)单价(元)		(　　)单价(元)	
					定额	金额		定额	金额	定额	金额	定额	金额	定额	金额

编制:　　　　　　　　　　　　　　　复核:

填表说明:1. 本表主要用于分析计算自采材料料场价格,应将选用的定额人工、材料、机械台班数量全部列出,包括相应的工、料、机单价。
　　　　　2. 材料规格用途相同而生产方式(如人工捶碎石、机械轧碎石)不同时,应分别计算单价,再以各种生产方式所占比重根据合计价格加权平均计算料场价格。
　　　　　3. 定额中机械台班有调整系数时,应在本表内计算。

机械台班单价计算表

11 表

建设项目名称:
编制范围:
第　页　共　页

序号	定额号	机械规格名称	台班单价(元)	不变费用(元)		可变费用(元)								合计
				调整系数		人工(元/工日)		汽油(元/kg)		柴油(元/kg)		……		
				定额	调整值	定额	金额	定额	金额	定额	金额	定额	金额	

编制:　　　　　　　　　　　　　　　复核:

填表说明:1. 本表应根据公路工程机械台班费用定额进行计算。不变费用如有调整系数应填入调整值;可变费用各栏填入定额数量。
　　　　　2. 人工、动力燃料的单价由材料预算单价计算表(09 表)中转来。

辅助生产工、料、机械台班数量表 12 表

建设项目名称:
编制范围: 第 页 共 页

序号	规格名称	单位	人工(工日)				

编制: 复核:

填表说明:本表各栏数据由自采材料料场价格计算表(10表)统计而来。

附录七 绿化补助费指标

新建公路的绿化补助费指标如下：
平原微丘陵区:5000 元/km；
山岭重丘陵区:1000 元/km。
以上费用标准内已包括其他工程费和间接费。
本指标仅适用于无绿化设计的二级以下等级公路建设项目。

附录八　冬雨季及夜间施工增工百分率、临时设施用工指标

(1) 冬雨季及夜间施工增工百分率按附表8-1计算。

冬雨季及夜间施工增工百分率　　　　附表8-1

项目	雨季施工（雨量区）		冬季施工							
			冬一区		冬二区		冬三区	冬四区	冬五区	冬六区
	Ⅰ	Ⅱ	Ⅰ	Ⅱ	Ⅰ	Ⅱ				
路线	0.30	0.45	0.70	1.00	1.40	1.80	2.40	3.00	4.50	6.75
独立大中桥	0.30	0.45	0.30	0.30	0.50	0.60	0.80	1.00	1.50	2.25

注：冬雨季施工增加工以各类工程概、预算工数之和为依据，表中雨季施工增工百分率为每个雨季月的增加率，如雨季期（不是施工期）为两个半月时，表列数值应乘2.5，余类推。夜间施工增加按夜间施工工程项目概、预算工数的4%计。

(2) 临时设施用工指标按附表8-2计算。

临时设施用工指标　　　　附表8-2

项目	路线(1km)					独立大中桥(100m² 桥面)
	公路等级					
	高速公路	一级公路	二级公路	三级公路	四级公路	
工日	2340	1160	340	160	100	60

附录九 设备与材料的划分标准

工程建设设备与材料的划分,直接关系到投资构成的合理划分、概(预)算的编制以及施工产值的计算等方面,为合理确定工程造价,加强对建设过程投资管理,统一概(预)算编制口径,现对交通工程中设备与材料的划分提出如下划分原则和规定。本规定如与国家主管部门新颁布的规定相抵触时,按国家规定执行。

一、设备与材料的划分原则

(1)凡是经过加工制造,由多种材料和部件按各自用途组成生产加工、动力、传送、储存、运输、科研等功能的机器、容器和其他机械、成套装置等均为设备。

设备分为标准设备和非标准设备。

标准设备(包括通用设备和专用设备):是指国家规定的产品标准指生产的、已进行设备系列的设备。

非标准设备:是指国家未定型、非批量生产的、由设计单位提供制造图纸,委托承制单位或施工企业在工厂或施工现场制作的设备。

设备一般包括以下各项:

①各种设备的本体及随设备到货的配件、备件和附属于设备本体制作成型的梯子、平台、栏杆及管道等。

②各种计量器、仪表及自动化控制装置、实验的仪器及属于设备本体部分的仪器仪表等。

③附属于设备本体的油类、化学药品等设备的组成部分。

④用于生产和生活或附属于建筑物的水泵、锅炉及水处理设备、电气、通风设备等。

(2)为完成建筑、安装工程所需的原料和经过工业加工在工艺生产过程中不起单元工艺生产用的设备本体以外的零配件、附件、成品、半成品等均为材料。

材料一般包括以下各项:

①设备本体以外的不属于设备配套供货,需由施工企业进行加工制作或委托加工的平台、梯子、栏杆及其他金属构件等,以及成品、半成品形式供货的管道、管件、阀门、法兰等。

②设备本体以外的各种行车轨道、滑触线、电梯的滑轨等均为材料。

二、设备与材料的划分界限

(1)设备。

①通信系统。

市内、长途电话交换机、程控电话交换机、微波、载波通信设备,电报和传真设备,中、短波通信设备及中短波电视天馈线装置,移动通信设备、卫星地球站设备,通信电源设备,光纤通信数字设备,有线广播设备等各种生产及配套设备和随机附件等。

②监控和收费系统。

自动化控制装置、计算机及其终端、工业电视、检测控制装置、各种探测器、除尘设备、分析仪表、显示仪表、基地式仪表、单元组合仪表、变送器、传送器及调节阀、盘上安装器、压力、温度、流量、差压、物位仪表、成套供应的盘、箱、柜、屏(包括箱和已经安装就位的仪表、元件等)及随主机配套供应的仪表等。

③电气系统。

各种电力变压器、互感器、调压器、感应移相器、电抗器、高压断路器、高压熔断器、稳定器、电源调整器、高压隔离开关、装置式空气开关、电力电容器、蓄电池、磁力启动器、交直流报警器、成套箱式变电站、共箱母线、封密式母线槽、成套供应的箱、盘、柜、屏及其随设备带来的母线和支持瓷瓶等。

④通风及管道系统。

空气加热器、冷却器、各种空调机、风尘器、过滤器、制冷机组、空调机组、空调组、各类风机、除尘设备、风机盘管、净化工作台、风淋室、冷却塔、公称直径300mm以上的人工阀门和电动阀门等。

⑤房屋建筑。

电梯、成套或散装到货的锅炉及其附属设备、汽轮发电机及其附属设备、电动机、污水处理装置、电子秤、地中衡、开水炉、冷藏箱,热力系统的除氧器水箱和疏水箱,工业水系统的工业水箱,油冷却系统的油箱,酸碱系统的酸碱储存槽,循环水系统的旋转滤网、启闭装置的启闭机等。

⑥消防及安全系统。

隔膜式气压水罐(气压罐)、泡沫发生器、比例混合器、报警控制器、报警信号前端传输设备、无线报警发送设备、报警信号接收机、可视对讲主机、联动控制器、报警联动一体机、重复显示器、远程控制器、消防广播控制柜、广播功放、录音机、广播分配器、消防通讯电话交换机、消防报警备用电源、X射线安全检查设备、金属武器探测门、摄像设备、监视器、镜头、云台、控制台、监视器柜、支台控制器、视频切换器、全电脑视频切换设备、音频、视频、脉冲分配器、视频补偿器、视频传输设备、汉字发生设备、录像、录音设备、电源、CRT显示终端、模拟盘等。

⑦炉窑砌筑。

装置在炉窑中的成品炉管、电机、鼓风机和炉窑传动、提升装置,属于炉窑本体的金属铸体、锻件、加工件及测温装置、仪器仪表、消烟、回收、除尘装置,随炉供应已安装就位的金具、耐火衬里、炉体金属预埋件等。

⑧各种机动车辆。

⑨各种工艺设备在试车时必须填充的一次性填充材料(如各种瓷环、钢环、塑料环、钢球等),各种化学药品(如树脂、珠光砂、触煤、干燥剂、催化剂等)及变压器油等。不论是随设备带来的,还是单独订货购置的,均视为设备的组成部分。

(2)材料。

①各种管道、管件、配件、公称直径300mm以内的人工阀门、水表、防腐保温及绝缘材料、油漆、支架、消火栓、空气泡沫枪、泡沫炮、灭火器、灭火机、灭火剂、泡沫液、水泵接合器、可曲橡胶接头、消防喷头、卫生器具、钢制排水漏斗、水箱、分气缸、疏水器、减压器、压力表、温度计、调压板、散热器、供暖器具、凝结水箱、膨胀水箱、冷热水混合器、除污器、分水缸(器)、各种风管及其附件和各种调节阀、风口、风帽、罩类、消声器及其部(构)件、散流器、保护壳、风机减震台座、减震器、凝结水收集器、单双人焊接装置、煤气灶、煤气表、烘箱灶、火管式沸水器、水型热水器、开关、引火棒、防雨帽、放散管拉紧装置等。

②各种电线、母线、绞线、电缆、电缆终端头、电缆中间头、吊车滑触线、接地母线、接地极、避雷线、避雷装置(包括各种避雷器、避雷针等)、高低压绝缘子、线夹、穿墙套管、灯具、开关、灯头盒、开关盒、接线盒、插座、闸盒保险器、电杆、横担、铁塔、各种支架、仪表插座、桥架、梯架、立柱、托臂、人孔毛孔、挂墙照明配电箱、局部照明变压器、按钮、行程开关、刀闸开关、组合开关、转换开关、铁壳开关、电扇、电铃、电表、蜂鸣器、电笛、信号灯、低音拨声器、电话单机、容断器等。

③循环水系统的钢板闸门及拦污栅、启闭构架等。

④现场制作与安装的炉管及其他所需的材料或填料、现场砌筑用的耐火、耐酸、保温、防腐、捣打料、绝热纤维、天然白泡石、玄武岩、金具、炉门及窥视孔、预埋件等。

⑤所有随管线(路)同时组合安装的一次性仪表、配件、部件及元件(包括就地安装的温度计、压力表)等。

⑥制造厂以散件或分段分片拱货的塔、器、罐等,在现场拼接、组装、焊接、安装内件或改制时所消耗的物料均为材料。

⑦各种金属材料、金属制品、焊接材料、非金属材料、化工辅助材料、其他材料等。

(3)对于一些在制造厂未整体制作完成的设备,或分片压制成型,或分段散装供货的设备,需要建安工人在施工现场加工、拼装、焊接的,按上述划分原则和其投资构成应属于设备购置费。为合理反映建安工人付出的劳动和创造的价值,可按其在现场加工组装焊接的工作量,将其分片或组装件按其设备价值的一部分以加工费的形式计入安装工程费内。

(4)供应原材料、在施工现场制作安装或施工企业附属生产单位为本单元承包工程制作并安装的非标准设备,除配套的电机、减速机外,其加工制作消耗的工、料(包括主材)、机等均计入安装工程费内。

(5)凡是制造厂未制造完成的设备,已分片压制成型、散装或分段供货,需要建安工人在施工现场拼装、组装、焊接及安装内件的,其制作、安装所需的物料为材料、内件、塔盘的为设备。

参 考 文 献

[1] 中华人民共和国行业标准.JTG/T B06-01—2007 公路工程预算定额[S].北京:人民交通出版社,2008.
[2] 中华人民共和国行业标准.JTG/T B06-02—2007 公路工程概算定额[S].北京:人民交通出版社,2008.
[3] 中华人民共和国行业标准.JTG/T B06-03—2007 公路工程机械台班费用定额[S].北京:人民交通出版社,2008.
[4] 中华人民共和国行业标准.JTG/T B06—2007 公路工程基本建设项目概算预算编制办法[S].北京:人民交通出版社,2008.
[5] 交通运输部定额站.公路工程定额的编制与管理[M].北京:人民交通出版社,2011.
[6] 雷淑华,陈志君.公路工程预算与工程量清单计价[M].北京:人民交通出版社,2008.
[7] 崔艳梅,申兰丽.公路施工组织与概预算[M].济南:山东大学出版社,2006.
[8] 邢凤岐,徐连铭.公路工程定额应用与概、预算编制示例[M].北京:人民交通出版社,2008.
[9] 张立新.土木工程施工组织设计.北京:中国电力出版社,2007.
[10] 王首绪,杨玉胜,周学林,等.公路施工组织及概预算[M].3版.北京:人民交通出版社,2007.
[11] 中华人民共和国交通运输部.公路工程标准施工招标文件[M].北京:人民交通出版社,2009.
[12] 李继业,王玉峰,段绪胜.公路工程招标与投标[M].北京:化学工业出版社,2009.
[13] 张兴强.公路工程概预算[M].北京:清华大学出版社,2011.